山西省"1331"工程山西财经大学工商管理一流学科建设项目

教育部人文社会科学研究后期资助项目
"乡村振兴背景下黄河乾坤湾流域乡愁旅游空间生产研究"(18JHQ076)

乡愁中国

黄河乾坤湾流域旅游空间生产研究

赵巧艳 闫春 著

中国社会科学出版社

图书在版编目(CIP)数据

乡愁中国:黄河乾坤湾流域旅游空间生产研究 / 赵巧艳,闫春著. —北京:中国社会科学出版社,2022.6
 ISBN 978-7-5227-0209-4

Ⅰ.①乡… Ⅱ.①赵… ②闫… Ⅲ.①黄河流域—旅游文化—文化研究 Ⅳ.①F592.7

中国版本图书馆 CIP 数据核字(2022)第 079483 号

出 版 人	赵剑英
责任编辑	王莎莎
责任校对	张爱华
责任印制	张雪娇

出	版	中国社会科学出版社
社	址	北京鼓楼西大街甲 158 号
邮	编	100720
网	址	http://www.csspw.cn
发 行 部		010-84083685
门 市 部		010-84029450
经	销	新华书店及其他书店

印刷装订	北京君升印刷有限公司
版 次	2022 年 6 月第 1 版
印 次	2022 年 6 月第 1 次印刷

开 本	710×1000 1/16
印 张	25
插 页	2
字 数	385 千字
定 价	148.00 元

凡购买中国社会科学出版社图书,如有质量问题请与本社营销中心联系调换
电话:010-84083683
版权所有　侵权必究

目 录

乡愁中国的两种表达及其文化转型之路
　——新时代乡村文化振兴路径和模式研究（代序） ………… 1

前　言 ……………………………………………………………… 1

绪　论 ……………………………………………………………… 1
　第一节　选题缘起：一个人类学者的学术理路 ………………… 1
　第二节　乡愁中国：情绪作为研究的切入点 …………………… 3
　第三节　超越村落社会：流域民族志的视野 ………………… 10
　第四节　文献回顾与学术谱系 ………………………………… 12
　第五节　学理反思与理论观照 ………………………………… 22
　第六节　借鉴理论与研究方法 ………………………………… 26

第一章　黄河乾坤湾流域社会 ………………………………… 33
　第一节　走进乾坤湾：我的田野之旅 ………………………… 33
　第二节　资源禀赋：乾坤湾的旅游发展地位 ………………… 44
　第三节　品牌共享：步入旅游发展的乾坤湾 ………………… 48
　第四节　小结：流域·乡愁·旅游 …………………………… 56

第二章　卷入与生产：乾坤湾的发现 ………………………… 58
　第一节　空间实践：先行开发乾坤湾 ………………………… 59
　第二节　空间表征：乾坤湾的凝视与想象 …………………… 99
　第三节　表征空间：谁的乾坤湾？ …………………………… 106
　第四节　小结：互为镜像的空间建构 ………………………… 110

第三章　传说与地景：伏羲文化的嵌入 …… 112
第一节　伏羲传说中的乾坤湾 …… 114
第二节　乾坤湾的传说风物 …… 119
第三节　乾坤湾的由来：地名标识与伏羲传说的互嵌 …… 123
第四节　伏羲传说景观营造 …… 131
第五节　女娲文化景观营造 …… 137
第六节　小结：对空间的重新想象 …… 138

第四章　流动与固着：道路与乾坤湾的嵌合 …… 140
第一节　津渡：渐行渐远的码头通行记忆 …… 140
第二节　高速公路与乾坤湾的连接 …… 143
第三节　沿黄公路与乾坤湾的连接 …… 148
第四节　道路变迁：旅游发展下的公路升级 …… 151
第五节　小结："路"里"乾坤" …… 156

第五章　作物与生计：黄土高原的新意义 …… 157
第一节　黄土高原：乾坤湾的海拔/垂直性社会 …… 158
第二节　"乾坤湾"红枣：作物的高原想象 …… 164
第三节　种观光地：作为"旅游体验"的作物 …… 173
第四节　新型农民：生计的旅游化 …… 177
第五节　小结：想象的黄土高原 …… 183

第六章　表演与实然：转九曲的地方性 …… 185
第一节　历史传统：转九曲的自我娱乐 …… 187
第二节　现代转型：转九曲的表演实践 …… 191
第三节　共同在场：转九曲的主客互动 …… 196
第四节　小结：表演的地方性 …… 201

第七章　家屋与客栈：民宿的乡愁表达 …… 203
第一节　原生态"土"窑洞 …… 206
第二节　改造的"土"窑洞 …… 210
第三节　消费者语境下的乡愁意象感知 …… 219

  第四节 挂着招牌的"家" ·················· 221
  第五节 小结：在"家"与客栈之间 ············ 226

第八章 道地与在地：舌尖上的乡愁生产 ············ 227
  第一节 食在道地：乾坤湾人的核心饮食 ········ 228
  第二节 食在正宗：道地味道的宣称 ············ 234
  第三节 食在方便：乾坤湾外的作物 ············ 240
  第四节 食在打卡：手机先"吃"时代的地方美食 ·· 246
  第五节 小结：后舌尖时代/后风土主义的味道 ····· 248

第九章 怀旧与展示：乾坤湾的记忆剧场 ············ 250
  第一节 橱窗文化：窑洞购物中心 ·············· 251
  第二节 黄河蛇曲国家地质公园博物馆 ·········· 256
  第三节 红色旅游的历史展示：红军东征纪念馆 ·· 267
  第四节 小结：被展示的文化 ·················· 272

第十章 熟悉与陌生：乾坤湾的景区社会 ············ 274
  第一节 乾坤湾来了陌生人 ···················· 275
  第二节 熟悉陌生化 ·························· 284
  第三节 熟悉陌生间 ·························· 289
  第四节 小结：乾坤湾的乡土陌生人社会 ········ 299

第十一章 陌生与熟悉：乡土关系的调适 ············ 301
  第一节 工具理性与动态和谐：强—弱关系网络 ·· 302
  第二节 关系嵌入和风险转移 ·················· 305
  第三节 "有意识"和"无意识"：主客交往与互相融入 ·· 310
  第四节 "新旧交替"：乡土熟人关系的重建 ······ 313
  第五节 小结：转型中的乡土社会 ·············· 318

第十二章 结论与反思：迈向安放乡愁的旅游 ········ 320
  第一节 留住乡愁家园 ························ 321
  第二节 发展乡愁旅游 ························ 326

第十三章 余论：从乡土中国到乡愁中国 ·················· 330
  第一节 乡土中国的新特征 ························ 330
  第二节 乡愁中国的表达 ·························· 341

参考文献 ······································ 344

后　记 ······································· 363

附录Ⅰ：部分深度访谈人员名单 ···················· 367

附录Ⅱ：访谈游客情况 ··························· 369

乡愁中国的两种表达及其文化转型之路

——新时代乡村文化振兴路径和模式研究（代序）

赵旭东

（中国人民大学人类学研究所所长）

乡愁说到底是一种表达，是现代离乡之人对于自己祖辈曾经生活于此的乡村衰落的一种发自内心的评判和情感的表达，这种表达本身并没有什么可以直接指责的地方，它在性质上属于一种个人的情感，但是，一旦这种乡愁转化成了必然付诸行动的乡村重建以及乡村社会的改造，它也就必然会带来见仁见智的路径和模式的选择。对于这些路径和模式的选择，如果没有一种真正知识论意义上的归纳、总结和分析，那么未来如何能够对于乡村社会与文化发展做出新的贡献，这都是值得深思的。在此意义上，我们实在是有必要在基于个人情感的乡愁和实际的乡村社会改造运动之间构建起一种学术分辨和批评的关联性出来。

人类学的乡村研究

伴随着新时代国家乡村振兴战略的实施，乡村文化得到恢复、受到关注以及强势振兴的潮流正在蓬勃兴起与发展之中，包括各种形式的民间传统的恢复、乡村旅游的开展、乡村规划的基础设施建设，以及通过多种渠道城市人走进乡村和艺术家凭借自己的艺术技能实地参与乡村的文化发展和社会重建等。所有这些都属于中国当下最新遭遇的，并在乡村之中突出表现出来的一种文化转型，同时也是处在世界后发展时代里传统的乡村所共同面临的新的文化语境，可谓是其文化的创新机遇的来临。

在这中间，一方面是包括自媒体在内的互联网高科技由城市快速而全面地向乡村社会持续无障碍地渗透和传播，另一方面却是乡村自身文化认同的再造，乡愁意识成了人们共同的关怀，一时间似乎无人不在谈乡村，无人不在抒发自己的乡愁，也无人不在以叙说乡愁为乐事、为能事。

这些基于乡村而出现的新现象，在一个新的时代里为人类学的中国乡村研究提供了新的研究空间，同时由各种观察视角激发出来一种新的学术知识的生长点，借此可以使得下乡去做乡村调查的人们更加深入其中，见微知著，由点及线，从种种线索开展之中洞悉这些新现象背后的相互联系，发现新时代中的新农村其诸多文化事项构成的新功能、新结构与新解释。换言之，这恰恰需要各类研究者能够沉潜于此，借助一种参与观察的基本研究方法，从基层研究的发现和综合之中能够总体性地把握中国乡村发展的一种整体走向。

就方法论的意义而言，人类学极为擅长一种长时间的田野研究和文化比较研究，基于此种研究的开展，研究者可以对正在发生的中国乡村的新文化振兴之路有一个深中肯綮的理解，由此也可以为中国乡村振兴的发展以及可能的模式和路径提供一种最为基础可靠的真实发生的数据依据，这样的研究，也就是真正在田野之中的研究。如今尚且不见其有真正的大兴之势，很多研究更多的是一种走马观花式的"一人眼中一天之内的所观所想"，诸如那些喜欢抓人眼球的"返乡体"，微信刷屏之后，也就不值得再去多看一眼了。

而只有一种基于长期观察、反复比较以及深度反省的人类学田野观察的知识积累和理论分析，才能够真正有利于未来中国乡村振兴战略的进一步完善、经验积累和政策推进。这样的研究的开展，应该有这样一种学术抱负上的追求，即一方面了解中国当代发展的进行时，了解正在研究者眼前和当下所发生的事实；另一方面则是为中国乡村振兴战略而做出一种人类学者的独特贡献，为这个新时代提供一份详尽的现场记录，为未来必然要成为过去的历史留下一份比较完备的真实档案，这些朴素的认识对中国乡村人类学的真正学科发展而言，应该是有一种极为重要的前瞻意义的。借助于在这三方面的努力，可以推进中国人类学乡村研究的新视野的开展，通过基于细节的微观观察，通过追踪一些经典的田野调查点，我们或许可以重新接续一种中国人类学的乡村研究的传统，并且这种传统接续，也将会有助于我们透过中国乡村的兴盛转承而看出一种文化发展在其中的变与不变，甚至还可以从一种人类学应用的维度上为未来国家的政策执行提供一些可能的补充性的以及发展性的建议。

乡愁意识与现代性

中国的改革开放是从农村起步的，经过了四十多年的发展，一个不争的事实便是城乡之间的距离不是在持续地缩小而是在不断地扩大。① 这种彼此之间所形成的距离绝不仅仅是在经济发展的意义上，更为重要的还是在文化发展的意义上。而这里所谓的文化意义，它是人类学意义上的文化观念，即一种整体性的人的生活的体现，借此可以涵盖在经济、社会，乃至政治维度上所发生的种种改变。

没有人会否认文化在一种人类学的乡村研究中所起的核心作用。因为有文化的存在，乡村社会生活的诸多方面才可以相互关联在一起，用一种文化功能论的视角来分析，那便是文化的各要件之间是相互紧密地联系在一起的，单单孤立地去谈经济、社会、政治以及宗教之类，实际上都不是不可以的，但却是做不到的。它们自身作为可以从文化之中抽离出来的制度，都是可以相互作为补充的方面而聚拢在文化这一名义之下。在此一点上，对于任何乡村文化的分析，我们都不应该轻易放弃这样极具包容性的文化概念，而应该更多地注意到，在人实际的生活场景之中，文化都是最为根本的，是人可以介入这个自然与社会世界之中去的媒介，而文化的各构成要素之间的关联方式及其转变，我们自然亦可以称之为一种转型，即文化转型。

---

① 物品的价格是一个重要的衡量社会变化的指标。我曾经调查过河北赵县的李村，在四十年前这个乡村所盛产的雪花梨的价格可以达到一元钱一斤，而当时猪肉的价格只有一元八角一斤；2019年3月初我再去村里调查的时候注意到梨的价格仍旧维持在1元1斤上下（2018年因为春天的雪灾使得雪花梨产量大减，故梨的价格略有提升，但也没有超过3元钱1斤），而城乡大体相同的猪肉价格已经是差不多接近20元一斤了。至于房子的价格更能明显地看出城乡之间巨大的差别。

但在文化的问题上，令人类学家最为遗憾的是，很多人不自觉地就成了文化保守主义阵营中的一员，因为他们不加思考地或者先入为主地接受了一种所谓文化不曾改变，文化即使是成了"化石"也不曾改变自身的顽固看法，这样的一种看法在人类学家看来不仅幼稚，而且真正忽视了在现实之中存在着的文化及其在实际发展轨迹上的一种改变。这种改变显然是一种真实的发生，因为人所生活于其中的环境，不论是自然的还是社会的，都是处在持续不断的改变之中的，特别是在今日高速发展的科技引领和对社会生活的浸入之下，依赖于这种环境而存在并有一种展现自身能力的文化便必然是处在不断适应以及改变的进程之中。

而在一种中国乡村文化的转变生成之中，有一点是很明显的，那就是一种莫名其妙的乡愁意识成了这种基于农业的文化发生、转变或转型的主基调。在其与城市文化相联系而得以表现之时，这种乡愁意识便会得到更为突出的表达。对于现代人眼中的乡村，一种刻板印象便会认为，似乎一切的不幸都必然是要从乡村中出现，他们因此而患上了一种乡愁之疾。因为村落以外的人们面对一种现代影子之下的乡村生活，其所能够被唤醒的从来都是一种忧愁或乡愁的情感。但很显然，这种针对个人而言的忧愁或者乡愁，再或者一种越来越突出的乡愁意识，却并非是真实存在于乡村自身的情境之中，而是要由所谓外来者不断地予以发现、揭示并清晰表达的。这样一种表达，又必然建立在彼此的文明进步的距离之上，因为那些外来者所拥有的一切，可能都是乡村社会中所没有的，当然也是其文化属性中并非第一需求的要务，但却因此而无形之中构建出来了一种彼此的距离感或隔离感。比如先进的器具，相比别人更多的识字能力，高新技术的掌握，还有超乎当地人礼尚往来需求之外的那些所谓现代人的礼仪文明的风尚，比如不吐痰、不抽烟喝酒以及节食、吃素和锻炼身体之类。当然，再多的金钱对于传统的农民而言都是不及有更多的土地以及土地上的实际产出更为重要。如果是乡村之人，他们必然会有自己的时间意义上的季节性循环和与之相应的空间安排，也有自己播种和收获的喜悦，但所有的这些都被一而再、再而三地用在了一种作为乡村的外来者所擅用的简单化、对象化以及理性化口吻的思维和判断上，由此而将之加盖上了"贫弱病私"的烙印，乡村里的农民作为一个类别似乎也就永远不再可能为自己洗去身上的种种被外来者所一再命名的那种污名了。①

现代文明在向前拼命地奔跑之时,乡村文化作为一种传统文明也在外部世界转型的大潮之中被迫跟随着去拼命追赶这一种现代文明的发展,并借用其不断追赶出来的结果来改造其自身,无数次的乡村改造与重建运动也必然是这种追赶的直接效应,所谓乡村面貌的改观也必然是在此种效应的激励之下而发生的。这虽是一种兔子与乌龟赛跑意义上的游戏,但叙说的版本却前后大为不同,现代文明是那只兔子,而且还是一只可能永远停歇不下来奔跑的兔子,而农业文明却也是那只慢慢爬行的乌龟,它只有在兔子打盹之时才可以有时间追赶上兔子,如果兔子不打盹,那么即便再勤奋的一只乌龟恐怕也是一样追赶不上那只现代意义上的不知休息和疲倦为何物的兔子的。在此意义上,一种向着日渐褪去身影的农业文明发出现代文明人哀叹和惋惜的乡愁,实际上将会成为一种永远的乡愁,且使人无法忘记,更无法使之真正消失,它内化为现代人情感结构中的一部分。当人们试图寻求一种改变之时,便勾起了这份乡愁,特别是当人们从意识上寻求逃离城市之时,这份乡愁显得更加悠远、醇厚,当人们从日夜工作的劳苦之中做出一种现代人的挣扎之时,也自然会忆念这份乡愁并试图要消除这种乡愁的内在冲动。

最为重要的是,当握有现代权力且衣食无忧者,在他们尝试着一种奋发有为的生活之时,也会想起乡村,并以找到了他们眼里荒凉破败的乡村为其全部忧愁和哀叹的印象来源,他们讲故事的方式从来都是这样的:"由于某日见到了一片美丽的村庄,但一走进去却发现,那里竟然是那样的贫穷和荒凉,因此我决心要做些什么来改变这种局面。"这样一种神话一般的结构,在乡愁论者的心中从来也不会寻求有所意识方向上的改变。而那些怀揣着种种梦想,携带着大量金钱或资本的现代慈善家们,首当其冲想到的一样是乡村里的那些在他们眼中原本再纯朴厚道不过的农民,在称谓他们的生活为"贫弱病私"之后,便也尝试着要努力去为

---

① 赵旭东:《乡村成为问题与成为问题的中国乡村研究——围绕"晏阳初模式"的知识社会学反思》,《中国社会科学》2008年第3期,第110—117页。

他们做点什么事情,以此来改变他们生活上的那种在外人看来真正贫苦的面貌。如果这种贫困破败的状况无法经由他们之手加以改善,他们便一定是寝食难安的,一定是充满着浓郁乡愁的。

正如我们所分析的那样,那只有着现代性追求的兔子如果不想办法停下来打个盹,那么,是不可能有所谓乌龟追赶上兔子那一天的。由此,一种无可避免地追赶的结构便成了传统农业文明与现代工商业文明之间的一种命定的关系结构,而所谓的乡愁,也便成了这种结构关系存在的一件外衣和修饰品。外衣和修饰品可以多种多样,但它一定不能没有,即不能空缺,或将一丝不挂,赤膊上阵。换言之,只有在现代人的灵魂之中人为地铸就了一种看似发自内心的乡愁的情感结构,现代人的不归之路的结构性偏离的关系才能够有所平衡,现代人内在的焦虑紧张之心才能够有所释放、平复和安定。因此也可以说,现代人自带一种乡愁意识,它们全部都从乡村生活的文化基因之中脱胎而来,这种"田园将无法回归"的乡愁意识,在离开乡村的那些人的头脑之中似乎更占据了一种支配性的地位,就像一种人的强迫性观念,随时涌现,无法抑制,挥之不去。

现代人如何能够真正面对这样一种嵌入其内心世界的乡愁的存在,同时又会做出怎样的一种行为反应,也便成为当下时代文化转型得以发生的根本。一般而言,有怎样的一种乡愁表达,便意味着有怎样一种乡愁意识下的文化转型。而今天的人类学家确实也有责任去挖掘这些特殊的乡愁类型在我们真实生活之中的存在语境,并能够分析归纳出它们在我们生活之中所处的位置和功能,另外还有就个人生活史而言的一种乡愁意识成长的轨迹。换言之,恰恰因为有不同类型的乡愁的存在,才导致了人们在观念之中所形成的种种乡村印象的涌出和固化,进而才有跟这种乡村印象似乎越长越像的一种乡村文化发展的路径和模式。

正向的与负向的乡愁

实际上,如果能够具体地做一分析,从乡愁结构的意义上而言,现代人所能表达出来的乡愁意识可以区分为正向和负向这样两种乡愁。所谓正向的乡愁，即一种积极的乡愁。这种乡愁意识的拥有者往往会对乡村的未来抱着一种乐观其成，盼望其有所发展的预期，因此将乡愁转变为一种实际去做事的愉悦，借此去做诸多更像是将工业化转入乡村的那种实际的努力和作为，这些人大约在其理想主义的头脑之中从来也不会认为乡村将在现代文明面前迫不得已地一路衰落下去。能够让传统的农业文明这只乌龟可以持续不断地追赶快速跃进的现代文明这只兔子，那便是他们所有行动的核心目的之所在，因此把希望化作了一种行动的力量，使之转化成为头等重要的方针和政策，然后再下大力气进入乡村，用自己的行动和作为去影响乡村、干预乡村以及改造乡村。乡村里的一切似乎都是没有什么抵抗能力可言，同时也没有什么抵抗的必要和可能的，进而可以任由他们头脑中所构想出来的一把规划之剪去裁剪，由此而使得那些近乎静态却无疑显露出一种衰败迹象的城市化背景下的乡村，成为他们眼中最为理想乡村规划蓝图的实施之所。

因此，"下乡"就是这些人最乐于去做的一件事，他们此类人的心灵结构也便是全部写在了"下乡"这两个字的上面。这同时也是很多关注乡村研究的人士最喜欢使用的一个语汇，"下乡"既显示出他们的研究对象，也体现了他们做研究的一种姿态。"上"对他们而言便意味着自己所握有的文明话语权，与"下"相对，在这里，是中心；而"乡"则是他们眼中的不发达以及贫困，在那里，是边缘。一种人类学家所讨论的时间与他者的关系，在此处完成了一次明显的拉开彼此距离的结构性映射，且极为清晰。[①] 而所有那些乡村发展主义者，所有那些用"下乡"的概念试图来包裹其自身颜面的，无论是以文化的形式还是以赤裸裸的资本的形式，都可以归类到此种乐天派的正向乡愁意识的人士一边。他们骨子里或者身体上都属于一种远离乡村之人，却千方百计要使自己变成似乎既懂得乡村，又懂得农业，更懂得农民之人，他们最喜欢用"苦"这个普通老百姓日常使用的描述生活之艰辛的术语来为自己乔装打扮，结果他们满眼所看到的就全部是老百姓的苦痛之处。最后使人感觉到，似乎

---

① Hanson F. A., Time and the Other: How Anthropology Makes Its Object, *American Ethnologist*, 1984, 11 (3): 597-597.

也只有这些人才能够替最为普通的农民喊出他们心中之"苦",但农民自身从根本上而言似乎并不理解这种由外来乡愁论者所强加的、远距离观察而得到的苦痛意识的同感,他们照旧去过自己早出晚归的寻常日子,只是由此所导致的政策的改变让他们一时有不知所措之感。

曾经一个阶段,由于取消了农业税,也没有真正可以替代的正式乡村组织的动员机制,这对于有着土地并在一年的辛苦劳作之后如果能够真正换来丰衣足食的实质性的粮食丰产,进而凭此来滋养自己以及家人的农民而言,那种生活方式和价值观念便不复存在了。而当他们一旦没有了这种对于国家制度性约束的责任,自然也就没有了非要去辛苦种地的义务和欲望,与此同时,悖论也在发生,因为即便是他们一年辛苦种地所得,最后可能竟连城市豪客们一顿饭的花费都不及,这种社会财富的分配机制的极度偏差又如何能够让农民真正以一种安宁之心去过普通农家生活?如果不能对根本的城乡分配体制不均衡有所作为,光是靠着"头痛医头,脚痛医脚"、一刀切地减掉农业的税收又有何用呢?况且,如果国家最为基本的跟农民之间建立起一种直接联系纽带的税收关系,怎么就能因为有几个喊苦之人而将此一笔勾销了呢?也许这种一有人喊苦,便走极端地彻底减除税务的做法,经过实践之后不仅没有起到真正安抚农民于土地上去耕种土地的作用,反倒使得乡村的粮食更为便宜;而同时由于城市人口的税收加重以及城市空间的改造升级,餐馆里的饭菜却是比作为原材料的农产品要贵上几十倍都不止,这恐怕就是那些持有着正向乡愁的乐天派在其最初呐喊农民之苦时所未曾预料到的一种乡村社会发展的结果,在人类学家的细致观察之后,会发现这样的一种政策实施有如闹剧一般令人唏嘘不已。

还有一种乡愁可谓是负向的,或者说是消极的乡愁。有这种乡愁意识的人大约也清楚地知道,自己或者自己祖上在脱离了传统农业文明后所得到的一种城市生活样态的福利和舒适,并逐渐努力地适应此种生活的种种制度安排和利益的供给,而不肯再回头去多看一眼自己曾经熟悉的乡村。他们对于乡村发展的悲观主义的乡愁真可谓是一种无病呻吟,他们只不过更多的是借此去哀叹现代生活的来之不易,他们已经从身体上远离了乡村,当然也从心灵上疏远了乡村,最后则是从一种价值观念上深刻固化了自己与他们的那种城乡文明之间的分离。可以说，他们是现代城市之中真正的理性人，为现代城市如何更好地有利于他们自身而精打细算、规划筹谋，因此也会使自己有一种身心俱疲之感。

在他们的眼中，乡村尽管是自己或自己的祖先从中生长而来之所，但只要有机会离开了那里，那里自然就可以被任意地丢弃而毫无一种眷恋之情，可以任其荒芜衰败下去。他们大概从来也不会去想一些更好的法子让留存在那里的人们有一种自由自在的自然生活。他们甚至连跟乡亲们一起围炉夜话的时机都不曾给予，他们向乡村里的亲人们留下来的最为决绝却经常要说的话便是："除非这里跟城市里一样，有了卫生间、马桶，洗澡淋浴设备；有暖气、空调和洗衣机，还有广阔平坦的街道，否则将绝不回返。"

作为少数留守村庄之人，又如何能真正抵抗住这样绝情的豪言壮语，因此所有可能的金钱都一下子转化成为原来只有城市里才会有供应的水泥、马桶以及空调之类的现代生活用具，在这样的一番改造之后，人们期待着这些情绪低落心存悲观乡愁意识的城市之人的归来，但结果却是这些人宁可在城市的边缘夹缝之中忧愁、哭泣与悲伤，也不肯回来故土一次。他们的乡愁跟乡村之间实际上已经没有一丝一毫的关系。他们那种不时表现出来的乡愁可谓是一种癔症性的，面对乡村凋敝而愈来愈深的忧心忡忡。他们深知面对现代文明的传统农业文明的末路，甚至从心底里也盼望着其早日到来，尽管他们自己对于未来原本也不抱过大的希望。显然，没有什么是他们不可特别舍弃的，也没有什么是他们所不愿真正舍弃的，源于人的潜意识里的破坏本能的宣泄和瓦解作用使得他们可以目空一切。对他们而言，乡村的存在实在是一种"累赘"，他们好像从来也弄不明白这样一个问题，既然有了繁华的都市，何必还要荒凉的乡村呢？因此在他们的内心之中，随时可以将这些没落的乡村抛弃。

加法与减法的乡愁

可以说，上面这两种人大约包揽了现代意义上的乡愁内涵的全部，而这样的乡愁合在一起便又会显露出全部文化转型的整体样貌。而在这些乡愁意识支配下的乡村重建造就了诸多乡村振兴的模式和路径，人们在其中各行其道，将生活的余力都尽可能地运用到了乡村这个"乖巧的"任由他们"打扮装点的"存在物上去。基于一种作为外来者的乡愁意识的分别，乡村也不再是遵循着传统农业文明的文化同质性样貌的存在，而是出现了一种内部异质化要素的分野，种种新的乡村发展的模式和路径也在不断地从中涌现出来。在此种涌现之中，由于乡愁者意识的正向心态和负向心态的两分而有一种基于其上的建设本能和破坏本能之间的分野。

概略言之，建设本能支配下的乡愁者会更加乐天派地去积极从事一种加法的运算策略，在原来宁静也不大受外力影响的乡村发展路径之上，添加各种全新的跟城市更为直接关联在一起的那些用以激励乡村自身发展的挂件、配件或者专门的生产要素，比如由此开发了旅游、餐厅、房地产之类的增加资本收入的项目，有的还会实践貌似传统实则现代的读经、推选乡贤的所谓乡村道德重建。总之，乡村的发展在人的构建本能的意义上成了诸多理想主义者的试验场，由此而可以任意地把城市里大家熟练而不肯再去做的事情转由"下乡"重来一遍，相比之前的送法下乡，尚有资本下乡、医疗以及务实的家电之类的商品下乡，而更为最近的则可能是楼市下乡。在有的乡村里，高楼林立的景观已经并非罕见，这些应该都属于一种城市空间向着乡村的大挪移。

而与此相反的情形则是一种建立在人的破坏本能基础之上的消极负向意义上的乡愁者受无意识支配而乐于去做的一种减法运算的策略。这样一类人也不在少数，他们在乡村建设的问题上常规的做法就是能减去的事情绝不增加，多一事不如少一事，从减税到土地流转，再到乡村手工业以及信仰文化之类，凡是能减少的发现项目绝不会再行去蓄意增加设置。在此意义上，乡村在物质性的表达上越来越像现代城市发展的套路，只不过此时现代与传统文明的主角一下子转换成了狮子和兔子，在它们之间存在着一种竞争和博弈的关系。很显然，兔子跑得再快，但如果一旦被追上，必然会被狮子咬死而成为狮子的盘中美食。而今日乡村的变化之快，实在是令人有一种有朝一日这只兔子总会被凶残的狮子吃掉一般的感觉。

作为曾经是乡土社会的乡村在中国近代化的历程之中也发生了一种天翻地覆的改变或称巨变，如果有时间去费孝通曾经去过的田野点访问，就会很容易地发现，相比八十几年前费孝通笔下的江村确实可谓已经发生真正的巨变。① 那艘借由缓慢的摇橹而可以经由一条名叫开弦弓的小河划出到村外去跟外面的世界进行贸易的小船，早已经不见了踪迹。当今村里这条河流上仍旧有缓缓摇橹滑动的小船，不过其功用已经大为改变，它不再是联系江村内外的交通工具，而是成了村里负责垃圾清理之人用来捡拾河道垃圾的运输工具，或者偶尔还可以作为一些老人家闲来打些水草摸些河鱼的临时性的运输工具，而旧时的那种船只往来运输的繁忙景象可以说消失得近乎无影无踪。自从通往苏州市吴江区的现代道路修筑完成以来，河道上船只远距离贸易运输的功能就已经在逐渐消亡了，取而代之的自然是一些更新、更快的陆上交通工具，包括三轮车、卡车以及小汽车之类。它们增长的速度与改革开放的速度恰好保持着一种同步甚至是超前的加速度。

对于做加法运算的乐天派的乡愁论者而言，乡村是经由人为发展而来，并非是什么自然发展的结果，因此人定胜天，人的主观能动性会被发挥到一种极致。基于此，一种外力干预之下的乡村发展就成了一种理所当然；反之，悲观消极的乡愁论者则是采取一种近乎文化退却的论调，在他们的眼中，但凡乡村便是一片凋敝，这成为他们在评判乡村生活时的一种执念，另外还有一种不信任乡村有自我再生产以及创造性转化能力的偏见，一并存在于这些人的头脑之中。结果，任由乡村日益衰落下去，不去深思一种城乡之间改善扶助之道，甚至干脆动用权力移出生活在乡村里的剩余留守人口，拆掉那里的祖庭旧屋，占用那里的良田耕地，使得昔日有着田园风光的乡村被强行纳入了一种扩张性的强势城市规划与治理的范围之内。这种做法的一个共同性策略便是采用改名换姓的做法，使得曾经可以称为"县"的地方更名为一个更大城市的一个"区"，曾经是"乡"的则被更名为"镇"，甚至有的直接将拆迁后的村落更名换姓并入城市社区管理的范围之内，由某村而一改名称为某一街道或社区。

---

① 王莎莎：《江村八十年——费孝通与一个江南村落的民族志追溯》，学苑出版社2017年版。

这样的城市化进程便一定先由城乡接合部扩大到近郊，而随着一种政府管制力量的加强以及城市建设资本的强盛，再进一步扩展到相对城市中心而言更为远距离的远郊，通过高速道路、桥梁、隧道等现代交通设施以及班车、地铁或者快轨之类的交通工具而使得城乡彼此连接，在这方面的发展各地的路径和模式大略相似，大同而小异。还有就是通过在乡村集体土地上开发高层楼房的方式而使得村里的年轻人一结婚便住到新式的高层住宅之中去。

一旦人们的居住空间发生改变，他们作为农民的生活方式也就自然而然随之改变，可以说没有哪一种传统可以真正去抵抗这种物质环境的改变。而那些高声呐喊"三农"问题的专家似乎也一夜之间偃旗息鼓，不再能听到有什么真正的呐喊之声了，这里的原因也很简单，因为他们所说的那些乡村之"苦"所赖以依靠的物质性基础或根源都已经不再存在，所谓的"三农之苦"，也就无从谈起了。过去那些持悲观姿态的乡愁论者的呐喊，曾经使得一种本来可能稳固且有其自身制度结构的乡村文化就像给孩子洗澡连同洗澡水一并泼掉一样，似乎借着减税之类的举措而能够一了百了地使乡村问题消失了。但殊不知，这些悲观论者对于乡村生活究竟是怎样的认识本来就很肤浅，又不能够身体力行地甘做乡村生活的实践者，头脑一热，凭着一股子的蛮横激情，在自己所臆想出来的那些"群氓"之中做了一回有似跟大风车较量的堂吉诃德式的英雄。结果，表面上旧的问题似乎一笔勾销，不存在了，但实际新的问题却又层出不穷，因为真实的生活本来就是如此，酸甜苦辣，各种滋味都会包裹于其中，人们要用长期积累和发挥作用的文化去解决生活之中所出现的种种问题，这种种的问题又大多数是跟人们日常生活之中最为简单不过的需求相互紧密地联系在一起的。

显然，文化被人类发明出来，乃是更为便于人们去满足自身的那些需求而存在的。但于悲观心态的乡愁论者而言，他们大约只会哭喊吵闹，发太多无端的感慨，并只会从外面去看世界，见到有人劳作便远距离地生发出一种有似菩萨或上帝一般的悲天悯人之心，但若能真正体贴那些劳作者的内心，更为深入地带着一种异文化欣赏的姿态去看这一问题，那么，一种基于安定生活的勤苦劳作，不也是作为农业文明的祖先自我选择以及当下的实践者乐于有所作为的快乐生活的来源吗？如果能有机会去在田野之中多听听各种劳动时人们彼此通力合作所喊出来的劳动号子或者在田间地头、红砖青瓦的屋檐下所飘荡出来的悠扬小曲，还有，在一年到头的辛苦劳作之后，全家人会聚在祖屋的厅堂之中或者一家核心的火塘旁边，有说有笑，吃吃喝喝地在一起迎接新春到来的欢乐场面，那我们从哪些方面非要给这原本平静安宁的日子添加上一个外来人所谓的"苦"字呢？而其中的"愁"又是从何说起呢？而这种被一再叙述的"愁"和"苦"究竟又是属于谁的"愁"和"苦"呢？

自己舒适地生活在城市之中，或者身负着一种无法丢弃的城市之人的傲慢姿态，同时自己对于城市生活种种的不满心态，却直接映射到了他们眼中所看到的并非一般城市人生活的农民生活之上。那种悲观乡愁论者眼中的世界，也自然永远是一种悲观的乡愁腔调，不论是在乡村还是在城市，情形都是一样。反过来的情形，也不过是大同小异，你没听说过在城市之中的那种"城愁"吗？显然，不论是在城市还是在乡村，苦乐参半才可能是一种生活的常态，在人们忍受痛苦、满足需求、获得欢乐的过程中，是一种文化在发挥其应有的调节和使人达至生活目的的作用，与此同时，文化也在这种成长和成熟的过程中完成了其自身的凤凰涅槃，实现了一种有新意的创造性转化。

今日所见之乡村文化发展模式及路径的转型，显然是建立在正向和负向这样两种外来的影响乡村的乡愁意识和观念之上。由于二者之间特征的背反性，其所产生的乡村文化构建的后果也是不一样的。在一种正向乡愁的发展路径和模式上，我们所见到的是在乡村这个公共符号上所附加上来的种种原来只能是在城市之中才会有的一些名目，诸如旅游、度假、生态观光以及最新的艺术介入乡村之类。附加上这些名词的后缀之后，人们便会认为真正变化之中的乡村文化必然是真实地如此这般发生的，但在实际社会的运行之中，硬塞进来的这些项目要素是否真正适合于当下的乡村，或者表面适合了，实际是否适合，那都还是一个未知数，甚至可以去做一种预测，无论怎么去做，结果也都是村里、村外人的两种主张的两张皮，相互并无法能够贴合在一起，也就是农民之所思所想和那些怀揣乡愁意识的城市外来者之所思所想并不能真正地搭上界，形成一种彼此观念上的交叉，也自然不能产生一种相互磨合之后的有机性的发展。

农民参与的乡村振兴

但在这里，有一个例外便是农民自己发自内心表示认同并积极主动参与其中的那些发展项目，这些项目在农民积极主动参与之中往往会有很大的成功的可能性。也就是在此过程之中，乡村内部的要素和外部的要素之间能够结合在一起，相互拧成一股绳，此时，这种乡村项目的发展就会变得顺畅以及完善很多。这是一种有机结合型而非机械结合型的发展模式和路径，这里所谓的机械结合型的发展模式和路径，即是指面对同一个寻求改变对象的行走在两股道上的行路者和改变者，相互之间由于只能各行其道，平行而无交叉，结果也就没有什么真正的乡村作为。这种机械结合型的发展，也大多会造就出一种乡村文化转型的失败案例，比如那些跟乡村真实生活无实质性联系的民俗旅游以及生态观光之类的发展项目，表面看似有一种浓厚的乡土味道，但是实际上一些过度豪华奢侈的民俗酒店，还有通过收门票的村落旅游发展项目都远离了人们心底对未来应该有的生活的想象，更与当地人真实的乡村生活隔绝着千山万水。这种做法在满足了那些没有城市的设施便不回农村居住的悲观乡愁论者的奇怪欲望之时，却把更多的在村子里依照传统而生活的农民拒之门外，这些在乡村所开展的内容跟那里百姓的生活也无实际的瓜葛，各办各的事，各走各的路，形式上仍旧还是里外两张皮，无论如何也贴合不到一起去。

而真正能够结合在一起产生一种乡村发展创造力的便是内外之间的一种有机性结合，也就是乡村的内与外之间彼此相互作用成为一体，产生一种合力。而那种持乡村发展悲观论调并意图要乡村尽早地发生一种彻底的朝向现代性的转型，并对农业本身予以完全取代的负向乡愁论者，似乎他们的主张也并非全面的没有光明，他们的主张在一定意义上能够给有能力从大众之中脱颖而出的那一部分人提供一种真正自由发展的机遇，乡村里最先富裕起来的那一批人，首先便是因为有能力脱离农业而富裕起来的那一批人。从苏南模式到温州模式，乃至于席卷整个中国的乡镇企业发展之风，必然又都是跟这种有意识地去脱离乡村的那种现代文化成长的转变之间极为密切地关联在一起的，由此也才能够在乡村之中涌现新的楼房建筑、大量的资本、财富以及利用自有土地开办工厂乃至于最近越来越热闹起来的返乡创业，其中所创之业必然更多的是跟"非农"项目联系在一起的。在这里，表面看起来一种意欲打破传统农业作为的消极负面的乡愁论者的那种现代工业文明的作为和拉力，使得无意之中在地的非农经济及其相应的文化创造得以显现，一种传统乡村生活的工农相辅的模式虽未全部得以复兴，但基于乡村的土地利用而有的真正的乡村文化的变革却又在悄然出现。

人们在此时只要能够重新回归到乡村故土，他便要应对在那里仍在运行着的乡村文化的场景，必须为这种属于自己真正地方性认同的文化做出一定的贡献，这也便带动了工商业者在自己家乡当地的发展和开拓。农业在此意义上仅仅是一种辅助的手段而已，或者说只是一种生活方式的象征和认同，跟传统的以农为本、以工辅之的文化模式相比显然是完全颠倒了，成了"工为主，农为辅，商为助"或者"商为主，农为辅，工为助"的新乡村发展模式。而一种顺带地被强化起来的村落文化认同，也恰恰是在此一过程之中得到了特别的加强以及在方式方法上的新拓展。比如村里的人开始因为家庭生活的富裕而有余力去重新修订家谱、恢复祭祖以及相关的集体性公共活动，以家户为单位，为村落道路平整或修建而给予实际的人、财、物上的支持和捐献。在这里，村落之中的企业，其最为核心的社会责任便是能够有机会去回报或者回馈自己的乡村故土，由此乡村振兴也便顺理成章，而如果没有这一前提的存在，那么作为结果的乡村振兴将不会这么容易出现。换言之，对乡村的发展而言，如果能够给当地人以充分的自由发展权，那么回报给这个社会的必然是每个人或每个家庭的独特而巨大的贡献。

显然，在这样一个人为事务的世界之中，同时在今天人们的整体性认识之中，人们已经极为清楚地意识到，没有什么东西是一种绝对的正确，也没有什么东西是一种绝对的错误，"塞翁失马，焉知非福"，一种积极的生活可能会向消极的生活转化，而消极的生活也有向积极的生活转变的机会，所有这些都是可能发生且必然会发生的社会原则。可想而知，在一个没有村落领头人出来为大家干事的村落之中，看起来经济上似乎没有那么发展强劲，但却无形之中保留下来了他们自己的生活传统和惯例性的生活，基于此而保持了一种相对恒久的社会秩序；而在村落有特殊能人出现并能够引领着大家一起向前大踏步地迈进之时，村落也必然会风光无限，"要风得风，要雨得雨"，而一旦这领袖式的村落精英不在其位，或"撒手人寰"，直接结果就是在无真正能人牵头做村落之事的情况下，由其他人来接替的不知所措，或无经验去予以应对的局面。由此，村落"非农"的工商经济便会随之一蹶不振，这种情况的发生也是有其极大的可能性的。任何事物从来都是具有两面性的，好坏之间可以相互转化，乡村的事情也没有什么例外可言，因此任何急迫地要用一种办法和一条原则去改造乡村的努力最后也都只能是以失败而告终。

　　不论是一种积极心态的乡愁论者，抑或是消极心态之下的悲观而放弃希望的乡愁论者，实际上都可能是在走向一种乡村发展路径和模式上的极端化，而一旦极端，也便少了一种包容，少了一种对于自己行为的克制之心，因此便会盲目地向自己所预设为真理和正确的方向上持续地迈进，但这样做的结果往往适得其反，一旦用力过头、过猛之后，就如过度去拉皮筋一样，使劲拉开的皮筋便会因为断裂而从一端缩回到了另一端之中来。不论是在理论上还是在实践上，一种极端的想法往往并不令人可信，特别是对于由多种多样心灵所组成的，自身可以变动且不确定的社会而言，情形更是如此。而中国传统智慧的那种居两端之中的"中庸之道"反倒可能会真正把握住一种文化逻辑的真理本质。这里所谓的居两端之中的"中庸之道"，并非是指固定于某一两端之间的中间点，而是包含着从一端向另一端慢慢滑动转化的不断自我调适的过程，在此过程之中，也便意味着一种不期而遇的创造性改变或者创造性转化的可能发生。

　　应该清楚，中国的改革开放是在一种"拨乱反正"的时代背景下所发生的并给亿万人民带来极大福祉的大变革。它自然不是一种纯粹的从左向右的大逆转，而是居于左右其间或其中的一种包容性发展和社会改变。而如果离开了此种包容性且居于左右之间的道路选择，改革开放的成就也就自然不会有今天这么大。搁置"姓资"还是"姓社"的争论，就是一种放弃了走向极端的道路选择，而"两手都要硬"的社会治理策略的隐喻性表达，也是不走极端的一种内在的文化自觉或智慧呈现。乡村的改革同样在走或者至少在改革之初是坚定地走了一条中间之路。"让一部分人先富起来"这句掷地有声的政策性口号，激发起了社会中的大多数人的行动热情以及自身潜在能力的发挥，而与之相对应的"共同富裕"的口号从来也没有因为实实在在有一部分人先富起来而予以放弃。在种种的政策调整之中，人们都在试图去选择一条适合于自己的发展道路，中国改革开放的四十年，就是在这样的不断选择之中走出来了一条不偏不倚的中间道路。

回归农民的自主性

在这中间道路的选择之中，农民的自主性参与和发挥是一个非常关键的因素。这种自主性实际上是跟一种带来改变和转型的创造性之间密切地联系在一起的。人们真正地参与其中，自己去寻找跟外力的合作互惠的可能，从中发现自己的长处和优势，而非一种外力的直接介入、大包大揽，在这中间，交往双方的任何一方如果失去了自主行动的动力，那么所谓的良性发展都必然是不会成功的。回想一下那些当年创办乡镇企业的第一代的先富起来的创业者，有谁不是穷则思变，困境中求得一种突破，由此而冲出村落社会的封闭，到外面世界去寻找种种可能的发展机会，在城市工商业的夹缝和边缘地带，在城市人的不屑一顾和白眼排挤之中获得了自己日渐长足的一个生长空间；反过来，那些第一时间未曾参与其中，未曾主动到外面环境中去寻找资源以及解决自身问题的，便被一浪高过一浪的改革潮流迅速地抛在了前行队伍的后面。在这方面，所谓经济发达地区和经济落后地区的机遇把握能力的差异是可以形成一种鲜明对照的，后者往往就是因为不去主动自觉地参与改革发展，而失去了其最佳的发展机遇，经济上落后也就在所难免了。

从这个意义上说开去，那么，一种农民自主的创造性才可谓是乡村振兴的根本，只有这种不断涌现的创造性，才是真正可以带动传统乡村文化有一种面向新时代的新转变的前提，否则，不论是正向还是负向的乡愁意识，其所引导的乡村改变都只可能是一种外加上来的力量，是农民不自觉其因何而要有所改变的一种差强人意的硬性改变，而非真正意义上的变革。显然，这些做法都只可能是作为旁观者的一厢情愿，各持己说，却又要强力去推行此说的一种盲目的行动而已，跟在地的乡村里的农民的所思所想难于搭上一个真正可以有彼此交流的边界。

或者也可以说，找寻到农村发展之中的真正行动者而不是旁观者才可谓是全部问题的关键。而以行动者主体为中心的发展路径和模式，才是乡村在未来发展上最为重要的关键所在。因此，文化转型便是一种基于行动者主体而言的制度转型，它包括了人们实际生活的方方面面，所引发的也是整体性的制度模式的转型。其中最核心的是要看到乡村在自身发展上的主体性的参与程度的高低，积极的参与相比消极被动的参与要意味着有更大可能的转变与转型的发生。而且更为重要的是，乡村文化转型上的真正挑战显然主要不是来自于一种传统的人地矛盾的那种挑战，这种挑战实际上是可以不断地激发起以种田为生的农民的积极性而加以克服的，诸如农工相辅、农商相辅的种种应战之后的乡村问题的解决办法和途径。在此意义上，对乡村的农民而言，挑战恰恰意味着是一种机遇，由此机遇而去行动起来，使所处的局面发生真正的改变，实现自身对于当下困境生活的超越。

或许一种真正无解的挑战是来自于城市化浪潮对乡村生活世界的吞没，它实际上是将乡村文化生活的脉络彻底予以铲除，生活因此便没有了一种根基，这根基对于乡村之人而言，那就是赖以为生或者借以作为自身生活存在象征的土地，而一旦土地没有了，那任何的挑战带来的只能是绝望，而不可能是其他。也许，在乡村文化的发展中，土地才是所有问题的关键，也是所有问题的底线，所有的文化要素都是借由土地的存在和拥有而被生产出来的。因此，没有了犹如"命根子"一般的土地作为保障，乡村的振兴也就将变成一种无本之木、无源之水的问题追求了。由此全部文化要素发挥作用的场景都不复存在，那么乡村的振兴，或者更多意义上的一种文化振兴，也就只可能是一句无的放矢的自言自语，没有了具体予以落实的真实的振兴空间存在。土地才可谓是农业文明的一个生态场景，一切文化的运行都会因为土地的存在和拥有及其耕作收获才会有可能真正发生，否则便只可能是一种由概念到概念的空洞的讨论和说教。而改革开放之初的农村"家庭联产承包责任制"的落实，也是基于一种困扰中国发展的土地制度的重新调整，之后才有了改革开放四十年来中国跻身世界的经济腾飞以及对于其他行业发展而言的动力刺激，这是真正启动了"中国富起来"进而"中国强起来"的一部大马力的发动机，是带来中国乡村文化转型的第一步，也可谓最为关键的一步。

但这根本还是一种文化上的转变，也就是因应中国家庭乃至家族文化的转变，人们在亲缘关系的基础上重新创造和再分配资源，人们也因此而得到了实惠，既有"改革红利"分享，也吃饱了饭，同时而有了在社会生活其他方面的改观。换言之，对中国农业文明而言，其文化的根基恰恰是在于亲属制度中的"家"观念对于人伦关系的建构和维持，同时也是一种差序性互惠互助体系的构建。如果能够切实理解此一文化上的独特特征，自然也就理解了一种文化变化和转型所可能来自于的方向和源头，那就是土地制度和家庭制度的相互配合而生发出来的一种强大的合力，由此才会有作为副产品的经济生活的真正繁荣，甚至可以说，根本就是一种由此而来的文化上的大繁荣。因为，纯粹的经济要素是无法从整体性的文化之中专门分离出去的。文化的这一基础及其自觉的转变才有可能带来其他各方面的改变，也才能成为其他要素改变其功用的动力基础或来源。

因此可以概括地说，对于中国乡村社会而言，土地和家庭这两个文化构成的要素必然是至为重要和关键的。显然，没有了土地，村将不村；而一旦没有了家庭，村亦将不村。在传统的时代之中，我们的文化近乎用尽了其全部的意识形态功能建构起家庭以及由此而延伸出来的家族观念的至上性、至尊性和无可取代性。包括父系继承、"孝道"观念以及"三从四德"之类的社会道德教化的观念与实践，其核心目的无一例外是要将种地的农民真正能够安抚在广袤的土地上，能够安抚住守护土地过日子的农民，也便是守住了真正能够维护乡村文化和乡村秩序的一批人。即便是在此一过程中有人偶然离开了此一文化的氛围，但只要是有机会回返，那回返的目的地一定是自己在故土的家庭，所谓"衣锦还乡"，所谓"叶落归根"，这些对每一个农家子弟而言都属于其内心之中最具有崇高的社会与文化价值的追求和满足，而对此的推崇，也无形之中造就了中国乡村社会秩序的长期稳定，即基于一种家庭社会结构的稳定和对于土地的依赖。而在这种稳固的家庭观念之上，其他方面的制度文化也完全是为着家庭制度而服务的，由此而使得乡村的家庭既充满了一种生产的张力，也充斥着一种再生产的活力。由此，从一种家庭结构的改变而发生的乡村文化的转型，也就真正成了乡愁中国最可能会去表达的一个向度。与此同时，家的观念便又和国家的观念之间自然地联系在了一起，形成一种"家国一体"的联动模式，使其必然成了整个中国社会发生一种文化大转型的根本和枢纽。

前　言

历史地看，中国社会研究的许多范式都是围绕"土地"概念建立起来的，侧重于关注费孝通先生所说的"被土地束缚的中国"，并发展出以"场所民族志"为典型的村落/社区研究范式。费孝通先生通过对乡土中国的经典描述，刻画了构成中国农村原生态乡土性的主要特点——封闭的乡与凝固的土。但随着城镇化进程的加快和城乡之间人口流动的增加，传统意义上的乡土社会正在经历快速而深刻的转型，村民同"乡"与"土"的关系已经发生巨大变迁，农民已经不再主要从土中获得收入，甚至可以脱离土地，乡土的流变性导致了空间和文化的双重转型。因此，超越乡土社会的研究视角应运而生，出现了由村落（社区）向区域、流域等对象拓展的研究趋势。如何开启从"水/江河/流域"理解中国的新视野，也成为新时代一代学人的志业。

与理论研究视野的拓展类似，中国农村发展也呈现出个体（家庭）向村落、区域（流域）扩大的趋势，这一点在以旅游开发为特征的乡村发展实践上尤为显著。当前，依托江河/流域及其周边的自然和人文资源禀赋进行旅游开发，是乡愁/乡土/乡村旅游发展的一种普遍趋势。随着旅游业的发展，乡村社会出现了从封闭空间向流动空间、农业空间向旅游空间的转变，而且这一趋势目前依然方兴未艾。乡村振兴战略为广大农村地区，尤其是拥有资源优势、区位优势的乡村旅游带来了新的契机，而且可以预见，乡村振兴所鼓励的旅游开发方式将不仅仅局限于传统的"乡村旅游"或"农业旅游"，以吸引城里人前往感受乡愁、留住农村人内心的乡愁为主导的"乡愁＋旅游"形式将会越来越受到重视。这既是我国乡村振兴战略中对农村属性的一个定位，也是从旅游开发视角践行乡村振兴方针亟须探索的一个重要理论和实践研究问题。

有鉴于此，本书从理解现代性视角下社会空间转型入手，以横跨山西、陕西两地的黄河乾坤湾流域旅游发展为研究对象，结合我国当前乡村振兴和乡愁旅游的时代背景，遵循流域人类学研究范式，剖析黄河乾坤湾流域从农业空间向旅游空间转型的逻辑主线和不同阶段的空间特征，揭示伴随空间属性的发展变化，各相关主体的空间诉求、行动策略引发的社会文化变迁及调适手段，为新时代我国广大农村地区以旅游为载体的振兴发展提供理论和实践借鉴。

需要强调的一点是，尽管本书的内容包含多个专题，但是有一个主题始终贯穿如一，那就是在对乾坤湾流域近7年的持续观察、调查和认知基础上，寻求理解乡愁中国的社会文化逻辑，以及在全球化背景下，在现代性流动中，在乡村振兴战略下，乾坤湾社会在内外主体的相互凝视与彼此互动中所作出的回应和调适，以期描摹出在此背景下文化的冲突、选择和重构的过程，以及新的外来力量如何有机地整合到乾坤湾乡土社会之中，成为乾坤湾整体社会生活一部分的文化诠释。主要包括以下几个部分：

绪论部分主要介绍本书的选题缘起、学术谱系、学理反思、理论观照和研究基础，阐述情绪作为乡愁中国研究的切入点，以及超越村落的流域民族志尝试，说明所借鉴的理论和研究方法，为后续内容的展开提供指引。

第一章是黄河乾坤湾流域社会。采用流域人类学研究范式，在描述田野印象和田野调查基础上，阐述在时代契机——乡村振兴背景的推动下，作为"地方"的黄河乾坤湾流域社会如何步入"旅游型发展"快车道，并日益建立起自己的旅游空间体系，推动由传统农业（乡土）向旅游产业（乡愁）的转型。

第二章是卷入与生产：乾坤湾的发现。借鉴亨利·列斐伏尔"空间实践—空间表征—表征空间"的三元辩证逻辑，通过对政府、专家、企业、游客、村民等利益相关者的分析，解读黄河乾坤湾流域以伏羲文化、黄河文化、黄土文明为核心的乡愁旅游空间生产过程及其文化转型特点。

第三章是传说与地景：伏羲文化的嵌入。在对伏羲地望、黄河流域伏羲景观群和乾坤湾传说风物进行深描基础上，阐明从"河怀湾"到

"乾坤湾"、从"鞋岛"到"河图岛"等地名标识过程对乾坤湾旅游发展的意义。首先，在文化层面上，借由"伏羲文化""黄河意象""黄土文明"的象征性，形成文化在空间上的宣示性；其次，在景观叙事上，通过将乾坤湾视为一个"伏羲始画八卦"的地方，实现了地名标识与伏羲文化的互嵌。

第四章是流动与固着：道路与乾坤湾的嵌合。通过对乾坤湾津渡/码头、高速公路和沿黄公路时期，以及河陆空景区交通网络的形成，探讨乾坤湾与外界的联系与区隔问题。虽然一度有过交通相对不便的时期，但乾坤湾从来都不是一个孤立、封闭、僵滞的区域，它一直处于流动的状态中，对外来的人群、商品、文化持一种开放和包容的态度。旅游开发使乾坤湾加速融入省级、国家甚至全球层面的交通网络中，通过道路的连接，不仅城与乡之间形成了普遍和持续的互动，而且在历史、社会、空间层面上表现出一种连续的状态。

第五章是作物与生计：黄土高原的新意义。通过对乾坤湾作物与生计的转型，反思人类学关于海拔与生计研究结论的解释力，从斯科特的"逃避作物"和陶云逵的"海拔经济"两种理论路径中，寻找一种对话和相互启发的可能。乾坤湾的案例表明，随着市场经济、旅游发展以及现代农业技术的进入，海拔差异在不断被克服的同时，也获得了新的生态和文化意义，在此过程中，人—地—物之间的关系得以重新调整和形塑。

第六章是表演与实然：转九曲的地方性。在阐述乾坤湾转九曲娱人和娱神传统后，将转九曲的现代转型划分为第一阶段（1997—2001年）、第二阶段（2002—2014年）和第三阶段（2015—至今），分析转九曲旅游表演的文化意义。对乾坤湾人而言，需要对转九曲仪式进行文化改编或改写，以使其富于表演性；对游客来说，通过参与到转九曲活动当中，完成对乾坤湾的旅游体验。从转九曲活动来看，完整的仪式过程已经不再是最重要的部分，选择性展演的内容才是建构地方性旅游意象的关键。

第七章是家屋与客栈：民宿的乡愁表达。在描述乾坤湾企业经营型、公司+农户型和农户自营型3种类型民宿基础上，解读乾坤湾在"内""外"视角下对"家"的乡愁形塑与感知。首先，民宿消费者对于乡愁的想象和追求催生了民宿的经营；其次，大量出现在旅游推介、美食宣传、民宿推广和食品安全报道等影视节目中的各类正面或负面评价，不仅为民宿消费者提供了想象的空间，也为窑洞民宿经营者明确了标准和方向。虽然这些民宿开在远离城市的黄土高原地带，但却体现了城市对乡村的支配关系。

第八章是道地与在地：舌尖上的乡愁生产。透过对乾坤湾人的核心食物——馍馍+小米粥、槐花食品的描述，从食在道地、食在正宗、食在方便、食在打卡4个方面，探讨旅游饮食的道地性与在地化问题，反思饮食所具有的社会文化价值，以及在后现代风土主义背景下，饮食文化如何建构道地话语等议题。

第九章是怀旧与展示：乾坤湾的记忆剧场。通过对乾坤湾窑洞购物中心、黄河蛇曲国家地质博物馆、红军东征纪念馆的解读，说明旅游场域中的文化展示无所不在。无论是物质性的空间生产，还是非物质性的空间生产，都是一个选择性的意义生产过程。对于物质性空间的生产，一方面反映和呈现了某种集体记忆，另一方面也是型构、再建集体记忆的过程。特定的记忆能否被回忆或以什么方式被回忆，取决于记忆的社会框架。从这个意义上来说，过去不是被保存下来的，而是在现在的基础上被重新建构起来的，既受过去记忆的影响，也立足于现在并受当下社会文化所影响。

第十章是熟悉与陌生：乾坤湾的景区社会。综合空间社会学和反思现代性理论，将对乾坤湾流域空间属性转型的解读从生产力的层面上升到生产关系层面，探讨农业生产空间向乡愁旅游空间转型过程中，乾坤湾流域旅游空间内社会关系的结构要素和主体角色变化。随着乡愁旅游空间属性程度的加深，乾坤湾流域原本的典型乡土社会特征——熟人社会关系网络呈现出从熟悉到陌生、再到生熟相间的转变轨迹。

第十一章是陌生与熟悉：乡土关系的调适。乾坤湾熟悉陌生人社会的关系网络主要表现为内部和外部两种关系，外部关系主要是乾坤湾人与开发商之间发生的互动关系，这是一种显性的陌生人关系；内部关系则是乡土社会内部在旅游开发下自发形成的新型职业——"捎客/文化经纪人"和"职业原住民"，这是一种隐性的陌生人关系。而在这种熟悉与陌生之间，乾坤湾出现了一种新的"主—客"关系，表现为城里人与乡下人的互视、穷村民向富村民的逆袭、普通村民与精英村民的偏离等。

第十二章是结论与反思：迈向安放乡愁的旅游。总结前面的研究内容，提炼乾坤湾流域乡愁旅游空间生产的成功经验，反思值得进一步关注的地方，并以小见大，将乾坤湾的做法放到乡愁中国背景下进行讨论，探索乡愁旅游在乡村振兴中的着力点。在乾坤湾由农业空间向旅游空间、由封闭空间向流动空间转型过程中，空间生产不仅表现为空间形态的变化，而且表现为空间社会关系的转型与调适。对乾坤湾乃至中国乡土社会来说，乡村振兴为乡愁旅游空间生产提供了时代契机，乡村空间也发生了巨大转型，既是一个想象的地方社会，也是一个迈向第三空间的地方。

第十三章是余论：从乡土中国到乡愁中国。乡土性一直都是理解中国社会的基本视角，并以凝固的土和封闭的乡呈现出乡土中国的典型社会特征。然而在现代性的冲击下，中国农村社会、文化、秩序已经发生巨大转型，表现出农村乡土性向城市现代性的趋同。在此背景下，通过乡愁旅游空间的生产，保留乡土社会的合理内涵，这既是本书的研究出发点，也是研究的落脚点。

综上，如何由乡土社会联想到流域社会，在乡土中国与乡愁中国之间找到历史与现实的纽带，对于分析当下全球治理的流域问题，以及黄河流域生态保护与高质量发展，无疑具有十分重要的意义。在一个米歇尔·福柯曾经预言的21世纪的空间时代，本书不仅可以丰富社会空间理论的微观应用，也能为乡村振兴背景下乡愁/乡土/乡村旅游开发的路径与模式选择提供参考借鉴，在线索民族志调查、流域民族志撰写、流域人类学研究范式建构和分析框架确立上都将具有积极的方法论意义。

绪　论

"让居民望得见山、看得见水、记得住乡愁"成为每一个怀有"中国梦"的人内心深处的共鸣,当"每一个人的故乡都在沦陷"的时候,"思乡""恋乡""归乡"之情不仅变得深切浓郁,而且也表现出与"采菊东篱下,悠然见南山"传统农耕生活不同的语境,在更广泛的层面上表达出对于回归原生、融入自然的渴望,从而形成对传统文化的观照。

——题记

无论我们如何定义乡愁,无疑它正在给中国的城乡嵌入一种新的理解机制,使得对社会文化的新洞察不容忽视。正是因为乡愁,愈来愈多的旅游者进入乡村社会;正是因为乡愁旅游的发展,乡愁才作为一个沉寂多年的问题重新为社会所提及并关注;正是因为乡愁,引发了学术界对整个乡村社会结构以及更宏大问题的思考,而对乡愁中国的学理式研究也由此展开。

第一节　选题缘起:一个人类学者的学术理路

学术研究的意义和灵魂是一个具有独特价值的命题。这种价值主要体现在学术积累和社会发展两个方面。就学术价值而言,应该在研究进路、研究方法、论证逻辑、基本结论等方面对既有研究形成对话和创新;从社会价值而论,社会科学研究特别是民族志作品,其生命力应主要体现出对现实问题的人文关怀。因此,研究的缘起须以现实的关怀和学理的认识为基础。人类学、社会学学科尤其如此。相信没有人会否认,选择有价值的研究对象是研究的起点和基础。回顾我的学术历程，对事关空间的学科倾注了浓厚的兴趣和巨大的热情，随着认识的深入，也使自己将对"点"的兴趣向：面拓展，从侧重少数民族文化研究转到中原文化、区域/流域社会的观照上来。但兴趣只是学术研究的一个面向，当个人志趣转换为学术问题时，还需要有一种从学科领域中概括出来的明确的问题意识以及理论对话旨趣。①

在选择黄河乾坤湾作为研究对象之前，作为一个在西南地区长大，从求学到工作都没有跨过长江流域的人，我的生活经验和田野调查几乎都拘囿于此，并主要在费孝通先生提出的"南岭走廊"一带进行田野调查，对于黄河流域和黄土地区的认识仅仅停留在文献知识和媒介传播之中，更谈不上学术上的探讨，但正是这样一种"陌生性"，激发了我的求知兴趣，也符合人类学者对于"他者"世界的想象。虽然我接受正规学科训练的时间不长，但从小到大在农村的成长背景、十几年在政府部门的工作经历，以及在广西北部湾进行挂职锻炼、在中国社会科学院民族学与人类学研究所做博士后研究工作、在中国人民大学社会与人口学院做访问学者的历练，使得我在从事研究、教学、工作、田野多重体验背景下，对于人类学在当下的社会可以产生何种影响，又可以产生什么样的社会实践方式，也有着自己的独特感受。

从攻读硕士学位开始一直到博士毕业和再次工作，我的研究方向和兴趣一直都集中在民族学、人类学专业领域内的研究。20世纪50年代初，人类学学科领域开始转向对文明社会研究，费孝通与雷德斐尔德两位人类学家为这一转变做出了开拓性贡献，他们对文明社会研究进行了理论与方法上的拓展：在处理社区多样性方面，费孝通使用类型比较法，雷德斐尔德则提出乡村—都市连续统模式；而在纵向社会结构方面，两人都提出类似的城乡一体的整体社会结构模式。②

从村落理解中国曾经引领了近一个世纪的社会学人类学研究，也产

---

① 朱炳祥：《自我的解释》，中国社会科学出版社2018年版，第6页。
② 张江华：《"乡土"与超越"乡土"：费孝通与雷德斐尔德的文明社会研究》，《社会》2015年第4期，第134—158页。

出了众多基于村落的民族志作品。在新的时代，我们不仅有必要重新去回溯和回顾这些村落研究的成果，更需要发现一种新的理解中国的研究视野，那就是区域/流域社会的认知和撰述，从而书写一种流域民族志。早在20世纪50年代，莫里斯·弗里德曼和威廉·施坚雅等学者都不赞成将中国的村落视为一个完整意义上的社会基层单位。施坚雅在《中国农村的市场和社会结构》一书中，对将村落作为中国农村基本单位的做法提出了疑问，指出农民的实际社会区域事实上超越了他所处的村落边界，主要取决于他所处的基层市场的区域范围。① 与弗里德曼一样，施坚雅反对直接将中国的村落当作中国的缩影，认为单个的村落民族志并不能说明中国社会的整体性。相反，应该探索一种超越村落的社会人类学。同样地，乔治·马尔库斯和米开尔·费彻尔也指出，任何的历史或民族志研究，只有放在更大的世界政治经济历史背景下，才能获得自身的意义。② 而要实现这一计划，建构一种包含多个地点的单一文本民族志是一种必要的研究策略，即用多点民族志来探索两个以上的区位及其在时空场合中的相互联系。相较于以往的民族志研究，这不失为一种改进和提高，但在操作层面却面临诸多困难，对于这一点，马尔库斯和费彻尔本人也深刻地意识到了。近年来，赵旭东提出了一种民族志叙事的新范式——线索民族志，即超越聚焦法定点研究的场所民族志，用线索追溯法实现一种在点之上的线和面上的整体宏观理解，来追溯人行动的轨迹，形成一种自我提升的民族志真悟。③ 这样的一种研究范式超越了村落的定点场域，而将视角延伸至更广泛的区域。

第二节 乡愁中国：情绪作为研究的切入点

人类学的情绪研究，旨在呈现文化的差异性，也就是透过情绪来了

---

① [美]施坚雅：《中国农村的市场和社会结构》，史建云、徐秀丽译，中国社会科学出版社1998年版，第5—40页。
② [美]乔治·马尔库斯、米开尔·费彻尔：《作为文化批评的人类学：一个人文科学的实验时代》，王铭铭、蓝达居译，生活·读书·新知三联书店1998年版，第118—119页。
③ 赵旭东：《线索民族志：民族志叙事的新范式》，《民族研究》2015年第1期，第47—57、124—125页。

解文化的异同。① 从 1950 年开始至今，情绪人类学研究可以说已经取得了许多重要的进展。但对于乡愁这一情绪的研究，却仍然是一个新的课题，并且不同的人对于乡愁的认知并不一致。《辞海》对"乡"和"愁"是分开解释的："乡"是我国农村的基层行政区域，乡制最早始于周代，秦、汉时期，乡属于县，泛指城市以外的地区，如回乡、下乡，也指代处所、地方，出生地和家乡；"愁"为忧愁，形容景象惨淡。但凡说到乡愁，人们最常想到的往往是怀旧、思乡（病）、恋地情节等。从学科上看，"怀旧"（nostalgia）更倾向于心理学层面，按照牛津词典的解释，是一种向往历史和过去的情感，侧重于时间维度；"思乡（病）"（homesick）是一个心理学或医学概念，是指个体因身处异乡而感觉痛苦，侧重于情绪维度；"恋地情结"（topophilia）则是一个源于地理学的概念，根据段义孚的观点，是一种基于环境的地理认知和地方依恋，侧重于空间维度。最常提及乡愁的大多是文学作品，余光中就曾这样解释乡愁：

> 所谓乡愁并不仅是地理的，也是历史的。并不是说回到你的乡，回到那一村一寨就可以解愁的，乡愁往往是历史的沧桑感和时间的沧桑感在其中。小时候的游伴散掉了，屋前屋后的树可能不见了，也是一种乡愁。有一种乡愁因为离开故乡而愁；有一种乡愁是因为故乡改变了而愁。时间的乡愁是每个人都避免不了的。"乡愁"，凝聚着对故土的眷恋，对故人的怀念，对往事的回眸，对人生的回味。"乡愁"是一种情愫，也可以说是岁月的痕迹。所以，人人有"乡愁"，长久都会有"乡愁"。②

从上述表述来看，乡愁与这些概念既有一定的联系又不完全等同，这与中国社会特有的乡愁背景分不开。中国人对于乡愁的基本共识，首先是一种对于"故土"的地理空间的"情感"，其次是对家乡的"过去"记忆和对家园的"未来"期望，这在儒家文化主导的中国传统社会中尤

---

① 黄应贵：《反景入深林：人类学的观照、理论与实践》，商务印书馆 2010 年版，第 303—311 页。
② 刘化迪：《让我们记得住乡愁》，《解放军报》2015 年 1 月 3 日第 03 版。

为普遍。从民国到当代，中国人的乡愁情感总体来看是"积极"的。相比"悲伤""忧伤"等"消极"情感，伴随乡愁出现的"关爱""美好"等"积极"情感具有绝对优势，同时呈现为一种"批判"与"思辨"，隐含着人们对自我生存与生命意义、诗意栖居的精神家园的美学追寻。同时，随着这种追寻由个体不断向大众转化，乡愁也由单一的"文化乡愁""爱国情怀"演变为对于"理想家园"的追求。可见，如何表达乡愁，在同一社会的不同时代有不同的发展，也跟社会历史条件相关。

作为研究中国文化的核心概念之一，"乡愁"也是一个伴随着城市的诞生而诞生的历史范畴。尽管在传统的农业社会中，乡愁与"城市"无关，而主要指由于空间阻隔、交通不便、出行异乡等所导致的背井离乡和故土难返，这种传统型乡愁源于包括戍边、宦居、游学、商旅与内乱等在内的离土离乡，是一种包含了社会情怀、家园理想、时空意识与天地宇宙等在内的文化内涵。但是，现代型乡愁则由现代性和全球化引发，其所带来的地域流动性、时空压缩性、边界消融性等，使得乡愁成为一种普遍的"现代病"，那么，这种乡愁就必然不会仅仅局限于乡村，而是在千城一面的同质性、快速发展的流变性、城乡一体的同化性面前，"城愁"跟乡愁一样被置于了一个重要的地位。如果说农业文明是人与自然关系的肯定阶段，那么工业文明就是否定阶段，生态文明则是否定之否定阶段，而从这样的更迭演化也可以看出，"乡愁"隐喻了农业社会中人与自然关系的和谐统一；"城愁"表征了工业社会中人与自然关系的对立冲突；"留住乡愁"则代表了生态文明社会中人与自然关系的否定统一。当然，"留住乡愁"不是简单地回归到农业文明，也不是现代社会的"祛魅"，而是在人与自然关系否定之否定基础上，重建人与自然和谐统一关系（表0-1）。

表0-1 人与自然关系演化与乡愁类型

乡愁类型	乡愁	城愁	留住乡愁
发展阶段	肯定	否定	否定之否定
文明形式	农耕文明	工业文明	生态文明
社会形态	乡土中国	城乡中国	乡愁中国

资料来源：作者整理绘制。

20世纪80年代,在后现代理论影响下,情绪人类学研究发生了根本性的转变。因为后现代理论不仅质疑社会的本体论,也强调个人的主体性;既重视凸显个人特性的个别情绪,又给予情绪以理论立场。虽然在本体论上,人们无法了解情绪的性质和真实性,但其实所有的真实都是通过文化来理解的。故而,后现代主义情绪人类学对于情绪的本体论持怀疑态度,认为情绪不过是被文化再现的情绪,属于认识论问题。

情绪研究真正为人类学所重视并且具有理论上的突破性,是受诺伯特·埃利亚斯的影响,他认为,西方社会由中世纪肢体暴力宰制的时代,到近现代对于肢体暴力控制的文明化过程,文明的发展是为了控制人类先天的攻击性与暴力本能之心理情绪。① 他的理论,不仅承认心理情绪机制在解释人类社会文化现象上的重要性,更假定并接受了西格蒙德·弗洛伊德先天性心理情绪的观点,使情绪研究有了新的理论基础和出发点。不过,情绪作为新的研究课题与领域,成为人类学知识系统上的新分支,必须满足3个基本条件:一是情绪研究可以为既有研究提供新的解释视角,二是情绪研究更能凸显被研究者的文化特性,三是情绪研究有助于人类学知识本身的发展。就第一个层面而言,以简·布里格斯为代表,他以爱斯基摩人为例,不仅讨论了情绪如何影响亲属关系的实践,提出从情绪来研究亲属问题的新视野,而且凸显了流动社会的个人化特性,开创了20世纪80年代民族志书写新范式,成为情绪人类学的经典之作。② 此外,查尔斯·林霍尔姆以对内敌意、对外友善等普遍情绪模式,从情绪/心理层面重新定义了弗里德里克·巴特所研究的斯瓦坦河谷的帕坦人(Pathans),③ 提供了一个不同于巴特所强调的追求个人利益最大化和世系群分支体系的解释,也是情绪人类学的经典民族志。④ 同样地,托马斯·马斯基奥从情绪角度解释了新不列颠西南的劳托人(Rauto)为什

---

① [德]埃利亚斯:《文明的进程:文明的社会起源和心理起源的研究》,王佩莉、袁志英译,上海译文出版社2009年版,第231—291页。
② Jean L. Briggs, *Never in Anger: A Portrait of an Eskimo Family*, Man, 1998, 7 (1).
③ Fredrik Barth, *Political Leadership Among Swat Pathans*, London: the Athlone Press, 1959.
④ Charles Lindholm, *Generosity and Jealousy: The Swat Pukhtun of Northern Pakistan*, New York: Columbia University Press, 1982.

么接受赠礼却疏于回礼的现象，导致送礼者产生愤怒、羞耻、悲伤等情绪，以至于采取巫术手段来报复。① 他的研究既回答了莫斯的回礼义务问题，更提供了不同于莫斯以物有 hau（精灵）会惩罚疏于回报者的解释，丰富了大洋洲民族志研究未能有效处理的心理层面的讨论。上述成果，都说明了情绪研究可以提供与过去不同的理论解释，进而拓展人类学的研究视野。从第二个层面来看，情绪作为研究的新切入点，能否凸显地方特性，这在南美洲亚马孙流域的研究上最为明显。这些社会的社会组织与社会边界相对模糊，其社会形态往往是变动不居。在东南亚、美拉尼西亚等地，也有很多类似的社会，很难探讨其社会组织背后的逻辑结构，从而引发这到底是不是一个社会以及社会秩序何以可能的问题。在新几内亚，社会秩序是通过交换机制来维持的；在亚马孙流域，情绪才是维持社会秩序的重要机制。② 在理解类似亚马孙流域社会文化上，情绪研究不仅提供了一个新的视角，更重要的是挑战了西方文化中许多二元对立的拘囿，如社会与家庭、社会与个人、理性与情绪、心灵与肉体、主观与客观、艺术与工作等。尤尼·威冈在巴厘岛的研究指出，当地人并不区分思想与情感，他们是用情感来思考、用思想来感觉的，并不像西方人那样视情绪为个人内在的东西；③ 而凯瑟琳·卢茨由密克罗尼西亚伊法鲁克人（Ifaluk）的情绪观念中研究发现，当地人的情绪是建立在自我与他人关系上，而不是自我的独立性或内在上。④ 这无疑从根本上挑战了西方文化视情绪为个人内在和主观的非理性范畴认知。对第三个层面而言，尽管情绪人类学研究取得不少新进展，但也面临诸多困境，如在理论上既没有真正挑战既有的人类学知识体系，亦没能超越埃利亚

---

① Thomas Maschio, The Narrative and Counter-Narrative of the Goft: Emotional Dimentions of Cenemonial Exchange in Southeweatern New Britain, *Journal of the Royal Anthropological Institute*, 1988, 4 (1): 83-100.

② Joanna Overing, Alan Pssses (eds.), *The Anthropllogy of Love and Anger: The Aesthetics of Conviviality in Native Amazonia*, London: Routledge, 2000.

③ Unni Wikan, *Managing Turbulent Hearts: A Balinese Fornula for Living*, Chicago: The University of Chicago Press, 1990.

④ Catherine A. Lutz, *Unnatural Emotions: Everyday Sentiments on a Micronesian Atoll & Their Challenge to Western Theory*, Chicago: The University of Chicago Press, 1988.

斯与弗洛伊德理论的限制。到20世纪90年代，不少学者已经意识到，不能只停留在文化建构论的层面上，如马戈特·莱恩①和约翰·利维特②就曾指出，虽然文化建构论可以应用在任何研究问题上，但却无法凸显情绪作为一项研究课题的独特性，即便威廉·雷迪试图综合心理学、人类学、历史学和文学批评等研究成果提出情绪研究新架构，③仍然无法突破情绪研究的内在局限性而找到独一无二的研究领域。因此，"情绪"要成为一个重要的课题并对人类学知识有独特的贡献，就必须有其独特的问题意识、研究数据与研究方法。但相对于人类的普遍主义倾向，情绪是一种特殊主义视野，如何找到新的理论架构来探索这些未知的领域，是未来情绪研究乃至于文化与心理研究能否继续在人类学知识体系上发挥作用的关键所在，也是应对现代社会所带来的诸多不确定事物而导致个人心理焦虑和各种心理疾病的人类学关切，从而使情绪研究这个原本处于学术传统中的边缘领域，因现实社会情境而得以吸引更多的目光并取得开拓性突破。虽然目前情绪研究尚处于少有重大进展的境地，但未来的发展还是可以期待的，而乡愁中国无疑正在加速这一研究的到来。

2013年中央城镇化工作会议以前所未有的诗化语言，提出城镇化要让人"望得见山、看得见水、记得住乡愁"，这既是"绿水青山就是金山银山"理论的一种延续，也是以人为本精神的回归与认同，更是乡村振兴战略背景下乡村发展的新要求，希望通过乡村振兴战略的实施不仅能够实现"产业兴旺、生态宜居、乡风文明、治理有效、生活富裕"，更能留住乡愁，也为乡村旅游发展提供了良好的背景和契机，作为实施乡村振兴战略的一个有效措施，发展乡村旅游是"乡村振兴战略"的重要路径与突破口，也将中国人类学研究带入一个全新的场域。诚如赵旭东所言："民族志书写无法真正脱离民族志书写者所生活的时代。任何一部民

---

① Margot L. Lyon, Missing Emotion: The Limitations of Cultural Constructionism in the Study of Emotion, *Cultural Anthropology*, 1995, 10 (2): 244-263.

② John Leavitt, Meaning and Feeling in the Anthropology of Emotions, *Amaerican Ethnologist*, 1996, 23 (3): 514-539.

③ Willianm M. Reddy, *The Navigation of Feeling: A Framework for the History of Emotions*, Cambridge: Cambridge University Press, 2001.

族志作品一定是其时代的产物。新一代人类学家必然要应对其生活的年代而有一种新的民族志书写，创造出一种新的对于现实生活世界的勾画。这个创造过程要经历民族志的生产和长期累积。作为时代的产物，民族志必然会伴随时代的改变而改变。在新的时代，新的线索以及对于这些新的线索进行追溯或追寻的方式，必然会催生出一种或多种新的有关社会与文化的民族志表达的新范式。"[①] 可以说，伴随"留住乡愁"和"绿水青山就是金山银山"新时代的开启，尤其是在乡村振兴战略实施背景下，有必要形成一种与时俱进的在研究认识上的大视野和新观念，更需要从一种时代关怀和乡村建设的现实语境中去考察社会学、人类学等诸多学科所一直孜孜以求的关于农村社会、文化和个人的那些复杂关系。当前的中国农村，乡村振兴正进入地域空间重构和综合价值追求的新阶段，农村社会的地域空间内同时嵌入了"新型城镇化建设""美丽乡村建设""留住绿水青山""记得住乡愁""高质量发展""坚持农业农村优先发展""加快推进农业农村现代化"等多重愿景。如何结合地方特色，探索差异化和可持续的乡村振兴发展路径，成为当前有待深入研究的一个重要议题。而发展乡愁/乡土/乡村旅游对大多数区位优势欠缺、工业基础薄弱、资源禀赋不佳、经济相对滞后的地区来说无疑是实现振兴发展的普遍选择。事实上，在乡村振兴战略提出以前，乡村旅游及与之相关的旅游形式（如民族旅游、生态旅游、文化旅游）已经开展多年，取得了巨大的理论进展和实践成就，但一个不容忽视的普遍现象就是开发旅游的乡村越来越"相似"，乡村原有风貌和特色日益消退，引发了社会对"乡味"消失的担忧。乡村振兴战略是新时代党中央为实现全面脱贫、共同富裕目标实施的一项重要政策，也是广大乡村实现质的跨越和根本改变的关键契机。因此，尊重乡村的自身特色，留住"乡愁"和"乡恋"，避免旅游发展的同质化倾向，也是乡村振兴发展战略的应有内涵。

---

① 赵旭东：《线索民族志的线索追溯方法》，《民族研究》2017年第5期，第42—54、124页。

第三节　超越村落社会：流域民族志的视野

长期以来，村落一直都是人类学研究的基本分析单元，研究范式也越发多样和深入，国内的人类学研究这一特征更加明显，虽然近年来研究范式出现了由村落向区域拓展的趋势，然而由于大尺度的流域空间范围难以界定，也难以找到一条鲜明的文化主线将不同尺度的空间串联起来而导致研究困难重重。施坚雅的学术进路给流域研究开启了很好的视野，他的区域研究范式为人类学超越单一村落的研究开启了一扇窗户。然而，区域终究不能等同于流域，虽然有诸多相似之处。因此，区域研究方法虽然也具有超越村落的含义，但流域的问题仍然需要流域的方法方能解决。所幸近年来兴起的流域人类学、通道/线性/廊道/道路和共同体等研究范式，为流域研究奠定了很好的理论基础。

学术的发展是累积性的，任何新的研究问题的确立都离不开对以往研究的反思，而对既有研究历程的回顾无疑又是未来研究的基础。正是出于这样的考虑，我将主要回溯那些与本议题密切相关的学术研究脉络。本书的研究对象为黄河乾坤湾流域，除了区域、流域、通道等研究进展以及笔者多年来对黄河流域形成的积淀之外，更是受到目前研究现状的思考。与长江流域、珠江流域以及华南、华中区域的人类学研究传统相比，黄河流域的人类学研究明显滞后得多，基本以历史学（包括历史人类学）为主，并主要集中在水利社会和村落共同体研究层面。

本书既是一本有关黄河乾坤湾流域的旅游发展史，也是一本关于乾坤湾的民族志，更准确地说，这是一本描述和诠释黄河的流域民族志。本书的研究旨趣不仅在于乾坤湾——一个九曲黄河中的河湾，更主要的，是希望透过乾坤湾及其旅游开发的过程来说明乡愁中国的地方实践。本书更大的野心是，希望透过流域来发现中国。基于对乾坤湾流域旅游从全球与地方、主位与客位、我者与他者等的新理解，对于流域社会的历史、现实、未来或更大范围的全球大河文明的相关问题，提出一种新的流域人类学诠释。

黄河虽然是中国的第二条大河，却是中华民族的摇篮和文化发源地，其文明的发源甚至早于中国第一大河——长江，可是，历史上常以"善淤、善决、善徙"著称于世，被视为中华文明的基本经济区，① 并主要从治水社会和水利社会展开研究，自大禹治水以来4000余年间，提出了许多关于黄河的治河实践与治理方策。尽管如此，对黄河的刻板印象仍然是洪水泛滥、决口改道、灾害频仍，甚至被称为"中国之忧患"。② 当然，要全面准确地研究黄河流域，除了经济、政治、社会、制度等力量之外，还需要文化的力量。本书的主旨在于讨论从乡土发现中国到从流域发现中国的研究进路，以及探讨从作为基本经济区转向同时作为基本经济区、基本文化区和基本生态区的黄河流域的转型问题。当然，要把研究严格地限制在这样一种明确的范围内显然是办不到也是没有必要的。流域作为以河流为中心的人—土—水—路相互作用的复合系统，是受人类活动影响最为深刻的地理单元。近年来，流域环境问题日益突出，洪涝灾害、水土流失、河流污染、生态安全、经济发展、城乡失调等问题已引起高度关注。因此，关于黄河流域的其他方面，这里也不得不给予相当的关注，如探索黄河作为华夏文明基本文化区的必要性以及对于当前发展的意义，具体包括以下几个方面的问题：①对治水社会和水利社会的反思；②对流域社会的把握，以及其与水利社会的关系；③对乡土社会与水利社会之关系的认识；④流域旅游与乡愁中国之关系的理解。

只要回溯历史，便能感觉到提倡流域人类学/流域民族志的研究价值，而从事流域人类学的研究，无疑应当从黄河流域开始。因为从这里出发，不仅可以触摸华夏文明的脉搏，感受深厚的中华文明，还能触及历史演进中的一系列问题。若向前追溯的话，甚至能够还原历史的脉络；若向四周延伸的话，可以拓展至人类文明与河流之间的时空关系；若往后探求的话，还能推进对既往的认识和反思。故而，将视野聚焦于流域，书写流域民族志，将产生丰富而有创见的学术洞见。

---

① 冀朝鼎：《中国历史上的基本经济区》，岳玉庆译，浙江人民出版社2016年版，第1—10页。
② 黄河水利委员会黄河河口管理局：《东营市黄河志》，齐鲁书社1995年版，第1页。

第四节　文献回顾与学术谱系

　　对既有文献的系统回顾是一切学术研究的起点，前人的研究成果在为后学提供可遵依循的学术路径的同时，也使研究者在借鉴之余能够催生灵感并进一步启迪智慧。所谓文献回顾是指对前人的研究成果进行客观叙述和评价，这既是一个前辈学人、研究者和读者跨越时空的合二为一的思辨过程，更是研究者汲取学术养分并力图创新的关键一环。正因如此，在资料搜集与文本撰写之前，对与本书有关的学术研究成果进行系统回顾和全面总结就成为必不可少的重要环节。

（一）乡愁旅游

　　乡愁旅游是与乡村旅游紧密相关的一个概念，也可以说是我国乡村旅游发展到一定阶段后的概念延伸。自20世纪50年代以来，乡村旅游因其在国际旅游市场中显示出的巨大潜力和在乡村重建中的社会、文化、经济作用，成为国外旅游研究的热点。国际上，乡村旅游的概念界定经历了从分散到整合的过程，曾经出现了多个相关术语，如 rural tourism、agro/agri - tourism、farm tourism、village tourism 等，而且上述词汇经常被交替使用。一直到1997年，世界旅游组织（WTO）才对乡村旅游给出了一个比较统一的界定。总体上看，国外乡村旅游研究主要围绕乡村旅游动机、乡村旅游者及其市场细分、居民对乡村旅游的理解和态度、乡村旅游的影响、乡村旅游营销和乡村旅游可持续发展六个方面展开。我国的乡村旅游虽然起步较国外晚，但特殊的城乡结构和乡村发展路径为乡村旅游研究提供了丰富的实践对象，也取得了丰硕的成果，并在乡村旅游开发建设、乡村旅游升级趋势、乡村旅游社区构建，以及乡村旅游发展新模式、新业态、新管理等方面提出了适合中国情境的观点和结论。从实践方面来看，乡村旅游成为农村繁荣、农民富裕的新兴支柱产业。当然，在取得成绩的同时，我国乡村旅游也存在诸多不足，如理论研究深度不够，不良开发现象突出，经营项目单一、服务质量不高、管理理念滞后、产业链条不全、环境污染严重等问题亦不容忽视。

如果说乡村旅游是将村落置于旅游语境中场域叠加的结果，乡愁旅游则可视为乡愁概念在旅游场域中的一种语境叠加。与乡村旅游相比，国内外在乡愁旅游的生成语境和概念内涵上差异较大。在国外，乡愁（homesick）概念最初只限于心理学、文学和艺术的范畴，经常与怀旧（nostalgia）概念画等号，认为乡愁是对过去事物的偏爱和对过去情感的回忆。虽然后来乡愁的概念进入旅游领域，提出了"乡愁旅游"（homesick tourism）的概念，但乡愁旅游的能指与所指并不一致。在 Marschall 的研究中，乡愁旅游是指曾经的居民对已经属于其他国家[1]或回不去的故乡的怀念；[2] 在 Ward 的文化适应与乡愁、[3] Leong et al. 的乡愁旅游动机与忠诚度研究中，乡愁旅游亦属于移民群体和怀旧旅游的代名词。[4]

与国外相比，我国早期的乡愁概念主要盛行于文学和艺术领域（如余光中的《乡愁》）。随着国家政策的引导，乡愁这一主题从政策层面逐渐渗透到学术研究，诞生了与乡村旅游有较强关联性的乡愁旅游概念，并在以下几个方面取得了重要的研究进展：

1. 乡愁概念界定及内涵解释

有学者提出，乡愁是人们对乡土中国的一种历史追忆，是"恋土情结"的反映和人地关系的情感记忆，属于情感地理学研究范畴。[5] 汪强华等认为乡愁是一种文化因素，作为旅游动机，会促发旅游者的行为并且对旅游目的地的发展产生影响。[6] 陆邵明用汉语拼音代替英文的乡愁翻译，提出东西方研究的差异主要是"怀旧"（nostalgia）与"乡愁"

---

[1] Sabine, Marschall, "Homesick Tourism": Memory, Identity and Belonging, *Current Issues in Tourism*, 2014, 18 (9): 1-17.

[2] Sabine, Marschall, Touring Memories of the Erased City: Memory, Tourism and Notions of "Home", *Tourism Geographies*, 2015, 17 (3): 332-349.

[3] Ward C., Styles I, Culturing Settlement Using Pre- and Post-Migration Strategies, *Journal of Psychiatric and Mental Health Nursing*, 2005, 12 (4): 423-430.

[4] Leong A. M. W., Yeh S. S., Hsiao Y. C., et al., Nostalgia as Travel Motivation and Its Impact on Tourists' Loyalty, *Journal of Business Research*, 2015, 68 (1): 81-86.

[5] 朱竑、高权：《西方地理学情感转向与情感地理学研究述评》，《地理研究》2015 年第 7 期，第 1394—1406 页。

[6] 汪强华、周慧霞：《"乡愁经济"：全新视角下的发展构思》，《浙江经济》2015 年第 12 期，第 48—49 页。

（xiangchou）的差别，认为西方学者更多的是"怀念"过去自己曾引以为豪的社会经历或国族"历史"，中国学者则热衷于表达对"家园""自然与人文景观"的"乡愁"依恋。①

2. 乡愁和乡愁旅游产生的背景

国内对乡愁的关注是在快速城镇化出现系列问题、城镇化质量亟待提升的背景下提出的，因而更侧重对城镇化的反思。关注重点由乡愁的内涵、表达方式等层面转向如何有效地将乡愁理念融入城镇化建设，以提高城镇化质量、促进城镇化健康发展的学理和机制研究。②认为现代型乡愁是人们满足物质需求之后一种更高层面的追求，需要将现代型乡愁话语置于城乡关系中才能论述得更加全面和深刻。近年来，由于城镇化的快速发展，乡愁成为城市居民进行乡村旅游的精神和情感诉求，包括那些远离家乡和故土的城市居民，由于难以实现故土家园的情感寄托，便转而寻求更广泛意义上的"原乡"，移情到更能满足乡愁诉求的乡村旅游目的地。

3. 乡愁旅游实践

自从中央提出"让居民记得住乡愁"后，越来越多的地方开始推行相关的实践活动，期望通过全面挖掘辖区内的乡愁文化资源，建立乡愁文化品牌。如山东省开展"乡村记忆工程"，挖掘乡村传统文化资源；天津市启动"乡音记忆工程"；山西长治市上党区振兴村（振兴小镇）以较高的乡村根脉指数、乡村文脉指数、乡村农脉指数、乡村红脉指数、乡村福脉指数、乡村总脉指数被命名为全国首个"中国乡愁公园"；浙江丽水缙云县提出加快推进"中国乡愁旅游先行区"建设，形成"三五九"乡村旅游发展格局，建成3个特色乡村旅游示范区、以"游养乡村"为主题的5大精品线路和9个具有良好发展潜力的乡村旅游示范点。此外，中外旅游文化协会、中国文化与旅游产业联盟等机构联合开展了中国最美乡愁旅游目的地评选活动。同时，乡愁旅游地建设已经成为留住乡愁

---

① 陆邵明：《乡愁的时空意象及其对城镇人文复兴的启示》，《现代城市研究》2016年第8期，第2—10页。

② 王新歌、陈田、林明水、王首琨：《国内外乡愁相关研究进展及启示》，《人文地理》2018年第5期，第1—11页。

的积极尝试，旅游小镇（含古城）、历史街区、古村落、乡村旅游地等如雨后春笋般成长起来。

4. 乡愁旅游的政策含义

与我国三农问题（农村、农业、农民）的政策背景相似，无论乡村旅游还是乡愁旅游研究都离不开一定的政策语境。诚如赵旭东指出的，在一个新时代，人类学的中国乡村研究正在面临一种新的知识探究的处境，即种种源于城市的乡愁意识对乡村的影响和改造，这些影响和改造基于一种现代性追求而发生，其内含着一种正向的与负向的乡愁，与此相对应的是建设本能和破坏本能所支配的加法与减法的乡愁。理解这种乡愁中国的最佳途径和模式便是能够切实有一种基于土地制度和家庭制度的变迁而来的农民参与的乡村文化振兴，同时还要真正回归到农民的自主性之中去。① 而这也带来了村落书写范式的危机及其超越。在田野、家园以及乡愁的多维交错中，我们需要对中国乡村的改变给出一种全新的理解。② 作为城镇化背景下"乡村振兴"的战略选择和落实"乡村振兴战略"的重要抓手，乡愁旅游对于调整农村产业结构、促进乡村经济社会发展、丰富村民精神文化生活等方面具有不可或缺的作用。需要指出的是，当前乡愁研究必须回答四个方面的问题，那就是应不应记忆、愿不愿记忆、能不能记忆和让不让记忆？当然，记忆不是要让我们永远留在过去，而是为了建设一种理想的社会，构建基于互惠关系的城乡互依互赖的城乡连续体，实现一种理想样态的城乡关系，而这恰又是未来理想中国得以构建的根基所在。③

总体而言，无论是乡村旅游还是乡愁旅游，国内外都有一个普遍的共识，即乡村地区所有旅游开发活动都要以保护或维持乡村的独特性为核心，实现可持续开发，重点是要尊重和保护当地的文化。一是满足游客乡村旅游的社会文化动机，如接触当地人、了解当地生活、体验乡村

---

① 赵旭东：《乡愁中国的两种表达及其文化转型之路——新时代乡村文化振兴路径和模式研究》，《西北师大学报（社会科学版）》2019年第3期，第127—136页。
② 赵旭东：《书写乡愁中国的新转变——基于人类学文化转型的范式危机及其超越》，《贵州大学学报（社会科学版）》2019年第2期，第82—94页。
③ 赵旭东：《城乡关系视野下的理想中国》，《河北学刊》2017年第6期，第175—182页。

文化和乡村生活方式等。二是旅游开发本身对激活地方文化的价值认知和保护行动。乡愁旅游的发展，不仅不会让传统文化消失，相反却能极大地拓展传统文化的生存空间，许多被遗忘的"传统"正在被慢慢激活，得以再生。三是乡愁旅游对地方感的依赖，地方感既反映了地方环境和文化的固有特性，也反映了人们对特定环境的心理和情感调适，从而形成一种地方认同和依恋，也是"乡愁"的一种来源。因此，要"记住乡愁"，必须保护好产生乡愁的文化语境和历史根脉，因为乡愁旅游需要通过活化记忆场所和保留文化基因来实现。从国内来看，乡愁旅游的重点是要结合新型城镇化、乡村振兴等政策背景，尽管"记得住乡愁"是旅游发展的重要原则已经深入人心，但"乡愁"视角的旅游文化研究仍然薄弱。如何兼顾乡愁旅游资源的开发和保护，使得既能够保护好当地的乡愁文化，又有利于经济建设，是亟须关注的重点，避免发生因全球化和城镇化的快速推进，使乡村面临记忆残缺、文化受损和"无地方"的悲剧。因此，在时代更迭、社会变迁、旅游流动等各种迁移中，如何留住城镇记忆、记住乡愁和传承文化，是亟待解决的重要现实问题和科学命题。

综上所述，作为当前国内外广受关注的一种旅游形态，乡愁旅游在理论和实践层面依然具有广阔的探索空间。对中国来说，乡村振兴战略为乡愁旅游发展提供了新的契机，也提出了新的要求和挑战。虽然国内外在乡愁旅游及其相关领域取得了较好的研究进展，但在以下几个方面仍然有待深入探讨：一是乡村振兴战略背景下乡愁旅游发展的价值定位；二是乡愁旅游发展与地方特色文化传承创新之间的辩证关系；三是典型乡愁旅游发展案例的跟踪研究及理论提炼。

（二）空间生产

与"时间"被视为丰富的、多产的、鲜活的和辩证的观点相比，"空间"这一理论视角在20世纪50年代以前基本上处于一种被忽视的状态，被当成僵死的、刻板的、非辩证的和静止的存在。20世纪50年代以来，"空间"挣脱了"时间"的束缚，越来越受到哲学及其他人文社会科学的重视。如米歇尔·福柯的"异托邦"、安东尼·吉登斯的"时空分离"、大卫·哈维的"时空压缩"、亨利·列斐伏尔的"空间生产"、爱德华·苏贾的"第三空间"、曼纽尔·卡斯特尔的"流动空间"、让·鲍德里亚的"超空间"、弗里德里克·詹姆逊的后现代空间理论等。但最早对社会空间进行研究的当属恩格斯,他在19世纪即对曼彻斯特的社会居住模式进行了研究。不过,从系统性方面来看,则属以罗伯特·帕克为代表的芝加哥学派,该学派承继达尔文的进化论思想,借用生态学理论探讨城市问题,在20世纪20—30年代提出了社会空间结构的三大古典模型,即Burgess同心圆模型、Hoyt扇形模型和Harris & Ullman多核心模型。① 20世纪50—60年代,"社区"概念的提出进一步完善和发展了社会空间研究范式。20世纪60—70年代,大量学者将因子生态法和聚类分析法应用到城市社会空间的研究中,并以北美和欧洲城市为例进行实证研究。与上述经典的社会空间研究不同的是,当代社会空间研究更加注重对社会与文化机制的解读。因此,社会结构、社会秩序、文化机制和空间权力等一度成为研究的热点。综合国内外的研究成果来看,关于社会空间的研究大体有三大进路。

1. 社会学的空间研究

社会学的空间研究深受马克思主义的影响,以批判现代社会并反思现代空间为研究主题,形成以苏贾、吉登斯、福柯、列斐伏尔、哈维等为代表的空间批判理论。苏贾的社会空间辩证法强调空间背后的社会文化意义,认为空间本身也许是经验的,但空间的组织和意义却是社会变化、社会转型和社会经验的产物;② 吉登斯用"场所(场域)"概念来回应空间性问题③;福柯的空间批判理论通过一系列空间概念如地区、领域、移位、换位、移植等来分析社会控制问题;④ 列斐伏尔把空间划分为空间实践、空间表征和表征空间,这一空间三元辩证法被广泛讨论与引用。⑤ 在对空间批判的各种后现代和后结构主义话语中,哈维在继承马克思主义空间研

---

① Jackson, P., Social Geography: Convergence and Compromise, *Progress in Geography*, 1983, 7 (1): 116 – 121.
② [美] 爱德华·苏贾:《后现代地理学——重申批判社会理论中的空间》,周宪、许钧主编,商务印书馆2004年版,第129页。
③ [英] 安东尼·吉登斯:《社会的构成》,李康、李猛译,生活·读书·新知三联书店1998年版,第205—206页。
④ 包亚明:《后现代性与地理学的政治》,上海教育出版社2001年版,第21页。
⑤ Lefebvre Henri, *The Production of Space*, Oxford: Blackwell, 1991 (1974): 33 – 46.

究传统基础上，建立了一套新的空间批判话语，他将空间问题视为理解资本主义社会的重要视角，在对"空间与资本积累""不平衡地理发展""时空压缩与弹性积累"等分析中，推进了马克思主义理论的当代化。总体而言，空间批判理论超越了地理学将"空间"（space）视为"地点"（location）的研究传统，赋予空间以社会文化定义，并将空间视为社会分析的有力工具和批判利器，用以阐释空间的动态性和异质性。不过，空间批判理论偏重对城市空间的研究与反思，对乡土社会空间的研究稍嫌不够。事实上，在全球化和现代性语境下，城市空间生产模式早已在乡村社会迅速复制并悄然生长。

2. 人类学的空间研究

在当代社会空间理论视野中，空间是空间性、社会性与历史性的统一，是一种既真实又想象的存在，既是结构化的个体位置，又是集体经验的结果。而在传统理论视野中，空间不是被视为可以标识其具体位置的物质形式，就是被解释为关于空间及其生活意义表征的观念形态建构，是一种停留在数学和哲学层面的空间思考，缺乏对时空观念和社会行动的观照。这种非此即彼的分离观点，直到人类学的空间研究才有了转向。由于人类学总是在某一特定的时空——田野点之中展开，这一客观的存在，不仅是生活于其中的人所界定的环境，更对人类学家具有特殊的意义。因此，空间除了为文化事象的呈现提供必需的背景之外，发掘物质环境与社会建构之间的关系也成为人类学家的必修课。马凌诺夫斯基在研究特罗布里恩德岛人关于库拉的神话时，就曾试图揭示土著人是如何看待他们生存的世界。他说："我经常描述自然环境，目的不只是使叙述生动，或让土著的风俗更加直观，而是要展示土著人如何认识他的行为所发生的环境，并试图描绘环境给他的印象和感觉，使我得以理解他的民间故事、他在家里的言谈，以及他在这些环境下的行为。"[①] 对读者而言，马凌诺夫斯基对自然环境的描述，使特罗布里恩德岛人的一系列库拉行为有了想象的空间和色彩，使文字具有丰富的画面感，也就使人类

---

① ［英］马凌诺夫斯基：《西太平洋上的航海者》，梁永佳等译，华夏出版社2002年版，第259页。

学的研究可视化了。列维-斯特劳斯也曾试图通过对村落格局的研究，发现博罗罗（Bororo）印第安人的神话、制度和宗教体系得以存在的依据。他描述道："我们整天从一间房子走到另一间房子，普查住在里面的人，弄清楚每个人的社会地位，把村子按照不同的权力地位、传统、阶层分级、责任与权利等划分出来，成为几个不同的区域。"① 在列维-斯特劳斯看来，村落结构图不仅是平面几何图形，更隐藏着社会关系网络。为了解释19世纪巴厘的地理与权力之间的关系，格尔兹对南部巴厘的地形进行了细致的描述，通过对"站在火山斜坡面朝大海"或"站在海岸面朝山坡"不同角度的观察，指出："整个地区不仅呈现为纸盒似的维度，还被众多深不见底的河流峡谷所切分，这些河谷从山脉上面一直延伸到海边，将整个南部灌溉水系切分成一组细小的、馅饼状的长条。就国家组织而言，这种地形易于建立一种纷繁复杂的地理政治场域，而其政治活动当然也不会是统一的。"② 沙伦·特拉维克从人类学的角度全景展现了物理学家的工作生活环境、特定行为方式及其相互关系。③ 维多利亚·罗德纳等人指出，空间的物理和物质方面，如地理距离或边界会产生象征性后果，他们以委内瑞拉艺术界的相关数据研究发现，参与者利用空间的物质、社会和象征性维度来维持他们的主要价值观和实践。④ 可见，在人类学家的笔下，对客观环境的描述，其实是探讨人与环境的互动，旨在阐明人与人、人与地、人与社会、人与文化之间的关系。

3. 空间转向的空间研究

空间转向具有重要的意义，表达了学术理路上对传统社会学知识范式的某种修正。正如索亚所言，使人难以分辨种种现代性后果的是空间

---

① [法]列维-斯特劳斯：《忧郁的热带》，王志明译，生活·读书·新知三联书店2000年版，第266页。
② [美]克利福德·格尔兹：《尼加拉——十九世纪巴厘的剧场国家》，赵丙祥译，上海人民出版社1999年版，第21—22页。
③ [美]沙伦·特拉维克：《物理与人理——对高能物理学家社区的人类学考察》，刘珺珺等译，上海科技教育出版社2003年版，第23—46页。
④ Rodner V., Roulet T. J., Kerrigan F., et al., Making Space for Art: A Spatial Perspective of Disruptive and Defensive Institutional Work in Venezuela's Art World, *The Academy of Management Journal*, 2019, 63 (04): 1-54.

而非时间。① 空间转向为重新思考社会行动和社会结构的传统社会学命题提供了新的视角，空间性也成为反思人类社会历史和思考人类社会未来的重要纬度：在本体论上，试图颠覆空间与社会的二分思维；② 在认识论上，开始倾向于认同空间的非静止性、丰富性、多产性、鲜活性和辩证性；在方法论上，以关系主义的视角来阐释空间的实践、表征和消解，从而更好地把握社会结构和社会秩序，以摆脱非此即彼的个人主义和整体主义的分离视角；学科范式上，呈现出两种显见的发展趋势：一是在对传统田野点反思的基础上，开启多点民族志实践，二是在批判社会理论影响下，出现了迈向多维互动的空间民族志。

（1）现代性背景下的多点民族志实践。现代性催生了"城中村"等另类村落的出现，宣告了地理学概念上村落的终结。在全球化进程中，村落已经超越了传统的乡村空间范畴，是一种多样化的社会空间，叠合了多重内涵。传统村落的去地域化，对人类学的"社区研究"单位和范式提出了挑战。正如黄应贵所指出的，"传统人类学观念中的文化乃至社会，已不再以明确的自然地理上的领域为基础。因此，我们所看到的具有地域基础的社会单位，其范围的认定及社会单位本身的概念，已与实际地域的范围不相符合，而是建立在其概念或象征的建构上"③。在全球化及现代化语境下，一些学者开始反思传统的场所民族志，而首当其冲需要检视的便是田野地点，这也成为反思的原点。有学者通过反思人类学田野研究的学科谱系，强调应关注人文世界特别是文化的差异性，提出田野工作超越纯粹"地点"意义上的可能性。④ 如古塔和弗格森提出应构建新的田野调查方式，开始"关注相互交织的多元社会政治地点（site）和方位（location）"⑤。可见，人类学的"田野"无论能指还是所指都发生了深刻改变，不再是看得见摸得着的实体地点，而是呈现出

---

① Edward Soja, *Post modern Geographies: The Reassertion of Space in Critical Social Theory*, London: Verso, 1989.
② Henri Lefebvre, *The Production of Space*, Oxford: Blackwell, 1991 (1974): 33–46.
③ 黄应贵：《空间、力与社会》，中央研究院民族学研究所1995年版，第26页。
④ ［美］詹姆斯·克利福德、乔治·E. 马库斯：《写文化：民族志的诗学与政治学》，高丙中、吴晓黎、李霞等译，商务印书馆2006年版，第1—315页。
⑤ 王铭铭：《中国人类学评论（第2辑）》，世界图书出版公司2007年版，第45页。

"流动"与"不确定"的状态,只有对传统的田野观念进行审视与重新定位之后,才能获得不同类型的人类学知识和主题。在这种反思框架下,越来越多的人类学者开始进行多点民族志的研究实践,通过对多元地点的调查和互动,既超越了社区研究的空间视野,又提高了民族志的叙述能力。如潘泽泉对在不同场域(城市空间)下流动农民工的研究,指出农民工从乡村到城市的空间置换,由于寄寓的空间不同其生活方式也不一样,从而创造出一种新的空间;① 林蔼云在对移民家庭的研究中,通过田野场景转换的方式,将"漂泊的空间"看成是家庭成员对来自不同地方的文化在空间中进行重组的结果,以研究个人与结构之间的调适。②

(2) 社会批判理论中的空间民族志实践。社会批判理论为前现代社会和乡土社会的空间分析提供了一个全新的理论视野,使得人类学的空间研究从偏重地理学意义上的物理空间向社会学意义上的社会空间转向。③ 这种观念的转变,对传统的人类学研究和民族志撰写产生了深远影响。学者们日益关注全球化语境下"地域空间"向"流动空间"转向的影响。随着现代性带来的人流、物流等空间流动,以及网络、媒体和旅游的快速发展,城市空间的现代性正逐渐在乡村空间复制和生长,现代村落不再是传统意义上均质和同一的社区,而是一个由各种力量交会与多重意义融合的空间。面对这个多义的空间,对话式的传统民族志书写已不能满足现实与学科的需要,一种迈向多维互动的空间民族志实践便应运而生。如艾瑞克·穆格勒的《野鬼时代——中国西南的记忆、暴力与地方》从空间政治的角度展现了罗罗颇人的"时间观"和空间实践。罗罗颇人螺旋形的时间观和地方想象与国家均质的空间想象和线性时间之间构成了一幅动态的空间实践图景。④ 王铭铭对福建泉州的空间制

---

① 潘泽泉:《社会、主体性与秩序:农民工研究的空间转向》,社会科学文献出版社 2007 年版,第 78 页。
② 林蔼云:《漂泊的家:晋江—香港移民家庭研究》,《社会学研究》2006 年第 2 期,第 134—161、245 页。
③ Setha M. Low, Denise Lawrence - Zuniga, *The Anthropology of Space and Place*: *Locating Culture*, Blackwell Publishing, 2003.
④ Erik Mueggler, *The Age of Wild Ghosts*: *Memory*, *Violence*, *and Place in Southwest China*, Berkeley: University of California Press, 2001.

度——"铺境"的研究也表明,当"铺境"被地方官员利用而成为行政控制和权力表达的工具时,地方民众则通过仪式挪用和故事转述的方式改造官方强加的空间秩序,从而改变其原有的功能与意义。① 杨念群通过对病人"再造"的研究,从历时的角度展现了国家均质的空间想象对医疗、身体、疾病等的重新定义,国家与地方的空间想象,及其两种想象背后知识体系的冲突如何在空间中建构与被建构,从而达到医疗空间的控制与病人再造。② 可见,随着人类学空间研究的方法论转向,学者们更加关注群体如何将意义赋予空间并将"空间"转化为"地方"。更进一步地,群体与地方之间的互动,不仅是赋予空间以意义的过程,也是认识空间的方式。"③ 从最广泛的学理上,人类学并非一般意义上所认为的功能主义的"社区研究",而是理论建构上独具特色的"地方性策略"。④ 这种地方性实践在空间上的体现既包含了实体的空间形态,又含括了主体的行为实践。由于以社会文化结构来解释文化意义的传统人类学空间研究过分强调观念秩序的同一性,忽略了建构空间与阐释空间的不同方式及其权力关系;而批判社会理论作为空间研究的一种新的问题意识和解释框架,又过于强调权力对空间的操弄,从而忽略了对空间意义的阐释。只有将二者相结合,才能呈现空间实践的多面向特点。在此意义上,全球化背景下人类学空间研究的地方性实践与地方化策略,既在学理上值得深入探讨,也在研究范式上有待继续深化。

第五节 学理反思与理论观照

毫无疑问,上述检阅并不完整,至少未含括那些我所知道的,但在我写作这些文字时尚未出版的一些有特点的研究。与前述研究一样,所

---

① 杨念群:《空间·记忆·社会转型——"新社会史"研究论文精选集》,上海人民出版社 2001 年版,第 79—130 页。
② 杨念群:《再造"病人"——中西医冲突下的空间政治 1832—1985》,中国人民大学出版社 2013 年版,第 409—429 页。
③ Lefebvre, Henri, *The Production of Space*, Oxford: Blackwell, 1991 (1974): 33-46.
④ 王铭铭:《社会人类学与中国研究》,生活·读书·新知三联书店 1997 年版,第 107 页。

有这些研究成果均为从流域发现中国打开了多扇不同的窗户。虽然本书的研究对象是黄河流域的一个典型河湾——乾坤湾，从某种意义上超越了单一村落研究的局限性。但是，相对于整个黄河流域以及流域社会而言，乾坤湾仍然是一个个案，并且就本书的研究内容而言，还要进一步具体到村落层面，这种对特定村落的叙事和分析，某种程度上，也是不可能完全脱离中国村落的特定情景和内外关系的。不过，不同的研究必然具有其独特的学术品性与学理价值，对上述或许并不具有必然内在联系的文献的简要梳理，不仅有助于发现和寻找研究问题，并且为自己的研究进行确切定位。故而，我将在既有研究基础上，进一步推进流域人类学研究方法与理论的构建。当然，在学科的侧重、调研的设置和研究的设计上，我也有自己特殊的考虑，我所重点关注的是乡村振兴背景下流域发展的整体性理解和阐释，其中，乡愁旅游和空间生产之间的关系，以及由此形塑出的新乡土中国社会结构，即政治、经济、社会、文化的结构和状态则是我分析性概念下意欲考察的共时性因素，而21世纪中国宏观现代化过程中现代性因素的楔入对村落秩序的冲击与回应，以及由此所引致的前述共时性结构的改变，则是这一考察的历时性坐标。而这与我所阅读过的其他研究一样，我也是在对个案的解读与阐释中去完成这一使命的，并在具体的场景/场域中，将宏观的理论关注转化为对微观情景的具体追求，至于这一情景化努力是否具有典型性，是否能够以小见大，已经不再是我所要刻意追求的目标。因为我认为，在一个特定的个案研究中，先入为主地给自己设定一个目标，既可能是超离实际的，更可能是有害的。因此，情景化知识对于现有理论的反观和从个案中抽象出结论是我所更在意的。马克斯·韦伯曾指出，研究之所以有意义，很大程度上在于其学术上的价值。① 而作为社会人类学者，也必须在文本写作中努力凸显本学科的理论特色。总体而言，本书在以下几个方面作了相应的理论观照。

（一）跨学科的空间生产研究

黄河流域在历史进程中，形成了自己独特的生活方式和文化传统。

---

① ［德］马克斯·韦伯：《伦理之业》，王容芬译，中央编译出版社2012年版，第79页。

但是，如何阐释黄河流域文明的历史进程和现实处境，以便更加深刻地反思"现代性"叙事和"发展主义"逻辑，为更有效地解决中国乡村的现代化问题提供理论支撑却显得尤为重要。而要回答上述论题，如何突破既有的学科界线和专业边界，进行跨学科和交叉学科研究，突破简单套用现有范式和理论来解释现代性背景下的复杂空间现象，并以一种全新的理论视角和价值取向来进行研究，反思已有的认识和假设才能形成新的理论观照。然而，由于学科和专业的不同，以及材料和书写的差异，一些迫切需要解答的问题要么尚付阙如要么鲜有涉猎。有鉴于此，面对形态复杂而又有待阐释的历史和现实，"黄河流域"研究的视角更新、理论解读和现实阐释也就变得尤其紧迫。本书从空间生产的视角出发，借助历史学、社会学、人类学、旅游学等学科理论和方法，综合考察黄河流域乡村空间的发展历程，以及比较其传统农耕空间与现代消费空间之间的关系，将有助于我们深层次把握乡村发展的本质，揭示黄河流域乡村空间形态的演化规律，为解决中国乡村的现代化问题提供经验借鉴和理论指导。

（二）空间生产的内在逻辑探讨

黄河流域近年来的巨大变化，表现在乡村空间结构的变化调整以及新的空间类型的不断出现，使乡村的空间意涵日益多样化。在一个被称为"后现代化"的过程中，所有的生存体验和文化变迁都带有强烈的后现代性特征，如规模越来越大的乡村景观、以审美形式呈现的村民生活、新的消费与休闲景区的发展等。伴随着都市化、工业化、现代化而兴起的大众文化，如今已渗透到乡村空间的各个方面，并且在很大程度上参与和影响着黄河流域的空间建构。因此，研究乡村空间的形成过程与村落文化和生活方式转型之间的关系，可以发掘乡村空间变迁的内在动因及发展规律，从而指导乡村保护、更新、开发、治理与高质量发展。

（三）现代性视角下的城镇化进程反思

中国正处于城镇化的快速发展阶段，这种巨大的社会变革，不同层面不同程度地影响着人们的思想观念和行为方式。黄河流域的空间生产过程，事实上也是中国乡村社会"现代性"的一个缩影，对于其他区域的乡村空间生产无疑具有某种示范效应。但是，黄河流域的发展又有其特殊性，其发展模式并不能简单复制。近年来，"流域研究"渐成热点，黄河流域生态保护和高质量发展也逐渐成为"流域研究"关注的焦点。黄河作为中华民族的母亲河，"共同抓好大保护，协同推进大治理""让黄河成为造福人民的幸福河"是事关中华民族伟大复兴和永续发展的千秋大计，明确了黄河流域在我国经济社会发展和生态安全方面的重要地位，阐明了黄河流域生态保护和高质量发展的重大意义，为坚持共同抓好大保护、协同推进大治理提供了重要遵循。在中国特色社会主义建设进入新时代新阶段的今天，中国最高领导人对于以黄河为代表的流域的重视和关注，作为立志于流域人类学的确立与发展的一代学人，可以更好地为流域命运共同体构建和世界大河文明发展贡献中国方案和中国智慧。本书以"空间生产"为研究对象，将流域视为一个共同体，放置到政治、经济、社会、文化等关系网络中予以重新定位，并以乾坤湾为例，探寻流域空间的生产规律，进而为城镇化进程提供理论参考和实践借鉴。

（四）乡愁中国下的村落空间发展研究

中国正迅速进入"乡愁社会"。本书对黄河流域乡愁空间生产的研究，目的在于对当今乡村发展模式进行理性反思，探索适应中国社会现实情境的乡村发展理念。通过研究黄河乾坤湾流域旅游空间生产背后的深层社会结构以及人与水—土—路的互动规律，探寻乡村空间生产的内在动力和实践逻辑，并最终实现对人的终极关怀。因此，本书将"人文精神"作为研究的价值取向，以"人文视角"观照日常生活，进而实现对乡村空间本质的探寻。这种对日常生活的思考，既是对人的存在的思索，也是对空间活动本质的思索。具体地说，就是以"人本"为逻辑出发点，在伦理的基础上生长起来的文化价值系统。只有关注社会转型期乡村空间的变迁以及"生活方式"的变化，才能更好地为乡村振兴建言献策，促进乡村的社会—空间发展。

（五）社会转型与乡村振兴研究

空间本身也许是先验的，但其组织和意义却是社会变化、社会转型和社会经验的产物。① 乡村空间生产和变迁是透视社会转型的重要维度之一。回顾中国的现代化进程，特别是改革开放以来，中国农村已经发生了深刻的变化。从20世纪80年代乡镇企业的超常发展，到20世纪90年代外向型经济的快速崛起，再到当前的新型城镇化建设和乡村振兴战略，村落空间以及乡村社会都发生了空前的变迁。本书基于列斐伏尔的空间生产理论，从"空间实践—空间表征—表征空间"三个向度，对黄河乾坤湾流域的空间生产过程进行深描，解释黄河乾坤湾流域景观社会和乡愁社会的形成及其影响，对乾坤湾流域的熟悉陌生人社会进行解释，并对中国乡土社会旅游空间生产进行现代性反思，以期为当前中国新型城镇化建设、美丽乡村建设和乡村振兴发展战略提供相应的启示。

第六节 借鉴理论与研究方法

（一）借鉴理论

1. 情绪人类学

情绪作为文化与心理研究的一个面向，很早便在人类学的发展进程中占有一席之地，甚至一度成为西方文化人类学的主流。但在经验科学的影响下，文化与心理研究差不多只是弗洛伊德心理分析的人类学版本，主要以普遍性的个人心理要素来代表群体的心理特征，不仅无法揭示心理层面的文化深度及主观经验，而且违反了人类学对个人和群体关系的文化建构论观点。虽然这一研究领域的兴起，恰好符合了美国文化中的个人主义特征，却无法满足人类学突显文化差异性的本体论假设。直到20世纪80年代后现代主义解构文化结构和本质的兴起，个人主体性才得以重新强调，文化与心理研究也再度兴起，成为吸引众多学者兴趣的新领域，并开辟出许多性质迥异的次领域，其中"认知"与"情绪"即是两个截然不同的发展方向，前者强调生理上普遍存在的深层基础，后者侧重个体层面非理性的主观反应。但是，由于认知人类学的普遍主义倾

---

① ［美］苏贾：《后现代地理学——重申批判社会理论中的空间》，王文斌译，商务印书馆2004年版，第76页。

向，虽使其容易与其他学科知识相结合，如语言学、信息科学等，却仍无法有效突显文化的特性，也不易产生出可以表现区域文化特色的民族志研究，使其难以突破相关理论的文化偏见。相反，情绪研究强调非理性的特殊主义倾向，使该议题不仅更能突显文化的深层特性，并且能有效剔除原有社会文化理论中的文化中心主义偏见。无论认知或情绪，对于人类学乃至人类知识系统上的挑战性，都旨在触及西方知识传统中鲜有涉猎的非意识或非理性部分。

2. 流域人类学

通常来说，重大科学问题研究和社会问题解决需要是新学科诞生的两大动力。从方法论上而言，如何超越宏大的理论叙事和微观的民族志个案研究传统，不满足于后现代解构和重构的论述，重拾罗伯特·默顿的中观理论成为当下人类学研究的重要视角，而以流域为单位的研究正是一种这样的中观研究。近年来，流域人类学越来越成为一个高频词，中国人类学日益关注流域研究，从方法和理论等多个层面讨论了流域及其流域人类学的相关学术问题，如以西南大学田阡教授和贵州师范学院龙宇晓教授为代表的研究团队，就积极探寻以人类学方法来研究中国乃至世界各地依流域自成体系的多样性文明系统和当今的流域治理问题并取得了一定的研究进展。① 流域人类学作为区域研究的新方向，② 或可成为中国人类学未来发展的学术生长点之一。③ 在水"流动"的自然与文化双重隐喻中，人类学的理论与实践也获得了自我反思与推进的机遇，④ 江河不再被简单地视为一种既有的事实性实存，⑤ 人与江河的相互形塑在地方、国家与全球的多重语境中得以全面展开，流域空间内人们的结群方式、聚落认同、人地关系、文化模式和历史记忆等，不仅随着水流而发

---

① 田阡、徐杰舜：《人类学与流域文明》，黑龙江人民出版社2017年版。
② 田阡：《流域人类学导论》，人民出版社2018年版，第1—15页。
③ 赵旭东：《流域文明的民族志书写——中国人类学的视野提升与范式转换》，《社会科学战线》2017年第2期，第15—24页。
④ Johnson A. Andrew, Hastrup, Kirsten and Frida Hastrup (eds.), Waterworlds: Anthropology in Fluid Environments, *Social Anthropology*, 2017, 25 (3): 414–416.
⑤ 李菲：《水资源、水政治与水知识：当代国外人类学江河流域研究的三个面向》，《思想战线》2017年第5期，第20—30页。

生空间的物质能量流动，更成为人口流动、文化流播、观念流变的廊道，构成一个人—水—土—路交叉互动的复合系统，具有区域性、整体性、层次性、复杂性和协同性特征。

3. 空间生产理论

空间生产已经成为中西方地理学和社会学研究的一个热点议题，包括对空间概念的重新解读、对相关理论的完善深化、对重要著作的翻译引介和对典型案例的实证研究等。率先提出空间生产理论的是亨利·列斐伏尔，他以马克思实践生产理论为基础，从哲学层面对空间概念进行辩证，批判将空间仅视作容器以及"场"的物质观点，提出隐喻二元对立关系的三元辩证法，即"空间实践""空间表征""表征空间"（表0-2）。[①]

表0-2 空间生产理论三元辩证分析框架

空间三元	对应概念	相应主体	空间含义
空间实践	感知的空间	实践主体	实践空间：社会秩序与社会关系的生产与再生产
空间表征	构想的空间	规划师、设计者、工程师、专家学者等	概念空间：体现权威意识和象征性的空间
表征空间	生活的空间	居民、使用者、哲学家等	体验空间：使用者的日常生活意义和地方性知识生产

资料来源：作者根据相关文献整理。

鉴于空间生产理论的哲学思辨渊源，虽然经由哈维等地理学家的拓展和完善，在具体运用上的操作性仍然不强。国内学者在对旅游空间生产的探讨中，拓展了空间生产理论的应用尺度与类型，如乡村旅游、传统社区、民族旅游、历史街区等中微观旅游目的地发展过程中物质空间与社会空间及其话语权变迁。但是，对该理论的理解和应用仍然存在某些疑惑和误解：一是对空间生产理论认识的简单化倾向，仿佛空间生产就是实体空间的新建构，诸如新城建设、旧城改造、市容美化等，对空间实践、空间表征和表征空间背后的社会秩序和社会结构关注不够；二

---

① Lefebvre, Henri, *The Production of Space*, Oxford: Blackwell, 1991 (1974): 33-46.

是对空间生产理论理解的宽泛化倾向，似乎空间生产作为一个概念的"箩筐"可以无所不包，看似新颖的"瓶子"里装的仍然是"形成模式"语境下的"老酒"。因此，对空间生产理论的探讨有待进一步深入，不仅需要摒弃空间拜物教的架构，也应该去掉虚构主义的面纱。这正是本书的努力方向所在，希望透过对以哈维空间生产研究为代表的经典文献的回顾，能够去伪存真并正本清源，同时，通过对黄河乾坤湾流域旅游空间的生产研究，尝试整合哈维和福柯两种不同的空间理论视角，从而形成对理论解读的具体化。在黄河乾坤湾流域的旅游空间生产过程中，空间主体的多元化不仅表现在游客、开发商、规划者等"他者"群体的介入，同时村落内部的"我者"群体也逐渐发生分异，导致乾坤湾流域成为一个多重关系生产的场域，以务农为主的传统农耕生产空间也逐渐转移到以旅游服务为主的旅游空间生产上来，为提升乾坤湾的旅游吸引力，地方政府、旅游企业、当地村民以及外来游客共同重构和建构了一个全球地方性的乡愁/乡土/乡村空间。

（二）研究方法

特定的研究对象决定了相应的研究方法。社会空间是一个复杂的综合体，一方面，社会空间是社会问题的组成部分，对其的研究自然不能忽视其存在的社会文化背景，只有这样才能更好地透视不同社会形态和发展条件下人类的实践和生存状况；另一方面，社会空间又具有空间的社会性和社会的空间性，既可以指称空间实在，又隐喻着某一领域的范围大小。因此，对于社会空间这一复杂问题的研究，必须多视角、多方法和全方位考察，才能揭开笼罩在社会空间之上的神秘面纱，还原社会空间的本来面貌。具体来说，本书主要运用了以下几种研究方法。

1. 文献研究法

作为一种传统而有效的科学研究方法，文献研究法通过搜集、整理、考辨各类文献，并将文献形成对事实的科学认识。在具体的操作中，本书尽可能穷尽与研究对象有关的文献，其中理论文献主要包括学术著作、学位论文、期刊文章和研究报告等；资料文献则含括史志方志、民间文本、民众口述、碑刻资料、报刊文章等。通过对上述两类文献的系统梳理、分析和概括，从而归纳整理出本书的逻辑框架和研究主旨，并结合调查地点的具体情况设计实地调查与访谈提纲。在实地研究之后，进一步结合原有的文献进行撰写工作。

2. 田野工作法

田野调查和民族志写作一直是人类学研究的利器，通过实地考察、深度访谈、参与观察等方式，可以获得更加广泛和深入的田野资料。本书的调查是一个分阶段的调查过程，根据不同阶段的研究目标分别选择不同调查对象开展民族志调查，有助于对研究区域空间生产过程的整体性把握和思考的连贯性。从2014年开始，笔者曾多次前往黄河流域上中下游及其部分支流、晋陕豫黄河金三角地区，特别是陕西省延川县和山西省永和县黄河乾坤湾流域展开调查，以期尽可能广泛地收集材料。在田间地头、景区景点、集贸市场、政府部门、窑洞院落和村民家里，通过与村民、游客、专家学者、工作人员等的深入接触，既获得了大量的第一手资料，也与许多报道人结下了深厚的友谊。正是在他们的帮助下，本书才得以收集到大量弥足珍贵的文献和口述资料，涉及历史、地理、经济、社会、文化、旅游等，其中成文文献主要包括：（1）不同年代和不同地方的市志、县志、乡/镇志、村志、族谱、碑文、民谣、地方文学作品等，这些志书和史料，极大地丰富了我的地方史知识；（2）村里的各种会议记录、工作笔记、总结材料、统计报表、私人账簿、户籍信息、规章制度、协议合同、诉讼状纸、调解记录以及其他档案材料；（3）地方党政机关的部分文件、统计、规划、报表、法规等，这些资料对于了解乾坤湾的旅游开发过程十分重要。

3. 深度访谈法

利用深度访谈获取有价值的口述资料是本书又一重要资料来源。调研期间，笔者通过选择当地的关键信息人，如对村干部、手工艺人、年纪较大但记忆尚清楚的老者以及县乡政府工作人员进行结构性和半结构性访谈，不仅了解了乾坤湾的总体情况，而且从历时和共时性角度把握了乾坤湾的发展过程。受访对象中，既有县区、乡镇等党政干部，又有政府职能部门、景区管理局等工作人员，还有村委领导和村民，更有前来旅游的游客。其中，既有目不识丁的老者，也有学富五车的学者；既有从未出村的老妪，也有走南闯北的青年；既有集体化时代的老党员老干部，也有新时代的新乡贤新农民；既有作为乡村文化精英的传统手工艺人，也有现代文化代表的网络原住民……他们所勾勒出的各自的生活世界，使我关于乾坤湾的认知愈益丰满。

4. 线索追溯法

民族志作为一门致力于弥合想象和日常生活之间裂痕且不断前进的学科，近年来出现了一种"主体民族志"的"本体论回归"取向、① 在反思传统村落/社区研究范式基础上提出超越聚焦于/定位于某个场所/地点的线索民族志方法，② 以及建构整体与个体、自我与他群相互关联的整体人类学的自我民族志主张等。③ 这种民族志研究的新范式，具有学术发展意义上的接续性和民族志理论意义上的自觉性，旨在通过可观察性、可理解性、可追溯性、可关联性、可启发性、可把握性、可容廊性、可改变性把人和物都放置到全球化的大背景中，循着人或物移动的轨迹，由此形成一种自我提升的民族志撰述。④ 上述民族志方法对于流域人类学的研究具有重要的借鉴和启发意义，对流域民族志的知识生产有着直接的指导价值。这种"任何人"的人类学是继写文化之后探索人类学发展方向的新角度。⑤ 因为根基于涂尔干及结构-功能主义的科学民族志，掩盖了个体行为的多样性，而以深描为典型特征的文化解释主义民族志，又易陷入解释过度的静态描画之中。有鉴于此，如何观察报道人在同一文化体系表述中的多样性和复杂性，报道人在交往中的互动方式和自我实现等，展现报道人的能动性和主体性，是人类学希望走出科学—结构主义影响的重要一环，也是笔者对乾坤湾流域民族志撰写的努力之所在，

---

① 朱炳祥、张佳梅：《"本体论回归"与"主体性诉求"》，《广西民族大学学报（哲学社会科学版）》2018年第4期，第14—119页。
② 赵旭东：《线索民族志：民族志叙事的新范式》，《民族研究》2015年第1期，第47—57、124—125页。
③ 徐新建：《自我民族志：整体人类学的路径反思》，《民族研究》2018年第5期，第68—77、125页。
④ 赵旭东：《线索民族志的线索追溯方法》，《民族研究》2017年第5期，第42—54、124页。
⑤ 赵羲：《"任何人"的人类学：面向"人类"研究与书写个体经验的新探索》，《思想战线》2019年第3期，第80—86页。

希望寻求弥合作为本体论的科学民族志和作为知识论的后现代民族志之间的张力。

5. 比较分析法

流域作为以河流为中心的人—地—水相互作用的复合系统，是受人类活动影响最为深刻的地理单元;① 流域空间作为一类问题的表征，是一个超越了具体形态的抽象概念。如此，在对有关流域旅游空间的生产问题进行研究时，就不能局限于某一单一学科的理论与方法之中，而是跨学科的交叉研究和比较分析，包括对历史学、地理学、人类学、民族学、社会学、旅游学等相关学科理论与方法的借鉴。只有这样，才能将研究置于更为广阔而全面的视野中进行诠释。

鉴于研究对象的特殊性，即同一旅游资源却被两个不同的行政主体（陕西延川县和山西永和县）同时拥有，而且在旅游开发的资源禀赋、文化卖点、开发方式、市场推广等方面都具有较高的同质性，因而需要对延川县和永和县的黄河乾坤湾空间生产开展比较研究，总结二者的异同点，方可全面理解黄河乾坤湾的空间生产过程。

---

① 王尚义、张慧芝:《历史流域学论纲》，科学出版社2014年版，前言。

第一章　黄河乾坤湾流域社会

中国是世界上少数几个古老的大河文明之一。从最早开始农耕的北方，数千年来，勤劳而聪慧的农民，开垦了黄河流域无数丰饶的河谷和冲积平原，发展出稳定的农耕社会，并扩张到亚洲大陆东部海滨的每一个角落。

——［美］尤金·N.安德森（Eugene N. Anderson）①

从历史到现实，河流无声，奔流万年；从现在到未来，山河无言，万古长存。流域人类学这一人类学区域研究的新视野，将沿溯着世界各地默默流淌的大小江河，从点到线再到把握人类区域的脉络，重新认识和理解历史和现在的人类社会，并对其未来的发展趋势作出人类学基础上的判断，这也应是人类学不断"迈向人民"的必经之路和正确的实现方式。

——田阡②

第一节　走进乾坤湾：我的田野之旅

（一）两个乾坤湾：田野印象

本书所称黄河乾坤湾流域特指横跨晋陕大峡谷68千米黄河流域及其所含括的所有村落。在所流经的陕西省延川县和山西省永和县，分别形成了两个蛇曲国家地质公园，即陕西延川黄河蛇曲国家地质公园和山西

---

① ［美］安德森：《中国食物》，马孆、刘东译，江苏人民出版社2002年版，第1—214页。
② 田阡：《流域人类学导论》，人民出版社2018年版，第15页。

永和黄河蛇曲国家地质公园。其中陕西延川黄河蛇曲国家地质公园从北至南分别为漩涡湾、延水湾、伏寺湾、乾坤湾和清水湾，山西永和黄河蛇曲国家地质公园包括英雄湾、永和关湾、郭家山湾、河浍里湾、白家山湾、仙人湾和于家咀湾，其中最为著名的就是乾坤湾，也是两省地方政府主打的旅游品牌。可见，乾坤湾有广义和狭义之称，广义的乾坤湾或乾坤湾流域是指黄河蛇曲国家地质公园，特指流经陕西省延川县和山西省永和县的68千米黄河所形成的蛇曲地貌；狭义的乾坤湾仅指黄河在陕西省境内形成的河湾中的一个核心河湾。但由于行政区划，两个国家地质公园分别被命名为陕西延川黄河蛇曲国家地质公园和山西永和黄河蛇曲国家地质公园。有鉴于此，为了表达上的便利，本书将黄河蛇曲国家地质公园沿岸地区简称为乾坤湾流域，将黄河蛇曲国家地质公园沿岸地区的流域社会简称为乾坤湾社会，将黄河蛇曲国家地质公园沿岸地区的原住民简称为乾坤湾人。在此基础上，本书将着重以黄河蛇曲国家地质公园获批即2005年延川黄河蛇曲国家地质公园的获准建设为时间基点，考察黄河乾坤湾流域的空间生产过程。但在书写有关乾坤湾的所有故事之前，有必要先交代一下这个正在景区化的流域社会的一些背景知识。这些知识是乾坤湾今日所面临的一切机遇与挑战的大语境。只有明确了这一语境，才能还原乾坤湾这个在用"过去"进行发展、在发展中变迁、在变迁中前行的"地方"的本来样貌。

1. 陕西延川乾坤湾

如上所述，陕西延川乾坤湾是陕西延川黄河蛇曲国家地质公园的简称，广义上是指发育于秦晋（晋陕）大峡谷中的大型深切嵌入式蛇曲群，包括漩涡湾、延水湾、伏寺湾、乾坤湾和清水湾5个黄河转弯在内的68千米黄河；狭义的陕西延川乾坤湾仅指5个黄河转弯中的乾坤湾。需要特别指出的一点是，伴随着旅游业的发展和乾坤湾旅游品牌效应的日趋明显，2015年6月28日，陕西省民政厅对延川县的乡镇行政区划进行调整，撤销土岗乡设立乾坤湾镇，并将杨家圪坮镇的李家疙瘩、沙地、古里、仙芸、上村、武家山、西源、园则河、郭家塬、苏丰、闫家山、寺罗、冯家塬、丁家山、巨木塬、冯家山16个村划归乾坤湾镇管辖。综上，本书所称延川乾坤湾有时也指延川乾坤湾镇。

第一章　黄河乾坤湾流域社会

乾坤湾所属的延川县位于黄河中游陕北黄土高原东部，是华夏民族发祥地之一，地处陕西省北部，延安市东北部，东隔黄河与山西省永和、石楼县相望，南邻延长县，西南、西北与延安市、子长县毗连，北与清涧县接壤。延川属黄土高原沟壑区，地处白于山脉，暖温带半干旱大陆性季风气候，雨量不足，气候干燥，冬严寒，夏酷暑，四季分明。① 境内黄土文化底蕴深厚，民歌、秧歌、道情、剪纸、布堆画等民间艺术源远流长。1986年以来，延川布堆画和剪纸作品先后在西安、合肥、上海、广州、贵阳、福州、昆明、北京、巴黎、哥本哈根等地展出。冯山云的布堆画还走上中央电视台《东方时空》的舞台；高凤莲的剪纸广受好评，被誉为"剪纸艺术大师"和"黄土高原第一神剪"。两位艺人的作品被孟加拉国、法国、德国、美国、丹麦、比利时等国的文化机构和友人收藏。②

陕西延川黄河蛇曲国家地质公园与黄河壶口瀑布国家地质公园、洛川黄土国家地质公园并称延安三大地质奇观，旅游资源丰富（表1-1）。2005年8月，中华人民共和国国土资源部正式批准建设延川黄河蛇曲国家地质公园，成为第四批国家地质公园（国土资发〔2005〕187号），起点位于眼岔寺乡，自南而北流经延水关镇后从乾坤湾镇出境，全长68千米，东西宽1千米—5千米，总面积170平方千米，主要地质遗迹面积56.2平方千米，年平均流量950立方米/秒，有主要支流清涧河、张家川河、清水关河、联卜沟等，形成了4个地质遗迹景观区和3个历史人文景观区，前者包括延水关河谷阶地地貌旅游区、苏亚湾高原生态旅游区、乾坤湾蛇曲地貌旅游区和清水湾蛇曲地貌旅游区；后者即小程民俗文化村、碾畔原生态保护区和郭家嶂民俗文化旅游区。

从获准建设黄河蛇曲国家地质公园以来，乾坤湾的知名度不断攀升。2013年，延川乾坤湾被评为国家AAA级旅游景区；2015年，被评为国家AAAA级旅游景区，享有"天下黄河第一湾"的美誉，被中国营销协会等部门评为"中国最佳漂流胜地"；以乾坤湾为代表的秦晋大峡谷被《中国地理》杂志评为"中国最美十大峡谷"之一。自获批国家AAA景区以

---

① 延川县志编纂委员会：《延川县志》，陕西人民出版社1999年版，第1—2页。
② 延川县志编纂委员会：《延川县志》，陕西人民出版社1999年版，第5—6页。

来，延川乾坤湾旅游人次快速增长（表1-2）。无论是从"食住行游购娱"传统旅游六要素来看，还是从"商养学闲情奇"旅游拓展要素而言，甚至在"厕所革命"方面都已经相当成熟。

表1-1　延川黄河蛇曲国家地质公园旅游资源一览表

地貌类型	地质遗迹类型	主要分布区域	备注
河流地貌	河流蛇曲地貌	黄河干流，主要分布于漩涡湾、苏亚湾、乾坤湾、清水湾；黄河支流，主要分布于周边支流河谷区域。	乾坤湾、清水湾发育最为完好。
	河流阶地（谷中谷）	沿黄河两岸区域，清涧河河谷。	
	河心岛	乾坤湾附近清涧河河口"鞋岛"。	
	河漫滩	沿黄河两岸区域。	
	水蚀凹痕	黄河蛇曲河流阶地或古河道。	
	侧蚀洞穴	黄河及支流两岸的岩壁上。	会峰寨和河浍里侧蚀洞穴保存较好。
	陡壁差异侵蚀	黄河干流及支流两岸的岩壁上。	
	瀑布	清涧河河谷。	
黄土地貌	黄土沟谷地貌	区内黄土沟谷底部。	纹沟、切沟、冲沟。
	黄土沟（谷）间地貌	区内沟谷之间的地貌。	主要为塬、梁、峁。
	黄土谷坡地貌	区内黄土沟谷的侧部。	河流、崩塌物、滑坡等。
	黄土滑蚀地貌	区内黄土面平缓地带。	河流黄土碟、凹陷、黄土桥、黄土柱等。
沟蚀地貌	悬谷	黄河两岸的岩壁上。	反映干流和支流的侵蚀差异。
	支流谷地冲沟	黄河两岸的丘陵地带上。	
	潜蚀线沟	黄河两岸的岩壁上。	
	重力地貌	重力崩塌地貌。	
	方山地貌	黄河及支流两岸。	
	倒石锥	黄河及支流两岸岸边。	地下水、裂隙、重力等作用引起的碎屑堆积。

续表

地貌类型	地质遗迹类型	主要分布区域	备注
其他地质遗迹	节理与断层	多分布于黄河两岸。	
	水平岩层剖面	乾坤湾、清涧河河谷、王家渠、会峰寨。	会峰寨、乾坤湾发育较好。
	化石	乾坤湾、清涧河河谷、王家渠。	王家渠为古象化石。
	交错层理	分布于黄河两岸。	
	沉积透镜体	分布于黄河两岸。	
	差异风化	分布于黄河两岸。	
	象形石	分布于黄河两岸。	女娲神像、望海神龟等。

资料来源：作者根据《地质旅游资源保护与开发多元模式研究——以陕西黄河蛇曲地貌景观为例》整理。

表1-2 延川乾坤湾旅游发展情况

年度	旅游人次（万人次）	旅游收入（万元）	主要项目建设及活动
2013	30	2102.36	获批国家AAA级景区。
2014	40	3207.18	3条景区内道路（县财政投资，4400万元）；乾坤门服务区和黄河蛇曲国家地质公园博物馆（BT模式投资，3500万元）；黄河栈道（延长石油集团公司投资，7300万元）；会峰寨和定情岛开发（延安黄河蛇曲国家地质公园旅游公司投资，2280万元）；伏羲码头（程家大院旅游有限责任公司投资，1500万元）。
2015	50	3911.2	获批国家AAAA级景区。
2016	60	7225.8	清水湾、牛尾寨、伏母寨等景区建设。
2017	90	8901.19	延川乾坤湾景区支线机场，预算投资3亿元，运作方式：BOOT，实施时间为2017—2019年。
2018	100	9102.2	主景区观光道路建设。
2019	110	9908.25	2019年"走进乾坤湾·探秘帐篷营地"活动；2019年延川·乾坤湾第二届山地自行车邀请赛。
2020			新冠肺炎疫情，未统计。
2021			新冠肺炎疫情，未统计。

资料来源：作者调查整理。

2. 山西永和乾坤湾

山西永和乾坤湾是山西永和黄河蛇曲国家地质公园的简称，是指由英雄湾、永和关湾、郭家山湾、河浍里湾、白家山湾、仙人湾和于家咀湾七道大弯形成的68千米黄河蛇曲地貌（表1-3）。山西永和乾坤湾所属的永和县隶属于山西省临汾市，地处吕梁山脉南端，黄河中游晋陕大峡谷东岸，临汾市西北边缘，东邻隰县，南连大宁县，北与石楼县接壤，西与陕西延川县一河之隔。县境东西宽41千米、南北长46千米，总面积1219平方千米。永和县属晋西高原的组成部分，梁峁重叠，沟壑纵横。境内山脉分为3支：县城西部一支以四十里山为最高，海拔1399米；县城东部一支地势高亢，海拔在1500米以上，茶布山海拔1524米，为县内最高峰；县境南部一支海拔也在1500米左右。除黄河纵贯西境外，还有芝河、桑壁河，均属黄河水系。

表1-3 山西永和黄河蛇曲国家地质公园主要景观

序号	景区	位置	景点名称
1	英雄湾	南庄乡咀头村西1千米处，永和蛇曲第一湾。	红军崖。
2	永和关湾	北起中山里村南沟，南至南庄乡下山里村。	中国龙、铁花里碉堡、永和关古渡口、炮楼、骆驼龟石、白家古祠堂、古槐、侵蚀摩崖、永和关湾、黄河公路大桥、伏羲石、方城遗址、张家圪河神庙。
3	郭家山湾	打石腰乡郭家山村西2千米处。	郭家山湾、望海寺、石窟沟水神庙。
4	河浍里湾	永和打石腰乡河浍里村与延川伏义村形成的"S"形河湾，原名河怀里湾。	河浍里湾、黄家岭祭祀台、李家畔河神庙。
5	白家山湾	打石腰乡白家山村南黄河对岸约0.5千米，又名河浍里下湾。	白家山湾。
6	仙人湾	北起打石腰乡南凹沟，南至国家地质公园南部边界。	仙人湾、沙发石、红军井、红军石、仙人洞。

续表

序号	景区	位置	景点名称
7	于家咀湾	于家咀村西0.5千米处。	于家咀湾。

资料来源：作者搜集整理。

山西永和乾坤湾发育于秦晋（晋陕）大陕谷南部黄河沿线，流经永和县南庄乡、打石腰乡和阁底乡，北起前北头，南至佛堂，西到黄河中线，东至四十里山，总体呈南北走势，全长68千米，东西宽1千米—10千米，总面积105.61平方千米，分为5个地质遗迹景观区，即英雄湾河谷阶地及峡谷地貌旅游区（12.1平方千米）、永和关湾河谷阶地及峡谷地貌旅游区（15.71平方千米）、郭家山湾黄土高原生态旅游区（14.75平方千米）、河浍里湾蛇曲地貌旅游区（18.24平方千米）和仙人湾人文及黄河蛇曲地貌旅游区（44.81平方千米）。山西永和黄河蛇曲国家地质公园东南距临汾市180千米，北距太原市280千米，西距陕西省延安市160千米，距永和县城30千米。地势东高西低，最高点为打石腰乡东山脊黑龙神疙瘩，海拔1321米，最低点为千只沟河黄河入口处的取材湾，海拔511.9米。

2007年12月，山西永和黄河蛇曲国家地质公园被国土资源部批准纳入黄河蛇曲国家地质公园建设范畴。2011年12月，入选第六批国家地质公园名录，被国土资源部正式批准为山西永和黄河蛇曲国家地质公园。2012年，永和乾坤湾被列为"十二五"期间山西省11个重点建设景区和5条精品旅游线路之一。而这种以国家地质公园为旅游吸引物的旅游模式，在旅游目的地的形象塑造中起着举足轻重的作用，正日益成为新兴的旅游品牌，逐渐成为国内外游客出游的首要选择之一。乾坤湾也在积极探索一条适合自身发展的新路子，既体现地质公园保护的内在机制，也在旅游开发中充分考虑地方发展之需，以期在新时期国民经济社会发展中发挥独特作用。

（二）溯流而行：在乾坤湾寻找乡愁

选择乾坤湾作为研究对象既为它的乡土特征所吸引，又源于一个偶然的结缘机会。2014年9月27—29日，山西大学举办了"人类学与黄土文明——第十三届人类学高级论坛暨纪念乔健先生从事人类学60周年座谈会"的学术研讨会，笔者有幸全程参会并在会后撰写了《黄土文明：中华文明研究的新视野——第十三届人类学高级论坛综述》《乔健：漂泊脚步与永恒追求》《推动区域人类学研究范式的确立》3篇文章，这是笔者第一次跳出村落视野思考更大范围的区域文明的开始，也催生了笔者继续研究黄土文明和思考区域社会的热情，当时的初衷是对建筑文化做比较研究，希望在自己对南方少数民族（当时只研究了侗族传统民居）建筑研究基础上，通过对黄土地区窑洞建筑和桂北地面建筑的调查（两地都为汉族），形成对地上建筑（如干栏）、地下建筑（如窑洞）、地面建筑（如正房子）的系统考察，以及对南方和北方民居形式做比较研究。但是作为一个土生土长的南方人，之前的学术兴趣主要集中在西南地区，不仅缺乏北方地区的人脉资源，也没有北方的生活经验。但是高涨的学术热情和天不怕地不怕的吃苦耐劳精神，使笔者萌生一定要前往调研的冲动。于是通过徐杰舜教授介绍找到了郭永平师兄（当时并不知道是我师兄），请他帮忙联系黄土地区和黄河流域一带的田野点，郭师兄建议去晋陕峡谷，他说这个地方是延川县和永和县交界的地方，窑洞建筑保留较好，并为笔者找到了一个长期在晋陕大峡谷摄影的著名摄影师——白冬泉。联系上之后，笔者于2014年11月24日从桂林出发，转道咸阳再飞延安，在白冬泉老师的引荐下，直奔调研地点延川县乾坤湾镇（当时的土岗乡）碾畔村委，入住在白冬泉老师推荐的GSS家里，一直到调研结束。但是调查过程并不是太顺利，主要原因是天气太冷，乾坤湾景区也闭园休息，要到来年三四月才复工。村子里很冷清，几乎一个游客也没有，而外出务工的人也还没有回来，能找到的访谈人不是很多，加上陕北黄土高原交通不便，村与村之间相距较远，有时候甚至要走一天才能到达另一个村。因此，调研了半个月之后，笔者就决定下次再来，去延川县城和延安市访谈了冯山云、冯向前、高凤莲、刘洁琼、张向荣、刘宏祥、马建飞等几个文化人之后，就返回桂林整理调研资料了。

时间转眼就到了2018年，对于黄河文化和黄土文明，笔者总觉得意犹未尽，没有弄清楚心有不甘。2018年7月，我和先生都与山西财经大学签订了工作合同，希望能够将自己心心念念都要弄清楚的黄河/黄土文化继续进行下去。这个时候，研究已经由最初的建筑文化比较研究，转到了从区域和流域发现中国的努力。几乎是同时，在对2014年调研资料整理的基础上，我以"乡村振兴背景下黄河乾坤湾流域乡愁旅游空间生产研究"为题申报了2018年教育部后期资助一般项目，有幸获得资助，使我能够继续完善自己未竟的研究设想。

2018年12月28日，笔者第一次走进山西永和乾坤湾，而这距离笔者调研一河之隔的陕西延川乾坤湾已经过去了四年又1个月，在师弟刘宇的帮助下，我得以顺利展开对永和乾坤湾甚至永和县的调查。遗憾的是，这一次又是在异常寒冷的情况下调研，虽十分辛苦，但感觉并未达到预想的效果。

2019年4月5日，我决定再次进入延川乾坤湾调研，想看看四年后它的新变化。这一次我是带着学生一起去的，先生驾车，算是将我2014年没能走到的地方都去了一遍。然而四年多之后，延川乾坤湾已经有了太多的变化，跟我记忆中的乾坤湾已不可同日而语。

2019年12月29日，因为承担临汾市22个旅游扶贫示范村的行动纲要编制，调研之余，我又特意绕道永和乾坤湾，只是时间匆匆，加上又是冬季，景区一个游客甚至一个人都没有，几乎也没能了解到更多有价值的信息。

不过，从2014年11月第一次进入乾坤湾至今，其间不断翻阅、查询有关乾坤湾的一切文献资料，又多次走进秦晋大峡谷黄河流域两岸的乡村空间，走走歇歇、写写停停，与乾坤湾虽谈不上心神相通，但至少也彼此熟悉了。这一路的艰辛与冥思虽苦犹甜，早已嵌入自己的生命旅程之中。这正是人类学研究的魅力所在，在了解他者的同时，也是一个发现自我的历程。① 然而，这种发现还必须具有反思性，对作为地点和场所的传统田野进行多向度反思，因为随着现代性的流动，地域特征逐渐消失，进入了一个"去地域化"的时代，必须对"田野是什么"和"田野在哪里"重新进行审视。为了更好地了解全球化带来的"超地方性"和

---

① ［美］亚当斯：《人类学的哲学之根》，黄剑波、李文建译，广西师范大学出版社2006年版，第394页。

"超田野点"问题，采取重点调查与多点考察、参与观察与深度访谈相结合就显得尤为重要。

1. 重点调查与多点考察相结合

所谓多点考察是指在对主要田野地点进行长期参与观察的基础上，围绕研究主题对与主要田野点密切相关的多个田野点进行主题性考察。这一方法可以弥补单一地点广度不够的不足，因而有着单一地点田野调查所不可比拟的广阔视野。在本书中，通过采取重点调查与多点考察相结合的方式，在对延川乾坤湾和永和乾坤湾空间生产过程调研的同时，也对黄河流域上、中、下游如河湟谷地、河西走廊、河套地区、环岱海地区、海岱地区、黄河入海口等，主要支流如湟水、洮河、大黑河、汾河、渭河、洛河、沁河、大汶河等空间特点、空间生产进行了考察，以使本书具有理论和实践上的广度和深度。

值得一提的是，在人类学的多点田野中，其实一直存在着一个公共（共享）的田野——文献田野，尤指以地方文史馆和档案馆为代表的文献平台。虽然这些文献资料并不必然作为研究地点的"真正"田野，但却是在进行田野工作之前、之中和之后的必读文本，亦是重要的补充。本书的资料来源较广，通过对相关档案资料、规划文本、媒体报道和历史文献等资料进行搜集、整理和鉴别，取得了对本书在宏观、中观与微观层面的观察。同时，正是在对共时与历时的研究背景分析中，上述的文本和图像资料，不仅为研究提供了原始文本，也是笔者融合人类学、民族学、社会学、历史学、地理学等学科理论与方法的一个尝试。

2. 参与观察与深度访谈相结合

参与观察法一直以来都被认为是人类学最为重要的田野调查方法。深入研究对象的生活世界，切实体验当地人的生活，感受他们对人对己的想象，是真正意义上的人类学研究所不可缺少的学术历练。所谓参与观察与深度访谈是研究者"深度在场"的基础，研究者通过在不同时点进入现场对田野点不同群体的日常生活和社会交往等进行观察，与研究对象建立起多重和长期的关系，从而获得对研究对象的第一手调查资料，并以音频、视频、地图和日志等方式予以记录。本书的主要访谈对象包括四个层面：一是各级政府决策人士，他们主导了黄河乾坤湾旅游景区的建设与实践；二是开发商，他们决定了黄河乾坤湾景区旅游开发中项目的运作机制，并直接影响旅游空间生产的目标和手段；三是参与旅游项目的专业人士，包括规划师、设计师、建筑师和景观师等，他们决定了黄河乾坤湾景区的空间布局、视觉效果和景观品质；四是黄河乾坤湾人，包括村落精英和普通村民，他们是研究中的重要力量，在不同阶段以不同身份和策略参与到黄河乾坤湾旅游空间生产之中。

在具体的访谈过程中，通过对以上四类访谈对象"一对一"的深度访谈方式来获取研究资料。这又分为两种情况：一是对政府官员、开发商和村落精英采用结构式访谈，对普通村民则采用非结构式和半结构式访谈。之所以区别对待，是希望更加全面和真实地获得其对有关问题的动机和认识。不过，访谈所获得的资料毕竟是一种"口述"资料，受访者的每一次谈话和每一个提问都是在一种难以全面表述的具体场景中展开的，而且所有的提问也都有可能潜藏了自己的某种价值取向，这就难免带有访谈者和受访者的双重偏见和偏颇，因此，必须辅以参与观察来进行佐证和补充，以减少田野资料的某种"真实性误导"。而且，为了减少这种"真实性误导"，笔者尽量减少一问一答和似是而非的"真实"记录，除非确实有必要，而更多采取某种描述性的概括来叙述受访者的口述内容。在本书中，笔者结合历史文献、地方史志、民间文本、民众口述等方法，尽可能多角度地呈现相关事件和社会事象的实在状况。因此，本书的田野调查资料含括了档案资料、史志资料、方志资料、碑刻资料、文史资料、报刊资料、民众口述等。

表1-4 黄河中游主要水体旅游资源举隅

景区名称	资源禀赋	知名度	存在问题	发展潜力
乾坤湾	黄土高原、黄河蛇曲、峡谷地貌，国家AAAA级景区	中	景点较为分散	高
娘娘滩	"凸"形小岛，2018年被评为"中国黄河50景"	中	可进入性不强	中
大禹渡	大禹文化、佛教文化、水利旅游	中	可进入性不强	中

续表

景区名称	资源禀赋	知名度	存在问题	发展潜力
壶口瀑布	中国第二大瀑布,世界上最大的黄色瀑布,国家AAAA级景区	高	旅游方式单一	高
洽川风景名胜区	诗经文化、黄河文化、古莘文化,国家AAAA级景区	较高	可进入性不强	高
龙门峡/禹门口	峡谷峭壁、鱼跃龙门	较高	旅游方式单一	中
老牛湾	黄河与长城握手的地方,黄河入晋第一湾	低	可进入性不强	高
龙湾	黄河入陕第一湾、赵家山、赵匡胤故里	低	可进入性较强	高
平陆三湾大天鹅景区	黄河湿地公园,大天鹅越冬地	低	可进入性不强	低

资料来源：作者搜集整理。

第二节 资源禀赋：乾坤湾的旅游发展地位

黄河从青藏高原巴颜喀拉山脉发源，流经青海、四川、甘肃、宁夏、内蒙古、陕西、山西、河南、山东9省区，最终注入渤海。在长达5464千米的流域里，跨高原、迈平原、闯峡谷，形成了大大小小、弯弯曲曲的许多弯道，因而有天下黄河九十九道湾之说。在形态各异的诸多弯道中，流经晋陕大峡谷中段的乾坤湾，是我国干流河道上蛇曲发育规模最大、最完好、最密集的大型深切嵌入式蛇曲群，具有较强的发展潜力（表1-4）。

而且，乾坤湾地处黄河中游，地质地貌奇特，民俗文化浓郁，历史积淀深厚，在自然观光、科普考察、民俗体验、红色旅游、文化朝圣等方面都非常突出，在黄河流域的主要旅游资源中具有较强的比较优势（表1-5）。

第一章　黄河乾坤湾流域社会

表1-5　黄河流域主要旅游资源举隅

旅游区域	旅游资源	资源类型	资源特色
青藏高原	高原生态	高原	高原观光、民俗体验
黄河上游甘肃段	峡谷奇观、历史文化	名胜古迹、山水风光	丝绸之路、黄河文化
黄河上游宁夏段	沙漠、民族风情	半荒漠、荒漠景观	宗教文化、民族特色、民俗风情
黄河上游内蒙古段	沙漠、草原	草原生态	自然观光、沙漠探险、民族风情
黄土高原	峡谷、瀑布、黄土地貌、人文历史	黄土地貌、人文历史	科普教育、寻古探幽
汾渭盆地	冲击平原	文化遗产	人文生态
黄河三门峡	峡谷、水库	水利工程	观光、休闲
黄河入海口	黄河湿地	湿地、油田	观光游览、休闲度假、探险探奇

资料来源：作者搜集整理。

除此之外，乾坤湾所处的黄河秦晋大峡谷西依黄土高原，东邻晋西山区，旅游资源丰富，文物古迹众多，自然风貌独特，文化底蕴深厚，与国内其他知名峡谷相比，亦具有较好的优势（表1-6）。

表1-6　国内现有知名峡谷一览表

国家地质公园	自然景观条件	人文景观条件	潜在开发条件
长江三峡	瞿塘峡、巫峡、西陵峡	峡谷、岩溶、山水、人文景观	知名度高，开发成熟
雅鲁藏布大峡谷	生物迁徙的天然廊道	宗教文化、民族风情	远离客源市场，景点分散，交通不便，开发难度大
怒江大峡谷	高山夹峙、峭壁千仞	民族风情	远离客源市场，交通不便，开发难度大
四川大渡河峡谷	谷深林茂	民族风情	交通状况改善，周边景区带动
秦晋大峡谷	北国小三峡	自然风光、人文历史	临近客源市场，交通条件较好，开发相对成熟

资料来源：作者搜集整理。

即使按照《旅游资源分类、调查与评价》（GBT18972—2003）对旅游资源 8 个主类、31 个亚类、155 个基本类型的标准划分，乾坤湾的旅游资源禀赋也非常丰富。在浙江远见旅游设计有限公司所做的《延川县乾坤湾景区旅游发展总体规划（2015—2030 年)》中，延川乾坤湾具有开发潜力的旅游资源单体至少达 200 余个，其中地文景观类单体 18 个，涉及 5 个基本类型；水域风光类单体 1 个，涉及 1 个基本类型；生物景观类单体 6 个，涉及 4 个基本类型；天象与气候景观类单体 3 个，涉及 2 个基本类型；遗址遗迹类单体 9 个，涉及 2 个基本类型；建筑与设施类单体 28 个，涉及 6 个基本类型；旅游商品类单体 6 个，涉及 1 个基本类型；人文活动类单体 16 个，涉及 4 个基本类型（表 1-7）。

表 1-7 延川乾坤湾旅游资源分类调查表

类别	数目	类别	数目
A 地文景观	18	DB 天气与气候现象	2
AA 综合自然旅游地	3	E 遗址遗迹	9
AB 沉积与构造	5	EA 史前人类活动场所	3
AC 地质地貌过程形迹	8	EB 社会经济文化活动遗址遗迹	6
AD 自然变动遗迹	1	F 建筑与设施	28
AE 岛礁	1	FA 综合人文旅游地	8
B 水域风光	1	FB 单体活动场馆	0
BA 河段	1	FC 景观建筑与附属型建筑	6
BB 天然湖泊与池沼	0	FD 居住地与社区	7
BC 瀑布	0	FE 归葬地	1
BD 泉	0	FF 交通建筑	4
BE 河口与海面	0	FG 水工建筑	2
BF 冰雪地	0	G 旅游商品	6
C 生物景观	6	GA 地方旅游商品	6
CA 树木	3	H 人文活动	16
CB 草原与草地	1	HA 人事记录	2
CC 花卉地	1	HB 艺术	2

续表

类别	数目	类别	数目
CD 野生动物栖息地	1	HC 民间习俗	8
D 天象与气候景观	3	HD 现代节庆	4
DA 光现象	1		

资料来源：《延川县乾坤湾景区旅游发展总体规划（2015—2030年）》。

总体来看，乾坤湾旅游资源至少具有以下四个方面的主要特点。

（一）黄河蛇曲壮美，黄河文化绚丽

黄河蛇曲国家地质公园的大转弯，规模宏大、景观壮丽，展现了黄河的博大精深，自然山水与人文底蕴相结合，既是黄河文化的富集地，也是黄河文明的发祥地。在永和县打石腰乡河浍里村与延川县乾坤湾镇伏羲村的两座山峰之间，黄河形成了一个"S"形大湾。登高远眺，这个"S"形河湾与中国传统文化中的太极八卦极为相似，而且"S"形河湾里各有一个古老的传统村落，即河浍里村和伏羲村，仿佛太极双鱼图的两只眼睛。①

（二）伏羲八卦神秘，人祖神话传奇

据传，乾坤湾既是华胥氏踩雷神脚印有感受孕而生伏羲之地，也是伏羲女娲定情之处，伏羲曾在这一带仰观天象、俯察地理，根据自然现象创造了太极阴阳学说，开创了华夏文明的先河，从而揭示了气候变化、人类繁衍的自然法则，为人们提供了认识自然、了解世界的理论基础，这些神秘的神话传说与天然的地质景观共同赋予了乾坤湾以神秘的色彩。

（三）黄土风情浓郁，民俗文化深厚

乾坤湾浓缩了黄土文化与黄河文明的精华，小程村、碾畔村、河浍里村、于家咀村等都是乾坤湾的古村落，其民俗文化在黄河流域具有很强的代表性。乾坤湾的剪纸、布堆画、秧歌、说书、民歌、道情等民间

---

① 马毅杰：《乾坤湾志》，山西人民出版社2016年版，第1页。

艺术独树一帜。

（四）历史人文悠久，红色文化博大

乾坤湾有东晋大夏王赫连勃勃嘉平陵、千年古窑、会峰奇寨、清水关古渡等。据《中国帝王陵志》《陕西帝王陵志》记载，东晋大夏王赫连勃勃挥师南下，最后薨在延川县古里村。现在古里村还保存有陵冢，曾是延川八景之一。千年古窑是中国目前发现的最古老的窑洞遗址，其门神艺术具有很强的代表性。会峰奇寨目前还保留着明、清两代的石碑、庙宇、寨门、石室等建筑遗迹，有"小华山"之称。在中国革命史上，延川县是陕北革命根据地和陕甘宁边区中心县份之一，1926年成立中共地方组织，1932年建立红军游击队第九支队。毛泽东在陕北期间，曾多次到达延川，留有多处旧居和会议旧址。1936年5月2日，毛泽东率领中国工农抗日先锋军从乾坤湾于家咀、清水关渡口西渡黄河回师陕北。目前，于家咀渡口、清水关渡口、红军东征永和纪念馆、刘家山毛泽东旧居、杨家圪台会议旧址、太相寺会议旧址保存较好，是乾坤湾红色旅游线上的重要景点。

第三节　品牌共享：步入旅游发展的乾坤湾

世界旅游业在经历了景点竞争、线路竞争和品牌竞争阶段之后，已经开始进入跨区域协同发展阶段。国际上的东盟和国内的"长三角""珠三角"等区域旅游合作颇为典型，实现了旅游者流动和旅游业经营的双向无障碍旅游。历史上，秦晋之好代表了秦国和晋国两个相邻大国之间的友好往来，作为"邻居"，两个省份之间的文化有诸多相似之处，最为著名的就是秦腔和晋剧，在彼此接壤的地方，山西人用嘶哑的声音吼着秦腔，而陕西人则高亢地唱着晋剧。山陕梆子是秦晋两地商人的精神家园，秦晋之好就以这种方式进行传承。当前，全球范围内的江河流域资源竞争与协作，是一种在全球化背景下与江河文明的地方历史、区域生态的人地关系，同时还与特定共同体关于水的地方性知识和社会实践的多向关联，对反思人类涉水行为背后的文化语境、社会情感与历史动因

等，应对流域资源冲突的全球性挑战具有重要意义。作为流域资源共享的重要方式之一，区域旅游合作便成为日益重要的发展趋势，加强旅游区域合作也是实现资源共享、市场互补和共同发展的必然选择。早在2008年12月2日，在北京举行的旅游产业大会上，京、津、冀、辽、鲁、豫、晋、陕、蒙九省共同签署区域旅游合作协议，希望通过共塑产品、互送客源、同步宣传、异地投诉和联合执法等方式，实现区域内市场、利益和资源共享。这也为陕西和山西两省更具体和细致的旅游经济合作奠定了基础，更成为乾坤湾流域旅游经济合作的契机。随着乾坤湾知名度的不断提升，延川县和永和县都越来越发现共享乾坤湾旅游品牌的必要性与迫切性，两地政府都在推进合作事宜，如共同加快申报黄河乾坤湾"世界自然和文化遗产"、致力于将黄河乾坤湾风光印刷于第六套人民币50元钞票上、继续加大对外宣传力度、进一步加强秦晋沿黄地区省际综合交通体系建设、加快联合申创"秦晋黄河国家公园"、联合打造"中华黄河文明精品展示区""秦晋黄河文化公园"等。

（一）作为起点的黄河蛇曲国家地质公园

国家地质公园是指由中国行政管理部门组织专家审定，中华人民共和国国务院国土资源部正式批准授牌的地质公园，是以具有国家级特殊地质科学意义、较高的美学观赏价值的地质遗迹为主体，融合其他自然景观与人文景观而构成的一种独特的自然区域。1999年4月，联合国教科文组织第156次常务委员会议中提出了建立地质公园计划，目标是在全球建立500个世界地质公园，其中每年拟建20个，并确定中国为建立世界地质公园计划试点国之一。这为中国国家地质公园的发展带来了历史机遇。自1985年开始，中国国家地质公园不断增长，截至目前，国土资源部共公布了七批240家国家地质公园。陕西延川黄河蛇曲国家地质公园于2005年入选第四批国家地质公园，山西永和黄河蛇曲国家地质公园于2011年入选第六批国家地质公园。其实，无论是陕西省还是山西省的地质遗迹资源都非常丰富。迄今为止，陕西省已经有8处获准建设的国家地质公园，其中陕西秦岭终南山地质公园在2007年1月还被确定为世界级地质公园（表1-8）。

表 1-8 陕西省国家地质公园一览表

序号	公园名称	批准日期	面积（平方千米）	地理位置	地貌类型	景观特征
1	黄河壶口瀑布国家地质公园	2001	30.00	宜川县	流水侵蚀地貌	瀑布、冲蚀凹槽、河心岛、侵蚀台地、谷中谷、侧蚀洞穴、悬谷、节理群、动植物化石遗迹
2	陕西洛川黄土国家地质公园	2001	5.90	洛川县	黄土地貌	黄土滑坡、崩塌、黄土悬沟、黄土落水洞、黄土桥、黄土柱、黄土墙等
3	陕西翠华山国家地质公园	2001	32.00	西安市	山崩地貌	残峰断崖、崩塌石海和堰塞湖等
4	延川黄河蛇曲国家地质公园	2005	170.50	延川县	河流冲蚀地貌	大型深切嵌入式蛇曲群
5	秦岭终南山世界地质公园	2007	1074.85	西安市	流水侵蚀地貌	秦岭造山带地质遗迹、第四纪地质遗迹、地貌遗迹和古人类遗迹
6	陕西岚皋南宫山国家地质公园	2009	72.93	岚皋县	火山地貌	火山角砾熔岩、古火山岩石地貌遗迹
7	金丝大峡谷国家地质公园	2009	20.00	商南县	石灰岩地貌	多级瀑布、多期溶洞、不同类型岩溶泉、典型连续褶皱地质遗迹
8	耀州照金丹霞国家地质公园	2012	60.80	铜川市	丹霞地貌	白垩纪宜君砾岩和凤凰山砾岩构成的石质山峰，兼具"华山之险"和"南山之秀"
9	潼关小秦岭金矿国家矿山公园	2013	19.33	潼关县	矿山地貌	西潼峪金矿开采、生产矿业遗迹，佛头崖风景区和秦岭云屏
10	柞水溶洞国家地质公园	2016	17.00	柞水县	岩溶地貌	溶洞、峡谷、瀑布、古生物化石
11	渭南市华山地质公园	2018	159.28	渭南市	花岗岩地貌	华山型高山断崖绝壁型峰岭地貌，华山燕山期二长花岗岩体、华山山前大断裂和太古代花山群变质岩层

资料来源：作者搜集整理。

目前，山西省共有 9 处国家级地质公园，分别是山西吉县壶口瀑布国家地质公园、山西五台山国家地质公园、山西壶关太行山大峡谷、山西宁武万年冰洞国家地质公园、大同火山群国家地质公园、平顺天脊山国家地质公园、陵川王莽岭国家地质公园、山西晋城红豆杉大峡谷国家地质公园和山西永和黄河蛇曲国家地质公园。这些地质公园，成为山西省旅游发展的"桥头堡"和"排头兵"。

尽管中国乡村旅游的快速发展形成了各种各样的模式，但是同为乡村旅游，其发展特点和禀赋优势却存在巨大的差异。入选国家地质公园，为乾坤湾的旅游发展带来了新的契机，地质资源更成为乾坤湾经济发展新的增长点，也加快了乾坤湾人脱贫致富的步伐。正是依托黄河蛇曲国家地质公园，乾坤湾才逐渐步入旅游发展的快车道。

（二）快速崛起的延川乾坤湾

在进行旅游开发之前，延川县在延安市的经济地位并不突出，与延长县和榆林市相比，延长县有石油，榆林市有煤炭，都是资源大县和大市。延川县除了红枣产业之外并没有太多的经济增长点。相对落后的经济发展水平导致延川县村落空心化现象十分严重。访谈中，一个普遍的话题就是延安市很多村子都行将消失，一个村中只有几位老人的情况十分普遍。在乾坤湾镇，行政村中已经没有小学存在了，只保留了土岗小学一所学校，全校只有 2 名教师和 6 名学生。访谈中得知，村里绝大部分青壮年都外出打工了，特别是到西安市、延安市和延川县等地打工。而且，发展得好的村民也选择在城市投资生意，从而出现劳动力和资金的空心化。但是，随着 2005 年黄河蛇曲国家地质公园的获准建设，延川乾坤湾开始步入旅游发展快速期，相比永和乾坤湾足足早了 6 年，取得了先行发展的绝对优势。因此，除了一些共享的旅游品牌如黄河蛇曲国家地质博物馆、红军东征纪念馆等，为了形成差异化发展，延川乾坤湾还开发了许多现代旅游形式。

1. 5D 动感球幕影院《穿越黄河》

利用数字技术打造旅游体验新模式，给游客刺激、难忘的旅行，受到越来越多的景区的青睐。这些由计算机网络构成的虚拟旅游，虽然不能替代现实世界,可是与传统、有形的旅游体验相比,数字营造的"虚拟世界"正在提供一种与传统观光旅游不一样的旅游体验。作为充满符号的环境和参观者自我表达的场所,虚拟旅游在各种旅游景区作为物质性旅游的补充而得以快速发展。

延川乾坤湾景区动感影院《巡游黄河》建设项目经延川县经济发展局(延经备发〔2017〕32号文)批准建设,由延川县文化旅游(集团)有限责任公司委托陕西华瑞项目管理有限公司进行招投标,建设地点为乾坤湾镇小程村,总建筑面积1258.32平方米,其中地上建筑面积622.14平方米,地下建筑面积363.21平方米。影院主体工程包括大厅、控制室、预演区、设备房等。2019年2月22日,影院正式开映,每次可容纳80人观影,每天放映6场,票价80元/人次。观影时间及场次安排为上午——10:30、11:30;下午:13:30、14:30、15:30、16:30。

2. 黄河谷欢乐主题乐园

位于乾坤湾镇槐卜圪崂村,建设单位为延川县黄河乾坤湾景区管理局,由延安联兴建筑工程有限责任公司承建,2017年10月8日启动,概算投资6000万元,占地面积280亩,设置滑草区、旱滑区、滑沙区、滑雪区、游戏区、服务区、休息区和绿化区,旨在利用特殊的黄河谷地地质地貌,建设成为融参与性、观赏性、娱乐性、趣味性于一体的自驾车露营地、新型能源汽车充电服务区和大型欢乐度假乐园。2019年1月,黄河谷欢乐主题乐园推出试营业广告,配合黄河乾坤湾,共同打造"一个把心留住的地方"。

3. 天下黄河第一索

由陕西延川乾坤湾骏景索道有限公司投资建设,索道线路为清水湾至会峰寨,驱动站位于清水湾景区入口处山峰南侧,迂回站位于会峰寨景区入口北侧,索道形式为单线循环脱挂抱索器8人吊厢,沿途共有8个支架,线路全长1900米,上下站房总建筑面积2800平方米,其中下站2000平方米,上站800平方米,运行速度6米/秒,从清水湾到会峰寨仅需7分钟,单向运行量1500人/小时。

4. 天下黄河第一漂

2011年9月,延川乾坤湾启动黄河漂流项目,于2012年投入运营。

游客乘船或漂流艇顺流而下，不仅可以观赏黄河沿岸的峡谷奇观，还可参观伏羲庙、黄河摩崖古寨、摩崖石刻、清水关古渡、会峰寨等人文景观，享有"天下黄河第一漂"的美誉。

5. 延川乾坤湾大剧院

于2018年4月16日启动建设，包括演艺区、宿舍区、商演区、停车区、管理中心及配套设施，主要用来演绎《黄河魂·中国梦》，旨在表现黄河蛇曲中的一个"湾"、黄土高坡上的一个"峁"、华夏文化里的一个"点"。

（三）处于后发优势的永和乾坤湾

一河之隔的永和县，一句"天下永和，大美乾坤"的旅游口号充分展示了永和县对于发展旅游的决心和憧憬。近年来，永和县大力实施"文化引领，旅游兴县"战略，寻求文化与旅游结合的发展道路。通过加大对旅游景区和景点以及配套设施的建设，走出了一条以文化引领旅游、以旅游彰显文化的新路子。在具体的着力点上，重点打造以红军东征永和纪念馆和黄河乾坤湾为龙头的旅游景区，以及生态农业和观光农业为重点的"百里黄河湾旅游经济园区"。通过进一步对红军东征永和纪念馆进行改扩建，增补红军东征时期的各种资料、图片和实物，以及新建黄河蛇曲国家地质博物馆、乾坤湾广场及其配套设施，凸显了永和县的红色文化、绿色生态和黄河风情旅游优势。同时，在发现永和、推介永和和宣传永和上想办法出点子，使得永和的知名度和美誉度大幅提升，推动全县经济社会快速全面发展。

继延川黄河蛇曲国家地质公园开园揭牌仪式后，永和县也不甘落后，2014年8月19日，总投资1600万元的山西永和黄河蛇曲国家地质公园开园暨招商引资活动在该县阁底乡举行。活动期间，举办了黄河蛇曲国家地质公园（永和县）开园仪式、山西作家协会永和乾坤湾创作基地授牌仪式、"天下永和、大美乾坤"摄影大赛等100余个项目的招商引资洽谈会。此次活动大大提升了永和县文化旅游资源的知名度和影响力，推动了永和县打造"大文化、大旅游、大产业"的旅游园区建设理念。永和县政府依托以乾坤湾为主的黄河文化、以红军东征纪念馆为主的红色文化和以红枣为主的绿色文化，构建"一湾一馆"（黄河乾坤湾、红军东征纪念馆)、"一关一山"(永和关、楼山)文化旅游产业新格局。同时,把黄河流经永和县形成的英雄湾、永和关湾、郭家山湾、河浍里湾、白家山湾、仙人湾和于家咀湾7个河湾统一规划和设计,制定了中长期发展规划。在《永和县县城总体规划修编(2011—2030)》中,以永和乾坤湾为核心,确定了"14131"的旅游发展空间布局:

1条黄金水道:流经永和县西部的68千米黄河旅游线。

4个旅游精品园区:位于上述黄金水道沿线或附近,包括永和关历史文化园区、乾坤湾地质奇观文化园区、于家咀原生态农耕文化园区、上退干红军东征纪念馆园区。

1条旅游集萃环线:县城—朝阳寺—大寨岭—永和关—乾坤湾—于家咀—上退干—阁山—交口—县城。

3座旅游文化名山:双锁山、阁山、楼山。

1个旅游集散中心:永和县城。

虽然永和县提出的旅游开发战略是打造黄河旅游经济带,有时候也称为山西沿黄旅游带、百里特色旅游带和百里黄河湾旅游经济园区,但其实都是旨在营造黄河原生态文化旅游群。黄河对于山西省而言,无疑是极为重要的地理资源。黄河在山西形成的河岸线很长,其西、南面均以黄河为界,中部又有黄河支流——汾河贯通,全省三分之二的地区都属于黄河中游。特别是南部的古河东地区是华夏文明的发祥地之一,在经济社会发展中占据着特殊地位。因此,山西继"古城"旅游和"大院"旅游之后,把目光聚焦于黄河、长城、太行三大板块,致力于将贯穿晋南和晋北的"黄河旅游经济带"建设提上日程。永和县作为地处黄河中游地区、吕梁山脉南端、晋陕大峡谷东岸和临汾市西北边缘,更加希望能够将地质旅游资源效益最大化。作为晋陕大峡谷中最具代表性的一个黄河大转弯,永和乾坤湾被视为永和黄河蛇曲国家地质公园的核心区域。其实,黄河虽然为永和县带来了最美的河湾,但黄土高原的梁峁沟壑地貌和十年九旱的气候条件,使得永和县成为山西省土地条件最差、经济总量最小、财政收入最低的县。因此,如何在黄河旅游大发展中抓住契机和继壶口瀑布之后打造黄河旅游的新亮点,以及如何打破行政边界与仅一河之隔的陕西省延川县共享黄河旅游这一共同的文化符号,对永和县在黄河旅游品牌竞合中就显得至关重要。为此,永和县政府在黄河蛇曲国家地质公园的符号利用方面做足了文章,提出实施"文化引领,旅游兴县"战略和加强"人文永和"建设,对照《永和县关于加强文化强县的实施意见》细则,邀请荷兰、以色列等国外专家学者前来永和考察,为永和县的旅游发展"把脉会诊"。编制了《永和县精品旅游线路建设三年执行计划》和《红军东征永和纪念馆重新布展方案》。在资金投入上,斥资4700余万元,用于永和乾坤湾游客接待中心建设、永和黄河蛇曲国家地质公园景区绿化、东征旅游路渡口段通道绿化、楼山旅游道路路面改造、阁底乡至永和黄河蛇曲国家地质公园旅游道路升级改造等。并通过霍永高速公路永和西段打石腰境内立交互通工程、举办"'天下永和、大美乾坤'中外百名摄影家看永和"、应邀参加第四届中国特色镇发展论坛暨美丽中国特色镇主题活动等一系列活动,进一步开发永和乾坤湾的旅游潜力。同时,通过媒体宣传,不断提升永和县的知名度和影响力。2014年8月4日,中央电视台《乡约》栏目组来到永和乾坤湾,现场录制大型户外访谈节目,通过嘉宾访谈、访能人、会乡贤等形式宣传永和县的地域特色和风土人情。而更关键的是,永和县一开始就确立了"龙行黄河,天下永和"的旅游形象定位,并指出这高度概括了黄河之美和升华了永和之意。

1. "龙行黄河":定义黄河之美

如果说山西吉县壶口瀑布呈现的是"黄河在咆哮"的激越和雄浑,那么山西永和乾坤湾展现的则是"黄河在抒情"的逶迤与婉转,山依着河、河抱着山、山河相映、7湾相连的蛇曲地质景观,以及河浍里村形成的巨大"S"形河湾——乾坤湾使得这种"抒情"不仅可观察、可触摸并且可想象。因此,永和县在塑造黄河旅游品牌时,将"湾"和"曲"视为最重要的旅游元素,是永和县黄河流域旅游区别于其他区域的关键符号,并将7湾相连的地貌景观进行艺术抽象,以"龙"形表达"龙行黄河"的构想,从而将"蛇曲"寓意"龙行",以更符合中国传统文化的吉祥词汇表达永和黄河的蜿蜒逶迤,以及中华儿女作为龙的传人定居黄河、赞美黄河和膜拜黄河的象征意义,这也是永和县的旅游形象总体定位。

2. "天下永和":升华永和之意

虽然"龙行黄河"高度概括了黄河的壮美、逶迤、婉转和吉祥的寓意,但如果作为旅游形象定位,念起来总觉得意犹未尽缺点什么,也未能体现"永和县"的地名特点。为了与"龙行黄河"的旅游口号相呼应,在旅游形象定位中,永和县又提出用"天下永和"来表达对于社稷和世界的美好祝愿,同时也可以将"黄河"和"永和"形成对仗。然而,在旅游形象定位问题解决后,一个新的问题又诞生了,那就是"和"文化的内涵体现和形式表达。为了挖掘"和"文化,永和县政府以永和关村为载体,将其视为中华民族"和文化"的一个缩影,指出居住于此的人们世代与黄河为伴,形成了天人合一的人地关系,并通过4个区域的打造全面展现可体验的"和文化"。一是体现"天和"文化的入口景观集散区:围绕坐落于村口的"黄河生命树"——古槐且进一步开发周围地块,将窑洞改造升级为旅游服务中心,并在窑洞外围新建生态广场,构建永和旅游第一印象区,将古槐、黄河和摩崖等自然景观形成"自然的和谐";二是体现"人和"文化的古村文化体验区:整合永和古村被废弃的窑洞,建成演绎"人和"理念的古村文化体验区,融传统文化与现代文化于一体,提升体验性和内涵性;三是体现"家和"文化的宗祠文化寻访区:通过修复白家祠堂和完善解说系统,诠释永和古村白氏家族宗祠文化,阐述中国传统文化中的"家和"观念;四是体现"地和"文化的古渡漂流休闲区:通过修缮永和关关楼和修复渡口景观,挖掘永和关的历史文化底蕴,并在黄河沿岸开发具有地方特色和现代元素的旅游项目,提升旅游丰度。

第四节 小结:流域·乡愁·旅游

在全球化已经成为无法扭转的时代背景下,流动或者移动都已成为常态,① 而旅行、迁徙、旅游更成为重要的年度活动安排。在这样的浪潮

---

① 范可:《在野的全球化——流动、信任与认同》,知识产权出版社2015年版,第2—30页。

中，乾坤湾正在迎来巨大的发展转型，特别是在获准建设国家地质公园之后，独特的自然禀赋和文化资源使其进入了乡愁旅游发展的快车道，并日益建立起了自己的旅游发展话语体系。同时，由于资源品牌的共享特征，也使乾坤湾在竞争与合作的语境里确立了各自的发展策略。

第二章　卷入与生产：乾坤湾的发现

　　当旅游的大潮漫卷全球的时候，人们开始将目光转向在第一代、第二代和第三代旅游资源开发过程中被忽略的地方，乡愁/乡土/乡村被重新赋予了新的魅力。

——题记

　　要了解乾坤湾的空间生产，就要详细呈现空间构拟者（专家）、空间决策者（政府）、空间建设者（企业）、空间使用者（游客、村民）卷入乾坤湾旅游开发的背景、过程、动力以及后果，而不是将其看成一种天然的状态或一个静态的社会事实。面对旅游大发展，不同主体已相继卷入其中。但为何卷入、如何卷入、何谓卷入等一系列问题却需要明确。"卷入"以往主要出现在史学叙述中，尤其频繁出现于那些阐述中国农民如何卷入世界体系并与之发生关系的经典研究中，[①] 以及用以解释中国沿海发达地区城郊的代耕农现象。[②] 真正从本质上详细解读"卷入"概念的当数美籍学者苏耀昌，他以"华南丝区"的经验为依凭，从卷入的历史、过程、事件、群体、程度、标志以及政治卷入与经济卷入等方面界定了"卷入"的内涵。[③] 本章将以列斐伏尔的空间生产理论，即空间实践—空

---

① ［美］彭慕兰：《大分流：欧洲、中国及现代世界经济的发展》，史建云译，江苏人民出版社2004年版；［美］王国斌：《转变的中国：历史变迁与欧洲经验的局限》，李伯重、连玲玲译，江苏人民出版社2008年版；［美］黄宗智：《华北的小农经济与社会变迁》，中华书局2000年版；［德］贡德·弗兰克：《白银资本——重视经济全球化中的东方》，刘北成译，中央编译出版社2008年版。

② 黄志辉：《无相支配——代耕农及其底层世界》，社会科学文献出版社2013年版。

③ ［美］苏耀昌：《华南丝区：地方历史的变迁与世界体系理论》，陈春声译，中州古籍出版社1987年版。

间表征—表征空间的三元辩证体系为分析框架,对黄河乾坤湾的旅游空间生产进行分析,并详述乾坤湾旅游开发过程中不同主体的卷入过程及意义。需要强调的是,旅游场域的卷入与世界体系学者所说的卷入不同。世界体系学派的卷入概念,是指某个区域及其中的人在原地与世界体系发生关系的过程,而在本书中,卷入是指不同主体进入乾坤湾与旅游发生关系的过程。基于此,我们在研究乾坤湾旅游空间生产时,应该拓展苏耀昌所说的"卷入"内涵。首先,既要追溯乾坤湾在旅游开发前的卷入背景,也要关注不同主体的卷入背景;其次,不同主体卷入乾坤湾旅游开发大潮之后,不仅要观察其经济层面的卷入程度,还要观察其在文化、社会层面的卷入程度;最后,要区分不同主体的永久性卷入和暂时性卷入,这关系到他们的实践方式和影响程度。

第一节　空间实践:先行开发乾坤湾

空间的实践包括不同主体对空间的构建和空间对社会关系的再构建两个层面。对于乾坤湾而言,旅游发展使得原本为村民生产生活的空间,转变成了旅游景区,村民也从幕后走向了前台,不仅成为游客凝视的对象,也作为游客满意度的一个考量指标。乾坤湾在获准建设黄河蛇曲国家地质公园之后,旅游资源禀赋优势开始显现,不同利益相关者先后进入乾坤湾,而各种力量的交会也让乾坤湾交织着不同的意义。

(一) 空间构拟者(专家)

在乾坤湾的空间实践中,虽然专家/学者并不能直接领导、组织乾坤湾的空间活动,但是作为乾坤湾空间生产的在场者,却积极地参与到乾坤湾空间意义的建构中。正是由于他们的特殊身份,使得乾坤湾的知名度越来越高,并因此超越了乾坤湾的地理区域范围。专家是知识合法化的缔造者和再生产者,在知识场域中,他们是文化的掌管者和创造者,也是乾坤湾新知识系统的创造者。作为占有文化资本的人,因其拥有文化资本而拥有话语权。[①] 在

---

① [美] 戴维·斯沃茨:《文化与权力:布尔迪厄的社会学》,陶东风译,上海译文出版社2006年版,第254页。

以专家为代表的知识精英进入乾坤湾之后，他们搜集整理了伏羲女娲传说等文化旅游资源，并在此基础上，进一步提升了乾坤湾自然旅游资源的文化内涵和历史价值。在随后的一系列空间实践活动中，逐步获取了更多的文化资本和知识权力。在越来越具体的空间文化属性明确之后，每一个景观节点都被赋予了意义，旅游营销文本也越来越重视这样的"舞台真实性"场景。随着景点的日益明确化，有学者还将乾坤湾的旅游意象特点编成朗朗上口的顺口溜，内容包括乾坤湾的各种神话传说、地方特产、地方村名、民间工艺等：

滚滚黄河天上来，滔滔逝水奔大海，莽莽高原黄土地，女娲信手舞彩带。天真地秀生灵气，日精月华孕太极，龙盘蛇曲大自然，千古绝唱乾坤湾。大禹借来后羿弓，隔断秦晋阴阳分。羲皇制成太极图，人类始祖定乾坤。传说羲皇观乾坤，心灵震撼不由人，天生我材必有用，唯我独尊担使命。羲皇隐身古寨中，与世隔绝无影踪。枕黄河，听涛声，怀古思远望乾坤，灵台如璞即归真，静坐参悟灵感生。滔滔黄河脚下踩，两眼不眨望河怀，沟壑山岔画符号，梁峁渠道经纬标。天圆地方阴阳分，天干地支配五行，九曲黄河分九宫，河心之岛阵眼定。了然俯瞰河怀村，等划八份方位定。巽离坤兑乾坎艮震，太极八卦举世闻名。女娲补天神话奇，老幼妇孺皆知。伏羲古居在伏义，夫妇两人创奇迹。羲皇古寨研太极，忘怀家中有贤妻，女娲含羞望夫归，锲而不舍峰巅立。阳光明媚蒙面纱，朝起朝落观女娲！旭日东升披彩霞，夕阳余晖飘秀发。绝世丹青神来笔，巧夺天工女神像，问君远道观乾坤，不见女娲憾终生！专家学者看门道，游人旅客图热闹，划船戏水过把瘾，身临其境乐融融。黄河岸上枣林多，夏闻花香秋食果，串串珍珠诱人馋，颗颗玛瑙引手掐。主人给你赔笑脸，反请客人多摘点！黄河大枣营养好，核小肉厚含糖高，红格裆裆色泽亮，脆格铮铮口生香，甜格丝丝如蜜糖，香格喷喷任君尝。自古帝王求长生，不知早日拜红娘！果中精品药中方，补血补气脸儿靓。这方村名着人体，羲皇故居在伏义（羲）。忠义取意人中穴（鼻子），岭上（脸）上村（唇）龙耳子（耳）；黑白胜

（眼睛）下来是嵝则（肾）；大程（肠）小程土家洼（胃），紧靠乾坤碾畔（眼圈）大；腿赶村子分上下（腿），双腿横跨黄河溻。银针针刺绣五色线，巧手手剪纸人稀罕；布堆堆花儿赛牡丹，窑洞洞宾馆设施全。红尖尖辣椒吊成串，黄灿灿玉米挂门前；红彤彤枣排好美观，秧歌儿扭起更好看！乾坤湾还要大发展，欢迎您再来乾坤湾！

在进一步解读专家学者主导的空间构想之前，有必要介绍黄河蛇曲国家地质公园的批准建设过程。无论是陕西省首倡的黄河原生态文化博物馆，还是后来山西省跟进的黄河旅游经济带（黄河旅游经济园区），都与学者在乾坤湾对黄河原生态文化的"再发现"密切相关。而且，这个发现的过程还必须从发现陕西省延川县乾坤湾镇小程民间艺术村说起。可以说，如果没有发现小程村，也就没有后来的旅游大发展。而小程村的发现，又直接导致了碾畔黄河原生态民俗文化博物馆的成立。并且，随着对这两个村原生态文化的深度挖掘，正好契合了非物质文化遗产语境下的两种主要保护模式——动态保护和静态保护，这越发加速了黄河蛇曲国家地质公园获批的进程。

1. 发现小程民间艺术村——动态保护模式

小程村开始被外人知晓是在1999年，这与张士元的发现和努力紧密相连。1998年，作为民建中央文化委员会委员的张士元在延川县沿途考察之后，最早注意到小程村的黄河文化，也是最先向民建中央提出在延川县进行旅游开发的人。他在提案中称：①

> 陕北黄河流域是华夏民族民俗文化的发祥地。人们仍然延续着远古先民的生活习俗、穴居生活和农耕传统。转九曲（黄河转灯）、道情戏、闹秧歌、布堆画、剪纸等文化源远流长，保留着古老黄河文化的痕迹。从延川县城至土岗乡伏义河村的60千米土地上，密集保留有神圪塔山、白浮图寺、伏义河、清水关渡口、刘家山民俗文化村、龙耳则穴居点、延水关渡口和土岗窑洞等8个景点，周边有

---

① 丁亮春：《采风——提案——旅游大开发》，《中国统一战线》2002年第5期，第31—32页。

著名的西安古都、轩辕陵墓、延安圣地、壶口瀑布等旅游胜地。只要有关部门努力开发，大力宣传，政府支持，延川黄河流域一定能够在名胜古迹、民俗文化带动下，成为一个新的旅游热点，从而为当地的经济发展带来生机。

提案引起了有关方面的高度关注和重视。1999年6月，陕西省人民政府办公厅对提案进行了批复，并责成省旅游局和延安市有关部门，与延川县政府共同对延川县内的景点进行调查，出台《关于开发陕西省延川县黄土民俗文化旅游资源的意见》，明确将延川县的旅游资源开发列入陕西省"九五"旅游计划"三黄一圣"旅游区和2010年远景目标纲要，成为重点开发的"十大旅游区"之一。在具体的开发建设方案中，重点开发延川县城至乾坤湾镇伏义河村范围内的8个旅游景点，包括神圪塔山、白浮图寺、伏义河黄河转湾"阴阳八卦图"（乾坤湾）、清水关渡口、刘家山民俗文化村、龙耳则穴居景点、延水关渡口和土岗窑洞宾馆。

几乎与此同时，长期在陕北特别是延川县考察民间民俗文化的全国著名民俗文化学者、中央美术学院教授靳之林也发现了小程村。靳之林从1979年开始就长期在延川县进行考察和创作。1997年，在首次考察"乾坤湾"之后，对黄河秦晋大峡谷和"S"形黄河大转弯给予了高度评价。对此，陪同靳之林考察的陕北民间艺术家冯山云等人一直记忆犹新，也多次向其他人提到靳之林的这段话：

> 在这之前，我曾到过世界上许多地方，也看过很多著名的自然景观和人文景观，但秦晋大峡谷却使我难以忘怀，也从来没有像今天这样激动。在我看来，美国科罗拉多大峡谷与秦晋大峡谷的"S"形大转弯相比，可谓是小巫见大巫！

一直到晚上，在乾坤湾镇政府下榻的靳之林先生，对秦晋大峡谷的"S"形大转弯仍念念不忘，心情无比激动，欣然题写了"君不见，民族魂。黄土群峦，旸阳初照，大河九曲十八弯"的题字。

在靳之林的发现和影响下，不久，前来这里考察、赏景、写生的专家学者日益增多,当然绝大多数都是靳之林介绍来的,其中不乏北京和国外的文化名人。在靳之林的帮助下,乾坤湾镇碾畔村委小程村建起了民间艺术学校,不定期聘请延川县文化馆的工作人员前来培训,教村民闹秧歌、唱民歌、剪剪纸和做布堆画等。为了挖掘有关黄河文化和黄土文明,使乾坤湾的自然资源和人文资源更好地传承保护和开发利用,2001年9月至12月,靳之林和冯山云在小程村持续开展考察、搜集、研究、指导、培训活动。其间,发现了3孔千年胡人古窑,其中2孔窑洞的拱形窑口不是常见的圆弧形,而是尖拱形,其窑拱均由錾石接口,左面窑洞的7块石面上刻有莲花、牡丹等花样纹饰,配有左右相对的匈奴武士造型的石刻门神,左边的武士隆鼻大眼,头戴毡帽,脚踩祥云,耳悬耳环,着战袍,持弓箭,右边的武士头戴通天冠,手执宝剑。根据靳之林先生的推断,这些图案都是有象征意义的,如通天冠是道教的标识,莲花是佛教的标志;牡丹为阳,象征男性,莲花为阴,代表女性;祥云为阳,代表天,波浪为阴,象征地;凤和凰代表男与女。而正是这样一个特殊的契机,进一步开启了专家的科考之路,在靳之林组织的多方考证下,最后得出的结论是这2孔窑洞距今已有1400多年的历史,建筑年代应该为北魏时期,并以此断定乾坤湾在公元407年前后,属于匈奴人赫连勃勃大夏国的管辖范围,而这2孔窑洞也是当年匈奴人的居住之所(图2-1)。同时,他还让村民将耕地时发掘的汉唐陶罐、宋元画像石等古玩贡献出来,一并放入古窑中,建成小程历史文化博物馆,并亲笔为小程村题写了简介:①

> 小程村,位于陕北黄土高原与山西吕梁山脉交界的黄河大峡谷西侧,黄河以雷霆万钧之势,蜿蜒辗转行进于黄河大峡谷中,在这里形成"乾坤湾"的著名天文景观。山西永和县像一把利剑直指小程,因此,这里自古以来就是军事要冲,小程东有雄伟的汉代夯土古城遗址、碾畔汉墓群(距今约两千年),西有牛尾寨与战国古墓和清水关古渡口、古村寨遗址。

---

① 刻在小程村的一块石碑上。

这里自古就是汉民族与匈奴、月氏、羌族等内迁北方民族文化的交融之处，匈奴赫连勃勃建国的大夏，与古羌建立的西夏都活跃在这里。小程村至今仍然保留着刻有胡人服饰形象的千年石刻接口遗址，这是中国目前发现的最古老的古窑遗址和胡人门神艺术。

图 2-1　千年古窑

资料来源：作者拍摄。

以靳之林为代表的文化人和艺术家的介入，对乾坤湾民俗文化的发现至关重要，他们带来的有关大夏国的历史考证成为乾坤湾旅游开发时最常引用的故事。然而在这之前，村民们对于村落的历史是很模糊的。是靳之林先生让他们知道了自己村落的历史，也对村落的文化第一次有了自豪感。村民们现在基本上都能说出小程村是在明代永乐年间程姓祖先由山西大槐树下迁移至此，民国年间村里住着程、段、师三大家族，被称作前碛家、当碛家和上弯家，至今村中的地名仍保留着段家圪崂、师家（子）圪崂的说法。在以靳之林为代表的学者们的带领下，村民们开始积极搜集整理当地的民间文化。通过对历史遗迹和文物古玩等来考证和确证村落的文化和历史外，还开展了一系列民间艺术活动，以期形成一个具有浓郁地域传统的文化空间。当然，如果从严格意义上打量，就会发现这些文化所具有的重构和建构性质，如闹秧歌去除了传统的祭祀性和仪式性，已没有了传统秧歌的禁忌文化，更多的是娱乐性，成为游客与村民的一种互动；剪纸变成了"剪纸艺术"，原本的祈福、辟邪功能已经式微，以及贴窗户、绣枕头、做鞋样的作用也已减退。由于功能的改变，剪纸的内容和形式也大为改变，没有了传统的民间宗教色彩，反映的都是村民的日常生活，为了便于装饰和更有视觉上的冲击力，其外形更大也更完整。① 与此同时，还形成了许多以前没有的民间艺术形式，如布堆画和农民画等；民歌也加入了很多现当代文化元素。

同时，靳之林在村内寻找和培训剪纸、刺绣、民歌、道情、闹秧歌、转九曲、陕北说书等民间艺术人才。在靳之林的倡导下，村民自发组建"小程民间艺术村"。后来，延川县黄河原生态文化保护发展协会申请到美国福特基金会40万元人民币的资助，于2001年年底成立了小程民间艺术村，建起了一院5孔石窑的小程文化活动室（民间艺术展览室），其中3孔为展览室，即1孔窑洞为剪纸，1孔窑洞为刺绣，1孔窑洞为出土文物（图2-2）。2001年12月13日，小程村举行了"小程民间艺术村"

图2-2　小程艺术活动室

资料来源：作者拍摄。

---

① 方李莉：《西部民间艺术的当代构成》，《文艺研究》2005年第4期，第112—122、160页。

命名暨通电仪式。在这次大会上，乾坤湾镇政府还授予小程村 28 位村民"民间艺术家"称号，分成美术组和秧歌组，涉及剪纸（表 2-1）、秧歌、捏面、绣花、念古经、道情等。

表 2-1 小程村认定的剪纸艺术家一览表

序号	姓名	性别	出生年月	文化程度	认定日期
1	胡玉梅	女	1951 年	小学五年级	2001 年 12 月 13 日
2	郝秀珍	女	1959 年	初中	2001 年 12 月 13 日
3	郝彩莲	女	1960 年	文盲	2001 年 12 月 13 日
4	郝调莲	女	1962 年	小学五年级	2001 年 12 月 13 日
5	冯彩琴	女	1965 年	小学二年级	2001 年 12 月 13 日
6	冯瑞梅	女	1970 年	小学四年级	2001 年 12 月 13 日
7	贺彩虹	女	1971 年	小学四年级	2001 年 12 月 13 日
8	刘小娟	女	1975 年	小学五年级	2001 年 12 月 13 日

资料来源：作者搜集整理。

随着小程民间艺术村和民间艺术展览室的成立，得到了来自联合国教科文组织和中国民间剪纸研究会的支持，小程村的名气也越来越响亮。不过，小程村的持续升温还与后来专家学者特别是靳之林开展的一系列活动密不可分。2002 年，"中国民间剪纸研究会非物质文化遗产年会"在小程召开，并在此基础上向联合国教科文组织申报"非物质文化遗产"的保护，推动了中国民间剪纸走出国门的发展。2003 年，文化部社会文化司来小程村考察原生态文化保护工作，对小程村的原生态民俗文化给予了高度评价。一年之后，"陕北小程村黄河原生态文化"保护项目被文化部批准为"中国民族民间文化保护工程"试点项目，并以小程村为试点展开了为期 8 个月的"全县剪纸大普查"，从 17 万人中筛选出 1.5 万人的 4 万多件作品前去"上海国际艺术双年展"上展出，引起了较大的社会反响。因为上海国际艺术双年展创办于 1996 年，在国际上影响很大，这次双年展就有超过 30 多个国家的 100 余名艺术家参展。延川县政府利用这次宣传效应，联合北京"二万五千里长征"文化传播中心和延川黄河原生态文化保护发展中心，投资 20 多万元进行延川剪纸艺术打造。4

万件作品中，剪纸大师高凤莲的作品《家族》和女儿刘洁琼的作品《红军哥哥回来了》，都是用 30 多张 1.3 米的红纸剪成的巨幅作品，成为本次双年展的一大亮点。由于展览十分成功，高凤莲一家三代的作品后来还前往法国、加拿大、意大利等国展出，这次双展会也成为成就高凤莲一家三代剪纸艺术大师的一个重要转折点。

其实，在民间艺术村成立之前，村里只有胡玉梅会剪窗花，后来，郝秀珍、冯彩琴等先后从其他村嫁入小程村，在胡玉梅的影响下，也偶尔剪窗花、刺绣底样和巫俗剪纸等，但并未显示出自发传承剪纸艺术的迹象。而且村里早期剪纸作品基本上以窗花和喜花为主，也是最为传统的两种剪纸样式。不过，最常见的还是刺绣底样（俗称"花样子"），因为造型和纹样简单，绣鞋垫的人自己就可以独立完成。通常是在刺绣鞋垫、衣服或门帘时，先在纸上画一些简单的花纹，再剪成花样儿描到布上后才开始用针线刺绣。事实上，小程村最早受到外界关注的剪纸样式正是这种"花样子"，靳之林在谈到"小程民间艺术村"的创建情况时说：

> 最早是村里的程梅梅①画鞋垫，样子一笔不改，熟练极了。我就问她能不能剪出来，她说能。剪完后拿给我一看，这剪得确实好啊。再一问，村里大部分妇女都会剪鞋垫"花样子"，由此开始了小程作为民间艺术村的历程。

但是使得小程村为外界所知的却是传统巫俗活动中的剪纸和大幅剪纸。在陕北，一些巫俗活动经常需要剪纸，如祈求雨停时剪"扫天媳妇"，叫魂时用"拉手娃娃"等。大幅剪纸是陕北春节时贴在窑洞里的，如贴在土炕周围的"炕围花"，贴在窑洞顶上的"顶棚花"。② 但小程村只保留了春节期间贴窗花的习俗，其他的其实早已被简化了，这也是靳之林来了之后才挖掘出来的。

同样的保护模式在山西永和县也逐渐展开，尽管名称可能有所差异，

---

① 小程村村民，小程民间艺术村成立时被授予民间艺术家，2004 年嫁到其他地方。
② 靳之林：《抓髻娃娃与人类群体的原始观念》，广西师范大学出版社 2001 年版，第 34 页。

但基本理念却是相同的,如永和县在乾坤湾主景区所在的黄家岭、于家咀、河浍里村成立了黄家岭民俗村、于家咀民俗村和河浍里民俗村等。

2. 创建碾畔黄河原生态民俗文化博物馆——静态保护模式

20世纪80年代以来,与中国其他地方的农村一样,乾坤湾也持续出现了"建房"热潮,导致村民们大规模向外搬迁,持续出现新村的扩张化、拓展化和旧村的空壳化、老朽化现象。造成这一现象的原因是多方面的:首先,传统的分家另过导致村民很难达到独立居住的理想;其次,农村长期实行的宅基地集体所有和使用权按户分配制度,促使农户分家频率加快,导致建房高潮。以碾畔自然村为例,随着农户的外迁,碾畔古村在20世纪80年代之前就已经全部废弃。其实碾畔村是黄河岸边、黄土高原上一个非常典型的传统村落。村中以郭、冯、郝三姓为主,冯姓和郝姓祖先最先定居,其中郭姓是从山西省洪洞县老槐树下迁来。三大姓氏迁来之初,分别居住在3个独立的窑洞院落里,门口都放着一盘石碾,久而久之便得名为碾盘村。又因碾畔村位于黄河之畔,"碾盘"的谐音即为"碾畔",人们逐渐写成"碾畔"并一直沿用至今。碾畔村背山向阳,窑洞靠崖而筑,3—5孔为一院落。但是近现代以来,碾畔古村原有的80多户人家逐渐在新建道路两侧建房居住,旧村慢慢废弃,留下数百孔窑洞和一些废弃的纺纱机、织布机等。

2001年,靳之林发现了这里的黄河原生态文化。从某种程度上说,也正是他的发现,才有了今天延川县的旅游兴县战略。在这之前,碾畔村跟中国其他很多传统村落并无二致,民间文化在移风易俗和破四旧运动中也所剩无几,以至于村民自己都不了解自己的文化。2004年,在靳之林的倡导下,美国福特基金会赞助40万元,靳之林发动村民捐出馆藏陈列品两万多件,并组织村民按类别展出3000余件,由12孔窑洞组成,分别用以展览历史沿革、黄河系列、农耕系列、运输系列、饮食系列、纺织系列、农村匠工、原始宗教、民间文艺、油灯旱烟、婚嫁生育、节日庆典18个系列(图2-3),每一个系列和重要的展品都配有图片和文字说明,以直观的方式再现了碾畔村古老的黄河文化。同时,为增强真实性、活态性和参与性,博物馆的讲解员就是土生土长的村民,他们可以一边演示,一边讲解,形象生动,与自然环境、生态农耕、情感表达和馆藏展品形成和谐的整体，很好地复制了农家生活和再现了农耕文明。

图 2-3　碾畔黄河原生态民俗文化博物馆全景及部分内景图
资料来源：作者拍摄。

随着《中国民族民间文化保护工程》《保护非物质遗产公约》《关于加强我国非物质文化遗产保护工程的意见》《重视民族传统节庆的意见》等一系列文件的颁发，国家在场的力量也为黄河原生态文化挖掘与保护带来了新的契机。在2005年文化部公布的40个国家级民族民间文化保护试点工程中，延川县乾坤湾镇碾畔村成功入选。之后，靳之林全程参与了碾畔村非物质遗产保护工作的开展，走出了保护的第一步，并希望通过在碾畔自然村和小程自然村的不同努力，能够为中国非物质遗产保护的两种保护模式——静态的博物馆保存和动态的民间生活保存提供实证案例。

此后，碾畔村的名气越来越大，并随着土岗乡撤乡改为乾坤湾镇，以及土乾公路的完善，现在在进入碾畔村委的土乾公路边，以非常显见的标志，对碾畔村委做了如下介绍，使每一个进入乾坤湾的游客都能第一时间了解到碾畔村的情况：

碾畔村位于乾坤湾镇以东8千米处，距县城55千米，海拔789米，东经110°42′72.84″，北纬36°70′12.71″。东南北三面临黄河与山西永和县隔河相望，西临刘家山行政村。清道光十一年（1831年）前建村，因村址位于黄河畔上，地形圆如碾状得名碾畔，辖杜家洼、槐卜圪崂、房家洼、大程、小程、雷家岔、张家山、小程、碾畔、伏义河9个自然村，614户2302人，总土地面积为18420.6亩。村内光热资源丰富，全年日照时数2558小时，日平均气温10.5℃，年均无霜期183天，年降雨量500毫米左右。交通便利，环境宜人，境内有黄河蛇曲国家地质公园、乾坤湾、伏羲码头、定情岛、沿黄栈道、伏羲观天、女娲峰、碾畔民俗博物馆、千年古窑、牛尾寨、伏母寨等著名旅游景点，是国家AAAA级旅游景区，日益成为广大游客的休闲观光度假胜地。

博物馆不仅是学术收藏机构，也是讯息沟通的渠道，更是访客获取文化资本的途径。黄河原生态民俗文化的"再发现"，很大程度上得益于以靳之林为代表的专家学者的介入，通过对碾畔黄河原生态文化所具有的历史、艺术、科学等方面的地位确认，有效阻止了碾畔村原生态文化的加速消亡进程。正是这些"外人"率先发现小程民间艺术村、建设碾畔黄河原生态民俗文化博物馆以及认识到黄河原生态文化的价值，才使乾坤湾逐渐为世人所知，同时促使乾坤湾人获得了某种程度的"文化自觉"。

（二）空间决策者（政府）

政府对乾坤湾的旅游开发主导，为空间实践提供了政策、资金和管理层面的可能性。延安市旅游产业主打红色旅游、黄土文化和黄河文化旅游牌。很长一段时间以来，延安红色旅游的美誉度和知名度都很高，但以自然景观和人文景观为主的黄土文化、黄河文化旅游却不强。因此，从2006年开始，打造黄土、黄河文化旅游一直都是政府的重点工作。在政府的旅游策划方案中，乾坤湾是集"黄河文化、黄土文明、伏羲传说、民间艺术、红枣产业"于一身的景观综合体，特别是随着"黄河古象"遗骨、千年古窑、大夏文化的发现，乾坤湾所包含的文化内涵越来越受到人们的关注。早在"十一五"时期，延安市就将乾坤湾纳入全市旅游产业发展的整体规划，无论是政策还是资金方面都给予了极大的支持，特别是在规范乾坤湾旅游服务和完善旅游基础设施方面。

1. 政策引导

在翻阅 2006 年至今延川县所有政府工作报告中发现，延川县政府在延川黄河蛇曲国家地质公园获批建设一年之后，就将乾坤湾旅游列入了政府工作报告，其中有关旅游产业发展的表述是这样的：

> 加快黄河文化旅游资源开发步伐，培育县域经济发展的接续产业。随着全球性旅游产业的持续升温，旅游产业逐渐成为一个地方经济增长的闪亮点。我们将按照"创新思路、创新体制、创立品牌、创造效益"的指导思想，把其作为县域经济的接续产业和强项产业大力开发。今年主要做好四项工作：一是进一步优化开发思路。邀请知名策划大师、旅游企业高层管理者对延川旅游开发进行"会诊"，寻求我县黄河文化旅游产业跨越式发展的捷径妙药，确定科学高效的开发路子。二是提高景区管理水平。全面统筹大禹山庄、乾坤湾景区、黄河漂流、碾畔黄河民俗博物馆、小程民间艺术村管理，提高吃、住、行、游、购、娱服务质量，使来客来去顺利、游得开心。三是继续加大对黄河文化旅游的投入。加快旅游道路交通建设，不断完善旅游景点基础设施。加快黄河蛇曲地质公园博物馆建设进度，力争在国庆节之前揭牌开园。四是强化推介，扩大影响。加大对黄河乾坤湾宣传力度，提高黄河蛇曲地质公园科考、黄河乾坤湾摄影、小程民间艺术村采风、黄河漂流和黄河民俗博物馆旅游项目的包装推介水平，提高延川黄河文化旅游的知名度，尽快把旅游资源优势转化为经济优势。

从此，乾坤湾旅游成为延川县政府高度重视的工作。2007 年 12 月，延川县政府委托北京达沃斯巅峰旅游规划设计院编制了《中国·延川黄河乾坤湾景区控制性详细规划》，旅游遂成为延川县的主导产业，也成了政府工作报告中的关键词。2008 年 7 月 10 日，陕西·延川黄河蛇曲国家地质公园揭牌开园，意味着乾坤湾的旅游开发有了一个新的里程碑。为了更好地利用黄河蛇曲国家地质公园的名号，2009年3月，延川县旅游局委托西安建筑科技大学建筑设计研究院工程管理分院编制了《陕西延川黄河蛇曲国家地质公园可行性研究报告》，确立了公园的范围、构拟了开发方案。同时，在《中国·延川黄河乾坤湾景区控制性详细规划》基础上，延川县政府又委托长安大学旅游规划设计院编制完成了《中国·延川乾坤湾风景旅游区修建性详细规划》。该规划得到了很好的实施，第一期的开发建设项目包括乾坤湾度假村、窑洞组团建筑、南大门服务区（游客服务中心、入口标志、停车场、旅游商品服务点和内部交通换乘点等）、乾坤台、伏羲庙＋易学宫＋青帝坛（即伏羲文化园）和黄河栈道等。

2011年2月25日，延川县在第十六届人民代表大会第五次会议批准的《延川县国民经济和社会发展第十二个五年规划纲要》中确立"突出发展旅游和现代服务业"的旅游发展计划，进一步明确了旅游发展目标：

> 构建大旅游和多关联的旅游产业链，加快以乾坤湾为重点的景区建设，进一步开发会峰寨、清水关、摩崖天书等黄河峡谷自然景观，完善景区及旅游配套设施，打造以黄河旅游、红色旅游、黄土风情旅游和绿色生态旅游为主题的四大旅游产品，丰富文化内涵和产品特色，提升乾坤湾黄河文化旅游的总体质量。积极开展农家乐等休闲旅游和剪纸、布堆画、秧歌、道情等民间艺术活动，打造3—5台（部）舞台艺术精品，做到"演艺进景区，文化见游客"。加强黄河文化旅游的宣传和推介，整合旅游资源，打造精品线路。并围绕旅游开发，推动宾馆、餐饮、购物、娱乐休闲、工艺品、农产品加工的发展，使食、住、行、游、购、娱六大要素成为配套，形成功能完备的产业链，做大做强旅游业。分两步对黄河文化旅游景区进行综合开发建设。2012年完成基础设施建设并投入运营。招商引资1.5亿元，建设乾坤湾服务区、南大门、乾坤台、易学宫、黄河栈道等五大项目；投资5000万元，对鞋岛、会峰寨、漂流站等景区及配套设施进行综合开发建设。到2015年，进入稳定发展阶段，并转

化为有偿服务，带动其他产业发展，力争将乾坤湾景区建成国家AAAA级旅游景区，游客总人数达到30万人次以上，旅游综合收入达到1亿元。

为了进一步落实"文化旅游兴县"战略，2012年12月，延川县旅游局委托中国旅游研究院编制了《延川县旅游发展总体规划（2012—2025年）》和《延川县文化产业园总体规划》，并在2014年10月，又委托浙江远见旅游设计有限公司完成了《延川乾坤湾景区升A规划——专项设计规划》。延川县政府提出，要坚持把延川文化旅游产业放在延安红色旅游发展的大背景下去规划，重点打造文安驿产业发展集群、秦晋大峡谷黄河观光发展集群和延川镇特色城镇旅游项目集群，突出黄河文化、知青文化、作家群文化和民俗文化，全力把延川文化旅游产业做大做强，促进县域经济快速发展。从以上的叙述可以看出，旅游兴县战略正持续在各个方面影响着县域发展的总体思路和规划，这也是空间实践的体现。

2. 招商引资

尽管政策的制定为乾坤湾旅游开发提供了具体的依据，但是乾坤湾的实际发展与规划并不完全一致。因为任何政府决策都必须仰赖资本的投入才能实现，而不同的合作模式必然导致差异化的策略，并可能根据招商引资的结果而对原有的规划做出实际性的调整。一个典型的例子就是与程家大院创建人CHQ的合作。1996年就外出打拼的CHQ，不仅积累了雄厚的资本，而且也看到了家乡潜在的旅游发展市场，逐渐对家乡的旅游开发产生了浓厚的兴趣。最初他只是开办农家乐，将自己在1979年建设的3孔窑洞取名为"老程农家乐"。后来觉得接待能力有限，1998年扩建至5孔，2003年又增建为6孔。随着旅游开发的持续升温，游客越来越多，CHQ再一次感觉到接待的压力，2007年，投资2000万改造成18孔。2009年，再次投资4000万，通过保留、改造、新建等方式，终于在2010年建成一栋5层70间的楼房，还配套建设了特色大门、景观凉亭等，对大院内部和周边也进行了硬化、绿化和亮化，并将原来的"老程农家乐"更名为"程家大院"（图2-4）。经过多次改建后的程家大院，

图 2-4　程家大院
资料来源：延川县黄河乾坤湾景区管理局。

大大提高了接待水平，于 2011 年 4 月，被延安市旅游局评为 AAAA 级农家乐，也被外界誉为"陕北第一院"。作为较早开办农家乐的投资者，CHQ 的"农家乐"一直都被延川县政府和旅游局列入旅游开发计划之中，而他也一直以广东佛山豪特舒酒店家具制造有限公司（即佛山市南海区豪特舒家具制造厂）负责人的身份与政府合作。在经营农家乐成功后，CHQ 再次与延川县旅游局和延川县黄河乾坤湾景区管理局合作，于 2013 年将旅游局名下的"黄河漂流"项目即伏义河码头承包了 40 年，开始推动延川县旅游投资项目发展。而广东佛山豪特舒酒店家具制造有限公司与政府合作开发的项目，即农家乐和黄河漂流项目也明确写入了政府的工作报告和旅游发展规划文本中。现在，程家大院不仅是乡村民宿，本身也成了旅游景点。同时，黄河漂流项目在他的规划建设下，已初具规模，新购游艇 2 艘，新建河畔酒店 1 座，新建码头大门、窑洞商铺、旅游厕所、游船码头、服务中心；重新规划和命名旅游线路和景点，如将原伏义河码头改为"伏羲码头"（图 2-5），"河图岛"改名为"定情岛"等。

在回乡投资的过程中，CHQ 多次与政府洽谈、与各级部门协商、对

图 2-5　伏羲码头

资料来源：作者拍摄。

周边村民宣讲和向各类游客宣传，通过自己的努力获得了各利益相关群体的基本认同。虽然 CHQ 真正进入乾坤湾旅游开发的时间还不足 10 年，但是已经使居民自发地进行空间商业化改造并形成了良好的标杆示范作用。显然，资本的引入和开发商的介入，有可能对原有的总体规划和政府的旅游规划产生相应的改变。

按照旅游规划对客源市场的预测，乾坤湾的旅游资源对晋陕宁、京津冀、长三角、珠三角、湘鄂赣等客源市场有着巨大的吸引力，市场前景广阔。但事实上其旅游经济效益很长一段时间内并不明显。以延川乾坤湾旅游为例，自 2005 年开园试营业以来，虽然旅游人数逐年上升，但以省内中、短途游客为主，几乎占游客总数的 90% 以上，客源市场基本集中在延安、榆林和西安三市，主要以教师、学生、公务员、企业白领、科研工作者等高文化层次游客为主。2013 年，乾坤湾景区创建为国家 AAA 级旅游景区，到延川旅游的人数有所增长，达到 30 万人次，旅游综合收入 2102.36 万元。2014 年，延川乾坤湾致力于打造国家 AAAA 级旅游景区，并计划用三年时间建成国家 AAAAA 级景区。良好的发展规划和投资前景吸引了越来越多的旅游企业投资，除最先达成合作意向的广东佛山豪特舒酒店家具制造有限公司之外，延川乾坤湾景区建设还引进多家公司进行投资开发，如2009年年初引进延长石油集团投资1.5亿元、天津跨越公司投资0.3亿元和延安培植文化有限责任公司投资400万元。其中，延长石油集团公司的投资力度最大，包括517亩的征地款和乾坤湾景区服务区、一斗谷入口、乾坤台、黄河栈道、伏羲文化园5个协议项目。天津跨越公司主要推进鞋岛、会峰寨景区和伏义河漂流站等景点的建设。另外，延安黄河蛇曲国家地质公园旅游有限公司也斥资800万元，用于建设乾坤湾度假村、伏义河漂流中心①、清水关服务接待中心、槐卜圪崂景区管理处、会峰寨服务接待中心和嘉平陵景区（点）。同年，通过招商引资完成景区主要旅游道路土乾路（乾坤湾镇至乾坤湾）和新土路（新舍科至乾坤湾镇）的修建。目前，有规模的旅游投资公司在延川乾坤湾已经达到6家之多，共同推进乾坤湾、清水关、鞋岛、黄河漂流、伏羲文化园、黄河栈道、会峰寨、嘉平陵、黄河索道等20多个景点的规划设计和开发建设工作，已全部向游客开放，乾坤湾景区也于2013年5月1日正式运营，门票由原来试运营的60元提高到现在的90元。

3. 形象定位

政府负有对整个区域经济建设和城市形象定位的特殊使命，是旅游目的地形象塑造中最强有力的话语，对旅游目的地形象建设和宣传具有很强的指向性。这些话语包括壮观（黄河）、震撼（河湾）、神圣（伏羲/女娲/革命）、红火（民俗/革命）等特色打造，集魅力峡谷、科普观光、黄土文明、黄河文化于一体的综合性旅游区建设，塑造动感、绿色、文明、富饶的感知形象。

在旅游形象定位过程中，最重要的是发现"伏羲始画八卦"的形似与神似。而在这一点上，河怀湾（河怀里湾）的"太极"特点和鞋岛的"河图"象征为理想类型的"乾坤湾"应该具有的物质特征埋下了伏笔，也为"黄河乾坤湾，太极发祥地"的旅游形象定位奠定了基础。而且，据传太极八卦图中的青龙、白虎、朱雀、玄武四方瑞兽在乾坤湾周边地区都有具体的对应物，其中青龙（左）位于乾坤湾西南方向秦晋峡谷西

---

① 即后来的伏羲码头，现由广东佛山豪特舒酒店家具制造有限公司承包。

侧，也就是陕西省延川县境内的碾畔村（原名青龙庄）；白虎（右）位于乾坤湾东北方向秦晋峡谷东侧，也就是永和县境内的永和关（原名白虎关）；朱雀（前）位于乾坤湾南面秦晋峡谷西侧，也就是乾坤湾镇碾畔村对面永和县境内的阴德河村/鸭子河村（朱雀村）；玄武（后）位于乾坤湾北面秦晋峡谷东侧的永和县境内，也就是永和关北面1千米处崖顶上一块巨大的石头（驼驮龟石）。随着考证的日趋深入，与伏羲文化有关的伏母寨（伏羲母亲华胥氏的居住地）、雷泽（伏羲父亲雷神的居住地）、女娲（伏羲妻子）峰和女娲庙（娘娘庙）等现实景观的发现，进一步印证了伏羲在此居住的有力证据。如雷泽据传就在现在延川县乾坤湾镇的雷家岔村，离乾坤湾很近。这些都与伏羲传说中所描述的场景有着极高的相似度，所有的物质特征都很好地契合了"伏羲八卦"的内核要求，达到了形似与神似的完美契合，成为乾坤湾发展旅游业的坚实基础和最有力的吸引物。以此为依据，延川乾坤湾分区域、季节和年龄有针对性地展开了旅游形象定位。

（1）区域方面。一是省内旅游形象定位：唱一首黄土地情，转一曲华夏乾坤和黄河第一湾，华夏第一脉。为避免与晋陕两省境内的其他黄河文化景区形成同质性竞争，乾坤湾在进行旅游形象定位时，主要挖掘黄河蛇曲文化，以黄河蛇曲地质公园为吸引物。二是国内及（海外华人）旅游形象定位：黄河定乾坤·中华寻根脉。三是国际旅游形象定位：人祖传奇·华夏龙脉。

（2）时间方面。一是春：四月芳菲·魅力乾坤湾。主打自然观光、休闲度假、乡村旅游等度假产品。二是夏：避暑胜境·清凉乾坤湾。主打山地休闲、避暑度假旅游。三是秋：红枣故里·多彩乾坤湾。秋天是乾坤湾红枣成熟的季节，为吸引游客品尝、采摘红枣，打造观光摄影、康体养生、休闲度假等旅游产品。四是冬：北国风光·雪舞乾坤湾。主打民俗节事、冰雪体验等。

（3）年龄方面。一是青年市场：中华探源·自在乾坤。针对青年群体开发的休闲、度假、研学、自驾、娱乐、探险、体验等旅游产品，实现自媒体、自营销、DIY体验，让青年游客在乾坤湾自驾自助旅游、自在自由度假、自乐自享生活。二是中老年市场：黄河明珠·华夏灵脉。依托丰富的生态旅游资源与深厚的人文风情，针对中老年市场开发的休闲度假、养生康体、休闲娱乐、乡村旅游、人文体验等旅游产品。三是儿童市场：七彩乾坤湾，缤纷世界游。针对儿童市场开发的亲子游、微电影、滑草、滑沙、滑雪、旱滑等娱乐体验旅游产品。

除了上述提到的旅游形象口号之外，在不同的规划文本中，不同的旅游策划公司都会提出不同的旅游宣传口号，以便当地政府在发展旅游时能逐渐明晰旅游形象定位，以下旅游口号也是延川乾坤湾旅游发展中经常被提及的：

乾坤交泰，中华源流；
黄河九十九道湾，扭转乾坤在延川；
天下黄河第一湾，从延安到延川，宝塔山连着乾坤湾；
伏羲落足处，女娲补天台；
水居度假，亲近黄河；
感受黄土文明，探寻始祖文化。

4. 旅游营销

现代社会，媒介充当了旅游宣传的重要载体和通道。按照"政府创品牌、企业做营销、全面塑形象"的总体思路，延川县政府先后在央视2套《消费主张》栏目做了专版，央视4套《远方的家》做了专题片，央视13套《江山多娇》节目对乾坤湾景区的直播长达1分多钟，让全国更多的观众了解了乾坤湾自然风貌和人文景观，对乾坤湾景区知名度的提升起到了积极的推动作用。邀请延安电视台制作了长达15分钟的《魅力延川·大美乾坤》的形象宣传片和30秒的电视宣传广告。同时，还利用宣传效应和传播效果较强的新媒体进行宣传。特别是1998年，随着中央电视台《美术星空》栏目对"乾坤湾自然景观"的播出，乾坤湾一度成为延安电视台新闻播报前的标志性镜头，也成了国内外众多游客向往的地方。2014年，延川县黄河乾坤湾景区管理局组织陕西新媒体微博达人进行"探访延川乾坤湾活动"，达人们通过微博、微信、论坛等进行了图文并茂的报道，从自然风光、人文、民俗等方面充分展示了延川乾坤湾的魅力。如果以"乾坤湾"为关键词进行检索，可以发现，新华网、和讯网、凤凰网、兰州新闻网、户外资料网、山西黄河新闻网、临汾新闻网、网易新闻中心、光明日报、中国旅游报、中华文化报、临汾日报、山西日报、瞭望新闻周刊、文化时空、时尚旅游、丝绸之路、山西经济日报、山西政报、延安日报、书画艺术专刊、澎湃新闻等媒体都对乾坤湾有过相关报道，而蚂蜂窝、携程、新浪博客、天涯论坛、天涯社区、凯迪社区、腾讯旅游、百度百科、百度知道、豆丁网等都进行了相关知识介绍。随着微信公众号、快手、旅游短视频的兴起，无论是延川乾坤湾还是永和乾坤湾都在积极跟进，如延川快讯和今日永和等。上述媒介的宣传，使得乾坤湾迅速获得了较高的知名度和美誉度。总体上看，延川乾坤湾主要采取了以下旅游营销策略：

（1）旅游推介。一是整合营销渠道，如在西安国际旅游节、旅游博览会、西洽会等博览会上展示乾坤湾形象，以及参与其他目标市场的交易会；制作并发放旅游地图、旅游指南、导览图、宣传册等。二是旅游咨询服务，在中心城区、周边市县、景区入口设置游客中心提供咨询服务；用影像资料向潜在游客介绍乾坤湾的游览线路、景点名称、开放时间、度假设施、预订电话、购物指南等。三是节庆赛事活动，除了恢复传统节庆活动外（详见表2-24），还积极开展新型活动形式，如2019年"走进乾坤湾·探秘帐篷营地"活动和2019延川·乾坤湾第二届山地自行车邀请赛。四是旅游者游程跟踪。对潜在旅游者（出发前）、在途旅游者（旅途中）和抵达旅游者（目的地）进行三阶段促销模式（表2-2）。

表2-2 旅游目的地三阶段推广策略

阶段	推广载体	实施手段	达成目标
出发前	媒体广告	纸质媒体、电子传媒	提升旅游形象和知名度
	旅行尝试	组织中间商考察旅游	加大宣传
	突击促销	向重点中间商集中推销旅游线路和产品	达成旅游代理业务
	媒体炒作	邀请媒体记者免费旅游	炒作热点
	消费者展示	针对目标市场展示旅游产品和户外活动	现场感染消费者
	邮寄	投递宣传邮件	争取活动举办地

续表

阶段	推广载体	实施手段	达成目标
旅途中	途中接待中心	传播经济、文化、社会、历史信息	延长停留时间和后期消费
	户外广告	沿途设立醒目的户外广告	强化旅游形象
目的地	旅游信息中心	提供旅游咨询服务和其他专项信息服务	为旅游决策提供参考
	媒体组合方案	宣传旅游吸引物、旅游服务和旅游设施	制造旅游氛围

资料来源：根据《延川县乾坤湾景区旅游发展总体规划（2015—2030年）》整理。

（2）产品促销。一是广告促销，在陕西卫视、延安市电视台、西安市电视台等收视率较高的电视台和广播台宣传乾坤湾；在《华商报》、《西安晚报》等订购率较高的报纸、杂志推介乾坤湾；在"五一""十一"、春节和一些特别节日（妇女节、端午节、重阳节）介绍乾坤湾。二是公关促销，对主要目标市场进行大型公关促销活动，以获得轰动效应。三是其他促销，利用网络营销、旅游展览等达到宣传效果（表2-3）。

表2-3 张贴及装潢类广告宣传

宣传方式	具体策略
大型广告牌及巨型张贴画	地点：西安市、延安市主要交通集散场所（火车站、汽车站，乾坤湾交通干线，大型商场、酒店、宾馆、影剧院等人员集散点）。
	内容：风景图片、旅游交通图、到达方式等。
交通广告	在出租车、公交车上做车体广告。
	乾坤湾专列。
海报、广告栏、霓虹灯广告	地点：西安市、延安市繁华道路及十字路口等。
	内容：主要旅游活动安排及重点景区图片。

资料来源：根据《延川县乾坤湾景区旅游发展总体规划（2015—2030年）》整理。

（三）空间建设者（企业）

乾坤湾的旅游开发围绕的关键词有两个：一个是特定的地理区域空间——黄河蛇曲国家地质公园，一个是特殊的社会文化空间——黄河文化和黄土文化，如延川县黄河乾坤湾景区管理局在68千米黄河流域基础上,不断拓展乾坤湾景区的范围,通过修建景区大门、规定景区出入口、设置人工检票口、提供导游服务等措施,选择有代表性的地质景观、恢复传统文化、新建景区景点等方式,设置了若干参观点,构建了一个景区范围,并绘制了景区导览图。而要将一个地方由村民的生产生活空间,变成一个供游客游览的旅游景区,需要做几件事情:首先,必须按照游览的需要,将空间分成若干功能区并进行规划建设,也就是旅游板块打造;其次,设置游览线路,以规范游客的游程,亦即旅游线路设计。

1. 旅游板块打造

按照浙江远见旅游设计有限公司编制的《延川县乾坤湾景区旅游发展总体规划(2015—2030年)》,乾坤湾主要分为4个功能区,即乾坤湾文化体验区、清水湾休闲度假区、延水湾风情体验区和伏寺湾娱乐康养区(表2-4),而延川乾坤湾的旅游开发也基本围绕这4个板块来进行建设。

表2-4 延川乾坤湾旅游板块打造及重点项目建设一览表

旅游定位	功能分区	重点项目	建设时间(年)	备注
中华探源	乾坤湾文化体验区	一斗谷南大门综合服务区	2015	新建
		沿途红枣观光采摘园	2015	改建
		乾坤湾核心景区	2015	改建
		伏羲文化园	2015	改建
		定情岛	2015	改建
		陕北民俗文化村——伏羲村	2015—2016	改建
		民间艺术村——小程村	2015—2016	改建
		赫连勃勃墓(嘉平陵)	2016	改建
		碾畔黄河原生态文化民俗博物馆	2015	改建
		延川乾坤湾大剧院	2018—至今	拟建
		大程游客服务中心	2021	拟建
黄河堡寨	清水湾休闲度假区	清水湾	2015—2016	改建
		会峰寨	2015—2016	改建
		牛尾寨	2017—2018	改建

续表

旅游定位	功能分区	重点项目	建设时间（年）	备注
延关飞渡	延水湾风情体验区	北大门服务区	2016—2018	新建
		延水关	2017—2020	改建
		延水关古镇	2017—2020	改建
		王家渠	2017—2020	改建
黄土风情	伏寺湾娱乐康养区	秀延河	2017—2020	改建
		伏寺湾	2017—2020	新建

资料来源：根据《延川县乾坤湾景区旅游发展总体规划（2015—2030年）》及作者调查整理。

（1）中华探源：乾坤湾文化体验区

作为旅游集散中心和黄河蛇曲文化集中展示区，乾坤湾文化体验区包括一斗谷南大门综合服务区、沿途红枣观光采摘园、乾坤湾核心景观、伏羲文化园、定情岛、伏羲村、小程村、赫连勃勃墓（嘉平陵）、碾畔黄河原生态文化民俗博物馆、大程游客服务中心等。

1）一斗谷南大门综合服务区

①南大门综合服务区。占地面积204.45亩，建筑形式为龙蛇形式，入口设置龙柱，作为龙首，也是景区的标志性建筑；游客服务中心和黄河蛇曲国家地质公园博物馆设置在游客行进路线的尾端，形成龙尾。

②蛇曲文化墙。用页岩仿照蜿蜒的龙蛇之身形成，一是起引导游客的作用；二是借助文字表达、浮雕图示方便游客了解黄河蛇曲特点；三是通过开洞凿窗的方式使游客在行进中观赏周边地貌景观。

③游客服务中心。位于南大门主体建筑一层，建筑面积150平方米，是乾坤湾景区的一级游客服务中心，集旅游咨询、服务接待、旅游集散、休憩服务等功能为一体，包括服务区、办公区和附属区。

④黄河蛇曲国家地质公园博物馆。由序厅、地质科普厅、历史文化厅、民俗风情厅构成，以展现黄土文明和黄河文化的大美神奇（详见第九章第二节）。

⑤乾坤湾景区停车场（2处）。位于游客服务中心西侧，用于停泊旅

游观光巴士和私家车等,是乾坤湾的主停车场。

⑥一斗谷休闲街区。在一斗谷景区南大门综合服务区西面,以陕北小吃和购物商铺为主,作为品尝地方美食、购买乾坤湾特产、旅游纪念品的场所。

⑦龙耳则游客服务中心。在一斗谷南大门服务区以西龙耳则村,主要为延长县和壶口方向来的游客提供咨询、售票、休息等服务。

2）沿途红枣观光采摘园

沿黄公路两侧的红枣观光采摘园（表2-5）。

表2-5 沿途红枣观光采摘园

序号	项目	活动内容
1	枣林风景	拍照留影、艺术摄影、影视拍摄等。
2	枣树种植	新苗种植、喷洒农药、枣树接苗、枣树修剪、打枣等。
3	枣苗出售	为有意向购买枣树幼苗的游客或组织出售枣树幼苗。
4	红枣采摘	红枣采摘或现场购买,也可到红枣加工厂现场加工。
5	红枣廊亭	提供品尝、采摘、购买红枣服务。

资料来源：同上表。

3）乾坤湾核心景区

乾坤湾最佳观景点,荟萃了伏羲八卦、神话传说、黄河蛇曲地质景观、黄河文化、黄土文明等核心文化,展现"扭转乾坤、日月同照"的旅游形象定位。

①乾坤台游客服务中心

在原乾坤湾博物馆基础上改造而成,形成集休憩、咨询、餐饮等于一体的综合性服务中心。

②乾坤台

占地面积800平方米,包括乾坤亭、乾坤台、浮雕文化墙、天坛（乾台）、地坛（坤台）、观蛇岛等景点（表2-6）,设计理念源于"日月乾坤",其中乾坤台、天坛、地坛象征"日",浮雕文化墙象征"月",并与乾坤亭形成呼应。

表 2-6 乾坤台主要景点一览表

序号	景点名称	说明
1	乾坤亭	乾坤湾景区最佳观赏点，是乾坤湾最先修建的建筑。
2	乾坤台	源于伏羲先天八卦图，据此可俯瞰黄河、纵览乾坤湾。
3	浮雕文化墙	以黄河蛇曲地质景观和伏羲女娲传说为主线，既是乾坤湾文化的展示窗口，又象征九曲黄河阵。
4	天坛（乾台）	位于浮雕文化墙左侧，寓意"天圆"，与地坛相映。
5	地坛（坤台）	位于浮雕文化墙右侧，寓意"地方"，与天坛相映。
6	观蛇岛	为保护"蛇形石"而设，也是定情岛的最佳观景点。

资料来源：作者调查整理。

③5D 动感球幕影院《穿越黄河》

利用数码影视与虚拟仿真技术，突破传统影院的局限，打造更富动感的立体体验。游客乘坐在多自由度动感平台上观看超高清球幕电影，通过实景拍摄与电脑 CG 制作的动感画面，从三江源湿地"起飞"，"顺着"黄河流域从青藏高原到黄土高坡，"穿越"中原东流入海，使游客身临其境观赏沿途风景，感受黄河文化。包括售票厅、入口大厅、出口大厅、预演区、购物商店、控制室、休息室、设备间、卫生间等。

4）伏羲文化园

①伏羲文化研究中心

包括易学博物馆区、伏羲祭祀区、易学体验区、文化体验区、学术交流区 5 个功能区（表 2-7）。

表 2-7 伏羲文化研究中心

序号	定位	功能区	景点内容
1	易学文化	易学博物馆区	包括易学博物馆前区和易学博物馆后区等
2	祭祀广场	伏羲祭祀区	包括伏羲祭祀广场、伏羲主题雕塑、太极殿、先天殿等
3	伏羲别院	易学体验区	伏羲别院
4	伏羲文化园	文化体验区	包括博物馆、水系、小品、主入口等

续表

序号	定位	功能区	景点内容
5	易学宫	学术交流区	包括易学宫、易学工作室、入口广场、服务区、停车区等

资料来源：根据《中国延川乾坤湾太昊伏羲文化园策划设计概念方案》及作者调查整理。

②伏羲文化研究中心栈道

长1000米、宽2米的石质登山步道，并配套建有休息亭、广场、厕所等。

③黄河栈道

包括栈道入口广场、石片栈道和黄河栈道顶端入口3部分，途中设有各种休息平台和观景点（详见图4-2）。

5）定情岛

旅游形象定位为"黄河之心，雷泽之岛"，包括伏羲雕塑、河图广场、八卦迷宫、阴阳鱼码头和黄河石林等景点。

① 伏羲雕塑

位于河图广场与八卦迷宫北面，雕塑坐北朝南，高10米、长30米，用石块堆砌而成，前设叩拜台，为游客进入定情岛的主要游览景点。

②河图广场

用25个白色石子（代表天）和30个黑色石子（代表地）形成的1个五行方位图（即东方甲乙木、南方丙丁火、中央戊己土、西方庚辛金、北方壬癸水），寓意八卦阴阳学说由河图而生。

③八卦迷宫

位于河图广场东南面，呈正八边形，直径66米。迷宫中央为乾坤台，直径54米，包括乾坤台和九转乾坤鼎，其中乾坤台为2个首尾相接的阴阳鱼，鱼头偏高，鱼尾偏低；八卦台上置九转乾坤鼎，由底座和台顶组成，底座即乾坤台，由4只石狮子组成，分别嵌于八卦台西北、西南、东南、东北4个方位，台顶为九转乾坤鼎的核心部分，以九星之数制成，上有5条青龙，与文昌亭相映。

④阴鱼、阳鱼码头

阴鱼码头和阳鱼码头为对称的黑白阴阳鱼，一南一北，分别为定情岛的2个黄河漂流站（表2-8）。

表2-8 阴鱼、阳鱼码头

序号	码头名称	说　明
1	阴鱼码头	石质结构，利用暗色沙石砌成，代表八卦图的黑色部分，为黄河漂流定情岛入口，是进入定情岛的首因印象区。
2	阳鱼码头	石质结构，利用白色沙石砌成，代表八卦图的白色部分，为定情岛的出站口，顺流而下，可漂流至伏羲码头。

资料来源：根据《延川县乾坤湾景区旅游发展总体规划（2015—2030年）》及作者调查整理。

⑤黄河石林

由巨型石块摆放成脚印形状，寓意伏羲在此仰观天象时留下的脚印，刻有"在河之洲""雷泽之岛""中华根源文化"等，以彰显定情岛的伏羲文化内涵，设有黄河卵石雕刻、捡五彩石、捏泥人等活动。

6）陕北民俗文化村——伏羲村

是体验陕北历史、文化、民风、民俗、生产、生活的旅游目的地。

①游客服务中心

在原村委会基础上改造而成，包括咨询中心、旅游商店和旅游厕所三个部分。

②陕北特色作坊一条街

集产销、展示、体验为一体，包括剪纸、布堆画、鞋垫作坊等。

③窑洞建筑体验区

以窑洞传说、发展历史、建筑构造、窑洞形制、建筑工艺、未来发展等知识为核心，通过一代、二代、三代、四代窑洞演化诠释，借助模型、工艺、导览等方式，向游客展示陕北民居特色。

④窑洞客栈

分为冬暖夏凉（土窑木窗）、窗明几净（石窑玻璃窗）、特色体验窑等，游客可根据不同消费需求进行选择。

⑤女娲文化体验区

包括女娲庙服务中心、女娲庙、娲母广场、功德桥、结缘廊、娲灵池、卦象坛等（表2-9）。

⑥陕北饮食文化展示区

由18座窑洞院落打造而成。

表2-9 女娲文化体验区

序号	景点名称	说明
1	女娲庙服务中心	位于女娲庙主庙东侧，包括2间服务大厅和4间祭祀祈福商品销售厅。
2	女娲庙	主庙位于一层，共6间，东南为女娲庙游客服务中心；次庙位于二层，共20间；主庙与次庙之间以台阶相连，设有花坛树池。
3	娲母广场	葫芦形，西高东低，供游客集散、朝拜。
4	功德桥	位于娲母广场东侧，供游客通行。
5	结缘廊	女娲庙与功能性用房之间的石廊，与女娲庙次庙姻缘文化相结合。
6	娲灵池	圆形树池形式，沿树池向女娲庙方向设置蛇形雕塑，整体为盘蛇形状。
7	卦象坛	卦象花坛，中间以蛇形小道连通，仿照女娲蛇身曲线。

资料来源：同上表。

⑦黄河文化馆

围绕伏羲广场，利用周边5座窑洞院落改造而成的5个黄河文化馆，即黄土画馆、黄河农耕馆、黄河奇石馆、陕北泥塑馆和陕北石雕馆。通过实物展示、文字解说等表现形式，使游客了解黄土高原文化风情。

⑧"人祖传奇"实景剧

依托秦晋峡谷和黄河自然景观，以人祖传说为核心，综合黄河、峡谷、河滩、窑洞等元素打造实景剧，分为溯源·履迹降世、伊始·皇祖传人、混沌·始造万灵、福缘·人祖护佑4大主题，历时约1小时。"溯源"以"太阳飞鸟生命之树"为开场，以华胥氏在野外踏神人脚印，感孕生伏羲、女娲为内容，追溯中华根脉文化，演艺人祖诞生传奇；"伊始"以女娲抟土造人、伏羲女娲成婚等为内容,讲述人祖造人、制定婚姻的传说;"混沌"以女娲补天、伏羲女娲创造世间万物为内容,讲述人祖创造世界的传说;"福缘"以后人祭拜伏羲女娲,人祖赐福为内容,讲述中华民族对伏羲女娲的信仰。

⑨伏羲码头

以伏羲女娲浮葫芦免洪灾创世界为主题打造的占地面积约 4000 平方米的游客集散码头。码头长 600 米、宽 70 米,东以黄河河堤为界,西至岸边山崖,建有游客服务中心、古船客栈和占地面积 1400 平方米的停车场。

7) 民间艺术村——小程村

相对于乾坤湾其他村落,小程村是延川乾坤湾最先进行旅游开发的村落,在农家乐、民俗演艺、特色购物等方面独树一帜,其旅游形象定位为"千年古窑,魅力小程"(表 2-10)。

表 2-10　小程民间艺术村

序号	景点名称	说明
1	小程民间艺术中心	包括艺人工作室、小程艺术学校、布堆画工作坊、剪纸工作坊。
2	千年古窑	千年古窑纪录片、微电影拍摄、电影拍摄。
3	特色农家乐	小程村的特色农家乐。
4	程家大院	陕北第一院。
5	小程览胜台	可俯瞰小程村全貌。
6	旅游商品街	在乾坤湾大酒店和黄河乾坤湾度假村之间的旅游纪念品一条街。
7	九曲黄河灯阵	详见第六章。

资料来源:作者调查整理。

8) 赫连勃勃墓 (嘉平陵)

史料中关于嘉平陵的位置说法不一,主要有统万城说、延川县说、山西霍山说、甘肃镇原说等。据说,赫连勃勃的后裔曾在延川乾坤湾建有 1 座白色浮屠,后来又在陵墓北侧建了 1 座佛寺,周边先后安葬了赫连勃勃的 7 位后裔(七星冢)。旅游开发后,确立的旅游形象定位为"西夏王七星冢,白浮屠情缘定"。

①赫连勃勃博物馆

坐北朝南,整体为三进院形式,以窑洞为主,屋顶为魏晋南北朝时期样式,屋檐较缓,脊线平滑。入口为山门,设有3个门洞,象征无相门、空门、无作门。山门西侧西南角为浮屠塔,塔高3.5米;山门北面4米处东西两侧分别为钟楼和鼓楼,各占地8平方米,高4米,砖木结构,攒尖顶;钟鼓楼向北3米处为戏楼,以石搭底,悬山顶,台基高1.5米,整体高4米,舞台宽8米、深4.5米;戏楼向北12米处为大雄宝殿,5开间,面宽18米,进深12米,高6米,庑殿顶;大雄宝殿北面2米处为僧房,11开间;戏楼东西两侧为3开间偏殿,西侧偏殿西边为3开间旅游公厕;大雄宝殿西侧为小型游园。

②七星冢

是指以赫连勃勃墓为主的7座陵墓,其中天枢冢最北,与天璇冢、天玑冢、天权冢、玉衡冢、开阳冢、摇光冢形成七星状。修复后的墓冢周边辅以围栏,种有松柏、杜梨、沙棘、芦苇、黄蒿等,形成"一环七点"的交通路线,一环即沿七星冢两侧呈勺形的游步道,铺设1.5米宽的石子路面;七点是指各墓冢形成的环形参观道,宽1.5米,路面铺设石材。

9)碾畔黄河原生态民俗文化博物馆

有陕北历史民俗文化活化石之称(详见第二章创建碾畔黄河原生态民俗文化博物馆——静态保护模式和表2-11)。

表2-11 碾畔黄河原生态民俗文化博物馆

序号	景点名称	说明
1	碾畔黄河原生态民俗文化博物馆	包括民俗器具展示区、黄河器具展示区、民俗艺术展示区、节日风俗展示区等。
2	黄河影像展示区	依托碾畔村整体风貌,以纪录片形式形成电子化展示平台。
3	黄原影视基地	为微电影、影视剧拍摄提供外景服务。

资料来源:作者调查整理。

10）延川乾坤湾大剧院

从黄河、乾坤湾、黄土高原、伏羲文化等元素中提炼而成，设计理念为黄河蛇曲中的一个"湾"、黄土高原上的一个"峁"、华夏文明里的一个"点"（详见第一章延川乾坤湾大剧院），包括演艺区、停车区、职工生活区、管理中心等。

11）大程游客服务中心

位于大程村，为延水关、山西方向游客提供咨询、售票、休憩等旅游服务。

（2）黄河堡寨：清水湾休闲度假区

1）清水湾

以原生态黄河风情为主题，形成集黄土风情体验、红色文化体验、陕北民俗体验、黄河蛇曲科考为一体的黄河风情休闲度假旅游目的地。

① 清水湾观景台

集观光、休憩、停车、摄影、服务为一体的旅游区（表2-12）。

表2-12 清水湾观景台

序号	景点名称	说明
1	望龙台服务中心	占地面积20平方米，提供售票、停车、咨询、休憩等服务。
2	望龙台	清水湾最佳观景点，占地面积3000平方米，包括停车场、步行道、观景台等，可观渡口古街、石碾广场、清水古城、母子情深、黄河卫士等景观，亦可观黄河对岸的天圆山、五星山（五行山）、于家咀村（大禹旧居）。
3	石湾台阶	望龙台至清水古村的步行道，长410米、宽1.2米，沿路设亭阁。

资料来源：根据《延川县乾坤湾景区旅游发展总体规划（2015—2030年）》及作者调查整理。

② 清水关古城墙

由墙体、女儿墙、垛口、小城门和瓮城组成，长100米、宽5米、高7米，有垛口40个，以瓮城为中心向东西延伸。城门位于城墙西侧，高8米、宽6米，城门上刻有"清水关"字样。城堡高8米、宽7米，砖石砌成，与观景平台相连，游客既可穿行于城门、瓮城内，也可行走于城墙上。

③清水关野战乐园

位于望龙台停车场北侧，占地面积 15 公顷，以红军东征为主题，分为红蓝两军，设置人工攀岩墙和极限娱乐设施，由军事学习基地（工农红军学校、训练场）、生活体验基地（红军灶、作息帐篷、野战医院）、装备体验基地（红军兵工厂、武器库）、野战阵地（CS 野战营地）组成。

④清水湾核心景观

清水湾曾是晋陕两地重要的渡口，也是商人举行祭祀、联谊、商务活动的场所。旅游开发后，恢复了清水湾渡口、清水古街、清水衙门、清水湾驿馆、秦晋会馆、秦晋戏楼、刘氏窑洞庄园、石碾广场、清水湾古窑群等景观，新建清水湾索道站，打造了"清水湾往事"情景剧（表2-13）。

表2-13 清水湾核心景观

序号	景点名称	说明
1	清水湾渡口	占地面积5600平方米，是黄河漂流进入清水湾景区的第一站。
2	清水古街	以清水湾码头为起点，向西北和西南方向形成2条人字形步行街，长300米，占地面积1.3公顷，以购物、餐饮、住宿为主。
3	清水衙门	位于清水古街西侧，渡口广场北侧，占地面积0.2公顷，坐北朝南，土坯石窑洞形式，灰瓦歇山顶，雕花木窗格，由正门、正堂、二堂、三堂、廉政展示长廊、六房组成，其中正门、正堂、二堂为清水衙门的主轴线，三堂位于主轴线东侧，主轴线两侧为廉政文化展示与惩恶扬善文化展示。
4	清水湾驿馆	位于清水衙门东侧，占地面积350平方米，共6孔大窑洞和4孔小窑洞，内设驿馆、餐厅、休息间、办公室、马圈等。开展文官坐轿、武官骑马、三鸣地炮、抬轿换马等旅游体验活动，也是快递服务、货物中转中心。
5	秦晋会馆	占地面积150平方米，分为大堂、内堂和阁楼，其中第一层为展览室，第二层为陈列室。
6	秦晋戏楼	2层木构建筑，高10米，占地面积120平方米，建筑面积240平方米，上设舞台，下为地道。
7	刘氏窑洞庄园	占地面积420平方米，共6孔石窑，大门为砖木结构，五脊六兽硬山顶，彩绘梁檩，青瓦覆面。进门为前厅，东西对称布置厅房和耳房，过东西两侧，院西为磨坊，院东为石碾和马厩。

续表

序号	景点名称	说明
8	石碾广场	由古树、台阶、浮雕墙、景观小品等组成，集文化体验、学习教育、休憩娱乐、游客集散等功能于一体，围绕"青龙在岸，利见大人"的文化寓意，开展"摸石碾，节节升"等祈福活动。
9	清水湾古窑群	位于石碾广场西侧，占地面积1公顷，分为古窑群展示区、红色文化体验区，是石碾广场中东征文化、碾盘文化的展示地。
10	清水湾索道站	途经会峰寨、清水湾、牛尾寨，在清水湾游客中心设有1个索道站。
11	"清水湾往事"情景穿越剧	专职演员30人、参演村民80人，时长60分钟，涉及明清、民国、解放3个时期，分为"清水衙·清水情""清水湾·红军情""清水河·黄河情"3幕，第1幕以清水湾古渡开场，以廉政文化为主题，描述官吏清廉、百姓安居的场景；第2幕以红军东征回师陕北开场，以红色文化为主题，描述红军东征的故事；第3幕以陕北民歌开场，以陕北民俗文化和黄河风情文化为主题，描述解放后人们的生产生活场景。

资料来源：同上表。

⑤刘家山村

是乾坤湾镇下辖的行政村，与碾畔村、龙耳则村等相邻，是毛泽东旧居、红军东征纪念馆等景点所在地（表2-14）。

表2-14 刘家山村

序号	景点名称	说明
1	乡村人家	吃农家饭、摘农家果、种农家菜、住农家屋，是延川重要的乡村旅游目的地。
2	毛泽东旧居	位于刘家山村西侧，占地面积130平方米，由7孔窑洞、院落、外院组成，内设史料陈列馆，文物陈列馆、音像资料馆、口述资料馆等。
3	红军东征纪念馆	位于毛泽东旧居左边［详见第九章红军东征革命纪念馆（延川）］。
4	石门街	占地面积6600平方米，设有窑洞酒吧、窑洞电影院、窑洞KTV、创作室、特色餐饮、特色住宿等，为满足游客购物、休闲、娱乐等旅游需求。

资料来源：同上表。

2）会峰寨

以奇险（会峰山、寨河峡谷、会峰寨、黄河、黄土高原）、神秘（摩崖天书、摩崖石室、山寨生活）、秀美（寨河河谷、植被景观）为特色，集堡寨文化、山寨风光、地质风貌、黄土风情与陕北民俗于一体，享有"奇险会峰寨·陕北小华山"之美称（表2-15）。

表2-15 会峰寨

序号	景点名称	说明
1	黄河码头	位于蓄水坝东侧，分为上下两层，下层为自然码头，以黄河沙滩为主；上层为人工码头，以台阶形式引导游客上岸换乘。
2	南门码头	会峰寨南门修建了两处蓄水坝，形成两处码头，合称南门码头。
3	土地庙	每年二月二和八月十五有会峰庙会，春季以祈求五谷丰登为主题，秋季以酬神谢礼为主题，凸显会峰寨之"灵"与"奇"。
4	北门	南北宽2.9米，东西长3.4米，高3.5米，占地面积12.7平方米。
5	云桥	由北门北侧石桥改造而成，上覆透明玻璃，石桥两侧竖立防护栏，以柱石加铁索组成，与"云路"相结合，取名"云桥"。
6	压寨夫人楼	会峰寨第二层最南缘崖壁处的石屋，三面悬空，据传曾为压寨夫人居所。
7	会峰寨天街	位于会峰山，总面积2050平方米，建筑长3.5米、宽3米、高4米，全部为石质材料，游步道宽1.5米，用不规则石板铺设。
8	上西门	门洞宽2米，深2.3米，高2.5米，以石块堆砌，南北两侧建有城墙，高1米。门洞内设条石台阶12级，东侧为天然瓮城。
9	下西门	古时为会峰寨取水处，也是西侧防御重点，属于会峰寨第一层防御系统。
10	上西门哨楼	呈柱形，直径2米，厚0.3米，每间隔0.2米设瞭望口，以石板覆盖。
11	下西门哨楼	呈柱形，直径2米，厚0.3米，每间隔0.2米设瞭望口，以石板覆盖。
12	寨墙	长200米、宽0.6米、高2米，墙顶遍插彩旗，上绣"寨"字，墙内放置明清时期的大炮、铁枪、弓弩等。
13	会峰山	由飞来石、哨楼、哨卡、彩旗、游步道组成，以蹬道、台阶、天梯、寨道、桥梁等多种形式构建的旅游环线。

续表

序号	景点名称	说明
14	南门	南北长6米，宽3米，高3.5米，占地面积18平方米，以石块堆砌，南北两侧与寨墙相连。门洞内以条石台阶沿山势上升，共18级。
15	会峰观景台	由3层组成，外围为1.5米宽的观景平台，以石质栏杆围合。观景台、北山游步道及游客服务中心整体呈太极形状。
16	会峰寨大门	呈"会"字形，大门东侧寨墙处建有北山哨，为会峰寨景区的入口门户。
17	会峰寨索道站	索道途经会峰寨、清水湾、牛尾寨，位于会峰寨游客中心附近。

资料来源：同上表。

3）牛尾寨

以原始祭祀为特色，打造集旅游观光、文化体验于一体的"牛尾古寨·神牛福地"（表2-16）。

表2-16 牛尾寨

序号	景点名称	说明
1	牛尾寨大门	利用路侧山崖及山包等自然地形并结合古寨建筑形成，起到方向指引、形象展示的功能。
2	牛尾古寨	恢复了寨门、寨墙、寨街、碉堡、地堡等核心建筑。
3	古寨墙	包括内层和外层古寨墙，内层寨墙长180米，高1.5—1.8米，外层寨墙长689米，高1.2—1.8米。
4	古寨碉楼	碉楼与地道、战壕连通，布置机枪、大炮，作为古寨防御设施的一部分，游客可在此体验古寨军事文化。
5	神牛庙	在原山神庙基础上修复而成，山庙为一进院，共3间，庙内供奉神牛，开展祈福祭祀活动。
6	牛心池	神牛庙前的放生池，一是放生许愿添福祉；二是处于卧牛心脏，象征为村寨注入活力；三是"牛为坤、坤为土、土生金"，象征风调雨顺、国泰民安。
7	牛尾寨索道站房	途经会峰寨、清水湾、牛尾寨的沿黄观光索道，在牛尾寨游客中心附近设置1个索道站房。

资料来源：同上表。

4）黄河谷欢乐主题乐园

为了满足游客多样化的旅游需求，延川乾坤湾在槐卜圪崂开发了滑草、滑沙、滑雪、旱滑场，即黄河谷欢乐主题乐园（详见第一章）。

5）综合服务中心

新建游客服务中心、停车场、游步道、旅游厕所等。

(3) 延关飞渡：延水湾风情体验区

曾为延川八景之一，史称"延关飞渡"，享有"延关飞渡·秦晋之好"之美誉，旅游资源特色鲜明，包括黄河峡谷风光、黄土高原景象、古迹传奇历史、古村消亡再兴、边区八路劳模、省级先进支部、四类知青会聚、路遥诗作首发、画家写生基地、返乡创业典型等。新建北大门服务区（表2-17）、延水关（表2-18）、延水关古镇（表2-19）、王家渠（表2-20）。

表2-17 北大门服务区

序号	景点名称	主题	说明
1	游客服务中心	秦晋之好	北部的标志性门户，也是乾坤湾景区的二级服务中心。
2	秦晋商业街	秦晋之鼓	重现"延水击鼓，永和升堂"的情景。
		秦晋食府	陕北、山西美食。
		秦晋市场	展销山西与陕北农副产品及地方工艺品。
		秦晋客栈	休憩、住宿。

资料来源：同上表。

表2-18 延水关

序号	景点名称	说明
1	延关飞渡	通过石刻介绍延关飞渡的历史故事。
2	黄河渡轮码头	黄河峡谷水上游线码头，游客可通过码头进入景区。
3	秦晋之好	黄河两岸山坡上设立的"陕西""山西"LOGO。
4	黄河大峡谷广场	位于黄河大桥南侧、延水公路以东，占地面积2000平方米，作为从山西永和进入景区的第一站，起到入口引导和标示作用。

续表

序号	景点名称	说明
5	延水关滨水走廊	延水公路的带状阶地步道，一直至王家渠入口。
6	黄河古道	从延关飞渡至延水关古镇，串联起延水湾、伏寺湾、乾坤湾、清水湾、伏羲村、牛尾寨、伏母寨、会峰寨等景点。

资料来源：同上表。

表 2-19　延水关古镇

序号	景点名称	说明
1	古镇残影	延水关古镇窑洞建筑。
2	枣园故事	古镇东部黄河滩地枣林。
3	休闲马场	延水关黄河古道马场。
4	延水关乡村旅游地	在延水公路北侧开发的乡村旅游。
5	生态停车场	延水关—王家渠生态停车场，占地面积 8700 平方米。

资料来源：同上表。

表 2-20　王家渠

序号	景点名称	说明
1	王家渠渡口	位于延水河河口，占地面积 3400 平方米。
2	黄河人家	位于半山腰上以"黄河人家"命名的乡村民宿。
3	释迦塔院	位于"黄河人家"后面，打造塔影、村居、碧草、柴门等旅游意象。
4	王家渠入口	景区北入口，包括游客服务中心、停车场等。

资料来源：同上表。

（4）黄土风情：伏寺湾娱乐康养区

以伏寺湾黄土地貌为依托、以伏羲女娲文化为底蕴、以陕北民俗文化为点缀建设的黄土风情旅游目的地。据冯山云介绍，伏寺湾虎踞龙盘，正准备打造成盘龙湾，旅游形象定位暂定"黄土风情，龙盘伏寺"（表 2-21）。

表 2-21 伏寺湾娱乐康养区

序号	景点名称	说明
1	秀延河	为避免黄河蛇曲5道湾带来的景观同质性问题，将秀延河之"清"与黄河之"黄"形成反差，开展水上游船和垂钓活动；在秀延河崖壁开展攀岩、走吊桥、溜索等挑战性运动。
2	红枣博览园	包括示范区、展览区、娱乐区，其中示范区重点展现红枣加工工艺；展览区主要展示不同红枣的种植历史、营养价值、药用原理等；娱乐区包括枣雕、枣画、红枣加工DIY、红枣品尝、红枣销售等。
3	黄土风情	包括展示区和亲子区，前者展示先民采集狩猎、窑洞穴居、宗教礼仪、婚丧嫁娶、畜牧劳作等内容；后者以神话传说为主题，开展制陶、筑窑、建城、制作神话人物等趣味益智活动。
4	黄河文化雕塑园	依托碾畔村和小程村，以黄土高原和黄河文化为题组织的雕塑创作。
5	高原对歌	依托黄土地貌开展对歌活动，游客可在山谷唱陕北民歌，也可租/买陕北服饰，体验唢呐、腰鼓、大鼓等民俗乐器。
6	天下黄河第一漂	详见第一章"天下黄河第一漂"。
7	马苏路汽车营地	马苏路绿色生态走廊和汽车营地。

资料来源：同上表。

2. 旅游线路设计

旅游作为一种新型经济，对于地方社会空间显示出各种开发和规范能力，如通过修筑大门确立出入口或检票口，通过导览图确立游览边界，通过设定路线对景区的地貌、历史、文化、景观等进行布局、展览、叙述和诠释，通过景点命名（或更名）、故事讲述、再神圣化等方式，彰显景区（点）的魅力，从而发掘对于游客的吸引力。对乾坤湾来说，由于景区位于乾坤湾人的生产生活空间内，游客的行为需要通过景区线路来加以规范，只有这样才能不断提升游客的满意度，也能减少村民与游客的矛盾，而这就涉及区域内游览线路的组织（表2-22）和区际游览线路的组织问题（表2-23）。

表 2-22　区域内游览线路组织

按功能分	伏羲文化旅游线路	南大门服务区——乾坤台——伏羲村——黄河文化博物馆（伏羲文化研究中心）——定情岛——伏羲村——伏寺湾——延水关古镇——延水关——北大门服务区（可反向）	
	黄河文化旅游线路	南大门服务区——乾坤台——黄河文化博物馆（伏羲文化研究中心）——伏羲村——定情岛——清水湾——会峰寨——牛尾寨——秀延河——伏寺湾——王家渠——延水关古镇——延水关——北大门服务区（可反向）	
	陕北民俗旅游线路	南大门服务区——沿路红枣采摘林——乾坤台——伏羲村——小程村——碾畔黄河原生态文化民俗博物馆——刘家山——延水关古镇——北大门服务区（可反向）	
	旅游大环线	南大门服务区——赫连勃勃墓——沿路红枣采摘林——乾坤台——黄河文化博物馆（伏羲文化研究中心）——伏羲村——定情岛——小程村——碾畔黄河原生态文化民俗博物馆——清水湾——会峰寨——牛尾寨——秀延河——伏寺湾——王家渠——延水关古镇——延水关——北大门服务区（可反向）	
按天数分	一日游	上午	南大门服务区——乾坤台——伏羲村——黄河文化博物馆（伏羲文化研究中心）——小程村（午饭）
		下午	定情岛——清水湾——刘家山（晚饭）
		晚上	人祖传奇实景剧——小程村或伏羲村（住宿）
	两日游	第一天 上午	南大门服务区——赫连勃勃墓——乾坤台——定情岛——小程村（午饭）
		第一天 下午	清水湾——刘家山（晚饭）
		第一天 晚上	清水湾住宿或小程（情景穿越剧）
		第二天 上午	会峰寨——牛尾寨——伏羲村——黄河文化博物馆（伏羲文化研究中心）——伏羲村（午饭）
		第二天 下午	碾畔黄河原生态文化民俗博物馆——小程村——小程村（晚饭）
		第二天 晚上	"人祖传奇"大型实景剧——小程村或伏羲村（住宿）
	多日游	第一天 上午	南大门服务区——沿路红枣采摘林——赫连勃勃墓——乾坤台——定情岛——小程村（午饭）
		第一天 下午	清水湾——刘家山（晚饭）
		第一天 晚上	清水湾住宿或小程（情景穿越剧）
		第二天 上午	会峰寨——牛尾寨——伏羲村——黄河文化博物馆（伏羲文化研究中心）——伏羲村（午饭）
		第二天 下午	碾畔黄河原生态文化民俗博物馆——小程村——小程村（晚饭）
		第二天 晚上	"人祖传奇"大型实景剧——小程村或伏羲村（住宿）
		第三天 上午	小程村——伏羲湾——延水湾（午饭）
		第三天 下午	延水湾——延水古镇——延水关——返回或北大门服务区

资料来源：同上表。

表 2-23 区际游览线路组织

序号	线路组织	具体游览线路
1	延安小尺度旅游线路	黄陵县（黄帝陵）——延安市（杨家岭——王家坪——枣园——宝塔山）——南泥湾——延川县（乾坤湾——清水湾——伏寺湾——延水湾）——宜川（壶口瀑布）
2	陕北中尺度旅游线路	延安市（黄帝陵——壶口瀑布——洛川黄土国家地质公园——杨家岭——宝塔山——乾坤湾）——榆林市（李自成行宫——统万城——榆林老城——红石峡——红碱淖——二郎台——白云山）
3	省际大尺度旅游线路	北京市及附近（故宫——万里长城）——天津及附近（盘山）——石家庄市及附近（北戴河——避暑山庄——野三坡）——太原市及附近（五台山——云冈石窟）——延安市及附近（延安市——乾坤湾——壶口瀑布）——西安市及附近（兵马俑——华清池）

资料来源：同上表。

第二节 空间表征：乾坤湾的凝视与想象

想象不断创造着人与地方,[①] 并通过外部世界对地方的定义，不断进行着再生产和想象。[②] 而旅游业正是一个生产想象的产业，引发了一个意义和表征的新时代,[③] 吸引着无数的旅游者对地方进行凝视。所谓凝视是社会建构而成的观看或"审视方式"（scopic regimes），意指"我们可以怎么看，社会准许或影响我们用什么方式看，以及我们自身如何看的问题"[④]。按照约翰·厄里的观点，旅游全球化后，当地人有意识地开发自身的物质性和符号性资源来发展旅游业，这意味着被凝视者（东道主）已不再是旅游者凝视下表演的客体；相反，他们正积极地在"流动的世

---

① Harvey, D., *The Condition of Post-Modernity: An Enquiry into the Origins of Cultural Change*, Oxford: Blackwell, 1989: 290-293.
② Said, E., *Culture and Imperialism*, New York: Knopf, 1994: 226-317.
③ Homi Bhabha, The Third Space: Interview with Homi Bhabha, In Jonathan Rutherford (ed.), *Identity: Community, Culture, Difference*, London: Lawrence and Wishart, 1990: 211.
④ [英] 厄里（John, J.）、拉森（Larsen, J.）：《游客的凝视》（第3版），黄宛瑜译，格致出版社2016年版，第2页。

界秩序中定位自己"。① 同所有被纳入旅游开发的地方一样，乾坤湾也成了旅游者（特别是先锋游客）凝视与建构的对象。对于乾坤湾人而言，黄河大转弯、窑洞建筑、民俗风情等，曾是日常生活的空间和闲暇时的谈资，而在外人看来，古老的村落，古朴的民俗、壮丽的风光所交织出的不同于现代城市的"异质美景"无疑是乾坤湾区别于城市生活环境的"他者"。在旅游这一连续移动的过程中，旅游者所看到的景物与经历的事务，往往都与惯常的生活存在差异。旅游地的自然景观、风土人情与历史文化，在旅游地的东道主看来不过是寻常所见。但对旅游者而言，这些区别于其日常生活环境的事物无疑都是蕴含着丰富意义与遐想空间的"他者"，他们往往从"旅游者""外乡人"的视角，发挥自身的想象力与观察力，通过凝视、拍摄与对话等方式对乾坤湾的形象、氛围、居民与生活进行观察与话语建构。而且，随着旅游开发的不断深入，这种凝视也由厄里的单向凝视向毛茨的双向凝视转变。② 达尔雅·毛茨通过对到印度旅行的以色列背包客的研究，以具体的案例验证了双向凝视观：在以色列的背包客看来，印度人无异于"坐井观天的傻瓜"；而在印度人眼里，那些到处乱闯的以色列背包客也是一群"自以为是的疯子"。其实，凝视理论的这种二分法机制，最早可以追溯至萨特的"他人的注视"，③ 这种源于西方哲学视野中的他者问题也构成了凝视理论的学术语境。本节所要阐明的问题是，在"自我/他者"的问题上，乾坤湾的凝视实践具体体现在哪里？而且，围绕"看与被看"这一个中心，透过"主/客"这一对关系，乾坤湾作为地方的身份又是如何被确定的？下面将从客位凝视与他者建构、主位凝视与我者建构来进行梳理。

（一）客位凝视与他者建构

回顾乾坤湾的旅游开发历程，摄影爱好者、绘画爱好者和旅游背包客等早期访客（先锋游客）发挥了重要作用。作为最早进入乾坤湾的外来者，他们分别给乾坤湾冠以摄影天堂、绘画天堂和旅游胜地。

---

① [美] John Urry：《游客凝视》，杨慧等译，广西师范大学出版社2009年版，第4页。
② 邹统钎、高中、钟林生：《旅游学术思想流派》，南开大学出版社2008年版，第10页。
③ 朱晓兰：《文化研究关键词：凝视》，南京大学出版社2013年版，第191页。

第二章 卷入与生产：乾坤湾的发现

乾坤湾得以发现，摄影爱好者功不可没。作为乾坤湾的第一批访客，他们也是乾坤湾旅游形象建构的关键人物，其中又以张勋仓为先锋（详见第三章"从'河怀湾'到'乾坤湾'"）。虽然乾坤湾最初为外界所知的确切时间已无从查询，但可以肯定的是，1996年张勋仓拍摄的"黄河大转弯"图片，是乾坤湾后来对外宣传的起点。时至今日，经过20多年的发展，乾坤湾早已是摄影旅游地了，经常举行旅游摄影采风活动，因其拥有丰富的视觉景观资源和浓厚的民俗风情资源而对职业摄影师和摄影发烧友具有强大的吸引力，因而被称为摄影爱好者的天堂。

几乎同时，绘画爱好者也发现了乾坤湾。与摄影爱好者相似，在绘画爱好者的心目中，乾坤湾无疑是最好的绘画旅游地，这又以中央美术学院的靳之林先生为最。靳之林与乾坤湾的相遇为其油画开辟了新意象，自1997年首次进入乾坤湾后，他每年都会来延川画画，乾坤湾的春夏秋冬、风霜雨雪都融在靳之林的画布上。随着靳之林先生进入延川县，艺术家们也开始进入这个空间，其中又以中央美术学院的师生为先导。而且，从1978年开始，靳之林就在陕北开展美术培训班和民间艺人调查；1980年，他又组织去法国举办"延安地区剪纸画展"和"延安地区农民画展"；1984年，在法国巡演洛川皮影；2001年，组织成立小程民间艺术村；2007年，举办"相约小程村——国际民间艺术节"……几十年来，靳之林在延安市12县组织民间民俗艺术普查，办剪纸艺术学习班，寻找民间剪纸能手，邀请他们去中央美术学院进行表演和讲学。他不仅是油画家，还是陕北民间艺术的发现者、保护者与传播者，在他的带领下，越来越多的专家学者来到小程村和乾坤湾。

除了摄影和绘画爱好者之外，日益增多的背包客（如环境主义者、漫游者和大众旅游者）以及周边城市的部分休闲度假游客等对乾坤湾的旅游发展也起到了推波助澜的导向作用。虽然较之前两者，他们是相对晚近的一类访客，但作为旅游消费者中逐步兴起的一个自助旅游群体和乾坤湾的先锋旅游者，他们既以乾坤湾为核心旅游地，同时也喜欢翻山越岭、走村串巷，捕捉不一样的旅游意象，特别是黄河文化和黄土风情等。

以上3类访客的到来，日益成为一股新兴力量，对乾坤湾旅游目的地的构想和建构都起到了重要的推动作用，无论是摄影爱好者眼中的天堂和绘画爱好者眼里的圣地，还是背包客心目中的胜地，通过他们的"凝视"和传播，将乾坤湾的旅游形象建构起来。这也印证了厄里的"旅游凝视"理论——旅游本质上是视觉上的"消费地方"。① 而这3类访客所创立的视觉表征，则进一步推进了乾坤湾旅游目的地的形象建构。

（二）主位凝视与自我建构

伴随着旅游开发的逐渐推进，乾坤湾的村容、村貌得到了极大的改善，到乾坤湾旅游观光的人数逐年增多，包括利用周末或"黄金周"连休的周边省市的"城里人"。游客的到来必然促进旅游的消费，这逐渐引发了乾坤湾人的旅游经济意识，加之在外出打工、学习的青年人返回到乾坤湾带来的商品经济观念影响下，越来越多的村民开始利用既有资源和条件参与旅游服务，主动融入旅游开发大潮之中，如开办家庭旅馆、经营农家乐、售卖纪念品、种植高原红枣和沙滩西瓜等。这种主位凝视使得村民不断进行着自我实践和调适，在认同乾坤湾地方意象的同时也在建构着新的地方意象。

1. 自发改造（1996—2011年）

游客的到来和旅游业的开发极大地影响了村落空间的生产，许多被废弃的窑洞得以维修或重建，农家乐和旅游民宿亦日趋增多，其中最为直观的改变就是厕所改革，② 尤以小程村为先。成立民间艺术村以后，小程村日益成为旅游开发的重点村，也是旅游消费第一村。2005年，延川县政府出资为村里拥有3孔以上窑洞的人家修建了统一的石头院门和男女分开的厕所。传统上，小程村的厕所都建在院子外面，一般是在土坡上随便挖个小洞，用树枝围起来或者挂条布帘即为厕所。2005年以后，所有的厕所都分男女了，哪怕是村民自己家里的厕所也是如此。问到为什么会这样设置，村民的回答如出一辙：

刚开始也是没有分男女的，但是游客经常抱怨，说有时候厕所

---

① ［美］John Urry:《游客凝视》，杨慧等译，广西师范大学出版社2009年版，第4页。
② 笔者第一次前往乾坤湾进行田野调查时，全国还未推行大规模的"厕所革命"，在当时的情况下，无论是政府层面还是村民自发性的厕所改造，都主要由于旅游发展的推动。

里有人，但是没有门，如果女的碰到男的，觉得很不好意思……后来开发公司就要求大家像城里人一样，区分男女，搞好后每一户可以领取3000元补贴。

总体上看，这一时期村民多以家庭、个人为单位，利用农闲时间参加旅游经营，具有形式灵活多变、资本和劳动投入低、获利快且高的特点，基本停留在以家庭方式满足游客的简单消费需求上；村民参与旅游经营的规模都不大，远远没有突破家庭和个人在农闲期间经营的模式，旅游经营不占主要地位，此时的经济活动一般仍为种地。因此，旅游经营并没有完全改变传统农耕经济等主体结构。但旅游意识开始初见成效，少数家庭加快了旅游经营的步伐，一些村民逐渐将地租给亲戚或其他村民耕种，每年每亩收取一定的租金，腾出劳力专门从事旅游经营，社会分工也初见端倪。而对于这一阶段的旅游经营，只要提起村民仍充满了美好的回忆。旅游使他们自主地与现代化接触和交融，人们在缓慢地互动中寻求着合理、恰当的自我定位。由于作为主体的传统生活方式没有改变，村民得以自由地穿梭于传统与现代之间，部分受访村民说道：

> 没有游客的时候，大家仍然下地干农活，一来可以满足一家人的生活需要，余下的东西还能用来做农家饭菜。那个时候，客人还不是很多，但他们都愿意到村民家里来坐，村民自己种的东西，本来也不是非要卖，但游客很喜欢，他们经常买。慢慢地，大家觉得可以赚钱，整的人就开始多起来了。有些想来家里看的游客，就在家里吃饭。有的游客还跟我们照相，特别是那些搞摄影、做研究的学生，他们还经常寄相片给我们。

旅游意识如"网"一般，开始悄无声息地展布于乾坤湾的整体社会之中，使得乾坤湾不断与外部发生着某种联系。源源不断的旅游消费持续刺激着村民获取更多经济收入的愿望，乾坤湾也开始卷入现代性与全球化的场域中。"内部的"与"外部的"二元对立不再停留于表象经验层面，而发展为多样化的实际操作，以各种形式对村落社会结构产生着影响：一方面，传统文化作为旅游发展得以展开的重要因素之一，是旅游肯定了传统生活方式的价值，强化了历史意识和乡愁意识，使乾坤湾充满了回归传统文化的情调，恢复了很多传统民俗活动（表2-24）；另一方面，由于从事旅游经营的初步成功，人们的商品观念逐渐形成，试图进一步投入旅游经营活动当中。因此，为适应旅游业的发展，传统生产、社会组织都开始有所转化与调适。

表2-24 延川乾坤湾民俗活动

编号	活动名称	时间（农历）	地点	具体内容
1	转九曲	每天2—3场	小程村转九曲灯场	转九曲
2	民俗表演	每天2—3场	乾坤大舞台	山歌、道情、说书等
3	元宵灯会	正月十五	小程村	舞龙灯、转九曲
4	七夕活动	七月七	赫连勃勃博物馆	祭祀、故事会、刺绣、相亲晚会
5	中秋联欢会	八月十五	酒店	文艺会演
6	冬至盛会	冬至	酒店	吃饺子、吃馄饨，挂灯笼
7	民间文化展演	不定时	碾畔、小程村、伏羲村	陕北民俗表演
8	黄河运动赛事	不定时	黄河	黄河运动赛事
9	大型实景演艺	隔日和周末	伏羲村	"人祖传奇"实景演艺
10	清水往事	隔日和周末	清水湾	清水湾古街情景穿越剧

资料来源：作者调查整理。

2. 规模介入（2011—2017年）

2011年是延川乾坤湾旅游开发的突破年和建设年。一是景区建设全面推进，进一步加大了与延长石油集团公司的协调合作，开始启动乾坤湾景区服务中心、一斗谷入口、乾坤台、黄河栈道和伏羲文化园等旅游项目的开发建设。同时，继续推进与天津跨越公司的合作，建设包括鞋岛、会峰寨（图2-7）和伏义河漂流站等景点。二是农家乐和采摘园同步开发，包装打造以农民剪纸、布堆画、红枣产品和枣木制品等为主的旅游纪念品。田野调查发现,旅游开发的思想已经在乾坤湾扩散,一部分村民开始进行旅游设施的投资,其中包括对农家乐的改造和投资新建休闲农庄等,如阁底乡于家咀村的 YHX 投资 60 万元,办起了当地最大的农家乐"黄河人家",2014 年 8 月 19 日,永和黄河蛇曲国家地质公园开园迎客,他家的农家乐一天就接待了 700 多人。

图 2-7 会峰寨
资料来源:延川县黄河乾坤湾景区管理局。

这一阶段,除了大规模进行窑洞民宿的改造、改建和新建外,村民还自发搜集整理特色旅游民俗和几近失传的传统手工艺,各自在家中出售一些地方特产和手工艺品。越来越多的人开始加入旅游经营的队伍,开设了工艺品店、小吃店和小型歌舞表演。一些村民开始放弃传统的农业生产方式,把地全部租给其他人耕种,开始全职从事旅游经营,而旅游的发展使得乾坤湾的劳动力格局发生了极大的变化,社会分工使男性开始从事多种经营,去做以前认为只有女性才做的事,如打扫卫生、铺床叠被等。

3. 全域旅游(2017—至今)

2017 年后,乾坤湾旅游开始进入全域旅游阶段,在对外的旅游宣传中,基本上都会提及与乾坤湾相邻的景点,并特别说明其交通区位和里程：延川县距延安市 86 千米，距乾坤湾景区 30 千米，距路遥故居 5 千米，距文安驿 10 千米，距梁家河 15 千米；延延高速乾坤湾出口距乾坤湾景区 10 千米，文安驿出口距梁家河 5 千米。不仅率先开发的延川乾坤湾迈入全面旅游发展时期，而且永和乾坤湾也开始打造全域旅游新格局，"乾坤湾"已经成为延川和永和共享的旅游品牌符号，而外来资金和人力资源的介入，更加快了乾坤湾全域旅游发展的步伐，形成了公司+农户+村落三位一体发展联合体。

第三节 表征空间：谁的乾坤湾？

在旅游发展背景下，乾坤湾与外界有了联系起来的契机。专家、政府、企业和游客等外部力量推进了乾坤湾的空间生产进程：如果没有专家的知识话语效应，乾坤湾至今可能还"养在深山人未知"；如果没有政府的主导，乾坤湾很难成为一个以旅游为主要方式与其他外部空间对接的地方；如果没有企业的资金注入，乾坤湾的旅游发展也不会像现在这样迅速；如果没有游客的凝视，乾坤湾可能很难有被外界感知的机会。但是，无论专家、政府、企业还是游客，都是一种外来的"他者"，特别是游客，只是以"他者"身份进入这个空间的访客，是一种"看"与"被看"的关系。首先，在来乾坤湾之前，游客会经由各种渠道了解乾坤湾，不管是摄影作品、旅游宣传、新闻报道还是影视媒介，这些信息都在某种程度上满足了他们的需求想象，由此催生了去乾坤湾游览的行动；到达乾坤湾之后，他们想象中的概念化空间变成了真实呈现的空间，并用之前了解到的信息一一检验这个空间里所呈现的一切，然后做出一个是否与自己想象一致的判断，当然，在看的过程中，他们的目光也会触及一些之前没有料想到的事物并可能被其吸引，这时候他们可以选择是继续观看还是匆匆离开；等到结束旅程了解乾坤湾之后，他们可能会以各种不同的方式向他人传播，乾坤湾也因此成了被游客表征的空间，这种被表征事实上也是一种以回忆观看的过程。因此，游客作为他者，只是在旅游过程中再次确认自己与这个地方的不同。如果说通过旅游生产出来的乾坤湾属于游客，那么，这个空间就成了一个"他者"的空间。

事实上，作为一个具有地域/地方特色的空间，乾坤湾的地域/地方特色却是由世居于此的村民创造并维持的，而这也是催生乾坤湾旅游的真正底色。

（一）舞台真实：旅游场域下乾坤湾人的日常生活

旅游从小规模开发到大规模发展，引发了乾坤湾社会文化的逐渐演变。传统上，村民垒窑洞、建院落、剪剪纸、唱民歌、转九曲、闹秧歌等都是为了满足自身的需求，是一种文化自觉。大规模旅游开发之后，上述文化行为的出发点发生了改变，主要是为了满足游客的需求，是一种理性主导下的文化展演。为了满足游客的需求，不断对传统的窑洞进行现代化改造，把原来的农家院落变成了具有居住和接待功能的家庭旅馆。甚至为了接待游客和方便经营，一些远离交通要道的村落也搬迁到了距离旅游线路较近的地方，使得村落的居住格局发生了很大的改变，很多原生村落逐渐被废弃和空心化，或者被旅游公司征用发展民宿，成为一种"客栈村"。在经济利益的驱动下，乾坤湾人也逐渐学会了将日常生活舞台化、表演化、商品化和市场化。因此，游客在乾坤湾体验的原生态文化是经过改写的舞台化真实，是乾坤湾景观制造所形成的景观社会的必然结果，在某种程度上消解了当地原生性的地方文化特色。但一个具有悖论性的事实却是，这种景观制造一方面虽然是为了满足游客的需求而进行的文化活动，另一方面也促使乾坤湾人重新认识本土文化价值，对保护传统文化有了更清晰的认知和自觉。比如村民开始有意识地收集和保存过去几乎被当成废物抛弃的生产和生活用具，并期待有一天能有机会用上，这些都是文化重构的积极表现。当然，乾坤湾人积极保护传统文化和地域特色，自然不完全是为了文化传承的需要，而是为了吸引更多的游客以获取经济收益，年青一代尤其如此。随着乾坤湾的旅游发展，乾坤湾人的主体意识开始唤醒，越来越多的人投入旅游发展的大潮当中，一些已经走出村落的精英重新回归，并试图通过自身的力量来策略性地争取权益，由于拥有在外打拼的经历和经验，较之一般的村民，他们更能认识到传统文化的价值，对村落未来的发展也有着自己的看法。不过，在旅游发展的大背景下，作为"景区"的乾坤湾，其文化早已融入现代化的场域之中,传统文化如何发展,既是乾坤湾人的选择,也是国家代理人——黄河乾坤湾景区管理局的选择;既是来乾坤湾旅游的游客的选择,也是时代的选择。

(二)他者化:村民对乾坤湾的认同与感知

村民对乾坤湾的感知体现着个人与村落的联结,或者说个体生命历程与村落空间的重合。在村民眼里,乾坤湾是他们的日常生活空间,熟人社会的邻里情谊凝聚成强烈的地域认同。可是,大规模旅游开发之后,乾坤湾早已不再是一个具有封闭边界的地方性空间,而是成了一个既具有乡土性又兼具开放性的空间。这个空间是游客眼中的摄影天堂、绘画天堂、旅游胜地、红枣之乡、黄土高原、黄河流域等观光休闲体验空间。对外来游客而言,乾坤湾以及乾坤湾人都属于被拍摄(photographee)、被游览(vistee)、被表征(representation)的对象。这种外部他者化现象一直伴随着旅游发展的全过程:作为黄河蛇曲国家地质公园,乾坤湾人是管理部门眼中的"他者";在旅游开发初期,乾坤湾人是旅游企业眼中的"他者";当游客进入后,乾坤湾人不仅是游客眼中的"他者",还衍生出一种内部他者化现象。因为在景观社会中,旅游场域的特殊空间使乾坤湾人凭借原住民身份享有某种内外有别的特殊政策和待遇,这种差异性被"乾坤湾"以外的人视为"他者"。为了适应旅游发展的要求,作为国家代理人和地质公园的管理方——黄河乾坤湾景区管理局不断出台相关的景区管理规定,而其中涉及村民的管理政策,也会进一步导致村民的自我"他者"化现象,如景区的出行规定和经营规范等,都在不断形塑着"乾坤湾人"的身份边界,也使村民不断接受新的规范和约束,这从某种程度上抑制了作为"居民"的乾坤湾人的主体性。同时,在参与作为家乡的乾坤湾不断被建构为旅游空间的过程中,亦是一种自我他者化的过程。乾坤湾人的生计、节律、认同、观念、机会、心理等无不随着旅游而发生转变。农家乐的开办和经营、家名与店名的合二为一、民俗活动的舞台化表演、传统文化的现代发明等,都是旅游发展背景下乾坤湾人文化自觉的一种表现,也是乾坤湾人追寻自身主体性的实践。

在面对游客进入后的乾坤湾,乾坤湾人的认同发生了改变。本土文化尽管成为一个很大的卖点，但获利最大的仍然是旅游公司，参与旅游开发和经营旅游活动的村民毕竟是少数人，更多的本地人可能既没有资金也没有机会更不懂得如何去包装打造和推销经营本属于村民自己的地方性知识。在乾坤湾，千年古窑和碾畔古村（现为碾畔黄河原生态民俗文化博物馆）被认为具有特别的价值，在提升乾坤湾文化底蕴方面有着不可替代的作用和意义。但是，如果不是外界的力量，可能早就破败不堪。如今这两处景点是免费参观的，游客只要买了门票，即可随意进入除另外收费景点的任何想去的地方，也就是说，门票费已经包含了这两个景点的费用，但是村民从中却并没有收入。游客虽然可以游览，但千年古窑的门绝大多数时候都是锁着的，非跟团游客即使想进去详察一番，却并不能进入，也没有人讲解。碾畔古村虽说是在整个旧碾畔村原封不动保护的基础上，村民自己整理、自己维修、自己打造的，但现在的管理员是贺彩莲，她住在小程村，多数时候并不在这里讲解。由于是一处废弃的村落，早就没有人居住，游客来游览时可能一个人也看不到。因此，这两处景点都成为可看可不看的景点，位于游览的末位。可见，在乾坤湾大规模旅游开发过程中，村民显然并没能将自己的村落成功转变成一个商业空间。在各种文化的实践与生产中，乾坤湾成了一个似乎属于所有人的空间，但似乎又并不真正属于任何人，各种不同的力量进入到乾坤湾空间意义的生产场域中，但是生产出来的这个空间却缺乏明确的文化意义上的归属主体。用村民自己的话来说，这里原本是一个心灵的家园，而现在却是一个有着某种心理距离的消费空间，这个被"转换"过的社会空间，"马赛克式"地镶嵌在村庄原有的空间肌理上，重塑着空间内的社会关系，推动着村落旅游化的过程，而那些没有能力进行旅游开发的村民无论是在地理上还是在心理上都有一种被边缘化了的感觉。对于企业的介入，在乾坤湾也出现了几种不同的声音：一是赞成，认为现代企业经营意识强，旅游都会提前做好规划，这意味着将为乾坤湾带来更大的利益，使生活过得更好；二是观望，认为企业进入后大规模地征地和景区开发，涉及补偿争议，部分村民并不满意；三是反对，认为公司经营完全不考虑村民利益，无法与之合作，希望能由村民自己联合开发。

支持者：当然是公司经营好啦，游客多，规模大，生意好做，我们赚钱也快，村集体每年还可得一笔钱，大家收入都在提高，比下地干农活好。

观望者：公司肯定主要考虑自己的发展啊，对我们限制多，盖房子也不能随意了，现在亲戚来了都要去门口接，还是以前好，靠天吃饭，每天想干就干，干多少都是自己的。

反对者：游客不喜欢公司经营，觉得公司经营没有人情味，商业化味道重，游客来了也不买东西，东西不好卖，还不如种地踏实，种多少收多少。

其实，旅游开发也为村民带来了某种程度的自豪感。在调查过程中，当谈到村里有哪些不一样的地方时，村民都会用比较长的时间来对当地的特色景点、民间传说、特色食物等进行详细的介绍。以延川乾坤湾为例，其中乾坤湾、漩涡湾、延水湾、伏寺湾、清水湾、会峰寨、赫连勃勃墓、千年古窑、碾畔原生态民俗文化博物馆、伏羲码头、乾坤台、一斗谷、女娲峰、伏母寨、忘海神龟、八卦石、龟背石、巨牛石等在每次谈话中都会被提及。大多数村民都能如数家珍地对各种景点、节日、风俗、食物等进行详细的解说，如果该要素与自家或者自己的亲戚朋友相关则表现出更大的热情。对本土资源的熟悉程度与介绍的热情程度，表现了村民透过外来者认识本土资源价值的自豪感。同时也希望通过自己的介绍，让更多的游客了解乾坤湾的文化，从而更好地推动旅游空间升级改造。

第四节　小结：互为镜像的空间建构

旅游场域中的凝视、体验与建构行为，类似于拉康所说的"镜像"。旅游目的地就像一面起到"成像作用"的镜子，照见了"内""外"主体，而在内外主体的共同作用下，在相互凝视基础上实现了对于旅游地的想象与建构。这种"镜像体验"与"现代性"之间关系密切。在吉登斯看来，现代性的首要特征是"时空分离"，当然这种"分离"并非字面意义上的"分离",而是一种在打破原有时空观念基础上对时空领域中的关系进行的重新联合,这种全新的空间不仅为人们带来了广阔的活动场域,也带来了现代性体验。从旅游活动的特征来看,作为一种与时空不可分离的人类活动,旅游过程正是在脱离于日常生活之外的全新空间中对原有时空进行重新组合的过程,在与居住环境和生活规则迥然相异的旅游目的地接触中,收获了与惯常环境截然不同的体验。可以说,"旅游"所产生的分离既是物理意义上的空间分离,也是文化意义上的分离,更是在认知层面上与惯常的"自我"的一次分离,而在旅游过程中所收获的"镜像体验"则是对这种分离的一种本能反应。

第三章 传说与地景：伏羲文化的嵌入

　　景观不能被理解为一种由大众传播技术制造的视觉欺骗，事实上，它是已经物化了的世界观。当文化被当成商品时，它必定会成为景观社会的明星。

——居伊·德波①

　　地景/景观作为一个地学概念，无论在中国还是在西方，都源于最初的大规模旅行和探险，不仅推动了地理学的发展，还进一步加深了人们对地景的认识。② 随着景观意识的不断加强，人们已不满足于对自然地形、地貌、地物的观赏，而是生发出对符号的消费运动。符号化消费是让·鲍德里亚在1970年出版的《消费社会》一书中率先提出的。受费尔迪南·索绪尔的结构主义、查尔斯·皮尔士的符号主义和埃德蒙德·胡塞尔的现象学的启发，鲍德里亚将符号学理论与现实社会的消费理论相结合，在马克思主义批判社会学理论基础上，诠释了符号、消费和社会之间的关系问题。③ 符号学理论认为，人是符号的动物，人与动物最大的区别在于人能够创造并使用符号，通过符号来传承文明、表达思想和创造文化，借助符号的创造、组合和转换来反映人的思维过程。④ 在后现代社会，符号的消费性特征已经渗透到现代生活的诸多领域，成为毋庸置疑的社会事实。在解构主义、反经验主义、内在本体论、主观论、怀疑

---

① ［法］德波：《景观社会》，王昭风译，南京大学出版社2006年版，第2—3页。
② 俞孔坚：《景观：文化、生态与感知》，田园城市文化事业有限公司1998年版，第4页。
③ J. Baudrillard, *The Consumer Society: Myths and Structures* (Vol. 53), Sage Press, 1998.
④ Enst Cassirer, *An Essay on Man: An Introduction to a Philosophy of Human Culture*, New York: Doubleday and Company Inc., 1944: 41–44.

论和相对论等几种最具代表性的后现代理论中,"后现代消费主义"正深刻影响着社会的方方面面,作为一种超越单纯经济行为的符号消费,已经成为一种重要的生活方式和文化行为,推动现代社会从生产型向消费型社会转变。随着消费社会的到来并引入旅游研究领域,学术界引发了对文化真实性/本真性和文化商品化的讨论。文化真实性由麦坎内尔率先提出,是指旅游者在对旅游真实性的追求过程中,看到的真实性其实是游客在前台所见的舞台化的真实;① 文化商品化的开创者和集大成者是格林·伍德,他从旅游人类学的视角探讨了传统文化仪式活动——阿拉德仪式在旅游开发中遭受的异化,并提出"文化能被商品化吗"的开创性论题。② 作为概念的"本真性"是与"虚假性"相对的,20世纪60年代,这种二分法在旅游领域引发了对于"伪民俗"的热烈争论。争论的起点从丹尼尔·波尔斯汀"伪事件"开始,③ 到麦坎内尔的"舞台真实"理论,④ 再到科恩的"建构真实"理论,⑤ 使本真性问题成为20世纪60年代以来西方旅游社会学中的一个核心概念。不仅如此,有学者还进一步区分了客观真实性、建构真实性、自然真实性和存在真实性的联系与差别:客观真实性强调的是客体的本真性;建构真实性关注旅游地对景观的建构过程以及旅游主体对景观的不同感受;自然真实性强调旅游主体对景观认同的时间过程;存在真实性追求旅游活动对旅游主体的生命存在感受。人们希望通过真实的景观找回对特定地方的历史渊源及其集体记忆。⑥ 早期研究表明,不真实的景观会产生不真实的体验,⑦ 随着研究

---

① [美] 麦坎内尔:《旅游者——休闲阶层新论》,张晓萍等译,广西师范大学出版社2008年版,第101页。
② [美] 瓦伦·史密斯:《东道主与游客:旅游人类学研究》,张晓萍、何昌邑等译,云南大学出版社2007年版,第151—156页。
③ Daniel Boorstin, *The Image: A Guide to Pseudo-Eventsin America*, New York: Harper & Row, 1964: 77-117.
④ Dean MacCannell, Staged Authenticity: Arrangements of Social Space in Tourist Settings, *American Journal of Sociology*, 1973, 79 (3): 589-603.
⑤ Erik Cohen, Traditionsin the Qualitative Sociology of Tourism, *Annals of Tourism Research*, 1988, 15 (1): 29-46.
⑥ E. M. Bruner, Tourism, Creativity, and Authenticity, *Studies in Symbolic Interaction*, 1989, 10 (1): 109-114.
⑦ Daniel J. Boorstin, *The Image: a Guide to Pseudo-events in America*, Vintage Books, 1987.

的深入,乔纳森·卡勒指出,虽然人们不断寻找真实性景观,但所追求的真实性不是客观的而是象征性的——即想象的地方经验"。① 换言之,景观真实性的关键在于能否提供想象中真实的象征物。

第一节 伏羲传说中的乾坤湾

伏羲传说在黄河流域的存在,犹如一道瑰丽的民间文化之花,结出了累累硕果。与其他任何神话传说一样,因其具有的开放性和变异性特征,在流播的过程中,口头叙述的传承与地域空间的关联,通过乾坤湾的地方化叙事,对附着在黄河流域山川河谷上的文物遗迹和风俗传统等地方文化资源进行附会、解释与命名,衍生了众多的关联传说和地方风物,成为后来旅游空间生产的基底。在整个黄河流域,关于伏羲的神话传说非常普遍,也衍生出不同的地域认同,如伏羲出生地——羲皇故里的天水市、伏羲都城地——羲皇故都的淮阳县、伏羲崩葬地——羲皇陵庙的淮阳县、伏羲居住地——羲皇故居的伏义河村(伏羲村)。因此,乾坤湾被认为是伏羲居住地——羲皇故居。为此,人们还找出各种例证来进行佐证,如永和关村据说就是按照"五行"相生原理建造的,村前是黄河,河边植古槐,古槐上边建村,村子上是地。寓意为:水生木(古槐)、木生火(人烟)、火生土(土地)、土生金(致富)、金生水,并且循环往复,永不停歇,"永和"即由此而来,具有周而复始、生生不息之意。而且,据称永和古城也是根据北斗七星理念建造的,2014 年 5 月 3 日,专家们在永和古城发现了七座象征北斗七星的神坛,古城把神坛连起来正是北斗七星勺形。在乾坤湾祭坛仰望星空,观察浩瀚星海,观看北斗七星,可以体会到这里是古人类仰望星空、仰望宇宙、创造人类文明的发源地。②

(一) 伏羲地望考辨

伏羲是中国古代传说中的一位重要人物,他创立的先天八卦肇始了

---

① Culler J., Semiotics of Tourism, *American Journal of Semiotics*, 1981, 1 (1): 127-140.
② 邢兆远、李建斌:《"龙"行黄河乾坤湾》,《光明日报》2014 年 09 月 17 日第 07 版。

华夏文明。据考证,"伏羲"最早由庄子提出,因此,伏羲传说事实上源于《庄子》,是庄子借以论道的假设和依凭。① 伏羲被推崇为"三皇之尊"乃至成为万众信仰的古代帝王,与古代士人的崇古传统有关。由崇古而述古的传统,为伏羲传说提供了舞台。关于伏羲的地望认同,从古至今众说纷纭莫衷一是。不过,也正是这种争论性,说明了伏羲文化流播的广泛性、伏羲信仰的普遍性以及伏羲意义的重要性。目前,争论的焦点主要有伏羲的出生地、都城地、崩葬地和居住地。对此,学术界形成了相对集中的几种说法。从已经形成的共识来看,伏羲的出生地、都城地和崩葬地都与乾坤湾交集不大,并且也都有了相对明确的现实对应地点。因此,乾坤湾挖掘整理搜集的伏羲文化主要是羲皇居住地及其与此相关的先天八卦等文化元素。

1. 伏羲出生地——羲皇故里

关于伏羲的出生地,迄今为止,学术界并未形成一致的观点。孔颖达考释指出,伏羲生于雷泽长于成纪,而这也是流传最为广泛的一种说法;漆子扬研究指出,伏羲出生地的文献记载有三种:② 一是东汉王符《潜夫论·五德志》和郭璞注引《山海经·海内东经》的伏羲出生于雷泽;二是皇甫谧《帝王世纪》的伏羲出生于成纪;三是《太平御览》引《遁甲开山图》的伏羲出生在仇夷山。鉴于上述记载的粗略性和简单性,人们又迂回曲折地求助于其他线索,以期能够准确地追溯这位上古圣帝的出生地,如罗泌《路史》卷十引《遁甲开山图》伏羲出生在仇夷,成长于起城。③ 然而,这样的记载还是不能明确伏羲的真正出生地,再加上伏羲毕竟是传说中的人物,而且当时的地域概念与今天的也有很大的出入。因此,目前的考古发现并不能为我们提供伏羲出生地的确切位置,人们只是大概指出伏羲出生地在今甘肃省天水市。故而天水市现在也被称为"羲皇故里"。

2. 伏羲都城地——羲皇故都

淮阳现在将伏羲文化牌打响了,提到羲皇故都,人们率先想到的便

---

① 余粮才:《民间视野中的伏羲与女娲》,西北民族大学,硕士学位论文,2005年。
② 漆子扬:《伏羲生地考释》,《甘肃广播电视大学学报》2001年第4期,第12—15页。
③ [宋]罗泌:《路史》,载中华书局《四部备要》,中华书局1989年版,第59页。

是淮阳。淮阳古称宛丘，被誉为"华夏先驱、九州圣迹"之地。据传6000多年前，伏羲就在淮阳建都（现在的宛丘古城），他在此"作网罟、定姓氏、制嫁娶、创八卦、造琴瑟、养牺牲、兴庖厨"，肇始了华夏文明；女娲在此"抟土造人、炼石补天、造簧通姻、断鳌立极"，她御灾除患、福国佑民；神农氏"尝百草""艺五谷"，从而开创了原始农耕文明。尽管淮阳历史悠久，文化深厚，但最广为人知的还是伏羲文化，因而，现在淮阳被称作"羲皇故都"。

3. 伏羲崩葬地——羲皇陵庙

被誉为"三皇之首"的太昊伏羲氏的陵庙位于河南省淮阳县城北1.5千米处，是国家级重点文物保护单位，规模宏大，位居中国十八大名陵之首，被称为"天下第一陵"。淮阳古为陈国，据传太昊（即伏羲）都宛丘，死后葬此。春秋时已有陵墓，汉时在陵前建祠，宋太祖赵匡胤建陵庙。现存建筑为明正统十三年（1448年）重建。太昊陵庙以伏羲先天八卦数理兴建，是中国帝王陵庙大规模宫殿式古建筑群之孤例，分外城、内城、紫禁城三道皇城，有三殿、两楼、两廊、两坊、一台、一坛、一亭、一祠、一堂、一园、七观、十六门。景区内主要景点包括中轴线上的一系列建筑——午朝门、道仪门、先天门、太极门、统天殿、显仁殿、太始门、八卦坛、太昊伏羲陵墓、蓍草园等构成的主景区，以及独秀园（原剪枝公园）、碑林、西四观、岳忠武祠、同根园、博物馆等附属景点组成。其中独秀园中的"六角凉亭"既是独秀园的镇园之宝，也是伏羲文化的象征：占先天八卦之灵气，得人皇伏羲之荫护，聚人祖陵寝之精华，合天人合一之数理。太昊陵庙会是中国规模最大最古老的民间庙会，每年农历二月初二至三月初三，来自世界各地的数以百万计的人都会前来太昊陵庙朝圣伏羲，农历每月初一、十五亦有盛大祭祀活动，游客人数日达数十万，曾以"单日参拜人数最多的庙会"被上海大世界吉尼斯总部载入吉尼斯世界纪录。

4. 伏羲居住地——羲皇故居

伏羲居住地是乾坤湾打造伏羲文化的重要符号，也是乾坤湾致力于挖掘的历史文化。近几年，延川县积极挖掘整理伏羲文化，特别是延川县志办梁福誓所著《我说伏羲》和《伏义河畔圣迹多》等反响较大。据

第三章 传说与地景：伏羲文化的嵌入

梁福誓多年的考察和考证，延川乾坤湾是伏羲文化遗址的主要分布地，当年伏羲就居住在"伏羲河"（原伏义河）畔的伏羲村（原伏义河村），这里流传着许多关于伏羲的传说，如《创八卦》《兄妹滚磨盘》等。据考证，过去在伏羲河畔还建有伏羲祠、河神庙、雷神庙和始祖庙等。关于伏羲在乾坤湾居住并开创先天八卦的考证，人们还从史籍记载中去印证，如根据《水经注》河水篇中有关伏羲画卦的记载来进行推断：①

> 粤在伏羲，受《龙马图》于河，八卦是也。故《命历序》曰：《河图》帝王之阶，图载江河、山川、州界之分野。

不过，对于伏羲始画先天八卦的溯源基本上停留在他怎样画卦的传说上，至于他是如何得到《河图》的却鲜少有人提及。大多数版本都是说伏羲站在河边，看到背负《河图》的龙马从水里冒出来，于是他便得到了《河图》。为了能够搜集到更多有关伏羲的佐证材料，在伏羲村后虎头峁（虎山）上，有一个名叫伏母寨的地方，传说是伏羲母亲华胥氏居住过的地方。更进一步地，人们又指出伏寺里村是伏羲祭祀天地的地方。于是，人们为了纪念伏羲和女娲，便在此修建寺庙，并在庙堂设立伏羲女娲像进行供奉，其像人头蛇身尾相交，伏羲手拿矩，女娲手持规，象征男左女右，寓意天圆地方。其他壁画还有伏羲临河观龙马、画八卦、登大树、传天条、观天象和察地理等画面。而且，人们根据传说伏羲死于冬至，因此伏寺里（伏祠）古庙的庙会期就定在冬至这天，乾坤湾人把冬至视为伏羲的忌日，这一天都要到伏羲庙里祈求神灵保佑以便消灾驱厄和祈福纳祥。根据"伏祠"一名最早出现于周惠王元年、秦德公二年（即公元前676年）来看，乾坤湾伏寺里（伏祠）古庙其信仰历史应该比较久远。据梁福誓的研究，伏祠始建于陕西省延川县境内，也就是现在的伏寺里古庙。

更有意思的是，距伏羲河不远还有一个古人类遗址会峰寨，人称"黄河天坛"。会峰寨四面环山，由3层石阶构成，每层都有寨门：顶层的3块巨石呈月牙形排列，顶平如坛，据传是古人祭祀天地的地方；中

---

① 王昙《龙祖——伏羲》，《天水行政学院学报》2008年第1期，第117—122页。

层山峰环绕,是人居住的地方;下层由寨墙和防御工事组成,是防御的地方。此外,还有许多民俗与伏羲文化有关,比方碾磙和石磙上所刻的图案,两头均由8块组成,寓意伏羲八卦;剪纸图案中的"伏羲画八卦图"和"女娲补天图"以及"伏羲女娲交媾图"等,无一不是伏羲文化的具体化。其他像"吃八碗""八抬轿"等与"八"有关的风俗都旨在说明乾坤湾就是羲皇故居和伏羲始画八卦的地方。

其实,要想考证伏羲的活动地域从某种程度上说更像是一种想象,无论是羲皇故里、羲皇故都、羲皇陵庙还是羲皇故居,这些名称是否真的一如传说中所讲的那样蕴含着丰富的伏羲文化信息,其实一时之间也是真假难辨,人们之所以积极引述,其目的并不是要考证它的真伪,而是要引起人们的注意,因而所引用的基本上都是有利于本地的记载。不过,确定无疑的一点是,各地争抢伏羲的地望,正好说明了伏羲在人们心目中的地位,是人们集体记忆的一种表象。历史不仅是过去的事实本身,更是人们对过去事实有意识和有选择的记录。从神话角度而言,文化理性对历史重建具有决定作用;① 而从传说角度来看,无论是羲皇故居还是伏羲画卦,都符合伏羲传说的流播演化和发展流变,体现了人们对本地的一种地方认识、地方依恋和地域认同。

(二) 黄河流域伏羲景观群

伏羲作为中华民族的始祖,在全国很多地方都流传有伏羲神话,结合其妻女娲、其母华胥、其父雷泽的传说,更加神秘和丰富,表现出广泛的影响力和强大的传播性。某种程度上,"伏羲女娲"的传播历史也是其不断与地域景观和风物相结合的历史,并生产出新景观的过程。因此,"伏羲女娲"传说可以说就是一则景观传说。特别是在黄河流域,几乎都有着"伏羲女娲"在地化的传播遗迹,它们以景观群的形式,书写着"伏羲女娲"的传播与演化(表3-1)。通过整理黄河流域"伏羲女娲"景观,可以发现"伏羲女娲"的主题演化和情节发展,以及地域景观叙事和循环生产的内在机制。

---

① M. Sahlins, *Historical Metaphors and Mythical Realities*, Ann Arbor: University of Michigan Press, 1981: 344.

表 3-1　黄河流域伏羲景观群一览表

序号	景观名称	所属地域	传说提要	现存情况
1	太昊伏羲陵	河南淮阳县	伏羲故都：伏羲在此称帝。	国家 AAAA 级景区。
2	天水伏羲庙	甘肃天水市	伏羲故里：伏羲系天水人。	全国重点文物保护单位。
3	吉县人祖山	山西临汾市	伏羲故居和兄妹开亲之地：全国最早的"女娲岩画""羲皇正庙"和"娲皇宫""七星庙"（北斗七星庙）；全国唯一的伏羲女娲"隔山穿针""问天成婚"传说之处。	孝文化教育基地。
4	酉阳伏羲洞	重庆酉阳县	伏羲龙图：伏羲女娲在此生活过。	国家 AAAAA 级景区。
5	新密伏羲山	河南新密市	炼石补天：传说远古时代开天辟地，天地从此一分为二，伏羲女娲炼五彩石补天，留下了伏羲大峡谷。	国家 AAAA 级景区。
6	老牙店伏羲公园	邯郸县白马镇	伏羲牙齿：埋有伏羲 1 颗牙齿。	1990 年重修三皇大殿、女娲庙、岳飞庙、火神阁、清代古碑等庙宇。
7	乾坤湾	延川县和永和县	伏羲八卦诞生地：河图和洛书。	国家 AAAA 级景区。

资料来源：作者搜集整理。

第二节　乾坤湾的传说风物

景观与传说之间存在一种循环互动的生产过程，具有彼此依托、互为生产的关系。① 一方面，景观作为传说的载体而存在，传说则充当景观

---

① 余红艳：《景观生产与景观叙事》，华东师范大学，博士学位论文，2015 年，第 127—134 页。

来历的解释；另一方面，传说又是景观的想象性叙事，通过历史逻辑和文本张力来确认、强化、提升传说景观的文化地位，使其不仅成为地方的一种集体记忆，而且赋予地方景观以真实的场所意义。具体到乾坤湾，伏羲传说由口传叙事变成景观叙事，其前提在于"乾坤湾"的发现，并在确认乾坤湾就是羲皇故居的"历史事实"基础上不断完善，伏羲文化的旅游品牌才逐渐得以传播，而这又仰赖于景观生产的文本原型，也就是《史记·三皇本纪》所载的伏羲传说：

> 太白皋庖羲氏，风姓，代燧人氏继天而王，母曰华胥，履大人迹于雷泽而生庖羲于成纪，蛇身人首，有圣德，仰则观象于天，俯则观德于地，傍观鸟兽之文与地之宜，近取诸身，远取诸物，始画八卦以通神明之德，以类万物之情，造书契以结绳岷之政，于是始创嫁娶，以俪皮为礼，结纲罟以教佃渔，岷古曰宓羲氏。

上述伏羲"仰观天象，俯察地理，中视人情，创制八卦，肇启文明"的记载为乾坤湾的地名标识提供了广阔的空间，亦成为伏羲传说景观生产的依据。从2010年开始，乾坤湾就把伏羲传说景观生产列入旅游开发的重点工程来抓，由最初的乾坤亭建设，到后来更大规模的乾坤台、青帝坛、伏羲庙等景观的建造，都旨在建构一个完整的"伏羲传说"的景观叙事框架，从而使新建的伏羲传说景观成为伏羲传说的传承场域。

（一）天然太极图

如前所述，本书所指乾坤湾包括延川乾坤湾和永和乾坤湾。之所以要特别说明，是因为黄河流经之处，形成了众多的被称为"乾坤湾"的地方，如山西省偏关县老牛湾景区内的乾坤湾。本书中的黄河乾坤湾在秦晋大峡谷一带形成了一个"S"形的大转弯，仿佛天造地设的天然太极图，也正因为如此，被附会于太昊伏羲氏"仰则观象于天，俯则观法于地，观鸟兽之文与地之宜。近取诸身，远取诸物，于是始作八卦，以通神明之德，以类万物之情"①，并进一步演化为位于黄河栈道边上的河浍里村和伏义河村（伏羲村），这两个古村落被指涉为八卦"阴阳鱼"，黄河乾坤湾的"S"形大转弯正好将其左右环抱。

（二）八卦石

位于会峰寨福储峰石坳中，自上而下由3排石蛋组成，第1排有2个石蛋镶嵌于山石地表中，第2排有4个石蛋镶嵌于山石地表中，第3排有8个石蛋残体镶嵌于山石地表中。3排石蛋共同组合成一幅天然伏羲八卦图，其象数易理完全吻合《易经》"太极生两仪，两仪生四象，四象生八卦"。

（三）伏羲落足处

伏羲落足处与伏羲画卦台有关，是传说中伏羲创八卦、分姓氏、制嫁娶、充庖厨、教畋渔的古遗址。我国共有2处伏羲画卦台：一处在甘肃天水，也就是上述传说的羲皇故里；另一处在河南淮阳，也就是上述传说的伏羲故都。乾坤湾作为伏羲的居住地，据说伏羲在乾坤湾创制八卦，但画卦需要站立的地方，而在乾坤湾八卦石北面山上的巨石后面，正好有一个天然的巨大赤脚印记，被称为伏羲落足处。

（四）鞋岛

在延川乾坤湾与永和河浍里湾之间的河滩里，有一个长800米、宽200米左右的小岛。岛上怪石嶙峋、卵石密布、从未被淹，村民们对其赋予了多种猜想和意义。从地理上来说，应该叫河之洲，学名为黄河太极晕。由于南部岛面略高略窄，北部岛面略宽略低，形似鞋底，故当地村民称之为鞋岛，还流传着一个传说：

> 当年女娲娘娘在河里洗澡时被岸上一个小孩看见，喊话不听，一怒之下用一只鞋相掷，没想到这只鞋竟然变成了一个岛，后人为了纪念，就称作鞋岛。

---

① 徐澍、张新旭译注：《易经》，安徽人民出版社1992年版，第29页。

村民说，伏羲之母华胥正是在鞋岛（雷泽）履大人迹有孕而生伏羲。旅游开发之前，这里是一块农田，村民在此种植农作物。据老人们说，50 多年里，鞋岛从未被淹过。旅游开发后，延川县黄河乾坤湾景区管理局率先将其定义为"河图岛"（图 3-1），并以伏羲传说作为解说词，阐明乾坤湾与伏羲的内在联系：

图 3-1 雷泽之地——河图岛
资料来源：作者拍摄。

伏羲是华人始祖，为了探求天道、开启文明、改变洪荒，便来到乾坤湾西岸观察山河地貌和天象变化。正在伏羲认真察看之时，突然之间，黄河暴涨，随着一声晴天霹雳，金光闪耀，一个神秘的龙马象倏然出现在伏羲面前，一幅奇异的《河图》从龙马背上飘下，瞬间笼罩在黄河之上。伏羲看后惊诧不已，正在凝神沉思，转眼之间，龙马却又背着河图飘然而去。这时，伏羲再看黄河，却发现河道变了样，于是心智大开，恍然大悟，据此绘出了"太极八卦图"，创立了阴阳学说。今天，《河图》上标明的数理，即《易经》所载的"戴九履一，左三右七，二四为肩，六八为足，纵横十有五"便出自这里。

第三章 传说与地景：伏羲文化的嵌入

（五）女娲峰

延川乾坤湾镇伏羲村后面有一座巨型石像，山头的自然造型仿佛一个女人的身形，特别是在夕阳西照之下仰望更是如此。导游词中写道：女娲身体和脸部面对夕阳，翘首西望，远远望去，轮廓清晰逼真，曲线凹凸分明，鼻梁高翘，乳峰凸起，五官端正，形态俏丽，气度非凡。其实，田野调查中，村民跟我说，以前当地人称之为"龙山"，与正对面的虎山形成龙盘虎踞之势。旅游开发后，被打造为远古神话传说中女娲的天然神像（图3-2）。

图3-2 女娲峰（神女峰）
资料来源：作者拍摄。

第三节 乾坤湾的由来：地名标识与伏羲传说的互嵌

随着历史地名的不断消失和新地名的不断涌现，地名问题日益引起社会各界的关注。作为一个地方的代号，地名是人们在生产生活中赋予某一特定空间位置上自然或人文地理实体的专有名称，内蕴着人们对于空间的探索、观察与认识。一个地方，只有被赋予地名，其空间特性才得以整体呈现,并且空间内的其他事物也才变得可以理解。① 同样地,一个景区能否被感知、理解和认同,与地名亦有很大的关系。更进一步地,以传说文化为旅游吸引物进行旅游资源开发能否取得成功,很大程度上与传说叙事的景观生产密切相关。游客作为文化他者,从熟悉的惯常环境位移到陌生的非惯常环境,对旅游目的地文化的感知,一个最为直接的进路便是地名,空间的这种社会性存在,使得地名从一开始便作为标识地理空间和呈现文化空间的符号出现。具体到乾坤湾,作为伏羲传说依托的空间实体,传说既诠释着景观的来历,也促使了景观的生产。一方面,正是乾坤湾的独特景观形成了伏羲传说;另一方面,伏羲传说对乾坤湾景观的想象性叙事,又进一步提升了乾坤湾的知名度和美誉度。在作者作为"驻客"身份的人类学田野调查中,发现乾坤湾的旅游吸引物几乎都是围绕"伏羲文化"这一关键词进行,而乾坤湾普遍存在的有关伏羲文化的历史事实,又成为乾坤湾传说景观生产的文本原型,既根植于乾坤湾人的集体记忆之中,又成为乾坤湾人社会生活经验的一部分,更在乾坤湾旅游发展中,成为重新唤起对地方性知识建构的来源,其中之一便是地名标识实践。

传说是景观叙事的基础,承担着人物塑造、故事讲述和情节推理的功能,通过对某些历史事件、村落传统和神话传说等记忆功能的开启,从而将景观叙事置于某个大尺度的区域或小尺度的地点之中。传统上,景观曾一度处于传说叙事的附属地位,直到20世纪60年代以来,随着传说景观化的研究转向,传说的可视化形态才日益引起重视,并于1998年建立起景观叙事的三维理论框架,即个体叙事的故事领域、多主体/主题叙事的互文领域和故事讲述的话语领域。② 在此背景下,尤其是随着旅游经济活动的勃兴,景观正逐渐超越传说的语言形态,转而以视觉呈现的方式,展开对传说的景观叙事。地名作为地方社会文化的独特表征,既

---

① Basso, K. H., Stalking with Stories: Names, Places, and Moral Narratives among the Western Apache, In Edward M., Bruner (ed.), *Text, Play, and Story*, Berkeley, Los Angeles: University of California Press, 1984: 19 – 55.

② Potteiger M., Purinton J., Landscape Narratives: Design Practices for Telling Stories, *Landscape Architecture*, 2008, 30 (2/3): 79.

可满足一个地方的社会生活、人际交往和文化传播等表达需要,也为进入该区域的外来者提供一种理解异文化的通道。乾坤湾的地名标识正是如此,通过重新唤起人们对乾坤湾的历史记忆与地域认同,从而使伏羲传说获得了一个景观叙事与文化传播的社会语境。

(一) 从"河怀湾"到"乾坤湾"

在村民的记忆里,"乾坤湾"一直都被称为"河怀湾""河怀里湾""河浍里湾",是摄影爱好者首先发现了乾坤湾的魅力并在媒体的宣传下将乾坤湾的名号叫响了,这一点以陕西延川县张勋仓和山西永和县王悦的摄影最为典型。张勋仓如今被称为乾坤湾拍摄第一人。1996年,张勋仓在时任延川县城关镇镇长白世明的引介下,历尽千辛万苦①在延川县土岗乡小程村,也就是现在的乾坤湾镇乾坤湾景区拍摄了一张照片并将其命名为黄河大转弯,但时任延川县文联主席的张永革看后,提出应该改成黄河乾坤大转弯。张勋仓采纳了这一建议,在作品集出版时,便以"黄河乾坤大转弯"为之命名。出乎意料的是这张相片引起较大轰动,成为乾坤湾地名标识的历史转折点,也为后来的旅游开发奠定了坚实的基础。时任延川县委宣传部长的顾秀榆甚至这样形容这一影响:"张勋仓的这张照片,为延川县域经济发展,尤其旅游业的兴起,起了决定性的作用,可以这样说,没有这张照片,就没有延川旅游业的今天。"

不过,乾坤湾得以叫响,还取决于张士元。这一点,前延川县委宣传部长刘金亮早有记载。2006年,刘金亮在延安日报发表一篇题为"叫响黄河乾坤湾的第一人"的文章。文中写道:

> 1996年12月26日,民革委员、政协委员、教授、画虎大家、中国著名学者张士元来到延川,在冯山云的引领下,历时7年之久跑遍了延川县17个乡镇。1997年8月25日,张士元对时任延川县委副书记的高凤兰、县委宣传部长刘金亮说:应该给这个地方起一个与它历史地位相匹配的名字——"乾坤湾",因为八卦图是古人类

---

① 在旅游开发之前,通往乾坤湾所在地的村子交通十分不便,只有崎岖险峻的山路,到乾坤湾更是杂草荆棘丛生,根本没有道路可走。

认识自然的结晶，说明中华民族有创新精神，八卦图是人类首次使用的符号，是人类进步的标志，八卦图反映了古人类阴阳合抱，阴阳转换的宇宙观，含有最原始的唯物辩证思想，八卦图可以说明延川是人类的重要栖息地，伏羲观天象、看山川、识自然，对祖先最先使用汉字符号起到了启蒙作用。①

1998年9月，全国著名文艺评论家肖云儒、博士后陈默、英国窑洞研究专家罗琳、法国学者白尚仁、画家梁建平先后来到这里，张士元把命名的"乾坤湾"图片向他们介绍，大家一致认为张士元是"叫响黄河乾坤湾的第一人"。因此，现在在延川县，大家都认可靳之林是在延川进行绘画最早，张勋仓用照相机拍摄乾坤湾最早，张永革虽然也提出过乾坤湾一词，但张士元才是真正"叫响黄河乾坤湾的第一人"。后来，延川县人力资源和社会保障局的张向荣局长将自己航拍的黄河蛇曲国家地质公园，包括乾坤湾在内的五个湾命名为"龙行天下"，这被认为是对乾坤湾最真实的写照和高度的抽象。当然，其他热衷于黄河文化和乾坤湾景观的有识之士也起到了一定的推动作用，如延川县梁福誓就是一个典型，他为挖掘、整理黄河文化，几次从黄河源头徒步到入海口，对晋陕峡谷了如指掌，还出版了《延川黄河文化旅游纵览》一书。随着慕名而来的摄影家、作家、画家的广泛宣传，陕北地区的历史文化为外界重新审视，成为认识和了解陕北的窗口。

随着延川乾坤湾知名度的不断攀升，一河之隔的山西省永和县也不甘落后，地方政府和社会各界都在积极为流经该县的68千米黄河寻求最合理的解释，提出永和县境内的68千米黄河蛰伏着腾飞的中华龙，永和县是中华龙之源，自北而南形成的英雄湾、永和关湾、郭家山湾、河浍里湾、白家山湾、仙人湾和于家咀湾好比一个草书的"和"字，既与永和县县名中的"和"字一脉相承，也与永和县建设和谐社会理念不谋而合。2011年2月，中国地理学会理事、《贵州晚报》副主编罗万雄航拍到黄河在永和县境内形似巨龙的逼真照片。经过比对，照片中的"中华龙"

---

① 丁亮春：《采风——提案——旅游大开发》，《中国统一战线》2002年第5期，第31—32页。

与故宫九龙壁，皇帝龙袍上的龙，贵州苗族、布依族、水族铜鼓上的龙，布依族、水族礼服上的龙，布依族、水族寨老礼服上绣的龙，广西壮族铜鼓上的龙，以及山西、陕西儿童肚兜上绣的龙，其弯曲走向如出一辙，有关专家惊奇不已。为此，中国地理学会专门在贵州举办"中华龙文化地理论坛"进行研讨，并酝酿在永和县建设"中华龙之源"旅游风景名胜区。① 2013 年 5 月，中国摄影家协会副主席、山西摄影家协会主席王悦航拍的永和乾坤湾以"黄河龙"之名刊登在《求是》杂志封底上，引起了巨大的反响：

> 黄河是中华民族最重要的发源地，是中华民族的母亲河，龙是中华民族的图腾与象征，在黄河中游、中华腹地的永和乾坤湾，发现蛰伏千万年的腾飞中华龙，不仅有力地诠释了中华民族是"龙的传人"，也进一步印证了永和乾坤湾与中华龙图腾的历史渊源，更预示着中华民族的振兴与腾飞！

这一发现进一步催生了"乾坤湾"与"中华龙"的想象与诠释，如 2018 年 8 月，永和县举办的"2018 国际摄影名家采风暨全国摄影家黄河风光摄影大赛"就以"中国龙·乾坤湾"为题。

如今，延川县认为延川乾坤湾最美，是"龙行天下"；永和县认为永和乾坤湾最美，是"龙行黄河"，再加上永和在"和"字上大做文章，致力于挖掘"和"文化，大有虽然起步晚于延川县，也不能落后的印象。

在乾坤湾伏羲文化符号的嵌入过程中，媒体扮演了至关重要的角色，通过一系列关于乾坤湾的文字表达和文本描述，媒体将"伏羲文化""炎黄文化""龙行天下""龙行黄河""黄土文明""黄土高原"等文化意义在更大程度上延展，将"八卦""龙""黄河""黄土"等符号意义赋予景区之上，利用大众媒介广泛传播的效应，以便唤起人们的集体记忆。因此，在一系列的宣传中，乾坤湾旅游重点突显四大特色：一是壮观——黄河；二是震撼——河湾；三是神圣——伏羲/女娲/革命；四是红色——

---

① 《〈中华龙文化地理论坛〉在贵阳举行》，《龙凤文化》2013 年 11 月 28 日。

精神。旨在通过激活这四大旅游元素，打造集峡谷观光、黄土风情、黄河文化、红色精神于一体的特色旅游区，塑造震撼、绿色、文明、富饶的感知形象。在向外界宣传的过程中，媒体为乾坤湾赋予上述符号意义，以构建文化认同并完成向目标群体的传播。现在，除了少数本地人，已经很少有人将乾坤湾说成"河怀湾"了。而且，为了更好地与伏羲文化形成呼应，乾坤湾流域的一些空间名称与村民的称谓都有了较大的出入。如伏义河村现在官方称为伏羲村，并找到《延川县志·道光本》的相关记载来加以佐证：

> 今伏义河村，在清代前叫伏羲河村。由于"羲"与繁体的"义"字结构相近，在方言中音也相似，后来人们为了方便书写，就将"羲"字写成"义"了。

虽然当地部分村民对这一说法还有不同观点，但并不影响官方和民间两套地名系统的并行不悖，正如一些村民所说的：

> 现在旅游公司都说是伏羲村，但我们叫习惯了，还是愿意叫伏义河村。不过跟游客交流时，我们也说是伏羲村，这有一个适应的过程。

为了进一步加深伏羲文化的嵌入力度，2014年9月27日至29日，延川县委县政府联合中国先秦史学会、华夏国际易道研究院在乾坤湾举办了全国首届延川伏羲文化学术研讨会，来自全国40余名专家学者围绕伏羲文化的源头和地位，多学科、广视角、深层次地进行了研讨，并为延川文化旅游建设出谋划策。如华夏国际易道研究院院长马宝善的《华夏易道元圣 中华人文始祖》、郑万耕的《周易·象传及其教化观念》、刘宝才的《伏羲文化内涵一说》、徐日辉的《延川伏羲文化旅游开发》、李健民的《伏羲文化与延川乾坤湾》等发言，多角度阐述了伏羲文化研究对延川县文化旅游开发的意义。专家们认为，延川县自然景观得天独厚，民俗风情别具一格。以伏羲文化为重点的中华始祖文化研究，不仅为学术研究提供了新的历史契机，也为延川县的旅游开发提供了理论支撑。专家们提出：

> 在延川县旅游开发过程中应组织一支专业力量梳理文化资源，挖掘亮点，将自然景观与人文历史有机结合起来。伏羲文化作为延川县旅游发展的内在力量，应该积极搭建平台，与外界专家学者的联系要建立制度性保障并形成常态化，以更加开放而务实的姿态获取智力支持。

此次伏羲文化学术研讨会的召开，对乾坤湾伏羲文化走向全国起到了积极的影响。据悉，中国先秦史学会会长宋镇豪向延川县授予"中国先秦史学会延川伏羲文化研究基地"牌匾；华夏国际易道研究院院长马宝善先生赠送了《易道德行说》《易道宇宙观》图书。现在，无论是延川县、永和县还是外界，都一致认为伏羲文化是乾坤湾景区的灵魂。而这也已找到现实景观的确证，如乾坤湾主景区留存的伏羲村、伏寺（伏羲）湾、① 伏母寨、娲璜庙、伏羲洞等众多伏羲文化遗址，共同构成了伏羲文化遗迹最为集中的区域，连同历史文献、民间传说、田野考察等方面的证明，说明黄河乾坤湾流域就是伏羲文化的发祥地之一。近年来，延川、永和两县深入挖掘、整理、研究伏羲文化，进一步促进了伏羲文化符号建构的力度和速度，从而推动了文化旅游产业的发展。

（二）从"鞋岛"到"河图岛"

地名标识作为独特的叙事系统，承担着交流的符号功能。② 从符号学的角度看，在地名作为日常交流的自识符号向他识符号的转化过程中，为了避免文化意义失真或误读等问题，需要明确地名符号能指与所指之间的关系。按照查尔斯·皮尔士的理论，由于能指与所指的差异性，符号分为像似符号、象征符号和指示符号，其中像似符号（icon）的能指与

---

① 现在正在打造成盘龙湾。
② R. Bourhis, Landry, R., Linguistic Landscape and Ethno‐linguistic Vitality: An Empirical Study, *Journal of Language and Social Psychology*, 1997 (16): 23–49.

所指具有自然关联性,重在一致性/相似性;象征符号(symbol)的能指与所指突出规约性,二者不必然存在相似性/关联性;指示符号(index)的能指与所指注重连续性/逻辑性,依赖于具体的语境。[①] 地名既是一种像似符号,又是一种象征符号和指示符号,如标示自然地理空间特征的地名通常属于像似符号,体现文化特点的地名属于象征符号,而指证历史内涵、社会关系的地名则属于指示符号。乾坤湾"鞋岛"与"河图岛"之间的联想,反映了地名符号能指与所指之间的复杂关系,既是像似符号、象征符号,也是指示符号,成为"伏羲传说"景观叙事的基础,是对传说伏羲在乾坤湾始画八卦时站立的巨大"脚印"的话语延伸。

随着延川乾坤湾旅游开发力度的不断加大,延川红海公司开始接管鞋岛旅游开发,在岛的南面镶铺了一条鹅卵石道路,新建了两栋平房,沿小岛环线依次有定情石、八卦迷宫、祖亭、伏羲雕像、黄河石林等景观,并改名为定情岛,列为黄河漂流项目的一个重要景点(图3-3),并将"伏寺湾"改名为"伏羲湾",解释说陕北话的"寺"与"羲"同音。说是伏羲与女娲当年就是在这里定情,兄妹成婚才有了人类的诞生,还有一种说法是为了体现永结秦晋之好。这从以下的旅游讲解词可以看出:

> 定情岛是陕西、山西两省人民永结"秦晋之好"的见证,小岛位于两省之间黄河最中央的位置,造就了著名的"秦晋之好"。关于定情岛还有一个美丽的传说,叫"风华胥履大迹感生伏羲"。相传远古时,黄河周围有一个风姓部落,族长的女儿名叫风华胥,喜欢在黄河附近游玩。一天,她忽然看到一个硕大无比的脚印,一时好奇就踩了上去,忽然感到黄光照身,随后有孕,怀胎16个月后生下了伏羲和女娲。

其实,就如伏义河村(伏羲村)后面的"龙山"现在被称为"女娲峰",以便与伏羲神话传说相关联一样,无论是"鞋岛"还是"河图岛"

[①] Hartshome C., Weiss P. (eds.), *Collected Papers of Charles S. Peirce* (vols. 1-6), Cambridge MA: Harvard University Press, 1931-1935: 699-1700.

图 3 – 3　定情岛
资料来源：延川县黄河乾坤湾景区管理局。

抑或"定情岛"，都是景观叙事对传说语言叙事的移植与拓展，是伏羲传说得以产生景观叙事的前提，不仅通过地名标识赋予了景观更为丰富的时代内涵，也使传说经由景观实现了新的语言表达，体现了景观叙事对语言叙事的延续与超越。

第四节　伏羲传说景观营造

生产景观就是生产文本。[1] 景观投射着人类文化，反映着一定的价值体系和意识形态，记录着社会、文化变迁的历史过程。阅读景观就是阅读地方历史文化的过程，它指向潜藏于人类记忆之中的地域文化。一方面，地方知名景观是传说依托的实体，传说的出现往往是源于对景观来历的解释；另一方面，传说又是对景观的想象性叙事，通过具有历史性的逻辑和文本自身的内在张力，来确认、强化和提升传说风物和地方惯

---

[1] ［英］迈克·克朗：《文化地理学》，杨淑华、宋慧敏译，南京大学出版社 2007 年版，第 20 页。

习的文化地位,虽然这种风物传说不一定是确有其事的真实,但却能成为地方的一种集体记忆,并赋予地方景观以真实的场所意义。因此,传说不仅是对景观渊源的解释,也是以想象性叙事赋予景观以文化内涵并融入地方文化甚至沉淀为集体记忆的过程。具体到乾坤湾流域,伏羲文化传说景观得以生产是以"乾坤湾"的发现为起点,并随着各方在确立乾坤湾就是羲皇故居的"历史事实"基础上不断完善,伏羲文化的旅游品牌才逐渐得到宣传,而这种建构又是通过人文景观再造的方式达成的。

(一)想象的羲皇画卦:乾坤亭建造

乾坤亭的建造是从伏羲传说情节出发的新建景观,这是地方政府围绕传说重构文化认同与旅游发展的举措,以伏羲始画八卦为景观主题,集中展示伏羲八卦的堪舆风水。虽然一个公认的事实是,伏羲是在乾坤湾仰观天象俯察地理从而画成八卦,可是其"神悟阴阳鱼、点化太极图"的具体地点到底在哪里呢?这成为困扰学术界以及社会各界的难题。经过多方考察和审议,最后确定为乾坤湾镇碾畔村委小程村后面的圣览山上。因此,延川县政府决定先在此建一个乾坤亭。乾坤亭的设计和建造,据说不完全靠想象,而是有根据的,顾名思义,所谓"圣览山"就是伏羲圣皇仰观天象俯察地理的地方,伏羲当年就是在此点画八卦,现在选取能够俯瞰乾坤湾全景的一个地方建设乾坤亭,也符合伏羲感悟阴阳鱼的逻辑。为了更加直观地表明这里就是伏羲画卦的地方,在乾坤亭的地面上,是用大理石铺成的阴阳太极图,两根柱子上分别刻着两行大字:"天地造化乾坤湾,羲皇推演太极图",以进一步阐明伏羲画卦与乾坤湾的关系。站在乾坤亭里,形似太极图的乾坤湾尽收眼底,现在,乾坤亭既指代伏羲画卦的所在地,也是游客观赏乾坤湾的最佳观景点(图3-4)。

(二)想象的天圆地方:乾坤台建造

"天圆地方"是阴阳学说的具体表征,也是中国传统文化中二元分类结构的最好体现,这种通过察天文、观星象、利用地磁和星相术来进行卜占预测的体系有异于其他所有的原始分类。① 传说古人为了弥补人体五官感知能力的局限性，可以通过"内证"修习来不断提高自身的能量，从而观察到宇宙的真相和运行的规律，这就是阴阳五行创制的缘由，再与四时——春生、夏长、秋收、冬藏配合，整合成微观状态下能量的变化规律——五运六气学说，用以测度宇宙能量运行和时间变化的关系，以及这种变化对地球上的生命的影响——"天时"。"天时"的特点是60年一轮回，如环无端、周而复始，有如"天圆"。同时，"方位"的特点是"四面八方"，称为"地方"。因此，"天圆地方"准确地概括了时间与空间的特点，高度总结了宇宙运行的规律。而据说天圆地方的本原就源于伏羲先天八卦所推演出的天地运行图，即后世所尊崇的天圆地方图。所谓天圆地方图，旨在以圆方作为天地的指称，其中外部环绕的卦象代表天的运转规律，中间方形排列的卦象则象征地的运转规律，同时规定天是主/阳，地为次/阴，二者相互感应而生成天地万物。这在中国传统建筑上也有体现，如明清时期的天坛和地坛就是遵循天圆地方原则修建的。

乾坤台的修建就是为了在视觉上满足天圆地方的阴阳哲学想象。延川乾坤湾分别建造了1个乾台（天坛）、1个坤台（地坛）和1个乾坤台，三者共同构成一个整体的乾坤意象。其中乾台是圆形的，无论是圆丘的层数、台面的直径，还是四周的栏板，都用单数（即阳数）表示，以象征乾为天（天为阳）；坤台是方形的，四面台阶各8级，采用偶数（即阴数）表示，以象征坤为地（地为阴）；乾坤台则将天圆地方合二为一，把代表北方的子、代表南方的午、代表西方的酉、代表东方的卯形成一个方的形状，与12地支、10天干、4卦象、24方向构成的1周天（360°圆）共同形成一个天圆地方的乾坤意象。其中乾台（天坛）占地面积1700平方米，呈3层露天圆台，坛面、台阶的石制构件，整体结构取3或3的倍数，即阳数，以象征天，为祭祀伏羲、祈求五谷丰登的场所；坤台（地坛）占地面积1600平方米，呈方形，坐南朝北布局，按2、4

---

① ［法］爱弥尔·涂尔干、马塞尔·莫斯：《原始分类》，汲喆译，上海人民出版社2000年版，第73页。

图 3-4 乾坤亭
资料来源:作者拍摄。

阴数铺成,象征"地为阴",是祭祀女娲的场所。

在永和乾坤湾广场濒临黄河一侧,也建有一处乾坤台,其介绍是这样的:

> 乾坤台,东西长 17 米,南北宽 9 米,按阴阳八卦原理建造而成。据传伏羲氏在此仰观天象,俯察地理,观景悟道,激发灵感,创立阴阳八卦学说,开创中华文明之先河。相关的青龙、白虎、朱雀、玄武四方标志物在乾坤湾周边皆能一一找到。青龙,位于其西南延川县碾畔村,原名青龙庄;白虎,位于其东北 15 公里处的永和关,原名白虎关;朱雀,位于其南的鸭子河村;玄武位于永和关北 1 公里处,其山崖顶有巨石 1 块,名叫骆驼龟石。黄河对岸伏义(羲)

河村建有伏羲庙。乾坤湾附近遗留下的庙宇，多处供奉女娲神像。在此地流传有一首民谣："黄家岭，前圪巴，伏羲爷爷画八卦；河浍里，后河湾，女娲娘娘补过天。"驻足乾坤台，遥想远古，能感怀先祖超凡智慧，更能领略黄河雄浑浩荡，大气磅礴的动感之美。

不过，站在乾坤台上，侧耳倾听黄河流水声，特别是当黄河流凌时发出的窸窸窣窣声，很有乾坤悟道的意味。2019年12月29日我去永和乾坤湾调研，听着黄河冰凌流动的窸窣声，就曾在乾坤台上写下如下文字：

乾坤湾里乾坤生，乾坤台上乾坤声。

（三）想象的天帝密畤：青帝坛建造

乾坤湾青帝坛的建造，源于对天帝神畤的想象。据记载，秦崛起于西陲，自秦襄公起对天帝鬼神的祠祭不断增多，并认为其民族的守护神为少昊。乃于其住地营建西畤①，以祠祭白帝；后又建密畤、上畤、下畤以祭祀青帝、皇帝、炎帝（赤帝），发展成四方神畤。② 这种将天帝按东、西、中、南、北来配属青、白、黄、赤、黑五色的划分，说明阴阳五行理论已经逐渐渗透到祭祀观念中来。

在中国传统文化中，伏羲为五帝之一，称青帝，又称太昊帝，为主管东方的天帝，在四时中主春，五行中主木，代表着生生不息。又由于伏羲和女娲被尊为中国婚姻家庭的始祖，因此，在女娲峰对面便设立了青帝坛，目的是要营造中华第一家庭的概念，开展祭祖活动和婚庆度假旅游产品。

（四）想象的伏羲八卦：伏羲庙建造

白马负图演绎先天八卦，圣人伏羲开创易学之说，阴阳八卦定乾坤，万般变化不由人。大到无外小无内，参透世间人鬼神。

---

① 畤即神坛。
② 赵玉春：《坛庙建筑》，中国文联出版公司2009年版，第8—29页。

上述描述是对伏羲八卦易学经典的一种高度概括。为了能在视觉上给游客以感性认识和视觉冲击，延川乾坤湾决定修建伏羲庙（后改为伏羲文化园），规划总面积286亩。

按照祭祀鬼神的建筑分类，有坛与庙两种。前者用以祭奠自然保护神，如天坛、地坛、日坛、月坛，后者则祭祀祖先，如太庙、祖庙、家庙。根据许慎《说文解字》对"坛"的释义，"坛，祭场也"，而庙的释义则是"庙，尊先祖貌也"。[①] 可见，庙是专为尊崇祖先的建筑。伏羲作为中华民族的始祖，伏羲庙正是为尊祖祭祖而建。如前所述，现在公认的伏羲庙（陵）在河南省淮阳县，淮阳伏羲庙也被尊崇为"功开天地大，羲皇故都城。人文始祖庙，天下第一陵"。

作为一种重建型传说景观，伏羲庙（伏羲文化园）的建设旨在与伏羲传说建立对应关系，通过汇集诸多传说情节，使之成为一个传说"谱系"，从而形成旅游卖点。伏羲庙的原型是伏义河村的旧伏羲庙。据村民们说，伏羲庙在伏义河村的存在历史很古老，原来位于村口，后来因为道路扩建而往里移了一定的距离，现在位于村口的右边。但是旅游公司觉得这个伏羲庙不够气派，规模也比较小，并且位置不明显。因此，2016年3月24日，延川县黄河乾坤湾景区管理局就伏羲文化园进行设计招标。2018年6月28日，《中国延川乾坤湾太昊伏羲文化园策划设计概念方案》通过评审，拟建国内最大的伏羲文化园暨易经学术研究交流基地，打造集峡谷风光、黄土风情与神话传说于一体的综合性旅游区，营造"洞天福地"的人间圣院氛围，游客通过攀登象征着修炼层次的"十二层天境"天梯，登临天界圣境中祭拜伏羲"神坛"，形成"仙山琼阁"之景致。园区分为"易学文化"（易学博物馆区）、"祭祀广场"（伏羲祭祀区）、"伏羲别院"（易学体验区）、"伏羲文化园"（文化体验区）、"易学宫"（学术交流区）5个功能区，并与乾坤湾景区一系列"伏羲文化"元素相呼应以形成整体效应，充分表明了景观生产者以"伏羲文化"作为乾坤湾景观宣传着力点的空间生产思路。从乾坤亭（画卦亭）、乾坤

---

① （汉）许慎：《说文解字校订本》，班吉庆、王剑、王华宝校点，凤凰出版社2004年版，第30页。

台到伏羲庙（伏羲文化园），这些景观既包含了旅游开发对乾坤湾羲皇故居的历史定位，也是对乾坤湾的一种重新建构，通过对传说文本的想象，以现实景观为通道，达成对乾坤湾是羲皇故居的社会认同。从所建构的伏羲文化景观来看，在没有建造乾坤台和伏羲庙时，旅游宣传的着力点是乾坤亭，现在的焦点是乾坤台。可见，景观不仅是传统意义上的实物展示，也是一种文化建构的过程，说明文化与景观是一种相互嵌套的关系：文化服务于景观的宣传，景观也是文化的表达。

第五节　女娲文化景观营造

重点是将女娲补天、娲璜登台、伏羲女娲兄妹成亲等神话传说，打造成女娲文化体验区，以对伏羲文化形成补充，进一步提升伏羲文化旅游体验的丰度，而这也是景观社会生产对神话传说的一种呈现方式，随着景观社会的到来，一个"看"故事的时代正悄然驶来，朝着更加直观的方向前行，曾经绘声绘色、其声可闻、其容可睹的讲故事的人已经难觅影踪了，[1] 传说正以"视觉"代替"听觉"的表现方式和以"观赏"代替"口述"的叙事形态转化，迈向居伊·德波笔下的"景观社会"。[2] 这种"世界图像时代"[3] 进一步凸显了"存在图像化"和"存在视觉化"的现代趋势。[4] 旅游正是这样一种视觉体验与消费，突破了影视艺术单向传输的"被动性"和远距离交流的"不在场"的传播困境，具有流动的现代性[5]特点，是一项集经济、交往、消费和观光于一体的现代视觉体验和视觉消费活动。因此，旅游景观不仅是一种视觉传播媒介，同时还是以视觉观赏来实现的景观叙事，承担了"讲述"的叙事功能。换言之，原先以文本叙事的传说被图像叙事的景观所取代，传说被表征为可视化

---

[1] ［德］瓦尔特·本雅明：《本雅明文选》，陈永国、马海良译，中国社会科学出版社1999年版，第291页。
[2] ［法］居伊·德波：《景观社会》，王昭凤译，南京大学出版社2006年版，第3页。
[3] 周兴：《海德格尔选集》，上海三联书店1996年版，第899页。
[4] Nicholas Mirzoeff, *An Introduction to the Visual Culture*, London: Routledge, 1999: 6–7.
[5] ［英］齐格蒙特·鲍曼：《流动的现代性》，欧阳景根译，上海三联书店2002年版，第12页。

的图像（或图像组合），这种以注意力为核心的体验经济①不断吸引着旅游者的"眼球"，"眼球经济"也成为旅游经济的代名词和视觉消费时代的关键词。

（一）想象的女娲景观

传说女娲对人类有两大主要贡献：一是女娲造人；二是女娲补天。其中女娲补天的故事对后世影响尤为深远。延川乾坤湾景区根据女娲传说，在女娲峰与娲璜台之间的山梁上，立了一块巨大的石头，命名为"女娲补天石"。《天问》曾云："璜台十成，谁所极焉？登立为帝，孰道尚之？女娲有体，孰制匠之？"根据闻一多《天问疏证》，认为这段话的意思是"言女娲登璜台而立为帝，其台高如此，女娲何由上之也"。据此认为上古传说中，应该有女娲登璜台而为帝的故事。因此，延川乾坤湾决定在青帝坛北面设立娲璜台，以还原这一历史场景。

（二）女娲文化体验区

2013 年，延川乾坤湾启动"福缘女娲"祈福项目建设，包括女娲庙服务中心、女娲庙、娲母广场、功德桥、结缘廊、娲灵池、卦象坛（详见第二章表 2-8 女娲文化体验区）。

第六节　小结：对空间的重新想象

地景不仅是一个物理实体环境，也是人与环境互动的结果，其中神话就是一个赋予环境以特别意义的过程，使其成为有生命、可亲近的东西。② 在外人看来，乾坤湾里散布的村落，不仅毫无章法，甚至并无显著的关联。然而在当地人看来，村与村之间以及黄河两岸都是一个有机的生命共同体，常常以人作为比拟，如"小程村"是人之"小肠"，"大程村"是人之"大肠"。而且，还以四方瑞兽来将黄河两岸连为一体，如山

---

① Jonathan Schroeder, *Visual Consumption*, London: Routledge, 2002: 3.
② ［英］马凌诺夫斯基：《西太平洋上的航海者》，梁永佳等译，华夏出版社 2002 年版，第 259 页。

西永和的阴德河村是朱雀，俗称鸭子河村（据传朱雀形如鸭子）；延川的碾畔村是玄武村，碾畔原是碾盘的变音，形如玄武（当地人称乌龟）的壳。通过这种方式，乾坤湾人建构起一种流域/区域共同体，同时也实现了对环境自然属性和社会属性的基本界定。而乾坤湾诸如此类的众多地方风物传说，不仅使乾坤湾颇具神秘色彩，也为旅游开发带来了无尽的乡土/乡愁资源。但如何挖掘、整理和利用好这些传说，寻找一个强有力的文化符号作为旅游吸引物就成为旅游发展的关键，而伏羲文化无疑当仁不让。虽然"伏羲"传说作为流传于黄河流域的一个重要"神话母题"并不限于乾坤湾，但重要的不是谁拥有这个文化资源，而是谁能利用好这个文化符号。乾坤湾日益为外界所知正是因为伏羲文化的发现与符号嵌入，借由"伏羲文化""黄河意象""黄土文明"的象征性，在空间上形成了文化的宣示性。这种空间想象化需要根据传说人物的情节而展开对现实景观的改造。一般来说，民间传说的现实型景观都必然经过一个景观改造的过程，这一过程投射的是传说与地方的互动，主要是地方对传说的呼应。因此，为了使景观与传说具有更多的契合点，地方往往会对景观加以改造，增加一些与传说情节相一致的景观元素。在民间传说的景观生产中，"命名"是最为常见的话语型景观生产模式，通过对景观的命名，将虚拟的景观移植于现实的地域景观之中，从而赋予现实景观以传说的文化内涵。在具体的操作过程中，叙事者在划定一个较为稳定的叙事空间之后，并不一定直接使用该空间内的实名景观。随着传说的流播，听者（读者）出于与现实景观一一对应的冲动，使得某些传说中的虚拟景观得以在现实中找到对应物。严格地说，命名型景观生产模式更多的是一个话语型景观生产，是以传说虚拟景观来命名现实景观的生产模式。通常来说，景观"命名"常常伴随着对景观的"改造"。乾坤湾的景观制造始于对"河怀湾"等地名的标识，从而获得了一个讲述与传播伏羲文化的社会语境，通过将乾坤湾视为一个"伏羲始画八卦"的地方，将景观纳入叙事框架，而这一叙事得以实现最初又源于前述摄影师们的影像讲述，以便唤醒对景观的记忆。换言之，要实现对景观的叙事，取决于对与之相关的记忆功能的开启。

第四章　流动与固着：道路与乾坤湾的嵌合

> 芒芒禹迹，画为九州，经启九道。
>
> ——左传·襄公四年

　　道路由偶然/变动而固着/定着，是道路发展史上的重要成就。尽管交通是道路的前提，但有交通不必然有道路，如在旧石器时代的考古遗址中就能见到物质的空间流动，然而那时未必有道路的存在。从交通兴起到道路形成，是道路发展的第一步。正如孟子所说：山径之蹊间，介然用之而成路，为间不用，则茅塞之矣。① 初期的道路很容易随人群的动向而变动，带有浓厚的偶然性。路线由偶然而趋于定着，是道路发展的第二步。② 夏代可能是中国历史上定着性道路的起始。《左传》载：芒芒禹迹，画为九州，经启九道。"经启九道"显示夏代已有部分道路是由国家规划开辟，"九道"可能有固定位置，并受制度化的管理。道路固着离不开政府动用资源、规划道路、设置路政；反过来，唯有路线固定，才能持续投入与经营，从而对人与路、路与路、人与人都带来革命性的转变。偶然性道路随人的意念而变化，定着性道路则限制了人对空间选择的自由。由"路是人走出来的"转变为人必须沿着路走，是一个反客为主的转变。③

第一节　津渡：渐行渐远的码头通行记忆

　　津渡在古代地方志中属于"津梁"门类和地方交通志的范畴。所谓

---

① 孟子：《尽心上·尽心下》，南洋官书总局光绪三十二年（丙午1906年版），第368页。
② 雷晋豪：《周道：封建时代的官道》，社会科学文献出版社2011年版，第162页。
③ 雷晋豪：《周道：封建时代的官道》，社会科学文献出版社2011年版，第165页。

第四章　流动与固着：道路与乾坤湾的嵌合

津渡，是民众为克服江河阻碍而普遍设置的便民公共事业，主要指渡口、渡船和渡夫的结合。① 按照功用，津渡可分为横水渡和长水渡，前者是用作沟通河流湖泊两岸的航船，后者则是在一定区域内流域型市镇间的短途航船。因其设置主体的不同，还可分为官渡和民渡，民渡因其设置主体的不同又分为营利性和非营利性两种——私渡和义渡。历史时期，津渡是水路、陆路交通的重要节点，具有重要的交通、经济、政治和社会功能，直接关系到各地公文投递、租税输纳、经济发展以及文化交流等。回溯黄河流域的历史，过去人们只能通过渡船或渡舟进行沟通，因而形成了众多的津渡，它们的形成体现了人对环境的认识和适应，同时也反映出特定群体的文化交往和传承。乾坤湾境内被深厚的黄土覆盖，经水流长期侵蚀，形成梁峁起伏、沟壑纵横的地形地貌，以至于信息相对闭塞、交通十分不便。新中国成立 70 多年来，经济发展十分缓慢，主要靠农业维持生计。延川、永和两县地处黄河东西两岸，境内几十公里的河道上，自古以来仅靠小船过往黄河，两岸村民的物资运输、人员交流及经济发展都受到严重制约。因而，渡口是一个有助于理解乾坤湾道路与聚落的关键词。历史上，在乾坤湾 68 千米黄河流域里，有 4 个著名的古渡口，即延水关、永和关、清水关和于家咀关。

（一）延水关古渡口—永和关古渡口

延水关与永和关（取意永远和平）隔河相望，宋元明时期称永宁关（取意永远安宁），清代始称延水关，原为天然小码头，俗称船坞角，② 曾为延川八景之一，时称"延关飞渡"。魏晋时期，朝廷在此设官渡，后为军渡、民渡。1936 年 2 月 20 日，红军由此渡河东征。1947 年 3 月 17 日，王震率领西北野战军第二纵队由此西渡，回陕抗击进犯延安的国民党军胡宗南部。

延水关和永和关古渡口为黄河公路大桥的修建奠定了基础。2004 年 4 月，为改变交通不便的状况，加快黄河两岸的经济发展，陕西省和山西省决定筹资建设延水关黄河公路大桥，斥资 3244 万元的延水关黄河公路

---

① 吴琦：《明清地方力量与地方社会》，中国社会科学出版社 2009 年版，第 128 页。
② 延川县志编纂委员会：《延川县志》，陕西人民出版社 1999 年版，第 259 页。

位于晋陕峡谷中段，左岸是山西省永和县南庄乡永和关村，右岸是陕西省延川县延水关村，大桥正好将河西的延水关与河东的永和关渡口连接起来，成为连接陕北和晋西、沟通西北与华北的重要通道，与此前绕道吴堡（军渡）黄河大桥和壶口黄河大桥相比，均缩短行程110千米，形成了延安北部地区与临汾市联系的便捷省际通道，对改善当地公路网络现状，加快省际物资交流，促进两地的经济发展起到了重要作用。随着延水关黄河公路大桥的修建，极大地改变了两地的摆渡历史，渡口的沟通功能慢慢式微，逐渐成为遗址。可见，道路的开通不仅不会随着时空的流转而失去动力，反而会成为一种新的延续和继承。事实证明，在后来修建的210国道、201省道、209国道上，作为曾经互通有无的重要关津/码头，也是公路和黄河大桥绕不开的重要节点。无论延水关—永和关古渡口如何发展，其在乾坤湾发挥的内外互动、文化交流、经济往来的属性都不可抹灭。

（二）清水关古渡口—于家咀古渡口

清水关是乾坤湾的要隘，明代南侧建有会峰寨，北侧建有牛尾寨，是秦晋两岸经济、文化交流的主要场所。随着陆地交通条件的改善，日趋衰落。相传旧时清水关为官者办事公道，被老百姓称为"清水衙门"。清水关的得名源于北面一条清澈见底的小溪。明清前后，码头兴隆，店铺林立，商贾云集，是重要的商品集散地。20世纪20年代后，由于战乱频仍，特别是在"农业学大寨"运动中，村民相继举家搬迁，仅剩1对老人留守村中。1936年5月2日，毛泽东率领中国工农红军抗日先锋军从清水关西渡黄河回师陕北。

于家咀渡口位于永和县。1936年，红军东征及毛泽东回师西渡就是从于家咀渡口过黄河的。在2006年以前，于家咀人购买日常生活用品及照明用的煤油，还得渡河到陕西省延川县的清水关，因为渡河要比到永和县阁底乡近10千米。渡河就得有渡夫，在乾坤湾，YZH有"黄河一号艄公"之称。

  案例4-1：YZH（永和县阁底乡于家咀村村民）。YZH祖辈都靠摆渡为生。2005年，随着于家咀村的通电，YZH的羊皮筏子渡河工具渐渐淡出人们的视野。2006 年，随着公路建设和乾坤弯景区游客的增多，YZH 购买了摩托艇，每天在黄河边等待游客游览或渡河。2014 年，于家咀的公路不但修到了村里，还修到了黄河边上，YZH 开始建造木船渡河，同时准备让羊皮筏子再现古渡口。现在的于家咀古渡口，同时存在摩托艇、木船和羊皮筏子 3 种渡河工具。

2018 年 10 月国庆节期间，笔者在山西运城市和陕西韩城市黄河流域一带调研，看到津渡的通行功能已经基本衰落了，但是依托古渡口进行旅游开发正如火如荼。历史文化资源的挖掘利用表明了传统文化的价值、评价方式和人们情感需求的转变，而这正是本节的主题。怎样理解那些逐渐失去抑或刚刚失去的世界呢？怎样研究那些发生时间不远但心理距离甚远的事件呢？为此或许应特别留意那些非现实的、不寻常的和细枝末节的事情。很多司空见惯的东西，一开始并不引人注目，但随着事情的演变和发展，慢慢重新走入人们的视野，或许这正是需要讨论的地方。这样看来，津渡/渡口/码头/古渡这些曾被忽视的地带，却是一个需要特别关注的对象。过去活跃于黄河流域的众多津渡，在现代却成为一个古渡或遗址，但在多年之后，或许又成为人们争相寻找的历史文脉，用今天的乡愁情感去触摸和欣赏它。解读黄河流域的津渡或津渡古村需要进入到道路的变迁过程，津渡构成了一种文化的表达，建立起一种慢慢瓦解的通行系统，它连接起过去与现在、此地与彼地的关系，允许人们用各种方式来表达对于津渡的集体或历史记忆。因此，渡口表明了与世界的另一种关系，也表明了人存在于时空并感受时空的另一种方式。

第二节　高速公路与乾坤湾的连接

布莱恩·拉金认为，基础设施让形形色色的地方发生互动，将其中一些彼此相连，又将另一些予以隔绝，不断将空间和人进行排序、连接和分隔。[①] 高速公路就是这样，其建设是对空间关系的重新界定，意味着

---

① ［美］布莱恩·拉金：《信号与噪音——尼日利亚的媒体、基础设施与都市文化》，陈静静译，商务印书馆 2014 年版，第 302 页。

区域之间、区域内部空间关系的调整,以达到为特定战略服务的目的。正如徐文学等所说,在现代社会,高速公路的建设与使用不仅是一种标志,也是发展的需要。① 旅游业的兴盛实质上喻示着地方不断增强的流动性,不管是个体还是群体,其行为模式和意义体系都因流动性而发生着改变,对交通便利性的诉求更是被无限放大。作为以技术—科技(techno-scientific)为特点的现代化的一个重要产物,高速公路具有全封闭、纯立交、高技术的特点,相较于其他道路形式,其速度更快、距离更短、效率更高,表达了理性、效率、利益、秩序等方面的诉求,与旅游发展对时空压缩的现代性需求正好相契合。

(一)区而不隔:秦晋峡谷里的乾坤湾

秦晋峡谷从起点到陕西省韩城市与山西省河津市之间的禹门口长达720千米。它将中华腹地的肥原沃野——黄土高原一分为二。由于古时峡谷以西为秦国,以东为晋国,因此,大峡谷被称为秦晋峡谷。在这蜿蜒的峡谷中,拥有万家寨水利枢纽、娘娘滩和太子滩、天桥急流、碛口古镇、白云山道观、吴堡古城、黄河蛇曲国家地质公园、壶口瀑布、龙门峡/禹门口等著名景点。乾坤湾旅游开发后,在延水关/永和关黄河大桥两岸的山上写着"陕西""山西"的醒目大字,设计的LOGO位于黄河两侧的山坡上,配以常青树种与低矮灌木,所有这些都指向一个共同的主题——秦晋之好亘古不变。

1. 隔河相望:历史上的秦晋之好

无论乾坤湾在中国和世界的版图上处于什么位置,对于当地人来说,乾坤湾就是祖祖辈辈生活的中心。这种对天下的宇宙观的地方性表达,使得他们从来不会将自己的村落构想成为是远离世界中心的一个遥远的区域,而是相信,他们生活于其中的村落乃是由一个伟大的权威所掌管的世界的中心。② 也正是因为这块土地和这块土地养育的人们以及他们独特的地方性知识,才使乾坤湾成为旅游开发的原点。在获准建设黄河蛇

---

① 徐文学等:《高速公路与区域社会经济发展》,中国铁道出版社2009年版,第1页。
② 赵旭东:《天下:作为一种中国人的宇宙观》,《中国儒学》2012年第00期,第368—375页。

曲国家地质公园之前，乾坤湾一直深处秦晋大峡谷之中，处于发展的边缘地带。相较于周边交通相对便捷的村落，乾坤湾的地理区位明显要闭塞得多。对于乾坤湾人来说，交通不便、经济落后曾是横亘在人们心头的伤疤，村民普遍对此记忆深刻。说起乾坤湾，流动于笔端的都是"山高沟深，仅有羊肠""烟水茫茫，无舟可渡""峻岭危崖，道路梗塞"。由于地理条件的限制，乾坤湾人一直沿袭着原生态的农耕生活方式。《永和县志》载："永和人大多质朴，居家而不出外游。即使是读书之家，也是半耕半读，向来习惯便是如此。永和人普遍的职业是农耕，耕耘收获，各急其时。"① 如山西永和县阁底乡于家咀的村民，千百年来，他们划着羊皮筏子漂流过河，到黄河对岸的陕西延川县打上几斤煤油；步行 100 多里地，往返需要 3 天。

2014 年 11 月，当笔者初次踏入乾坤湾的时候，村民一再说起的是用葫芦绑在腰上，浮游过黄河对岸的情形。由于只有一河之隔，两岸村民经常互通有无，如河对岸谁家杀猪了，就吆喝一声，这边的村民就浮游过去。并且，无论我在延川调研，还是在永和调研，村民都会说起以下的一段历史：

> 东晋时，在黄河西岸石羊山设临河县城，东岸设永和县城，因两地县衙相距太近，以至于"延水击鼓，永和升堂"，相互干扰难以办公，最后双双上奏朝廷，两县相互谦让，商量各退 70 里新建城池，始筑延川县城、永和县城。

可见，黄河这一天然屏障，不仅没能隔断两地的交流与往来，甚至还演绎出许多精彩的故事。

2. "永永延延"：谱写新秦晋之好

上述已经提到，历史上，黄河天险的阻隔使得永和与延川之间的沟通和交流只能依靠摆渡，直至大宋熙宁六年（1073 年）永和关才修建了浮桥，到 2004 年延水关黄河公路大桥的开通才进一步改善了两地的交通

---

① 加天山：《永和县志全译》，三晋出版社 2015 年版，第 121 页。

现状。但是，由于西接的210国道和201省道，东连的209国道货车通行频繁，又在峡谷和黄土高原地带盘旋，事实上路况并不十分理想，两地的通行仍然受到诸多限制，直到延延高速和永永高速的修通，才彻底打破这种局限。

（1）延延高速公路

延延高速是延安—延川国家高速公路的简称，路线全长116.52千米，起于延安市安塞县马家沟，途经安塞县、宝塔区、延长县、延川县的14个乡镇，止于陕西省延川县延水关镇刘家畔，并与山西省霍州—永和高速公路相接，在刘家畔设黄河特大桥至山西境内的直里地，设枢纽立交与包茂高速公路相连，之后向东经宝塔区冯庄乡、青化砭乡、元龙寺乡、姚店镇、甘谷驿镇，延长县黑家堡乡，延川县禹居镇、文安驿镇、延川镇、马家河乡、土岗乡和延水关镇，2015年10月14日正式建成通车。全线采用双向四车道高速公路技术标准，起点（马家沟）至姚店段37.1千米和延川至陕晋界段33.4千米，设计时速80千米、路基宽度24.5米；姚店至延川段46.2千米，设计速度100千米/小时，路基宽度26米。

（2）永永高速公路

永永高速是霍永高速（即霍州—永和关高速公路，编号为S70）永和关至永和段的简称，全长23.616千米，路线起点位于临汾市永和县芝河镇官庄村与霍永高速公路西段终点相接，终点与陕西延安至延川高速公路黄河大桥桥头相接，设有永和关收费站（省界主线收费站，车道8入14出，毗邻黄河大桥，与延延高速连接）、乾坤湾收费站（刘家山互通及乾坤湾收费站，暂未开通，车道3入5出，与乾坤湾旅游线连接）、永和乾坤湾服务区（位于乾坤湾收费站与永和关收费站之间），被称为霍永高速的"最后一公里"，位于山西省最西端，于2012年1月11日工可批复、2013年3月15日签订工程勘察设计合同、2014年5月12日初设批复、2014年9月22日施设批复、2015年3月施工单位进场、2018年9月14日交工验收、2018年12月29日正式通车。作为连接山西省霍永高速公路和陕西省延延高速公路的纽带，对于形成山西省开放性高速公路网络、建立完善的综合运输体系、改善省际交通联系、增强煤炭运输和旅游景点通达能力、提高区域公路网络容量及可达性等都具有重要意义。

目前,延延高速和永永高速不仅被纳入省级公路网,也被编入国家高速公路网。延延高速作为陕西省"三纵四横五辐射"公路网的重要组成部分,既是陕西省"2637"高速公路网7条横线之一"延吴线"的重要一段,也是国家高速公路网联络线长(治)延(安)高速G22(11)的组成部分;永永高速既是山西省高速公路网"三纵十二横十二环"第九横(黎城下浣—永和永和关)的组成部分,也是国家G22青兰高速联络线G2211长(治)延(安)高速的组成部分。随着两者都被纳入全国公路网体系,所串连的点(site)也融入全国体系之中。

(二)"预留"的收费站:一个"可能"的机会

高速公路最大的特点就是使人在不同的地点之间更为迅捷地通行,行旅的目的地成为最终目标,而过程则被大幅压缩和忽略。① 因此,这种空间实践可能导致苏贾所述的诸多"不平衡",② 如中心与边缘、先通车与后通车、有收费站和无收费站等之间的不平衡。笔者深感于道路建设对于乾坤湾沟通外界的重要性。与其他同样道路匮乏地区不同的是,"路"在这里不仅意味着"走出去",更主要的是要"引进来"。从最初的"津渡"发展为今天的高速公路,对乾坤湾而言,"引进来"意味着更多的旅游客流、信息持有和文化认同。尤其对处于后发优势的永和乾坤湾而言,吸引更多的游客"走进来"意味着更多的发展机会,"走出去"则象征着更加开放、包容的接受能力与自我更新,与外部世界的联系更加频繁和广泛,从而引发内部的调整与转型。自从2018年12月29日永永高速公路通车剪彩开始,"永和乾坤湾和延川乾坤湾半小时可达"成为人们交谈的高频词,既洋溢着喜悦也显得无比自豪。虽然比延延高速通车晚了3年多,但是通车总比不通车意味着希望;尽管延川乾坤湾景区已经有了收费站,但永和乾坤湾景区预留的收费站,总是比没有象征着可能性。我至今仍清晰地记得永和县LY副县长(2016至2019年在永和

---

① 周永明:《中国人类学》第1辑,商务印书馆2015年版,第242页。
② [美]爱德华·W. 苏贾:《寻求空间正义》,高春花、强乃社等译,社会科学文献出版社2016年版,第58页。

县挂职锻炼）跟我通电话时的那种喜悦。2018 年 12 月 29 日 14：00 永永高速正式通车，这一天也是我第一次去永和调研的时间，当时 LY 副县长正在剪彩现场，他高兴地在电话里跟我说，永和乾坤湾发展一定会越来越好，经过跟高速公路管理局协商，已经为乾坤湾景区收费站预留了一个"口"，随时可以开通。之后他还多次跟我提到这件事，每次我都能感受到他那种溢于言表的喜悦之情。

第三节　沿黄公路与乾坤湾的连接

道路作为一种特殊的"媒介"，连接着一个巨大的有形与无形、神圣与世俗、中心与边缘的广阔天地，形成了一个无与伦比的真实与虚拟的网络世界，仿佛中国的"道"，具有无限贯通的可能。同时，道路作为一种景观，有着多层次的实体意义和隐喻意义。特别在乡土社会中，道路景观也在诉说着民间的故事。[①] 假如沿着沿黄公路行走，试图寻找乡愁/乡土旅游景点，注定不会令人失望，这里简直就是乡愁/乡土旅游的聚集地——采摘园、农家乐、打卡地……仿佛就是一条用乡愁/乡土建造的公路。

（一）永和沿黄公路

目前，永和县内的主要交通设施有 G341、S248 和霍永高速。根据永和县国民经济和社会发展"十三五"规划，永和县交通发展的主要任务是：构建以霍永高速公路为骨架，以沿黄干线公路为主体，以农村和旅游公路为基础的快速交通体系，形成"两纵、两横、两环"的道路交通网络，增加永和县与周边地域的联系，实现区域协调发展。在《临汾沿黄风景路总体规划》（2017 年 9 月）中，永和沿黄公路也称临汾市沿黄扶贫旅游公路（永和段），由主线和支线组成，主线贯穿永和县南北，支线与县域内各景点连接，景点与景点通过联络线连接，主线、支线、联络线、自行车道（与主线并行）和步行线（沿黄河东侧布设）形成一个

---

① 彭兆荣：《论乡土社会之道路景观》，《云南社会科学》2017 年第 5 期，第 115—120、187 页。

完整的交通网络，沿路建有停车观景台、房车营地35个和驿站26座。主线起点位于永和县前北头村与石楼县交界处，向南经社里村、咀头村后沿黄河岸边前行，经永和关后接G341线，向东前行至南庄乡与X525汇合，经打石腰乡、阁底乡后沿西泊线、X579线继续向南，经山头村后向西前行过阎家坡后至黄河边，止于大宁县交界处，设有6条支线（表4-1），其中支线1起点位于永和县前北头村与石楼县交界处，接前北头村现状路向南前行，经郭家村后至南庄乡接G341；支线2起点位于打石腰乡，接现状027乡道向西延伸止于郭家山湾；支线3起点位于靳家山，沿既有路向南前行接打石腰—白家山旅游公路；支线4起点位于庄则岭，接西后峪—奇奇里—东征—阴德河旅游公路；支线5接东征旅游公路终点，行至黄河于家咀景区；支线6接楼山风景区既有路。[①] 在永和沿黄公路修建之前，主线途经的X525、西泊线、X579均为四级公路，路基宽度5.0—6.5米，起点至南庄乡段、山头村至大宁县界段为等外级公路，存在路面破损严重、排水设施不完善、桥涵构造物及防护设施标准低等问题，已严重制约沿线旅游开发及经济发展。2017年11月，延川县委托中国华西工程设计建设有限公司进行《临汾市沿黄扶贫旅游公路（永和段）工程可行性研究报告》编制，目的就是希望缓解沿线的交通压力、打造独具黄河风情的绿色生态旅游长廊，促进沿线旅游开发及脱贫致富，加快永和县及沿线的经济发展。永和沿黄公路作为县境内西部一条贯穿南北方向的主要通道，也是山西省依托黄河、太行、长城三大旅游板块打造的沿黄一号公路、太行一号公路和长城一号公路中的一条，是以"交通+旅游+扶贫+文化+产业+生态+物联网"为出发点，在"精准扶贫，旅游引领，产业支撑、生态保护"原则下打造的一条脱贫攻坚的致富路、风景独特的旅游路、改善民生的幸福路和环境优美的生态路，将黄河蛇曲国家地质公园、黄河乾坤湾风景名胜区、红军东征革命纪念馆、黄河古渡口等旅游景点融为一体。

---

① 上述道路情况根据永和县人民政府提供的《临汾市沿黄扶贫旅游公路（永和段）工程可行性研究报告》和作者调查整理而成。

表 4-1　永和沿黄公路

序号	路线名称	起终点	长度（千米）	作用	备注
1	主线	石楼县界—大宁县界	114.849	贯穿沿黄风景区的重要通道。	路线走向与相关规划一致
2	支线1	前北头村—南庄乡	16.497	与主线、G341闭合成环线，缩短前北头村—郭家村—南庄乡的绕行距离。	
3	支线2	打石腰乡—郭家山湾	12.000	联通景区望海寺与郭家山湾之间的道路。	
4	支线3	靳家山—打石腰—白家山旅游公路	2.977	联通主线与景区白家山湾之间的道路，缩短绕行距离。	
5	支线4	西后峪—奇奇里—东征—阴德河旅游公路	7.500	联通主线与景区阴德河民俗村、风蚀摩崖之间的道路，缩短绕行距离。	
6	支线5	东征旅游路—于家咀	7.869	联通仙人湾与于家咀湾之间的道路。	
7	支线6	主线—楼山	4.960	联通主线与楼山风景区之间的道路。	

资料来源：根据永和县政府提供资料整理。

（二）延川沿黄公路

延川沿黄公路是陕西沿黄一号公路的重要组成部分。陕西沿黄公路北起榆林府谷—神木—佳县—吴堡—清涧—延川—乾坤湾景区南大门综合服务区，南起渭南华山—潼关—大荔—合阳—宜川—延长—乾坤湾景区南大门综合服务区。修通后的延川沿黄公路，无论是北起还是南起，其终点均为乾坤湾景区南大门综合服务区，既说明乾坤湾对于延川旅游发展的重要性，也表明乾坤湾在促进道路建设方面的推动力，而道路的修建又给沿路旅游带来了新的发展机会，越来越多的家庭吃起了"旅游饭"。

案例 4-1：路上节点——龙耳则村。龙耳则村是延川县乾坤湾镇的一个行政村，位于黄河岸边，距离乾坤湾景区10千米，沿黄公路穿村而过，是游客进出乾坤湾景区的南大门。2017年9月以来，龙耳则村以发展休闲旅游为主线，打造沿黄公路驿站，吸引了众多的自驾游和背包客。目前，龙耳则村已完成马家塬、入户路铺砖和村主干道硬化；栽植油松 3000 多株；新建 1000 平方米的马家塬牛棚 1 座；发展养殖大户 2 户；养羊 200 多只；改建窑洞宾馆 98 孔，创办农家乐 5 家，并配套修建了厕所、停车场、售卖亭、小型污水处理站；新建红枣采摘园 1 座，按照平地每亩 500 元、坡地每亩 200 元的承包费，流转枣树 743.5 亩，并与延川县文化旅游（集团）有限责任公司签订合同，由旅游扶贫开发公司红枣管理站统一管理；推出"支部+旅游+合作社"脱贫模式，流转 230 亩土地，发展葡萄采摘园 90 亩、杂粮体验园 90 亩、杂果采摘园 50 亩以及大棚 7 座，形成挖土豆、摘红枣、吃葡萄的黄土风情游。还与贫困户签订用工合同 12 份，与非公有企业签订用工合同 15 份，实现劳动用工本村全覆盖。

访谈 4-1：LYL（龙耳则村村主任）。我现在还记得，十几年前离家时，村里还是土路，晴天一身土，雨天两腿泥，深一脚浅一脚，一步一回头。现在路又平又宽，村子越来越美，跟过去完全两样。变化真是太大了！

访谈 4-2：LJF（龙耳则村村民）。现在路修通了，游客也来了，越来越多的人开始"办农家乐，吃旅游饭，赚游客钱"。

访谈 4-3：LSB（龙耳则村村民）。在外打拼了 21 年，2018 年从海南回来准备看看生病的父亲就返回。详细看了村里的发展规划，决定留下来。拿出 20 多万元，维修了窑洞，硬化了院落，种起了菜园。原来想出门是因为家里没有多少事做，靠天吃饭，卖点枣，赚不到钱。现在依托乾坤湾开发，走旅游发展的路子，村里有奔头了，我就想在村里创业了。

第四节　道路变迁：旅游发展下的公路升级

旅游开发后，乾坤湾掀起了筑路高潮，道路等级得到快速提升，都希望通过加大资金投入，以建设高效优质的道路，从而为在新时期里实现旅游业及相关产业的快速发展提供保障。道路的发展进一步缩短了时空距离，使乾坤湾与更广阔的外界取得了联系，在旅游发展背景下得以实现跨越式发展，而因道路带来的流动和空间重塑又使得乾坤湾呈现出新的变化。

（一）从土路到乾坤湾旅游专线

虽然乾坤湾的资源禀赋优势明显，但是滞后的交通方式却限制了乾坤湾人与外界的联系。以延川乾坤湾为例，在20世纪80年代以前，交通极其不便，主要靠毛驴拉架子车，而赶毛驴上县城来回得20多个小时，须在县里住上一宿。在"小程民间艺术村"成立之前，村里只有一条通往县城的土路，路面极其狭窄而且崎岖不平。每逢雨雪天气根本无法通行。如果村民要去县城，必须先步行3个多小时到乾坤湾镇，然后再坐汽车到县城。从2003年开始，延川县不断改善乾坤湾至县城的道路交通现状，包括拓宽路面和硬化工程等。随着出行状况的日益改善，村里开始有人购买机动三轮车和摩托车。而且，道路的经济效益也开始显现，特别是在红枣收获时，商贩通常会开着三轮车来收购。碾畔村的GSS就是这样，他是碾畔村委最先买机动三轮车收购红枣的人，不久便成了村里唯一一个万元户。2008年，碾畔村通往乾坤湾镇的路面再次整修，铺成了柏油路，交通情况有了进一步改善。2009年，碾畔村开通了直达延川县城的班车，尽管一天只有一班，却给村民的出行带来了极大的便利。2011年，GZJ购买了一辆19座的中巴经营延川县至乾坤湾的客运。2014年，LHJ也买了一辆19座的中巴，与GZJ一起承包了延川县至乾坤湾的线路，合伙搞联运，每天一辆车跑一个来回，单程每人20元（图4-1）。2016年8月，为方便游客出行，乾坤湾开通了旅游专线，途经文安驿镇、梁家河，车程2小时左右，当日往返。这样一来，无论从机场、火车站出发，还是自驾，延川乾坤湾的通行条件都有了很大的改善：

1. 飞机：（1）延安南泥湾机场（机场巴士）—延安南站—乾坤湾专线—景区南大门综合服务区；（2）延安南泥湾机场（机场巴士）—延安东关汽车站（大巴）—延川汽车南站（中巴）—乾坤湾—景区南大门综合服务区。

第四章　流动与固着：道路与乾坤湾的嵌合

图4-1　延川至乾坤湾景区班车时刻表
资料来源：作者拍摄。

2. 火车：延安火车站—延安南站—乾坤湾专线—景区南大门综合服务区。其中乾坤湾—延安南站发车时间分别为8:00、10:30；延安南站—乾坤湾发车时间分别为11:40、16:40；延安东关汽车站每30分钟发一趟车至延川，发车时间06:30—19:00，车程约1.5小时；从延川汽车南站乘坐中巴至乾坤湾景区南大门综合服务区大约需要40分钟。每天往返3趟车，延川汽车南站—南大门综合服务区发车时间分别为7:30、10:30、15:30，返程时间为09:30、13:30、18:00。

3. 自驾：（1）西安方向：1）包茂高速至延安—沿210国道至延川—乾坤湾镇—景区南大门综合服务区；2）包茂高速至延安—延延高速至乾坤湾出口—景区南大门综合服务区。（2）榆林方向：1）榆林清涧—延川—乾坤湾镇—景区南大门综合服务区；2）榆林通过包茂高速至延安—延延高速至乾坤湾出口—景区南大门综合服区；3）山西方向：张家河—马家河—乾坤湾镇—景区南大门综合服务区。

（二）四通八达：景区内部交通的改善

"经过几年的建设，延川乾坤湾景区内部交通可以说是四通八达，到主景区的干线达11.7千米，外加4条支线，通往会峰寨1条，通往清水湾 1 条，通往碾畔原生态博物馆 1 条，通往伏羲码头 1 条，5 条道路总里程达 31 千米，全部按照 2 级以上的标准建设。"延川县文化旅游（集团）有限责任公司总经理段向斌说。为了方便游客游览观光，延川乾坤湾景区还配备了 28 辆旅游观光车。并且，随着延水线、土乾线、小程到伏义河、清水关接土乾路 3 级道路建设工程的启动和旅游专线的开通，以及延延高速[①]的马家沟、青化砭、姚店、甘谷驿、岳口（预留）、文安驿、延川西（预留）、延川和乾坤湾 9 处互通立交，进一步带动了乾坤湾甚至延川县的旅游发展。

（三）黄河栈道：新建的旅游步道

在人类历史的长河中，作为陆路交通设施之一的栈道为数不多，若非韩信"明修栈道，暗度陈仓"的作战谋略，可能只是一地方之特色。[②] 历史上，黄河栈道是为开发和发展黄河漕运而开凿的。随着交通的日趋完善和发达，作为日常通行的栈道正渐渐淡出人们的视野，而作为景区交通和旅游特色却不断凸显。乾坤湾黄河栈道就是这样，旨在恢复和彰显乾坤湾的黄河文化特点。栈道位于黄河水流湍急的弯道处，山体经过岁月的侵蚀，形成高达 300 米的峡谷绝壁，最上层乃黄土沉积、下面则是沉积岩。在崖底建设有黄河漂流码头，可逆流而上直至乾坤亭。站在黄河栈道上，上望青天一片、下看黄河一线，大自然的鬼斧神工尽收眼底（图 4-2）。

由于黄河栈道位于黄河蛇曲国家地质公园核心保护区，因此以不破坏原有地貌为原则，主要分为三大部分：（1）黄河栈道入口广场。将圆形广场作为游客集散点，为增强游客体验，广场建于悬崖峭壁之上，游客可以在此欣赏黄河绝壁自然风貌。（2）带坡度的实木栈道。实木铺设于混凝土支架上，辅以铁艺扶手。（3）黄河栈道山巅入口。通过修缮远古栈道、加固现有通道、开凿新增通道来完善入口交通，沿途增设"观澜""琴台""云台""川流不息""智者乐水"等观景平台。

[①] 2011 年 11 月 16 日延（安）延（川）高速公路的正式开工，成为打通晋陕甘的黄金大通道。

[②] 高胜恩：《黄河栈道与漕运》，山西春秋电子音像出版社 2008 年版，第 1 页。

图 4-2 黄河栈道

资料来源：延川县黄河乾坤湾景区管理局。

（四）沿黄古道：复兴的文化遗产廊道

过去，乾坤湾几大渡口均设有码头，船只往来频繁。人们在码头卸货后，需要改走陆路。由于黄土高原沟壑纵横，道路蜿蜒曲折，短时间内很难到达目的地，于是一些挑夫就会选择一些陡峭的崖壁小道以更快的速度将货物送到目的地，渐渐地，这些小道走的人越来越多，便形成了沿黄古道。沿黄古道本身是物质文化遗产的载体，这些由挑夫踏出的道路简易而艰险，却成为黄河流域与周边地区以及外部世界的经济、文化交流大通道，加上由此而延伸出来的诸多支线，形成一个古代区域交通网络。

2019 年，延川乾坤湾启动了沿黄古道建设，这是一条连接会峰寨至清水湾的道路，修通之后将使两个景区之间形成完整的旅游道路，并将延水湾、伏寺湾、乾坤湾、清水湾及伏羲村、牛尾寨、伏母寨、会峰寨连接起来，形成一条既承载黄河历史，又充满地域特色的黄河古道。而依托黄河古道，又能开展沿黄自行车赛、沿黄漫步等旅游活动。

（五）河陆空：全方位的景区交通网络

快速发展的旅游业正在成为乾坤湾道路交通网络升级的重要驱动引擎。从 2020 年开始虽然受疫情的影响，但延川乾坤湾的旅游资源优势和精品旅游线路的地位仍然很突出，如2020年4月25日至26日，190余家全国及陕西省重点旅行社代表来到延川乾坤湾，参加延川县举行的2020年旅游推介踩线活动。这一方面得益于多年的景区建设成果，另一方面也仰赖于完善的旅游交通体系。目前，延川乾坤湾已经形成河、陆、空全方位的景区交通网络（表4-2）。

表4-2 延川乾坤湾交通状况

水上交通	羊皮筏子、快艇、游船
陆上交通	旅游专线、沿黄公路、沿黄古道、黄河栈道
空中交通	黄河直升机、黄河索道

资料来源：作者调查整理。

第五节 小结："路"里"乾坤"

本质上，道路是一种通道，在于沟通内部与外部，而所谓"外部"是可以无限延展的，甚至可以拓展至全球化语境之中。作为一种基础设施，道路具有调节和塑造生计模式、生活方式、文化流向的意义，其建设与使用具有鲜明的经济发展取向，并通过强大的中介力量展现国家意志，实践国家权力。道路"连接"各种各样的群体和区域，被不断组合成各种不同的景观：政治、经济、军事、商贸、文化、交通。① 从上述的描述里，无论是津渡/码头时期，还是后来的高速公路和沿黄公路时期，以至于河陆空景区交通网络的形成，乾坤湾从未与外界隔绝。虽然一度有过交通相对不便的时期，但乾坤湾从来都不是一个孤立、封闭、僵滞的区域，它一直处于流动的状态中，对外来的人群、商品、文化持一种开放和包容的态度。旅游开发使乾坤湾加速融入省级、国家甚至全球层面的交通网络中，通过道路的融入与连接，不仅城与乡之间形成了普遍和持续的互动，而且在历史、社会、空间层面上表现出一种连续的状态。

---

① ［美］索杰：《第三空间——去往洛杉矶和其他真实和想象地方的旅程》，陆扬等译，上海教育出版社2005年版，第19页。

第五章　作物与生计：黄土高原的新意义

> 生长于大地上的作物，不仅满足了人类的基本生存需求，也在不同的背景下被赋予了不同的文化意义。
>
> ——题记

作物与生计的研究，几乎都从朱利安·斯图尔德率先提出的文化生态学开始溯源，① 他开创性地利用这一概念来研究环境的文化适应问题。而在针对海拔与生计方式的问题上，学术界有两个著名的观点：一个是詹姆斯·斯科特的"逃避作物"，一个是陶云逵的海拔经济。斯科特将越南中部高地到印度东北部地区所有海拔300米以上的地方，包括缅甸、泰国、越南、老挝和柬埔寨5个东南亚国家以及中国云南、贵州、广西和四川部分地区称作"赞米亚"/"佐米亚"（Zomia），认为在整个Zomia地区广泛存在一种不利于国家统治和农业积累策略的生态环境，在这种环境下，相比水稻作为国家空间的首选作物，这里的人们更倾向于种植多季成熟的、多样的、分散的根茎作物，这些作物被斯科特称为"逃避作物"。② 在斯科特看来，种植什么样的作物主要取决于是协助还是阻碍国家的征收，他认为山地族群"自我野蛮化"的生计方式和社会结构是为了逃避国家统治而进行的社会选择。无疑，他的这种基于统治—抵抗权力视角的海拔与生计选择问题，将选择的政治意义绝对化了，忽视了文化生态学的另一重要面向，即生计选择作为地域社会生活方式或文化

---

① Julian H. Steward, *Theory of Culture Change: The Methodology of Multilinear Evolution*, The University of Illinois Press, 1955: 30–42.
② ［美］詹姆斯·斯科特：《逃避统治的艺术：东南亚高地的无政府主义历史》，王晓毅译，生活·读书·新知三联书店2016年版，第243页。

核心的作用，也忽略了作物的选择是人及其文化长期适应于自然的创造性结果。不可否认，在前现代技术条件下，"地形阻力"确实很难克服，海拔构成国家统治的障碍。① 然而，随着现代社会的到来，克服"地形阻力"的交通、通信、军事以及技术的日益成熟，国家权力可以轻易地伸展到任何偏远地带，山地亦逐渐被裹挟进现代性之中，这些地区的自然资源也被转变成国家的战略资源。正如斯科特自己所坦言的，他的研究只适用于 1945 年以前或者更早。相比斯科特，陶云逵的分析则显得更加客观和综合，他通过对云南民家、摆夷、罗黑、阿卡、窝尼、麽些、栗粟、怒子、曲子等族群在不同县域内的海拔高度分布，总结了平地及河畔"集种法"和山巅"广种法"两种作物种植模式。② 在陶云逵看来，不同族群对居住海拔和生计方式的选择既有文化（生活方式）的因素，也有族群力量强弱的因素，不能以偏概全，需要具体情况具体分析。较之斯科特将山地族群的生计选择完全等同于逃避统治的政治选择，显得更加客观。当然，本书无意于评论斯科特、陶云逵对于海拔与生计观点的差异性，也不是为了追溯乾坤湾人为什么当年选择定居于黄土高原的历史，而是要考察乾坤湾在卷入旅游开发之后，黄土高原对于乾坤湾人以及乾坤湾以外的人的意义，进而考察乾坤湾与外部世界的关联，并反思文化生态学关于海拔与生计的研究结论是否依然具有解释力。

第一节 黄土高原：乾坤湾的海拔/垂直性社会

进入黄土高原，不能缺少垂直地理的概念。最早进入乾坤湾建立家园的先民，从生产到生活的每一个细节，都不可避免地受到高原地带的影响。

（一）三种生态—生计地带：作为栖居家园的黄土高原

所谓生态—生计地带是指人们依托生态环境维持生活的计谋与办法，

---

① ［美］詹姆斯·斯科特：《逃避统治的艺术：东南亚高地的无政府主义历史》，王晓毅译，生活·读书·新知三联书店 2016 年版，第 3 页。
② 陶云逵、杨清媚：《车里摆夷之生命环：陶云逵历史人类学文选》，生活·读书·新知三联书店 2017 年版，第 134 页。

第五章　作物与生计：黄土高原的新意义

不同的生态环境会形成不同的生计方式。历史上，中国形成了与当地自然环境相适应的游猎、游耕、游牧和农作等生计方式。①但生计方式并非一成不变，而是随着生态环境的变化而变化，尤其是在全球化、现代化和市场化的影响下，整个中国社会都处于转型期，其中就包括生计（方式）的转型。从乾坤湾的情况来看，依据海拔高度的不同，乾坤湾的生态—生计地带可以分为3种，即塬区、沟谷区和土石山区，下面分别介绍3种地带的异同（表5－1）。

表5－1　乾坤湾生计—生态带

生计—生态带	垂直带/海拔	分布层次	土壤顺序
塬区	1000米以上	从塬心至沟底	厚层黄盖黑垆土—中层黄盖黑垆土—薄层黄盖黑垆土—侵蚀黑垆土—塬黄绵土—坡黄绵土—生草黄绵土—生草二色土—淤土
沟谷区	750—950米之间	沿河道由远及近	淤土—黄土性土—黑垆土
土石山区	750米以下	从山顶到沟底	坡黄绵土—坡二色土—红-砾石草地—川台黄绵土—沙滩

资料来源：作者搜集整理。

1. 塬区

塬区的平均海拔在1000米以上，其土壤特点为塬面中心较为平坦，水土流失较轻，黄盖黑垆土覆盖层较厚；由塬心到塬边随着坡度的增大，黄土覆盖层逐渐变薄，出现侵蚀黑垆土、塬黄绵土和坡黄绵土；沟缘线以下坡度大，重力剥蚀强烈，沟壁崩塌频繁，老黄土、古土壤出露，以生草绵土、生草二色土为主；沟底受人为作用、洪积作用及坡积作用形成淤土；从塬心至沟底，土壤分布规律为：厚层黄盖黑垆土—中层黄盖黑垆土—薄层黄盖黑垆土—侵蚀黑垆土—塬黄绵土—坡黄绵土—生草黄

---

① 庄孔韶：《可以找到第三种生活方式吗？——关于中国四种生计类型的自然保护与文化生存》，《社会科学》2006年第7期，第35—41页。

绵土—生草二色土—淤土等。①

2. 沟谷区

沟谷区属于河谷阶地，海拔在750—950米，水文地质条件复杂，土壤类型较多，沿河道由远及近又细分为淤土—黄土性土—黑垆土。

3. 土石山区

土石山区属薄层黄土覆盖的石质丘陵地貌，海拔在750米以下，地形起伏多变，除局部梁峁顶部外，均具有不同的坡度，是近代土壤侵蚀最严重的区域，农用地主要分布在梁峁上部较平坦的地方，梁峁下部陡坡覆盖黄土层很薄且不连续，有稀疏的草本植物生长，多为基岩裸露，土石交错，为石裸草地。土石山区从山顶到沟底依次为坡黄绵土—坡二色土—红‐砾石草地—川台黄绵土—沙滩。②

（二）从靠天吃饭到靠技术吃饭

虽然黄河在乾坤湾转了一个270°的大弯，水流平缓，水量充足，可是乾坤湾同时也是一个高原地带，看着黄河里的水，却吃不上黄河的水。关于这一点，钱穆曾指出：

> 中国文化发生在黄河流域，但人们所认识的黄河本身其实并不具有灌溉和交通的功能。③

因此，"靠天吃饭""面朝黄土背朝天"就是乾坤湾的真实写照，日常生活用水，特别是饮用水的获取并不是一件容易的事。在乾坤湾，每家每户都挖有深井，井里一年四季都贮存着雨水，这是一个家庭生活用水的全部来源。而且，水之于乾坤湾人，不仅是一种关乎生计的重要资源，更是唤起财富想象的重要依凭，有着特别的意义。既包含日常生活层面的意义，也有思想观念层面的意思。首先，表现在"水"与"财"

---

① 延川县志编纂委员会：《延川县志》，陕西人民出版社1999年版，第89页。
② 延川县志编纂委员会：《延川县志》，陕西人民出版社1999年版，第89页。
③ 钱穆讲述：《中国经济史》，叶龙记录整理，北京联合出版公司2013年版，第276—282页。

的想象上。在乾坤湾,有"山旺人丁水旺财路"之说,水路就是财路。传统上,乾坤湾人过春节时有"买水"的习俗。所谓买水是指大年初一早上,家里的女子要在天将拂晓之时挑着水桶到平时挑水的水井挑新年第一担清水。这对乾坤湾人来说,越早挑回"新水"意味着越有"薪水",家庭也就越有财富。在汲水之前,挑水者要向井神或河神祈祷,求井神或河神保佑一家老少财源广进,然后再将一枚铜钱(硬币)抛入井中或河中,谓之"买水"。日常生活中,"水"也常常被用来指代"钱"。在有关钱财的计算中,虽然也有文(元)之类的说法,但这些计量方法通常用在生人之间,熟人之间对于钱的计算,一般会更多地使用"担""兜""苟""撇""方"等地方性计量单位,并以"几担水"或"几兜水"(几十元)、"几苟水"(几百元)、"几撇水"(几千元)、"几方水"(几万元)进行计算。在乾坤湾,人们说熟人之间往往不好开口谈钱,显得太生疏,用"水"来代替"钱",则显得委婉一些。人们常说,用钱如用水,由于水与钱都来之不易,因此要格外珍惜。乾坤湾人的日常用水,主要有两项较大的"开支",即生活饮水和生活废水,但无论哪一种用水,基本上都是"肥水不流外人田",因为人们的日常用水最终都汇集到自家的厕所里,而那里的粪水,则是"不花钱"的肥料。其次,表现在"水"与"捞"的想象上。在乾坤湾,有一种饮食叫"饸饹",也是一种汉族的民间传统面食小吃,在中国北方十分常见。其做法至少需要两个人来共同完成,首先,把木头做成的"饸饹床子"架在做饭用的锅台上,等水烧滚后,把和好的荞面塞入饸饹床子带眼儿的空腔里,其中一个人就坐在饸饹床子的木柄上使劲往下压,一点一点将饸饹压入烧沸的锅内,另一个人则一边用筷子搅一边加入冷水。等压入沸水中的饸饹滚过两次之后才能"捞"出来,然后浇上事先用豆腐、萝卜或者肉类等做好的"臊子"才可以吃(图5-1)。在乾坤湾,人们对于"捞"的理解,也有来钱快、赚得多的意思。根据笔者的理解,认为"饸饹"应该是"河捞"的谐音。因为在乾坤湾,每逢黄河发大水,村民都会去河里"捞"东西,而这也与财富直接相关,并且有发横财或发意外之财的意思。

旅游开发后,乾坤湾正在发生从"靠天吃饭"向"靠技术吃饭"的转型,最明显的就是对红枣的"改良"。作为一个雨养农业区(旱作农耕

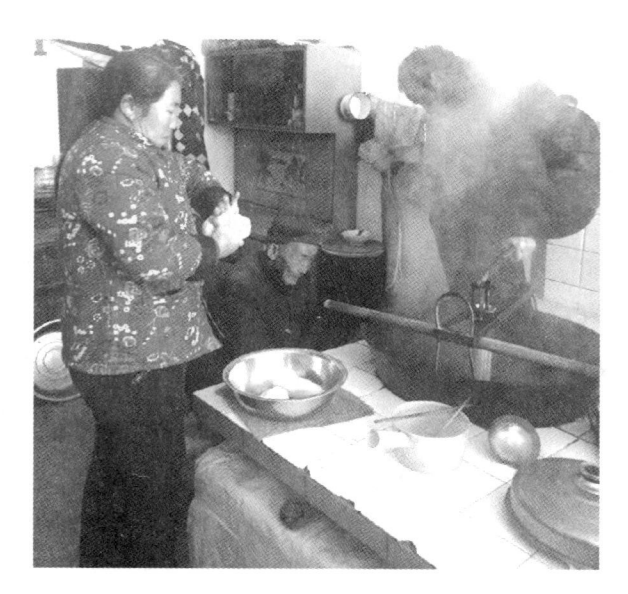

图 5-1　GSS 一家正在压饸饹
资料来源：作者拍摄。

区），乾坤湾降雨量很少，特别是春耕时节最需要水的时候，全年最大降水量基本集中在夏秋时节，而这正是红枣成熟的季节，一下雨，红枣就发生裂果和烂果危机。据村民们讲，很多时候，几乎全部都烂掉了，甚至连自己吃的红枣都要靠买，因此有"十年九不收"之说。2012 年，延川县政府向枣农发展并推广红枣"防雨伞"（图 5-2），用以提高红枣的产量和质量。搭建防雨伞以后，大枣的防裂果率可达 60% 以上。2013 年，延川乾坤湾与中科院合作，研发红枣生产的病虫害防治和防裂果技术，永和县则与山西省农科院开展"院县合作"，对经济林进行全过程、全方位管护，红枣的品质得到很大提升。但是，防裂果技术并非一朝一夕之功，因此给红枣打"雨伞"一打就是几年。2017 年，延川县共发展红枣防雨伞 4.8 万余顶，永和县则针对红枣等主导产业发展中的风险，斥资422 万元签订参保合同，为全县 2146 户贫困户的 5.29 万亩红枣购买了保险。多年来，乾坤湾都在努力研发和推广红枣防裂果技术。2020 年，延安市科学技术协会、延川县科学技术协会、延川县红枣办及乾坤湾镇政府在肥家山村建立了红枣防裂果科普示范基地，并开展红枣防裂果技术

第五章 作物与生计：黄土高原的新意义

培训等。

图 5-2 红枣防雨伞
资料来源：延川县黄河乾坤湾景区管理局。

如果说给红枣"打雨伞"是一种相对较"笨"的办法，研究新的技术化解决方案才是当务之急。乾坤湾主要通过3项措施来提升红枣的种植效率。首先是把枣树的高度降下来，以增强防雨伞/棚的效果；其次是研究并推广防裂果技术；三是适当调减红枣种植面积，精细化管护红枣基地。

> 访谈5-1：CZX（延川县乾坤湾镇镇长）。目前已完成设施大棚冬枣栽植200棚，栽植成活率达95%。接下来计划在乾坤湾搭建3000亩春暖式设施红枣防雨大棚。为适应气候变化，我们按照早中晚熟品种搭配完成了1200亩红枣良种改良工作，保留狗头枣、蛤蟆枣、七月鲜等优质品种，以便下一步精细化管理。

红枣产业的技术改良只是乾坤湾农业设施化转型的一个缩影。以蔬菜产业为例，乾坤湾正在推广秸秆生物反应堆、沼肥配送、水肥一体化等技术应用，截至目前，仅延川县已累计建成日光温室4257座，大拱棚2273座。

第二节 "乾坤湾"红枣：作物的高原想象

随着"绿色""健康""旅游"等标签逐渐成为现代人新的生活理念，乾坤湾人日益体会到黄土高原所具有的新意义。相对低海拔地区来说，黄土高原的气候更为凉爽宜人，并在旅游市场中成为一种具有明显优势的"海拔"崇拜。高原生产的农产品被视为更加绿色和健康，对低海拔地区特别是城市居民构成某种程度的吸引力。对乾坤湾来说，黄土高原的作物更容易让人联想到纯正、生态、环保等概念，反映出作物与土壤、气候、耕作方式之间的和谐共生关系。

（一）"风土"与"正宗"

"风土"（terroir）概念最早源于法国葡萄酒，后来逐渐被推广至欧洲其他农产品，如奶酪、巧克力、肉类等，是一个包含了自然环境、人工制造和地方文化的集成概念。[①] 既代表有关农产品的自然地理标志，即一种"风土"就是一种独特的自然地理环境，又表示生产加工该农产品的方式。可见，"风土"不仅是一个自然概念，也是一个文化概念。[②] 某种农产品生产地人们的语言、习俗、生活方式等，都是赋予这种农产品以独特生命力的重要元素。所以消费一种来自某地的红枣，也是在消费这种红枣产地的地方文化。虽然红枣并非乾坤湾所独有，但生长的环境、培植的方式、制作的流程、加工的工艺可能存在差异，即使同一种类的红枣也可能呈现不同的质地。

黄土高原南依秦岭、北至古长城、东接太行山、西邻乌鞘岭，面积400000平方千米，是在特定的地质、地理环境条件下，由第四纪堆积的巨厚松散沉积物——黄土所形成，是世界上最大的黄土堆积区。[③] 关于黄

[①] E. Barham, Translating 'terroir': The Global Challenge of French AOC Labelling, *Journal of Rural Studies*, 2003：19.

[②] Jeff Pratt, Food Values: The Local and the Authentic, *Critique of Anthropology*, 2007, 27 (3)：285-300.

[③] 黄秉维：《关注人类家园：陆地系统与自然地理综合研究》，商务印书馆2003年版，第44页。

土高原的形成，在延川乾坤湾博物馆导游词讲解中，采取的是"风成"说。其实，关于黄土高原的形成有两个具有代表性的观点，一是黄土"风成说"，一是黄土"水成说"。前者是 B. A. 奥勃鲁契夫提出的；① 后者是张天曾在《黄土高原论纲》一书中提出的，是对奥勃鲁契夫"风成说"观点的质疑。② 二者的异同如下（表5-2）。

表5-2 黄土"风成说"与"水成说"观点对照

风成说	水成说
成因方面，须区别原生标准黄土和次生黄土状岩石。	黄土具有大区域、巨厚度、典型物理力学性质和独特地貌特征，其余均为黄土类土。只有中国黄土高原的黄土才称得上黄土，中国和世界其他地方的都是黄土类土。
成因的争论是原生黄土：认为原生黄土的成因应从世界范围内加以解释。	成因的争论是黄土高原的黄土：认为黄土高原的黄土在独特环境中形成，与其他地区无关。
黄土颗粒很细，质地均匀，无明显层理。	黄土来源于细粒碎屑岩，且原本质地较细，洪积为主，可不具明显的层理，但有水平"微面"和理化性质的变化。
黄土和中亚内陆沙漠、戈壁顺递分布排列，系分离搬运由源地而外围、由粗变细的分选沉积。	沙漠多系黄土及河湖堆积之后形成，系"就地起沙"而非来自戈壁；"戈壁—沙漠—黄土"顺递分选沉积说不能成立。
黄土的物质成分与当地原有地层无关，而与遥远的沙漠成分相近。	黄土的物质成分和当地的坏砂岩、碎屑岩系统非常一致，系流域内"就地堆黄土"。
黄土是中亚、蒙古高原戈壁—沙漠—黄土堆顺递形成过程中，由风力搬运分选降落堆积而成。	黄土高原的黄土是本身固有的坏砂岩系统。是在独特的物质源青藏高原隆起、冰期和间冰期、内陆盆地和季风气候下成形，于更新世以来的几个多水期洪积冲积而成。

资料来源：作者根据《黄土高原论纲》一书整理。

---

① ［苏］B. A. 奥勃鲁契夫等：《砂与黄土问题》，乐铸、刘东生译，科学出版社1958年版，第1—252页。
② 张天曾：《黄土高原论纲》，中国环境科学出版社1993年版，第7—53页。

表 5-3　《禹贡》中九州的土壤特性及等次

州名	土壤性质	等次
雍	黄壤	上上
徐	赤埴坟	上中
青	白坟	上下
豫	壤	中上
冀	白壤	中中
兖	黑坟	中下
梁	涂泥	下上
荆	涂泥	下中
扬	涂泥	下下

资料来源：作者根据史念海《河山集》整理。

从地理环境条件来看，乾坤湾属于典型的黄土高原地貌。如延川乾坤湾地处陕北黄土高原丘陵沟壑区白于山脉东端，地势西北高，东南低，海拔500—1400米，相对高差达900米。[①] 境内土壤为黄土类土，包括塬黄绵土、坡黄绵土、梯黄绵土、川台黄绵土、沟条黄绵土5个土属12个土种。所谓黄绵土是指在黄土母质上直接耕种熟化形成的土壤，覆盖于梁峁坡耕地，物理性能好，土层深厚，质地均一，松紧度适宜，土体疏松绵软，耕性良好，适耕时间长，通气透水性强，适合种植的作物广。[②] 乾坤湾人对乾坤湾的土壤条件和无污染特点有自己的认知，认为具备种植作物的特殊条件："乾坤湾的'土'透气性好，土壤肥沃，种出来的庄稼就是不一样。"这种说法并非没有根据。按照《禹贡》九州的土壤分类，雍州的黄壤是上上级，其次是徐州，再次是青州，然后按次序是豫、冀、兖、梁、荆、扬诸州。换言之，黄土高原所对应的雍、冀等州的土壤性能为"上上"和"中中"（表5-3），[③] 作物生长条件俱佳。

此外，黄土高原其他几大特点更加奠定了乾坤湾旱作农业的先天优

---

① 延川县志编纂委员会：《延川县志》，陕西人民出版社1999年版，第71页。
② 延川县志编纂委员会：《延川县志》，陕西人民出版社1999年版，第87页。
③ 史念海：《河山集》，生活·读书·新知三联书店1963年版，第91页。

势。首先，黄土自保肥性能力强。尽管多施肥比少施肥好，但是即使不怎么施肥年成也不赖，只要下雨收成就还可以，因为一旦有水渗透到黄土中，土壤就能从空气中吸收水分，这种较强的抗旱保墒素质，是黄土高原旱作农业优势的生态条件。其次，黄土质地均匀、土层深厚、多孔疏松，对农作物的根系发展十分有利。黄土高原的气候特点是冬季干旱少雨，夏季降水较多且集中，一方面使土壤中的水分在阳光暴晒和干燥气流的作用下避免过度流失，在干旱少雨的冬春季节保持一定的水分；另一方面又可以在多雨的夏秋季节使水下渗而不至于土壤水分过多，同时也能起到补墒和增墒的作用，为来年播种奠定基础，这恰恰与红枣、黍、稷等耐旱作物的最佳生长周期相一致。最后，黄土土壤不存在肥力递减的问题，这使得黄土高原的原始耕作方式不同于"游耕制"而是轮耕制。几千年来，黄土高原的农作物几乎不需要人工施肥就能年复一年地种植。①

乾坤湾属温带大陆性季风气候，年平均气温 10.6℃，年日照时数 2558 小时，无霜期 185 天，常年降水量不足 500 毫米，光照充足，昼夜温差大。② 这种特殊的区域性小气候，适合耐干旱、耐瘠薄、喜光喜温的红枣生长，造就了红枣的最佳优生区。据记载，红枣在乾坤湾栽培历史已有 4000 多年，迄今仍有千年以上的高龄枣树存在，百年以上的枣树随处可见。清道光十一年（1831 年）延川县志载："红枣各地多有，不如东乡。沿黄河一带百里成林，肉厚核小，与灵宝枣符。成装贩运，赐以为食。"③ 东乡即黄河延水关、眼岔寺和土岗（现在的乾坤湾镇）这 3 个乡镇。由此可见，红枣是延川先民赖以生存的一种食品，也是经济收入的一个主要来源，久负盛名的"狗头枣"的原产地就在黄河岸边的延水关镇庄头村。

（二）正宗乾坤湾红枣的标准

所谓正宗的乾坤湾红枣，也是一系列围绕乾坤湾红枣风土性的地理

---

① 何炳棣：《黄土与中国农业的起源》，中华书局 2017 年版，第 3—4 页。
② 延川县志编纂委员会：《延川县志》，陕西人民出版社 1999 年版，第 74—75 页。
③ ［清］谢长清：《重修延川县志（道光）》，清道光十一年（1831 年）刻本（复印本）1933 年版。

标识认证和话语建构。早在 2006 年 5 月 31 日，原国家质检总局就批准了对"延川红枣"的地理标志产品保护。以下是延川乾坤湾红枣多年来获得的荣誉称号：

2001 年，延川县被国家林业局命名为"中国红枣之乡"。

2003 年，延川县被陕西省农业厅认证为"无公害红枣生产基地"。

2005 年，延川狗头枣在第十二届中国杨凌农高会获评"后稷特别奖"，延川木条枣和团圆枣荣获"后稷奖"。同年 12 月，"中国（国际）枣产业发展高层论坛"将延川县确定为"全国优质红枣生产基地县"。

2006 年，延川红枣（狗头枣、团圆枣、骏枣、大木枣、条枣）通过国家质检总局地理标志认证。

2010 年，国家工商总局商标局向延川县颁发了地理标志证明商标注册证。

同样地，永和乾坤湾红枣多年来也获得了一系列荣誉称号：

唐代，永和条枣被列为贡品。

1993 年，永和县被国务院农业综合开发办、林业部确定为名优特产品"红枣示范基地县"。

1996 年，永和条枣获国家 A 级绿色食品证书，红枣成为永和县地方特产和主导产业。

1997 年，在山西省首届干果经济林产品评奖展销会上，永和木枣被评为"山西十大名枣"。

2000 年，获"全国农产品博览会"金奖。

2007 年 10 月，永和县被山西省农业厅确定为特色农产品（红枣）生产基地县。同年 12 月，永和县乾坤湾有机红枣被国家环保总局有机食品专业委员会认定为 2007 年度有机转换产品。

2008 年开始，每年经南京国环有机产品认证中心检测合格并颁发证书。

第五章 作物与生计：黄土高原的新意义

2011年8月，中华人民共和国农业部批准对"永和条枣"实施农产品地理标志登记保护。

上述荣誉称号对乾坤湾红枣来说是一件大事，特别是国家地理标志的申请，需要经过复杂的审批手续，经由地方和国家机构逐级上报，多个委员会讨论和审核，有时候审批时间甚至长达数年，如果审批最终通过，结果会在官方网站公布并下文，而这也意味着该产品获得了至高的荣誉，其所生产的产品在市场上将成为品质的象征，并将获得一个价格的提升空间。而地理标志审批制度的基础，正是"风土"这一概念。一个地方的产品能否贴上国家地理标志，取决于该产品是否与众不同或其他地方无法复制，也意味着其所属的自然环境、制作方式和地方文化是否具有可持续性。其实，所谓风土，在消费者眼中，还是一个正宗的概念。"正宗性"被认为是当今物产研究的一个核心问题，也是与生产和消费相关的一个关键概念。一方面，生产的环境、加工的环节，往往决定着成品的质量和滋味的正宗与否，即生产决定消费的正宗性；另一方面，现代消费者倾向于通过品尝食物的味道、获得专业的鉴别水准或利用食物追踪系统等，来判断一种食品的来源是否正宗，即通过消费反过来验证生产的正宗性。"正宗"这个词引发我们想到其他一系列的相关概念——原初的、地道的、真实的、真正的、名副其实的。这些概念通常在语义上包含一种自我肯定的意味，因此当讨论什么是正宗的时候，还应界定和正宗背道而驰的概念，即什么是不正宗的和虚假的。[1]可见，"正宗性"充满了复杂和矛盾的情形。沃尔特·本杰明指出，在机器化大生产时代，"正宗性"与"原本性"紧密联系在一起，因为正宗之物必然具有原本的、原创的"光环"（aura），这取决于其存在的单一性、独有性和不可替代性。[2] 但19世纪的机器化大生产，诸如打印、照片、电影等可复制性的产品应运而生，原本性问题开始面临复制品或赝品的

---

[1] Jeff Pratt, Food Values: The Local and the Authentic, *Critique of Anthropology*, 2007, 27 (3): 285–300.

[2] Walter Benjamin, The Work of Art in the Age of Mechanical Reproduction, Hannah Arendt, Translated by Harry Zohn, *Illuminations*, New York: Schocken, 1999 [1936].

威胁。但后现代人类学越来越朝向于解构某种"正宗性"是如何在一定的文化背景和社会需要之下被人为建构起来的问题,由对"风土"的关注逐渐转向对地方文化在"风土"中的作用的剖析。① 也就是说,人类学更在意某种物品被宣称的"正宗性"是如何被人为营造出来的。在这种视野之下,物产的自然之美、人工制造的传统之美,都有可能是被"文化"包装出来的。虽然乾坤湾红枣确实品质不错,但某种程度上,是否也是文化建构的结果呢?为了区别乾坤湾红枣与其他地方红枣的差别,导游会进行专门的讲解,并在相关宣传网页对红枣的独特性做介绍:

> 延川红枣,陕西省延安市延川县优质特产,中国国家地理标志产品。延川红枣质脆果肉细密,制干率高,干枣果皮皱纹细、浅、密,富有弹性,用手捏干枣,松手可复原。当地农民更把红枣誉为"铁杆庄稼"。因为红枣具有较高的营养价值,又被称为"天然维生素丸"。延川红枣以个大、色正、皮薄、肉厚、核小、味醇、药用价值高而著称,民间更是有"日食三枣,长生不老"的说法。

除此之外,还有关于乾坤湾红枣的专业导购指南:

> 枣树是乾坤湾的传统经济林木之一,黄河中游晋陕河谷一带,有着悠久的枣树栽培历史。清道光十一年(公元1331年)《延川县志》记载:"红枣各地都有,不如东乡。沿黄河一带百里成林,肉厚核小,与灵宝枣符。成装贩运,赐以为食。"乾坤湾红枣种类繁多,据1984年调查,拥有两大类15个品种(表5-4)。

---

① M. Demossier, Beyond Terroir: Territorial Construction, Hegemonic Discourses, and French Wine Culture, *Journal of the Royal Anthropological Institute*, 2011 (N.S.): 17. - Feltault K. A., Review of "The Taste of Place: A Cultural Journey into Terroir", *Food and foodways*, 2009, 17 (3): 181-184.

表 5-4 乾坤湾红枣品种及性状

品类	品种	性状
团枣	木团枣/团枣/圆枣	树势茂盛，树冠开张，枝条下垂，呈圆头状。主干高1米左右，皮黑灰色。果实圆形，个大，色紫红，果顶凹，果肉白绿色。产量中，抗裂性差。不宜制干果，适合青加工。
	灰团枣	树形与木团枣树相同。果形较小，果粉较重，有酸味，易裂，产量高，适合鲜食和青加工。
条枣	条枣/名长枣	树势中等，树冠直立，呈乱头形。立干较高，一般在1米以上。果长圆形，顶平，色深红，肉厚，味美，品质佳，不易裂，适合制干果。
	木条枣	树形与条枣树相似。果实上粗下细，果顶较尖，呈马奶头形。个较大，底色酱红。果肉白色、硬、汁少、味较淡。不易裂果或落果，不宜鲜食。品质中，可制干。成熟期晚，多在10月上旬。
	灰条枣	树形与条枣树无异，以叶色淡而得名。果实较条枣小，果粉较多。果肉较脆，汁多，微酸。可鲜食，宜制干。
	麻子枣	枝条易弯曲下垂，树形多为半圆形。树冠较小，主干皮灰色，纵向裂纹细而深。果实圆锥形，底色米黄。果色亮红，肉白色、硬、汁少，味淡。品质中，丰产，不易裂果。可鲜食，宜制干。
	狗头枣	树干高1米左右，主干粗，皮灰色。树冠较开张，乱头形。果形上大下小，个大，果顶平，深红色，黑点多。果肉白色、脆、汁多，味甜，适合鲜食和制干。
	辣椒枣	树形与条枣相似，果实较小。果形像辣椒而得名，较木条枣皮薄、脆。微酸，汁液中等。品质中上，不易裂果。可鲜食，宜制干。
	脆枣/掉牙枣	树冠挺直，树干高1—2米，主干皮灰色。果实大，圆柱形，皮薄底色黄白。果色红亮，易裂果，顶凹。果肉白色、细脆、汁多、味甜。鲜食最好，不宜制干。
	油葫芦枣/牛奶头枣	树形似脆枣树，果形为倒卵形，上小下大，形如油葫芦而得名，果色深红，果肉白绿色，宜鲜食，不宜制干。
	白枣	树形似脆枣树，果稀低产。果长圆形，个大，肉质较硬、脆甜。不易裂果，宜制干，品质中。
	驴奶头枣	树形似条枣树，叶卵形，果圆柱形或圆锥形。果色鲜红，果顶有一道细沟状凹下。果肉黄白色、硬、汁少、微酸。不易裂果，品质为下。
	葫芦枣	树似条枣树，但较开张，树冠圆头状。果实圆形，稍长，个头大。果肉白色、汁少、稍甜。可制干，不易裂果，品质为下。

续表

品类	品种	性状
条枣	板条枣	树似条枣树，叶大卵形。果实圆形，果顶有一凹沟，果肉白色，质脆甜，汁少。可鲜食，品质中等。
	小枣	果实近圆形偏长，品质为下。

资料来源：作者搜集整理。

其实，2014年笔者刚去乾坤湾调研的时候，关于乾坤湾的资料是非常少的，更遑论对于红枣的相关介绍。虽然红枣确实在乾坤湾有着悠久的栽培历史，作为原产中国的传统名优特产树种，新郑裴李岗文化遗址中就曾发现枣核化石，证明枣在中国已有8000多年的历史。早在西周时期人们就开始利用红枣发酵酿造红枣酒，作为上乘贡品，宴请宾朋。红枣的营养保健作用，在远古时期就被人们发现并利用。《诗·豳风·七月》中有"八月剥枣，十月获稻"的记载，①"剥，击也。"②《礼记》上有"枣、栗、饴、蜜以甘之"，③并用于菜肴制作。《战国策·燕策一》记载："南有碣石、雁门之饶，北有枣栗之利，民虽不由田作，枣栗之实，足实于民，此所谓天府也。"④ 枣作为药用也很早，《神农本草经》记载，味甘平，主治心腹邪气，安中养脾助十二经，平胃气，通九窍，补少气少津，身中不足，大惊，四肢重，和百药。⑤ 现代药理学也发现，红枣富含蛋白质、糖类、有机酸、维生素A、维生素C、多种微量钙以及氨基酸等营养成分。但是，旅游开发之前，乾坤湾的红枣品种非常单一，如前所述，由于种植技术、天气、加工手段等都不理想，红枣的品相、销售都不太好。2014年我在延川乾坤湾调研，当表示要买一些红枣的时候，有村民告诉我，乾坤湾红枣至少有15年以上都收成不好，有时候甚至一颗枣都没有。我去伏羲村一户农户家里买枣，他几乎把家里所有能

---

① 任自斌、和近健：《诗经鉴赏辞典》，河海大学出版社1989年版，第366页。
② 冯涛：《〈诗经〉"八月剥枣"一解》，《文学遗产》1988年第2期，第9页。
③ 陶文台等：《先秦烹饪史料选注》，中国商业出版社1986年版，第89—90页。
④ 缪文远、罗永莲、缪修译注：《战国策·燕策一》（卷二十九），中华书局2006年版，第400页。
⑤ 医药网整理：《神农本草经之大枣》，上海市中医文献馆。

拿出来的枣让我选，才勉强挑出 10 来斤。我就问他们，那乾坤湾景区出售的红枣是从哪里来的？他们告诉我：

> 是从榆林和新疆运来的，绝大多数是新疆大枣，拿到乾坤湾卖的。这些年就没有枣啊。

第三节 种观光地：作为"旅游体验"的作物

长期以来，"人多地少"一直被视为中国农村和农业发展中的一个基本矛盾。对此，学术界进行了许多经典的解释，如从"人"的角度对人地关系或人地矛盾做注解，诞生了克利福德·格尔茨的"农业内卷化"、马克·艾尔温的"高水平均衡陷阱"和黄宗智的"过密化"理论等。但上述理论侧重于将人口增长作为人地矛盾变化的自变量，却忽视了从"地"的角度，或空间生产的视角来研究人地关系的演化。近年来，随着全球范围内的农业产业化发展，技术进步带来的现代农业不仅具有生产性功能，还具有生活性功能，在改善生态环境、提供休闲度假、提升观光品质等方面发挥着重要作用。同时，随着人们经济收入的增加、闲暇时间的增多以及生活节奏的加快，多样化的旅游模式日益受到青睐，特别是乡愁/乡土/乡村旅游以及由此衍生的观光农业应运而生。所谓观光农业是指为满足人们对精神和物质需求而开展的、可吸引游客前来观赏、考察、书写、绘画、摄影、劳作、品味和购买的农业，是农业与旅游交叉的新兴边缘产业。观光农业类型繁多，根据美国、法国、德国、日本、荷兰和中国台湾地区的实践，成规模并有一定知名度的主要有 5 种：一是观光农园，是指在城市近郊或风景名胜区周围建设特色菜园、茶园、果园和花圃等，让游客体验和享受择菜、采茶、摘果和赏花的田园乐趣，这也是最为普遍的一种形式；二是农业公园，是指遵循公园的经营理念和模式，建成集农业生产、农产品消费和休闲旅游于一体的农业场所；三是教育农园，是指兼具农业生产与科普教育功能的农业经营形态，以法国的教育农场、日本的学童农园和中国台湾地区的自然生态教室为典型代表；四是森林公园，是指经过修整或者逐渐改造形成的具有一定景观系统的森林，能提供各种形式的旅游服务和科学文化活动的经营管理区域；五是民俗观光村，是一种集观光、休闲、旅游、体验、度假于一体的综合社区。

与中国其他很多地方的乡村一样，乾坤湾流域人多地少问题非常突出，而且土地贫瘠，多为山地，生产条件非常恶劣，加上缺水严重，基本靠天吃饭。因此，大量剩余劳动力特别是青壮年劳动力为了摆脱隐形失业的困扰，只能外出务工。由于自然灾害风险，农业生产资料价格上涨等因素，农业收入一直偏低，甚至赔本。旅游开发之后，农家乐在乾坤湾遍地开花，农业从业人员数量逐年下降，开农家乐和经营民宿才是普遍的从业方式，一些农户虽然仍旧种地，但劳动时间却发生了根本变化。以小程村为例，刚开始只有程家大院和黄河鱼农家乐等两三家农家乐，现在已经增加到了四五十家。对于旅游业来说，人多地少、土地贫瘠、高原缺水等问题都不再是问题，传统农业正以一种崭新的方式汇入到旅游开发的大潮之中，使得景观农业与旅游观光得以共赢。从山塬到沟谷，从黄河沿岸到公路两侧，靠着得天独厚的自然条件和资源优势，乾坤湾的高原红枣、川道大棚、沟谷养殖等特色产业已成为当地群众脱贫致富的主要源泉。

（一）观赏：打造休闲农业

以乡村振兴为契机，乾坤湾镇按照"旅游反哺农业，农业助力旅游"的发展思路，以塑造"一斗谷小米""仙芝寿桃""车贡酥梨"等一批乡村品牌为目标，着力打造"绿色、生态、有机、时令、健康"产品理念，按照 3 万亩红枣，1 万亩杂粮、1 万亩杂果、1 万亩中药材、1 万头家畜、1 万亩苹果的"311111"产业布局思路，在仙芝肥家山新建拱棚 100 座，发展露天水蜜桃 1000 亩、山桃 1000 亩；在李家圪塔等村种植花椒 500 亩、葡萄等杂果 1000 亩；在阿占、苏丰新建高标准苹果示范园 1600 亩；在寺罗、上村、西塬等村改良、管理优质苹果 4500 亩。

很多时候，赏红枣还与民俗活动甚至招商引资同时推出，为更好地打造"天下黄河第一湾——乾坤湾"的旅游品牌，提高延川旅游的知名度，延川县旅游局和乾坤湾镇政府以"乾坤湾里品红枣、程家大院赏民俗"为活动主题，联合举办乾坤湾百家旅行社踩线活动，鼓励旅行社将延川旅游景区纳入延安旅游环线，招揽更多的海内外游客到延川旅游，吸引更多客商投资延川旅游。其实，不只是红枣，桃子、樱桃、山杏、梨子和核桃等农副产品正日益变身旅游观光园和采摘园。古里村是2015年延川县撤销土岗乡设立乾坤湾镇由杨家圪坮镇划归过来的一个村子，位于延川县乾坤湾镇北5千米处，距延川县城30千米，长期以来，由于交通不便，"行路难、办公难、通信难、饮水难、看病难、用电难"一度成为摆在古里村村民面前的难题。近年来，随着乾坤湾旅游景区的开发，古里村依托旅游公路，依靠扶贫贷款已经建成了5家农家乐，并将位于旅游公路两边的桃子、樱桃、山杏、梨子和核桃等连成古里百亩农垦体验园。村里现有桃园1000亩、山杏500亩、樱桃100亩和水果大棚118座，通过举办嘉平陵桃花会，打造春季赏花、夏季摘杏、秋季赏红叶的美丽古里。

在发展观光农业的同时，乾坤湾还探索多样化套种和套养模式。2017年2月，枣香源生态养殖休闲园在乾坤湾落户。目前，在枣树园内，各种禽类观光品种已经达8种之多。2018年，乾坤湾镇政府在观光园按照1只鸡返还20个鸡蛋的标准，免费向贫困户发放了6万多只鸡苗。村民MSL说："园区正在修建冷库，村民以后可以在冷库存放鸡蛋，通过园区向游客售卖鸡蛋，还有珍珠鸡、芦花鸡、野鸡、火鸡……现在是试运营，经常有游客来观看，买鸡、买蛋的也不少。"

为了挖掘红枣文化内涵，提升红枣文化品牌，2019年6月6日，延川乾坤湾举办了以"粽情暖万家，枣香满乾坤"为主题的首届"枣花节"，通过开展枣花节文艺活动、红枣深加工产品展示、品尝红枣特色小吃（图5-3）、红枣防裂果技术培训等系列活动，进一步提升了人们对红枣产业的认知度和积极性。

（二）采摘：发展后备厢经济

乾坤湾按照"生态、自然、绿色、和谐"的发展理念，以红枣采摘园、红枣观光休闲园、红枣体验园、红枣设施化栽培及品种观赏园、枣

图 5-3　延川乾坤湾枣花节红枣特色小吃
资料来源：延川快讯。

乡农家乐、红枣交易市场等为核心，将沿路产业带变成经济、社会、文化发展带，满足游客吃了、看了、游了、玩了之后，再把土特产塞满后备厢带回家的出行需求，而这也是随着乾坤湾旅游公路的修通，自驾游模式带来的旅游新常态。随着全球范围内乡村旅游和休闲经济的兴起，自驾游以一种迅猛不可阻挡之势，正在席卷几乎每一个乡村空间，这也为发展"后备厢经济"提供了良好契机。但是，要想发展"后备厢经济"，关键得有好的产品，但"好"的标准是什么？就是要"土"，即要求农作物少用甚至不用化肥、农药、添加剂，生产周期长，也就是所谓的"喝山泉水、施农家肥、吸天然氧"，而这些农产品在城里都是不容易买到的。2015 年以来，乾坤湾利用黄土高原特殊的水土资源条件，在开发精品乡愁旅游线路之余，将贫困户作为乡愁旅游扶贫开发的主体，鼓励贫困户生产红枣、土豆、小米等土特产品，打造成公益扶贫品牌"山花工程·后备厢行动"，同时引导农民进行规范化、标准化生产，并适度包装，让这些农特产品保持"朴实本色"，充分展示出"土"的魅力。在"山花工程·后备厢行动"基础上，2018 年陕旅启动"互联网+目的地"旅游扶贫发展战略，打造"尖味寻鲜"旅游扶贫电商平台，通过线上线下扶贫营销模式，提高帮扶百姓生活水平，获得旅游致富技能。据统计，陕旅累计进行农村电商培训 5000 余人次，帮助农民开设微店、网店 500家。2019 年 9 月 19 日至 20 日，在杭州举行的"2019 世界旅游联盟·湘湖对话"会上发布的《2019 世界旅游联盟旅游减贫案例》，陕旅"山花工程·后备厢行动"作为旅游扶贫的"陕旅样本"成功入选。2020 年，陕旅推出丹凤、富平、永寿、延川、照金、华州、商州、岚皋、鄠邑、凤翔等 10 个旅游特色鲜明、农特产业突出的县域精品路线，把"山花工程·后备厢行动"在陕西全省铺开。

截至目前，延川乾坤湾已经建成刘家山北山现代农业观光采摘示范园、伏羲河村伏羲码头采摘园、会峰寨一斗谷村采摘园、槐卜圪崂村采摘园、龙耳则村红枣休闲园等 10 个红枣采摘园；永和乾坤湾也已建成 5 个红枣特色采摘区，自 2016 年举办首届红枣采摘节以来，每年秋季都举办为期十余天的乾坤湾红枣采摘体验旅游和特色农副产品展销。利用旅游节拓展销路不仅是农户也是政府的首要大事。为了帮助农户增加销路，采摘节除了线下活动，"网上采摘节"也同期举行，消费者通过手机等终端就能直接点击订购。乾坤湾狗头枣、黄河滩枣、永和红枣、永和特产红枣和以乾坤湾命名的红枣品牌在线上线下热销。

第四节　新型农民：生计的旅游化

在社会文化转型的大背景下，"农民"一词被赋予了多重含义，既是一种职业，也是一种身份；既是一种社会等级，也是一种生存状态；既是一种社区乃至社会的组织方式，也是一种文化模式乃至心理结构。随着旅游在乾坤湾的逐渐展开，使乡土社会内部发生了显著的变化，在内外力量的共同作用下，新的生计方式不断改写着传统的农耕文明，进而引发了一系列社会变迁，农民的身份也出现了多样化的转型，不再是两腿插在泥土里，而是逐渐向"新农民"转型。在乾坤湾，虽然旅游发展并未完全渗透进村民的生活当中，但越来越多的村民正在将旅游作为新的生计手段，对土地的依赖程度也发生了新的改变。与此同时，旅游活动在不知不觉中开阔了农民的视野。随着旅游进入快速发展阶段，各种旅游工作岗位慢慢多了起来，农民开始寻求各种渠道来增加经济收入，许多外出务工的村民也慢慢回到了村里发展旅游。一些受访的景区服务员表示，他们也曾外出打工，但是在外工作和生活都比较辛苦，也攒不了什么钱，回到村里搞旅游，虽然每个月的收入没有在外打工多，但收入相对稳定，吃住都在家里，一年下来，比在外攒的钱还多些，家人对自己也更放心：

> 在外打工也有不好的地方，表面上看起来工资收入还不错，但事实上除了租房子、伙食费、买衣服和交朋友，也剩不了什么钱，甚至喝水都要钱。我们又没学历，干不了其他更挣钱的活，还是回到村子里安心，寻求机会挣钱呗。

对他们来说，对于未来的设想和憧憬，就是先在家乡打工，等有经验和攒够了钱便自己做生意。旅游发展正不断改变着乾坤湾的生产方式，拓宽了农民的就业渠道，成为乾坤湾人的重要生计方式。这既迎合了农民对幸福生活的追求和改变职业身份的努力，也在某种程度上增强了他们对于家乡和农民身份的认同，成为他们离土不离乡的动力。

（一）土地流转：一块地两份收入

按照"旅游反哺农业、红枣助力旅游"的双赢目标，延川乾坤湾镇与延川县文化旅游（集团）有限责任公司合作，采取"公司＋合作社＋农户"模式，以平地每亩每年500元、枣林地每亩每年420元、山坡地每亩每年200元的标准，全镇共流转枣园11089亩，总金额2498230元，其中贫困户235户805人，面积5494.6亩，金额1245250元，非贫困户180户，面积5594.4亩，金额1252980元，涉及刘家山、龙耳则、上村、枣洼、土岗、碾畔、温家源、苏丰8个行政村415户，农民户均分红5496元，村集体平均收入15万元以上。同时，温家源、碾畔、土岗、刘家山4个村与延川县文化旅游（集团）有限责任公司签订了枣园管理劳务协议，在家门口就业，实现了"一份土地、两份收入"。

访谈5-2：LXL（乾坤湾镇温家源村贫困户）。家里有42亩枣园，由于缺乏劳动力无力经营，2018年一次性流转给延川县文化旅游（集团）有限责任公司，按照每年17600元的价格，签了10年。用他的话说，红蛋蛋（红枣）就是钱串串，枣园变采摘园，枣农变技术工，旅游有了项目，枣农有了就业。

访谈5-3：FYT（延川县乾坤湾镇温家源村党支部书记）。土地流转既能增加农民的收入，又能给村集体创造利益，把枣树失管的问题也解决了。延川县文化旅游（集团）有限责任公司流转土地后，结合乾坤湾景区开发建设，还将枣园建成了采摘园、体验园、观光园，延伸了产业链，增加了群众收入。

访谈5-4：WL（延川县乾坤湾镇人大主席）。下一步，我们将继续围绕旅游反哺农业，农业助力旅游，加快土地流转，探索多种经营模式，真正让土地流转成为群众增收和集体经济发展的动力，从而助力乡村振兴发展。

访谈5-5：MWS（延川县乾坤湾镇马家源村村民）。2017年，我把自己16亩坡地以每亩每年200元的价格承包给了龙耳则村集体合作社，合同期限为10年。跟我同一年流转土地的还有村上其他28户91人。

（二）"到乾坤湾去"：就业的本地化

在改革开放之前很长一段历史时期内，乾坤湾的生产空间是闭合的，由于交通不便，与外界的沟通不多，村民离开家乡从事生产劳动的机会很少。改革开放以后，乾坤湾的生态—生计地带发生了较大变化并表现出区域性差异。如在塬区和土石山区，村民每年的时间分为两大主要时间段——农忙和农闲，前者指每年的2月至11月，后者为每年11月至次年2月。在农忙季节，村民根据农事节气从事传统的农业生产活动，包括玉米、红薯、小麦等传统农作物的种植，生产空间局限在宅院、晒场、耕地、园地构成的广义村落空间范围之内，与历史时期相比基本没有什么变化。除此之外，一部分剩余劳动力通常在每年春节后便外出打工，生产劳动空间范围有所拓展，延伸至周边县市及省内，远至北上广深等经济发达地区，一般第二年春节前才回家过年。而在沟谷区，村民基本上种果树与蔬菜，这些农副产品才是他们农业生产的主体，因此生产活动主要为剪枝、施肥、喷药、采摘、保鲜和售卖等。这样一来，一年之中的农事安排没有明显的农闲和农忙之分。同时，由于农副产品的经济效益比传统农业高，因此外出打工的人数较少，果园、菜地等便成为他们生产劳动的基本空间。旅游开发之后，乾坤湾的就业机会有所增加，人们的生计和生产活动也发生了相应的变化，这从人们的对话中也能反映出来：

> 问：干吗去？忙啥呢？
> 答：到乾坤湾去。

而且，这样的对话频率还比较高。显然，从这番对话中可以看出，乾坤湾从"生活空间"到"旅游景区"的变化，不仅意味着生产地点发生了改变，也预示着生计方式发生了变化。时间倒回到乾坤湾旅游开发之前，当时的乾坤湾还处于一种封闭的状态，以家户为生产和消费单位的传统小农经济，使得农民差不多完全依赖于自然条件来进行生产活动，农业在乾坤湾的产业结构中长期居于主导地位。而且乾坤湾地区土地贫瘠，自然条件并不适宜粮食种植，普遍实行广种薄收。经济作物主要为红枣，但种植范围却只是零星散布。加上当时大家挣钱的机会和门路都很有限，即使想在当地做点生意，也因为乾坤湾的地理位置偏僻和交通闭塞，其结果也并不尽如人意。在这样的情况下，单靠农业收入来完成原始积累、提高经济收入和改善家庭条件是非常困难的。因此，大多数家庭都处于生存线边缘，这种生存经济被托尼描述为"就像一个人长久地站在齐脖深的河水中，只要涌来一阵细浪，就会陷入灭顶之灾"。① 在这样的生境之下，旅游的进入无疑为乾坤湾的发展带来了一丝曙光。而旅游作为劳动密集型产业，不仅可以部分缓解耕地不足、人多地少和产

---

① ［美］詹姆斯·斯科特：《农民的道义经济学：东南亚的反叛与生存》，程立显、刘建等译，译林出版社2001年版，第1页。

出有限的困境，也为乾坤湾社会解决了部分剩余劳动力。旅游进入乾坤湾之后，其中一部分外出务工的村民重新回到村中，开始依靠旅游进行生产生活，其中最明显的表现就是生产地点的变化。用乾坤湾人自己的话说，他们进行生产活动的区域已经从原来在"土地"上讨吃到现在靠"景区"为生。对于这样的转变，乾坤湾人有一个不断接受和逐渐认可的过程。能够脱离土地和传统农业生产谋生，无论如何都是一种新的尝试，也使一部分被迫外出务工的农民有了回到家乡创业的可能，从而可以继续在自己熟悉的文化环境中生活，终归是一件好事。对于大多数农民而言，土地不仅可以带来经济收益，而且也是一种文化基础和生活逻辑。只有回到故乡才能扎根土地，也才能实现"守土"的愿望和获得安稳的感觉。农民的理想很现实，只要能带来真正的实惠，就会得到他们的认可：

> 我们是农民，虽然现在不怎么种地了，因为种地没有钱花，只能解决温饱问题，所以只能出去打工。不打工不行啊，现在什么都要花钱，孩子上学、小孩成家、老人生病，哪一样都需要钱。不过，现在在乾坤湾打工就好多了，钱是赚得不多，但是一家人可以在一起，回到家里也舒服，还可以照顾老人。

现在的乾坤湾景区在村落生活中占据着重要的位置，也是重要的生产空间，并且为了适应旅游发展的需要，乾坤湾流域的农业生产结构也进行了相应的调整，如高原红枣、滩地西瓜、绿色蔬菜等种植比例不断加大，起到了很好的示范带动作用，表现出进一步适应当地的地理条件和扩大市场需求的趋势，引领着乾坤湾的农业发展方向。

（三）每天都是"农忙"：生计与节律

在以农耕文明为主的传统乡土社会中，农民的生计和生活节律基本上都是可以预见的，其作息时间几乎都是围绕土地进行，可以用"日出而作，日落而息"来概括，这也是农村生活图景的真实写照。由于村落生活节律循环往复，村落生活特点怡然自得，人们对于时间流逝的感受是不明显的，从作物播种到收获储存的整个农业生产周期颇为漫长，形成了缓慢内敛的生活节奏，这与城市生活不同。随着乾坤湾旅游开发的加速，生产方式的转变使得村民的生活节律也发生了相应的变化。传统上，乾坤湾人的生活节律几乎固定不变，时间也只是一个模糊的概念，农忙时，一天之中基本上没有什么闲暇时间。但是旅游活动却不一样，所有的时间都必须按照游客的游览时间与游览线路来安排和调整，因此，这对提供旅游服务的人就提出了新的要求，需要按照合理的秩序来进行活动安排。以在乾坤湾做点工为例，一般是早上8点开工，中午工地管午饭，稍加休息，傍晚5点收工。如果干农活，午餐一般都不吃的，一天两顿饭，而打工是一天三顿饭。不过开农家乐的情况又有所不同。乾坤湾旅游因为黄河峡谷地貌条件和黄土高原气候特点，淡旺季非常明显，所以开办农家乐的淡旺季差别也很大。旺季时，店主早上六点就必须起来为客人准备早餐。假如晚上歇业较晚，收拾好得到午夜才能休息，因为有些客人玩到很晚。淡季时，由于地里基本没有什么活儿可做，店主一家基本上也无事可做。经营农家乐与从事农业生产最大的区别就在于，干农活只忙白天，晚上的时间可以自由支配，而且是农忙时才忙。而农家乐则是早上、中午和晚上都忙，时间是根据游客的需求来定的。可见，旅游发展起来以后，这种时间上的乡土性正在慢慢稀释，人们的生活节律逐渐与农业生产相脱离。

案例5-1：LJ（延川县乾坤湾镇小程村村民）。作为黄河鱼农家乐的女主人和最先开办农家乐的人，对从事农家乐有着深刻的体会。从1997年经营农家乐以来，20余年里，几乎没有离开过乾坤湾，每天都忙于接订单，给游客做饭、烧菜。有时候也想去县里转转，甚至出去旅游，可是，又担心客人来了没人接待。用她的话来说就是"守着农家乐，哪儿也去不了"。

而且，村民的公共生活和休闲活动也呈现出碎片化发展趋势，与过去田间地头和农闲聚会的传统模式不同，公共空间渐渐转移到了乾坤湾，从事旅游服务的人通常会在等候游客的空闲时光里，大家聚在一起消磨时间和交流信息。当然，一些重要的旅游信息和生意经验也在这里交会和传播。这样一来，乾坤湾渐渐成为村民主要的集散地和公共活动空间，更进一步地，也意味着旅游对乾坤湾社会的日趋重要性，逐渐渗透进村民的生产生活甚至休闲活动当中。从另一个角度来看，旅游正日益成为乾坤湾人新的凝聚力所在，是村民人际交往和社会网络中最重要的组成部分。

第五节　小结：想象的黄土高原

作物因塑造人们的生计模式，成为维系和更新村落共同体的重要力量。对于乾坤湾人而言，红枣既是过去的传统，也是当下的实践。本章通过对乾坤湾作物与生计的转型，反思人类学关于海拔与生计研究结论的解释力，从斯科特的"逃避作物"和陶云逵的"海拔经济"两种理论路径中，寻找一种对话和相互启发的可能，力图为当下生态人类学研究开拓一种更加综合和开放的视野。乾坤湾的田野调查表明，随着市场经济、旅游发展以及现代农业技术的进入，海拔差异在不断被克服的同时，也获得了新的生态和文化意义，在此过程中，人、地、物之间的关系得以重新调整和形塑。虽然陶云逵的垂直性生计格局理论开启了理解海拔意义的生态人类学新视野，但在他的分析中，人、作物、海拔是同构的，并且那时候，传统的生计方式仍起着主要的作用，与现代性对环境和生计方式的巨大影响有着天壤之别。因此，越来越多的学者指出，从传统的文化史、文明史和生态学角度来研究环境、生计与文化存在诸多不足，因为环境、作物、生计的关系不是单向的，而是双向甚至多向、多体系和多物种的，[1] 传统生计和自然环境正被按照现代农业和消费规律来重新布局，其意义和规模都不能与原初的传统生境和自然资源等而视之，需要思考贯穿于不同生态系统、人类社会和文化体系的现代性。[2] 而起源于西欧启蒙思想和工业革命的现代性，将人与自然、人与物质、人与地球

---

[1] Tim Inagold, The Perception of the Environment: Essays in Livelihood, Dwelling and Skill, *Ethnos Journal of Anthropology*, 2002.：465.

[2] 郁丹、李云霞、曾黎：《环喜马拉雅区域研究编译文集——环境、生计与文化》，学苑出版社2017年版，第9页。

分离为主客体关系，并将其简化为利用与被利用的功利关系。正如本章所讨论的，伴随着现代性的到来，旅游的力量正不断改变着乾坤湾社会的传统生计方式，现代农业技术使得作物种植突破环境的限制和打破高原的阻隔成为可能。对于旅游市场来说，黄土高原远离现代性成为消费的绿色性，高原作物的耐寒、抗旱、有氧等正成为环保、有机的代名词。这正是本章所力图说明的，因为表面上，现代性轻而易举地克服了海拔对生计方式的限制，不断抹平着"海拔"的差异，事实上，正是伴随着现代性的到来，人对环境的体验和海拔的感知才变得更加强烈。随着生活节奏和居住环境的变化，城市居民更加渴望回归自然和获得山区/高原的"绿色"健康食品。观赏、采摘等观光农业的发展，表明人与环境不只是单向和功利性的需求关系，还有情感性、具身性（embody）和感知性，与能动者相互渗透、彼此形塑。乾坤湾旅游市场面对的正是人对高原/海拔差异的体验，无论现代技术手段如何克服作物种植的环境限制，但人对海拔差异的感知依然存在。乾坤湾新兴的旅游市场，正是要发挥海拔的优势，强调黄土高原相对于平原地区在气候、景观、物产、饮食、生态环境等方面的独特性和优越性，通过旅行使身体切实感受到海拔差异带来的不同体验。

第六章　表演与实然：转九曲的地方性

> 无论是文化表演如艺术和舞台剧，还是社会表演如日常生活的自我呈现，都有各种不同的类型，并因文化的不同而不同，但主要还是在生活体验的基础上，透过思想、感觉或意志来理解真实世界、意义世界和理念世界。
>
> ——题记

在现代性的影响下，与地方/地方感有关的议题成为不同学科的知识生长点。在人类学家眼中，地方之所以有趣，乃在于它提供了观察各种关系的场域。虽然早期人类学主要关注"一个民族""一个文化""一个社会"，但今天大多数人类学家可能更关心"一个地点"。① 在旅游学领域，"地方"一直是人文地理学的核心概念之一。② 随着空间转向理论的不断深入，"地方"这一特殊的空间概念逐渐置于社会、经济与文化过程之中，并呈现出4种理论视角：一是以段义孚和爱德华·雷尔夫为代表的人文主义地理学，强调地方的主观性建构与存在，认为地方是一个意义与情感的集合；二是以亨利·列斐伏尔和大卫·哈维为代表的空间—社会辩证法，视空间为社会、经济、文化、权力结构的产物；三是以凯·安德森等为代表的话语建构，他们从福柯主义的角度出发，探讨话语与表征如何建构出有关地方性的知识，从而实现文化意义的生产以及社会权力关系的重构；四是以安东尼·吉登斯和皮埃尔·布迪厄为代表

---

① [英]西佛曼、格里福：《走进历史田野——历史人类学的爱尔兰史个案研究》，贾世士蘅译，麦田出版股份有限公司1999年版，第31页。

② [美]蒂姆·科瑞斯威尔：《地方：记忆、想象与认同》，王志弘、徐苔玲译，群学出版社2006年版，第1页。

的结构化理论,强调地方意义是在社会成员的积极实践中被不断重构、再生产与再体验的动态过程,这种自下而上的行动与实践,赋予地方以新的文化意义、社会关系和权力结构。相当多的学者都从最后一种视角出发,对一度流行的无地方性理论进行了批判。爱德华·雷尔夫和马可·奥古等学者提出的无地方性理论曾得到了相当多的支持者,他们认为"一些人造的空间是没有'地方性'的",理由是缺乏历史的厚度以及地方意义的独特性,如火车站、机场等通勤空间,以及迪士尼乐园等人工建造的后现代空间。但批评者们则指出,"无地方性"理论更像是学者居高临下和鸟瞰地方的结果,忽视了不同使用者对于此类空间的复杂态度与价值判断,因为"无地方性"空间的使用者,可能通过复杂的空间实践实现了地方性意义的建构。近年来,在对这类流动性(mobility)的研究中指出,即使诸如机场此类"过而不留"的通勤空间,也可能充满了地方性意义。正如约翰·厄里所言,旅游就是一个消费地方的过程,除此别无其他。

表演理论已经成为民俗学、人类学、旅游学等学科的重要研究视角,在对欧文·戈夫曼的拟剧理论、[1] 理查·谢克纳的表演理论[2]、迪恩·麦克内尔的舞台真实理论[3]以及人文社会科学领域的表演转向[4]等理论反思中,不断将旅游体验研究推向深入并启发着新的研究趋势。作为一种理论视域,旅游表演研究旨在通过对为游客观察、观赏和体验"异文化"而建构的各种展演活动来探讨人与地、人与人、人与文化、人与社会、人与历史等的多维互动关系,诞生了朱迪斯·巴特勒基于言语行为和戏剧表演的性别表演理论[5]、奈吉尔·斯利夫特集表演性和身体实践的非表

---

[1] [美]欧文·戈夫曼:《日常生活中的自我呈现》,冯钢译,北京大学出版社2014年版。
[2] Richard Schechner, *Performance Theory*, New York: Routledge, 2004.
[3] Dean MacCannell, *The Tourist: A new Theory of the Leisure Class*, Berkeley: University of California Press, 1999: 92.
[4] [美]理查德·鲍曼:《作为表演的口头艺术》,杨利慧、安德明译,广西师范大学出版社2008年版,第1—130页。
[5] Judith Bulter, Performative Acts and Gender Constitution: An Essay in Phenomenology and Feminist Theory, *Theatre Journal*, 1988, 40 (4): 519–531.

征理论①以及尼基·格雷格森等以集市参与者各种表演行为所形成的空间生产理论。② 可见，旅游表演已经成为身体实践、空间想象和地方建构等研究的重要议题，这种学术观照也折射出地方想象、地方认同、空间生产、主客互动、旅游体验等研究主题。上述理论对研究旅游场域中的表演如何重塑人地关系以及东道主与游客的相互建构问题提供了解释框架。本章将以建构取向的地方理论和表演理论，分析转九曲这一民俗节庆活动在乾坤湾旅游发展中的演变过程，尝试跳出区域差异、仪式过程、审美功能、仪式功能、社交功能、生活价值等既有研究视角，探讨在旅游经济影响下转九曲的现代转型与文化重构，以及在东道主与游客互动中不断被再生产的过程。

第一节　历史传统：转九曲的自我娱乐

转九曲是活跃于西北和华北等地的重要年俗活动，据传诞生于西周时期，是中国最早的九宫八卦阵和龙图腾崇拜的艺术表现形式，与社群的生活周期有关，具有强烈的自娱性特点。所谓"自娱"即"自我娱乐"，也称为"自乐""自怡""自嬉""自适"等，是为了愉悦身心而从事的消遣活动。具体而言，主要包括娱人和娱神两个方面。

（一）娱人

在乾坤湾，每年元宵节前后，转九曲是村民最为期待的活动，从组织到结束，连续三天都热闹非凡，环环相扣形成一个不可分割的整体（表6-1）。

作为一种娱人活动，转九曲通过转彩灯、抱老杆、偷彩灯等形式达到集体欢腾的目的。在乾坤湾，"转九曲"曾是春节期间"闹秧歌"的程式之一，在整个"闹秧歌"活动中，其他程式都只是秧歌队队员的表演，

---

① Nigel Thrift, The Still Point: Resistance, Expressive Embodiment and Dance, In, Pile S. and M. Keith (ed.) *Geographies of Resistance*, London: Routledge, 1997: 124–154.
② Gregson N., Rose G., Taking Butler Elsewhere: Performativities, Spatialities and Subjectivities, *Environment and Planning: Society and Space*, 2000, 18 (4): 433–452.

表 6-1　转九曲的仪式操演过程

仪式阶段	仪式过程	仪式细节
准备阶段	定人员	确定伞头、大小会手和其他仪式人员。
	选场地	由伞头、大小会手和村干部确定宽敞、平整、避风、便利的地方。
	糊彩灯	将五彩纸糊的灯罩粘在灯台上，灯罩里放土豆碗，碗里插棉灯芯或红蜡烛，糊365盏以上。
	布灯场	包括画图定位、栽老杆、栽灯杆、插方位旗等步骤，按乾宫、坎宫、艮宫、震宫、巽宫、离宫、坤宫、兑宫和中宫布局。
	立山门	出口与入口平行并列向北而开，称为"山门"。
	垒旺火	在距"山门"5米左右的南北两个方位分别垒旺火，寓意消灾免祸。
	做贡品	主要为花馍，由村里年长的妇女承担。
	备斋饭	斋饭又称"消灾饭"，取祛病消灾保境安民之意。
	贴对子	在灯场周边贴上风调雨顺、五谷丰登之类吉祥话语。
仪式操演	迎喜神	由"伞头"带领大小会手祭祀喜神并唱《迎喜曲》。
	上布施	由专人登记每一位布施者的名字和金额，并张榜公告。
	点彩灯	20:00（戌亥之时）人们点亮所有彩灯，称为"开天门"。
	转彩灯	"伞头"带领大家转灯，仪式进入高潮。
	扭秧歌	转九曲与踢鼓子、扭秧歌、跑旱船、推车车等社火活动相结合。
	抱老杆	"老杆"寓意"神权"，转至老杆处抱老杆期望得到神的庇佑。
	偷彩灯	守灯人吆喝人们来偷灯，偷灯来年要还灯，偷几盏还几盏。
	送喜神	包括烧香、化纸、敬表等，并唱《送神曲》。

资料来源：作者调查整理。

而"转九曲"环节则是全员参与的集体狂欢。这种涵盖了时间、空间、体验、主体等复杂要素的民俗实践，曾一度在限定的时空里创造出动态、流动的民俗景观。传统上，转九曲中的"灯"有一个清晰的仪式操演过程，需要经历糊彩灯—点彩灯—转彩灯—偷彩灯的过程。元宵节当晚20:00前后，也就是《周易》所称戌亥之时（意为"开天门"），人们相继将事先糊好的彩灯放到已经栽好的灯杆上，并避风把"灯芯"点燃。

随着灯场中的彩灯逐渐点亮,"伞头"端着祭祀物品率先从入口进入灯场,接着锣鼓队和秧歌队入场,然后转灯队伍陆续游灯。转灯时,途经每一个曲的转弯处,伞头都要焚香鸣炮敬神,当转遍九个曲后,才从出口走出灯场,象征经历了"九九八十一难"之后的"逢凶化吉""遇难呈祥"。而每当转到老杆附近时,人们都会高喊"抱老杆,养小子"哩。因此,转九曲的人特别是年轻人总要凑上前去抱一抱"老杆",即使身有疾患不能自由行动的村民也要由家属背来转上一圈,以达到祛病消灾的目的,称之为"走百病"。也因如此,有学者提出,"转九曲"就是"走百病"风俗的演化,是一种始于唐宋元宵张灯、妇女结伴群游、必历三桥而止的"走三桥"或"走桥",至明清逐渐演化为"祛疾病"风俗。①但由于陕北黄土高原的地理特点和自然条件无"桥"可走,加之陕北地处蒙汉民族界临地区,吸收蒙古族拜火信仰而形成的"燎百病"习俗,就形成了围灯舞蹈的"转九曲"。②无论这种说法是否准确,但行走所具有的强身健体作用,某种意义上确实能够达到消灾祛病的目的。而且,转九曲因为"九宫八卦"的灯阵布置和现场的集体欢腾,使得这种"行走"更具有了特殊的象征意义。

(二)娱神

事实上,转九曲的娱人与娱神是一个合二为一的过程,如前所述,转彩灯、抱老杆、偷彩灯既是自娱性的集体欢腾,也是祈求风调雨顺、祛病消灾、子嗣繁衍的娱神行为。五谷丰登、祛病消灾和生育繁衍作为人类最朴素的理想,一个是让个体生命得以延续,一个是使人类种族永续绵延,形象地反映了社群与地方的关系,转九曲正是居于同一地域的人们为了实现接福纳祥、祛病消灾、偷灯添丁、子嗣绵延等愿望而在一定的时空场域里实践出的年俗仪式。

在乾坤湾,广泛流传着这样一种说法:"老人转九曲,活到九十九;情人转九曲,爱情久久久;学子转九曲,考试九十九;转转九曲阵,干

---

① 常凤霞:《"转九曲":从祛病消灾到全民联欢》,《装饰》2016年第6期,第87—88页。
② 吕廷文:《"转九曲"与"燎百病"的文化内涵》,《延安教育学院学报》1999年第1期,第14—15页。

啥啥都顺。"因此，转九曲常常被认为有接福纳祥的意义。转灯时，秧歌队和腰鼓队互动助阵，进入"山门"时，唢呐队和锣鼓队依次而入，据说唢呐和锣鼓都是"通天法地的神器"，能为转九曲者注入能量。① 据村民们说，"老杆"是"通天柱"的象征，陕北人叫"通天杆"，人群转到阵中"通天杆"下，就像聚在黄河漩涡里打转儿。"抱老杆"就是对"天神"的崇拜——期望得到天神的庇佑和恩赐。因此，有"转九曲五谷丰登，抱老杆祛病消灾"和"抱老杆，养小子"的说法，谁能顺利转完九曲并合抱老杆谁就能大吉大利。据说有小孩的妇女抱了老杆，能使小孩长命百岁，没生小孩的妇女抱了老杆，就会早生贵子。

除了"抱老杆"，转九曲还有一个特殊的仪式过程就是"偷灯"祈愿，这既是转九曲最神秘的部分，也是转九曲活动的高潮，在一种集体狂欢的状态下"偷偷"地将自己需要的"灯/丁"拿回家，其实是将自己对"子/福"的祈求带回家。调查过程中，有老人解释说：

> 如果想生女孩就"偷"一盏蓝灯，想生儿子就"偷"一盏红灯，一定要"偷"，并且不能跟其他人说，也不能让人看见。今年"偷"下，明年再弄好送回来。

有意思的是，这种在特定时空场域中的"偷盗"行为不仅不被社会所鄙视，反而是在全体村民默许状态下发生的。兰德尔·柯林斯认为，个体在互动仪式中被接受还是被拒绝会分别增加或降低其情感能量（社会信心）。②"偷灯"习俗被参与个体所接受，这在一定程度上强化了共同体的归属感和认同感。这种"偷灯"行为之所以被允许，一个主要的原因在于人们认为偷的是"丁"而不是"灯"。灯在民间文化中通常被视为阳性之物，是男子的标志。在中国各地的方言里，"灯""丁"大都发音相同或相近，这种"谐音"象征亦逐渐成为民间文化中的一个典型象

---

① 薛宇：《陕北民俗"转九曲"研究》，《体育文化导刊》2017年第3期，第77—82页。
② [美]兰德尔·柯林斯：《互动仪式链》，林聚任等译，商务印书馆2009年版，第1—70页。

征和隐喻，并广泛运用于各类具体的灯俗活动和仪式过程中，最终内化为人们的观念意识，成为人们信仰的一部分。①

第二节　现代转型：转九曲的表演实践

转九曲表演同时也意味着新的要求，无论表演时间、场地设置，还是表演形式、程序步骤等都需要作出相应的调整，以便使转九曲从一个地方的年俗仪式转变为人人可及的舞台表演，而要厘清乾坤湾转九曲由自娱性向表演性的转换，必须追溯到乾坤大舞台民俗文化表演由非常态化向常态化的转变。

（一）第一阶段（1997—2001年）：发现小程村

如本书第二章所述，小程村开始为外界知晓始于1999年，这主要取决于张士元的发现。1998年，作为民建中央文化委员会委员、政协委员的张士元在延川县沿途考察之后，最早注意到小程村的黄河文化，②也是最先向民建中央提议在延川县进行旅游开发的人。③ 他在提案中称：④

> 陕北黄河流域是华夏民族民俗文化的发祥地。人们仍然延续着远古先民的生活习俗、穴居生活和农耕传统。转九曲（黄河转灯）、道情戏、闹秧歌、布堆画、剪纸等文化源远流长，保留着古老黄河文化的痕迹。

提案引起了有关方面的高度关注和重视。1999年6月，陕西省人民政府办公厅对提案进行了批复，并责成陕西省旅游局和延安市有关部门，与延川县政府共同对延川县各景点进行调查，出台《关于开发陕西省延川县黄土民俗文化旅游资源的意见》，明确将延川县的旅游资源开发列入

---

①　周星：《本土常识的意味——人类学视野中的民俗研究》，北京大学出版社2016年版，第51—52页。
②　《全国政协委员关注黄河》，《人民政协报》2004年3月22日，第T00版。
③　黑建国：《不易忘却的城》，内部稿，2005年，第67页。
④　丁亮春：《采风——提案——旅游大开发》，《中国统一战线》2002年第5期，第31—32页。

陕西省"三黄一圣"旅游区（三黄即黄河壶口瀑布、黄帝陵、黄土风情；一圣即延安革命圣地），成为重点开发的"十大旅游区"之一。

不过，小程村能够为外界所知，与已故的著名民俗文化学者、中央美术学院教授靳之林密不可分。早在1997年，靳之林先生就发现了小程村。靳之林从1979年开始就长期在陕北特别是延川县搜集整理民间民俗文化，在首次考察"乾坤湾"之后，对黄河秦晋大峡谷和"S"形黄河大转弯给出了高度的评价。在靳之林的发现和影响下，前来这里考察、赏景、写生的专家学者日益增多，当然绝大多数都是靳之林介绍来的。在靳之林的帮助下，乾坤湾镇碾畔村委小程村建起了民间艺术学校，并不定期聘请延川县文化馆的工作人员前来培训，教村民闹秧歌、唱民歌、剪剪纸和做布堆画等。同时，他还组织专家学者考证小程村的历史，引导村民搜集文物，建成一个民间艺术展览室，并亲笔为小程村题写了简介。2001年，小程村被确认为小程民间艺术村，并得到了来自联合国教科文组织和中国民间剪纸研究会的支持，小程村的名气也越来越响亮。当然，小程村的持续升温还与后来专家学者的推动特别是靳之林开展的一系列活动密不可分。2002年，小程村召开"中国民间剪纸研究会非物质文化遗产年会"，并以此为基础申请"非物质文化遗产"保护；2003年，"小程村原生态民俗文化"入选陕西省第一批非物质文化遗产名录，被确定为全国原生态文化保护区；2004年，"陕北小程村黄河原生态文化"获批文化部"中国民族民间文化保护工程"试点项目，并以小程村为核心开展了为期8个月的"全县剪纸大普查"，从17万人中筛选出1.5万人的4万多件作品去"上海国际艺术双年展"上展出，引起了较大的社会反响。

（二）第二阶段（2002—2014年）：非常态化表演

与此同时，在专家的推动下，村里的剪纸、面花、道情、转灯等民俗表演活动又开始热火起来。但在成立民间艺术村之前，小程村早就没有这些娱乐活动了。一位50多岁的村民告诉笔者，他上小学的时候村里还闹过秧歌，"破四旧"以后就再没见过。"小程民间艺术村"成立以后，村民们又开始有组织地转九曲、唱道情和闹秧歌了。2004年，小程秧歌队还获得"延川县秧歌大赛"第二名的殊荣。2005年的春节联欢晚会对小程村来说是难以忘怀的历史性时刻,小程村走上中央电视台,村民代表通过中央电视台向全国人民拜年。从此,小程村的名声越来越大,每年春节前后中央电视台都有关于小程村的节目,可以看到小程村村民的身影。2006年,小程村在春节期间再次举行闹秧歌活动,虽然没有转九曲,但村民们已经意识到传统文化开始回归的趋势。村民们说,这些活动一般都是响应政府的号召,或者有外来的人参观,或者是录制节目时才会组织,因为搞活动需要经费,这些经费从哪里出就成为一个问题。2007年2月28日,由延川县政府、西安美术学院、欧洲梅耶人类进步基金会共同举办的"相约小程村——国际民间艺术节"在小程村举行。这次大会还特别邀请了来自法国、瑞士、格鲁吉亚和布基纳法索等国的23位民间艺术家,技艺涉及剪纸、雕塑、陶瓷、壁画、拼缝、木偶和织毯等,包括文人墨客、人类学家、民俗学家和党政领导在内的80余人出席了此次盛会,并在小程民间艺术活动中心展出了自己的艺术作品,包括中央电视台在内的多家媒体都对这次活动进行了采访报道。此次大会的成功举办带来了一系列正向效应,活动结束后不久,小程村的民间艺术家们连同参加国际民间艺术节的艺术家们就一起做客人民网强国社区情感时空与网友互动交流。不仅进一步提升了小程村的美誉度和知名度,也给小程村带来了一系列变化。一个典型的事例就是小程村已经成为非物质文化遗产保护的文化空间,在《中国非物质文化遗产名录数据库》中,对"小程村文化空间"是这样介绍的:

> 小程村古老的黄河历史文化传统积淀,和几千年来农耕自然经济男耕女织,养蚕抽丝的生产方式,形成古老的民俗与民间文化土壤。由于长期交通封闭,使几千年来形成的原生态文化得以保存至今,诸如原始宗教的避邪招魂、求雨、祭河神、谢土神、祭祖、婚嫁、丧俗与节日风俗等古老民俗,和剪纸、刺绣、面花、民歌,也一直延续至今,形成一个完整的黄河原生态民俗文化村,具有实施民族民间文化保护的重要意义。①

---

① 中国非物质文化遗网,http://www.zgfy.org/,2017年3月16日。

随着知名度的上升和旅游吸引力的增加，成立民间艺术表演队和由当地村民进行的民俗表演活动也成为乾坤湾旅游表演的重要内容，逢年过节便向村民和游客演出。"陕北第一院"——程家大院为了吸引游客，还在门前辟出一块空地自费搭建了民俗文化表演舞台，虽然这些表演具有节俗性和非常态化的特点，但在当时，却是一个非常重要的举措。

（三）第三阶段（2015—至今）：常态化表演

随着全球范围内"保护非物质文化遗产"和"保护文化多样性"等理念的日益兴起，曾经被视为"边缘化"和"非主流"的传统艺术备受关注，重新找到了具有全球性意义的生存空间，而利用文化资源开展各种原生态民俗表演活动也越来越表现出国际性、时代性和地方性。在乾坤湾旅游持续发展的大背景下，延川县黄河乾坤湾景区管理局、延川县文化旅游（集团）有限责任公司、延川县酒店管理有限责任公司、延川黄河乾坤湾旅行社、延川县文化旅游（集团）有限责任公司下设的黄河民宿公司等管理机构相继成立，转九曲也由最初的临时场所变成了固定灯阵。

2012年，延川县黄河乾坤湾景区管理局在小程村千年古窑前面的空地上，也就是现在乾坤湾大酒店停车场的位置建了一个固定的转九曲灯场。为了避免转九曲时尘土飞扬，灯场的地面由混凝土浇筑而成，灯柱则由高约1米的镀锌管代替高粱秆，并按照《周易》所记载的九宫八卦设立乾、坎、艮、震、巽、离、坤、兑八宫，加上中宫一共为九宫，据传这是按黄河中下游的九州而设，即雍州、并州、幽州、益州、冀州、青州、荆州、交州和扬州，象征转九曲阵就是游"小九州"。镀锌管与镀锌管之间留出1.5米左右的通道，横排19行，竖排19行，共计361个柱头，其中正中间的柱头最高大，用混凝土做成华表形状，代表"老杆"。柱头上各安放1个电灯泡，取代油灯，外加4盏门灯，共计365盏，取意1年365天。为了简化转灯程序，灯场不再设东、南、西、北4个正门和东南、东北、西南、西北4个角门，中心也没有正中门、东方门、南方门、西方门、北方门、太阳门、太阴门、罗猴门、丰都门和中方门，只留东西仪门，一为进门，一为出门（图6-1），高大的"山门"上写着"八卦九宫张灯结彩岁岁保平安，九曲连环锣鼓喧天环环纳吉祥"的对联，横批"福满乾坤"。不过，虽然建了固定的灯场，但是转九曲表演并没有形成常态化趋势，只是每年正月十五由村民自发演出。一直到2015年8月8日，为了更好地传承民间优秀传统文化和为游客表演地方特色民间艺术，延川乾坤湾景区才明确了常态化民俗文化演艺时间，无论游客是否观看，其表演费用均计入门票当中，演员也由村民变成了正规军，由延川县道情研究中心200余名演职人员组成，其中乾坤湾镇乾坤大舞台和文安驿镇车马店演艺大厅各100人，每半个月轮流转场一次，淡季休息，旺季演出时间为周一至周四的16：00—17：00、20：00—21：00（每天2场），周五至周日的14：00—15：00、16：00—17：00、20：00—21：00（每天3场）。不过，虽然是常态化表演，也会由于某些特殊情况而暂停演出，因此，延川县文化旅游（集团）有限责任公司就会提前发布"关于调整乾坤大舞台演艺时间的公告"，以方便游客观看演出。随着表演的常态化，程家大院的民俗文化表演舞台已经拆除，改成了美食一条街。

图 6-1　延川乾坤湾景区转九曲灯场（旧）
资料来源：作者拍摄。

2017年国庆节之后，考虑到转九曲灯阵设在乾坤湾大酒店门口，既影响酒店的交通和停车，也对转九曲活动的开展形成某种局限。因此，延川县黄河乾坤湾景区管理局便在乾坤湾大酒店前面200米处的地方重新修建了一个新的转九曲灯场，这个灯场不仅体量更大，而且设施更精美，灯杆更粗，灯盏更美，还能不停闪烁，变换颜色（图6-2）。灯杆上纵横各固定安放19盏灯，外加6盏门灯，共计367盏。在灯场的正中央，高高的仿木老杆，远远就能看到。灯场设有进出仪门，由6盏彩灯和灯杆区隔,"山门"也更庄严,上面书写"人文肇始福本源,天地北斗乾坤湾"的对联,横批"九曲乾坤"。每次转灯时由演职人员引导,全程约半小时。夜场转灯结束时,由专人负责关闭电闸。另外,新灯场还在仪门外设置了1个5层露天平台,作为举办大型活动时的礼花燃放台。

图 6-2　延川乾坤湾景区转九曲灯场(新)
资料来源:作者拍摄。

第三节　共同在场:转九曲的主客互动

旅游展演也是一场主客互动表演。游客通过消费东道主所呈现的文化符号而形成多元性与差异化的体验,东道主则通过文化展演,将人与物、前台与后台、故乡与异乡、在地与全球等场景向游客进行呈现。①

(一)表演性呈现:东道主的地方展示

为了适应旅游表演的需要,转九曲将其中最具表演性的片段抽离出来,作为最易被识别的表述呈现给游客,这是乾坤湾人为他者的"看"而生产的自我,以符号化"自我"与旅游"他者化"的方式,在一种相互凝视的场域中建构起乾坤湾的地方性。尽管转九曲曾是乾坤湾年俗活

---

① John Urry, *The Tourist Gaze: Leisure and Travel in Contemporary Societies*, London: Sage, 2007 [2002]: 33.

动中非常重要的一部分，但是随着村落生活的现代变迁，早已不再是娱乐活动的主流，曾经只要转九曲就倾村出动的场景更是不复存在。现在的转九曲活动，参与者基本上都是旅游者，是一种在旅游凝视作用下，专为游客生产的"转九曲表演"，通过对"原生态"文化符号的选取、抽离、改造等方式，建构起符合主流消费文化的地方传统文化空间。

2001年，小程村在复兴转九曲活动时，选取了"抱老杆""偷灯"等具有强烈象征意义的文化符号嵌入到展演叙事当中，使其成为地方文化的表征，以满足游客对于乡村/乡愁旅游纯粹、原初、原始的美好想象，尤其是对"原生态"文化的情怀。在远离现代性模式和全球化图景的传统文化旅游中，游客对"传统文化魅力"的追求日趋强烈，这种魅力就是游客眼里的边缘性、地方性、传统性、乡土性和奇异性等，这也决定了经营企业对包括表演艺术在内的各种文化资源所进行的符号化生产，以及由此打造出的各种文化旅游项目，必须充分考虑游客的认知、品味、期待和评价，让当地的"奇风异俗"能够激发"他者"的兴趣和认同。为此，所有面向游客的表演活动都事先经过了选择性加工和符号化编码。从表演形式上看，乾坤大舞台的表演者不是任何村民都能扮演的，而是经过甄别筛选，一般由长相出众、才能不俗的人来担当。事实上，如果本地表演者不足时，周边村落的村民或者旅游公司的职员都可以担当的。如前所述，在乾坤湾表演正常化之后，演艺人员已经交由演艺公司来挑选和培育，这些演艺人员由旅游公司统一管理，哪里有需要就去哪里表演，并且要求统一着装。

过去，转九曲作为年俗活动，是在元宵节才举办的活动。自旅游开发以后，特别是旅游发展到第三阶段以后，小程村的转九曲无论是内容还是形式都发生了许多改变，如"道情""说书""山歌""剪纸""篝火"等民俗活动，都是针对游客的旅游表演。原本转九曲既娱人又娱神，但转九曲表演则主要凸显娱人性，不但娱神的成分在不断弱化，而且由于灯场已经变成一个常态化的场所，表演的程式也在不断简化，如传统上，"柱""灯"每年都会重新制作，并没有固定的形象。另外，"伞头"也由演员所代替，并且不再穿法衣和拿法器。可见，旅游正在改变着乾坤湾人，使他们逐渐认识到"地方知识"的重要性，并开始利用地方性知识进行各种表演。这些表演不仅构筑起游客与乾坤湾人交流的"前台"空间，也呈现出乾坤湾人真实生活的"后台"空间，既满足了游客的体验需求，也为乾坤湾人带来经济上的收益。通过表演，以便彰显乾坤湾的独特性，突出"传统"村落相较于"现代"社会的特殊之处，从而建构起乾坤湾的地方性。

（二）表演性体验：游客的地方感知

在传统的旅游研究中，视觉凝视被认为是主要的旅游体验方式。随着旅游的发展和研究的深入，除了视觉凝视，游客还通过各种感官来体验地方文化，而这些体验与各种表演密切相关。① 作为集祭祀与娱乐于一体的转九曲年俗活动，本就具有一种自我狂欢的性质，更在旅游发展背景下，将这种独特的展演发挥到极致，成为游客凝视的对象。一方面，转九曲的仪式感和参与性赋予旅游实践以表演性；另一方面，游客的身体也在直接感受转九曲场景中展示和表演自己，如热闹、欢快而又神圣的现场气氛，给游客带来一种别样的在场体验。通常来说，在观看完乾坤大舞台的民俗演艺活动之后，舞台表演者或者导游都会带领游客去下面的九曲灯场转九曲，而游客出于对转九曲的好奇，基本上都会参与到转九曲活动中，完成从观看者到表演者的身份转换，这样的表演活动还是旅游线路中"览乾坤胜景，攀会峰奇寨，赏黄土风情，住特色民宿，品农家小吃，观民俗演艺"整体旅游活动的一部分，包括闹社火、打腰鼓、扭秧歌、划旱船和唱酸曲等，而这种文化的差异性，恰好符合现代性背景下旅游者关于"原生态"和"远方"的地方想象，成为游客逃离日常生活、表达精神诉求的地方。在受访的游客当中，多数游客表示能体验到新奇、神秘、快乐等感受（表6-2），用他们自己的话说："在走了黄河栈道、坐了黄河索道、溜了黄河滑索、开了沙滩摩托、玩了旱滑滑草，看了乾坤湾、清水湾、会峰寨之后，再来转九曲，感受完全不一样。作为上班族，平常都很忙，在乾坤湾特别放松，还可以感受黄河文化。"

---

① ［英］约翰·厄里、乔纳斯·拉森：《游客的凝视》，黄宛瑜译，格致出版社2001年版，第225—230页。

表6-2　游客对转九曲的多维体验

节日体验	社会体验	逃离体验	新奇体验	其他体验
转九曲的氛围	陪伴亲友	减轻疲劳	陌生的地方，新鲜的事物	感受黄土文化
转九曲的场所	加深了解	缓解压力	别样的仪式，奇异的乐趣	体验黄河风情
转九曲的狂欢	结交新友	排解困扰	全新的尝试，新奇的感受	领略地方魅力

资料来源：作者分析整理。

可见，转九曲的新奇感受和轻松体验，使得游客完成了自我重构——日常生活与转九曲中的自我形成强烈对比。更进一步地，在此过程中，游客打破了"我者与他者""表演者与观看者"的"主—客"观演关系，通过参与、介入等方式成为具有一定话语权和空间操控能力的"表演者"和"主人"。如"偷灯"表演就是游客对转九曲活动的现场回应，也是转九曲现场最引人注目的非正式"表演"。在转九曲过程中，游客会象征性地进行"偷灯"表演，只是这种偷不再是将"灯"拿走，而是"摸"一下。在游客心中，"偷灯"成为一种有力的文化感召。虽然引导者事先已经介绍了偷灯的规则，如"偷红灯生儿子，偷绿灯生女子"，可是，在转九曲的现场体验和即兴表演中，游客的偷灯行为其实有着较大的随意性，大家并不那么"虔诚"，而且改造后的九曲灯场由赤橙黄绿白5种颜色的彩灯组成，并不停地闪烁变换，游客在"偷"的时候，往往根据自己的兴趣进行选择，需要迅速抓住灯光闪烁的一刹那。在表演"抱老杆"的时候，也需要快速地完成，因为后面到达的游客可能会催促，或者看到别人在等自己也会觉得不好意思。如果是团队或者结伴而行的游客，还会让同伴尽快帮自己拍照留念，把"抱老杆"的那一瞬间，通过摄像永远地记录下来。因此，这种台前的狂欢更像是一种身体表演，虽然游客沉浸在自我状态的身体行为拘囿于固定程式的约束，但却是一种与环境、时空、群体、自我的对话，是游客作为创造性个体的文化表达。

（三）表演性互动：主客的双向凝视

在旅游研究领域，表演性越来越倾向于强调东道主与游客之间的互动，不再单纯停留在凝视上，而是关注在场、实践、接触和体验，依靠观演的交流建立起一套共有的认知,"观众"与"表演者"通过多种实践行为在多元互视的表演结构中互换,从而形成一种"我者"与"他者"相互交融的"观—演"关系。这种通过身体介入空间的"在场感",是一种具有在场性、身体性、即时性、自发性、本真性、偶发性、亲密性、多样性等特点的非文本表演,[①] 并通过空间的"社会在场"和参与者的"身体在场"的相互作用,建构起表演者的地方性。

为了加深游客对乾坤湾的旅游意象和旅游体验,塑造乾坤湾人热情好客、能歌善舞的形象,旅游公司增设了各类节目和活动以实现与游客的互动。作为带有半祭祀半娱乐性质的转九曲,原本是在长期的实践中,演出者与观众在地域关系基础上,建立起对糊彩灯、转彩灯、偷彩灯、抱老杆等仪式过程的共识、规范与认同,可以说是一种地方性知识。但在转九曲与旅游的联结下,转九曲活动的举办不再局限于乾坤湾人的自我狂欢,而是为了吸引来自村落以外的游客的加入和参与。当然,转九曲也并非仅为外来观众所表演,虽然村民在娱乐形态方面已经有了巨大的转变,但转九曲也发展出不同形式的交流与互动。与旅游表演中的众多传统节庆类似,如果从严格意义上审视,就会发现转九曲所具有的重构和建构性质,更多的是作为吸引客流、发展经济和表达诉求的地方文化名片而推出的,更强调娱乐性,传统的禁忌性、祭祀性、仪式性大多已经消解。对乾坤湾人而言,转九曲表演什么、如何表演,这些都需要组织者经过精心策划,游客作为转九曲活动中外来的他者,需要与游客的认知达成共识,考虑到共鸣点、兴奋点和感动点,如在引导游客进行转九曲活动之前,乾坤湾人将道情、说书、秧歌、小品、舞蹈以及日常生活中的剪纸、布堆画等活动,通过舞台呈现表演给游客,这是一种在游客凝视下的文化表达。游客通过凝视,一方面获得视觉上的体验和情感上的认同,另一方面,游客获得的不仅仅是视觉体验,更通过转灯、偷灯和抱老杆等活动,完成了身体化的文化实践,获得了身体的多感官体验。转九曲活动中保留的"转灯"和"偷灯"环节,就是利用集体狂

---

① 濮波:《社会剧场化——全球化时代社会、空间、表演、人的状态》,东南大学出版社2015年版,第27—63页。

欢来增进旅游体验，这种消融了等级、特权和差异的交融状态，使参与者进入到一个脱离了日常生活规范的世界，形成一种共同体验和亲密接触，产生某种团体意识和群体精神。

作为表演的转九曲，对时间已经没有太多的要求，不管是白天还是晚上，都是可以转的，而且，在仪式过程简化的同时也生发出许多新的形式，如人们在转至灯阵中央时，不仅要"抱"老杆，还要与老杆合影，这些合影不仅成为个人创作的材料，更可能上传至网络平台，成为现场演出之外的另一种"展演"场域，使得展演跨越时空限制进行留存与传播，激发更多有关转九曲的形式和内容。在笔者的田野调查经验里，发现偷灯的随意性也在不断增加，对游客来说，自然是不能偷一盏还一盏，但是改造后的灯场，村民跟游客并无二致，因为"灯"已经不具备"偷"走的条件，故而也就不存在"还"灯的说法，在这一点上，村民与游客都是在表演。从转九曲个案来看，旅游场域中的表演/前台与生活/后台的边界正在消解，通过东道主和游客的互动，实现了表演性呈现和身体化表演的结合。

第四节　小结：表演的地方性

表演的"地方性"是旅游体验的关键，作为一种建构的意义，成为地方最重要的特征。地方旅游发展中，如何挖掘和运用传统节日这一文化资本为旅游增色是一个共性问题。转九曲为旅游体验和传统文化表演提供了时空舞台，作为重要的旅游吸引物而成为游客凝视的对象。对乾坤湾人而言，需要对转九曲仪式进行文化改编或改写，以使其富于表演性；对游客来说，通过参与到转九曲活动当中，完成对乾坤湾的旅游体验。从转九曲活动来看，完整的仪式过程已经不再是最重要的部分，选择性展演的内容才是建构地方性旅游意象的关键。虽然从现场表演来看，基本的仪式过程大体上都保留了，但主要还是突出那些更能代表"原生态"展演的特定场域和仪式细节，因为观众和参与者都已经从村落内部的村民转变为对转九曲抱有原生态想象的外来者，迎福纳祥、祛病消灾、偷灯添丁、子嗣绵延等神性效力亦转化为营造地域文化形象的"发明的传统"。而且，这种祭祀性的减弱也带来时序周期和场所地点的变化。时序周期方面，转九曲从特定时节向世俗时间转变，"旅游"与"玩"成为日常生活中的新型仪式，也让活动举办方生产出一套标准化的解说词；场所地点方面，不同程度的"舞台化"意味着一系列现代"剧场"表演的革新，从转灯顺序、抱"杆"留影到灯场设置等，转九曲都更像是在"导演"主导下剪辑而成的作品，混合了简化、繁化与杂糅等各种手段。当然，从总体上看，转九曲仍然具有地方意义，虽然与过去有所不同，不再以仪式过程、集体欢腾、神圣效力等来确认地方的空间意义，而是以展演的方式支持地方文化发展，但是转九曲的地方性却在现代性背景下，成为乾坤湾"黄河文明"的重要文化象征，以及乡愁旅游发展和美丽乡村建设的重要符号。

第七章　家屋与客栈：民宿的乡愁表达

　　在东道主社会，"家"的私密空间日益被压缩，相反，供旅游者消费的公共空间却愈益凸显。当选择民宿等同于希望体验地域环境或寄托乡愁的场所，民宿经营者便开始将地方性置于游客体验的核心位置。

——题记

　　按照《中华人民共和国旅游行业标准》（LB/T065—2017），所谓民宿是指利用当地闲置资源，民宿主人参与接待，为游客提供体验当地自然、文化与生产生活的小型住宿设施，其特点是"住农家屋、吃农家饭、干农家活、享农家乐、购农家物"。根据所处地域的不同可分为城镇民宿和乡村民宿，并因设施和服务的不同，又分为金宿级和银宿级，其评价原则主要有5个条件：①传递生活美学。民宿主人热爱生活，乐于分享；通过建筑和装饰为宾客营造生活美学空间；通过服务和活动让游客感受到传统待客之道。②追求产品创新。一是产品设计创新，形成特色以满足市场需求；二是产品运营创新，运用新技术、新渠道形成良性发展。③弘扬地方文化。设计运营因地制宜，传承保护地域文化；宣传推广形式多样，传播优秀地方文化。④引导绿色环保。建设运营坚持绿色设计、清洁生产；宣传营销引导绿色消费。⑤实现共生共赢。民宿主人和当地居民形成良好的邻里关系；经营活动促进地方经济、社会、文化的发展。除了上述分类外，民宿也与所属地区的环境资源、人文特色、生活体验、建筑特色、经营特色和地方美食相关联：①环境特色。民宿周遭环境具有独特的自然或社会观光游憩资源，如自然景观、地质景观、名胜古迹、历史建筑、文化遗址、名人故居、文化产业等，能提供旅客观赏、研学等住宿之需。②人文特色。设有地方传统文化、民间习俗等文物典藏或个人艺术创作展示场所，能提供旅客观赏、研学等住宿之需。③生活体验。能结合本身从事农、林、牧、渔、矿业等生产过程或活动，提供旅客乡野生活体验住宿之需，如垂钓、制茶、采果、采矿、淘金等，并提供相关指导解说服务。④建筑特色。具有传统性、代表性、意义性的独特建筑物或室内装潢陈设，并能提供解说服务的住宿处所，如原住民传统建筑等。⑤经营特色。结合地方特色景观、环境、产业等，提供独具特色的游憩行程及导游解说服务，满足旅客研学和政府发展休闲观光旅游的住宿处所；将经营者的艺术创作呈现在游客行程之中，并提供解说服务或教学操作的住宿处所。⑥地方美食。具有地方传统或自创特色美食，广受旅客好评，口碑好、声誉佳，配合政府发展观光旅游的住宿处所。

广义的"民宿"是指提供一种有别于传统酒店或宾馆等的住宿体验，给游客温馨亲切的"家的感觉"的旅游接待场所，强调富有乡土味、家庭味、人情味的食宿体验。在英国，民宿称为"B&B"（Bed and Breakfast），意即住宿和餐饮，是指普通住户将自家房屋一部分分享出来，为路过的旅客、背包客或长途车司机等提供食宿。在美国，民宿常被称为"Home Stay"，与"B&B"相比，它更强调民宿的家庭属性，由于居住者与民宿主人具有较长时间的相处，因而关系更为密切。在日本，民宿称为Minsuku，通常作为农业家庭的副业，因其地理位置处于旅游目的地，为了增加收入，常常把自家房屋的一部分分享出去，用以接待来此踏青、爬山或旅游的游客。与"B&B"不同的是，日本的Minsuku具有浓厚的文化气息，无论建筑风格、环境营造、室内装修、家庭摆设等都透出一种浓郁的地方色彩。台湾的民宿发展较早，是指利用自用住宅空间，结合自然景观、地方文化、生态环境和农林牧渔等生产活动，以家庭副业的方式为旅客提供乡野生活之食宿。在中国大陆，早期的"民宿"是一种农民将自家房屋的一部分空间出租给旅客的留宿设施。目前，"民宿"一词尚未形成统一的定义，"农家乐""家庭旅馆""民居客栈"等常与民宿一词混用。事实上，上述概念既有相同之处，也存在一定的差异。"农家乐"位于城郊或乡村，住在农家、吃在农家、劳动在农家、娱乐在农家,以充满乡土风情的农业活动和农村生活为主要吸引力;"家庭旅馆"侧重于当地人将自家闲置的房屋营造出家庭气氛,为外来游客提供住宿以及零距离体验当地生活的机会;"民居客栈"则着眼于地方文化、风俗习惯、人文情怀等,其地点大都临近古城/古镇和景区(表7-1)。

表7-1 各类民宿横向比较

民宿类型	地理区位	主要功能	建筑形态	设施档次	环境氛围
农家乐	乡村、城郊	食、宿、游、娱、购	前店后院(地)	中、低	家庭味、乡土味、人情味
家庭旅馆	城市、城郊、景区周边	食、宿	闲置或自住房改造	中、低	家庭味、乡土味、人情味
民居客栈	古城、古镇、古村、景区及周边	食、宿、游、娱、购	地域特色民居	中、低	家庭味、乡土味、人情味
民宿	城市、乡村、城郊、景区及周边	食、宿、游、娱、购	普通民宿、精品民宿	高、中、低	家庭味、乡土味、人情味

资料来源:作者搜集整理。

对于民宿的研究,主要集中在民宿设计、民宿体验方面,前者以城市规划、民居设计等领域的学者为主,后者则主要集中在旅游管理领域,强调消费者的情感需求和文化体验,从过去侧重使用价值的消费转向对符号和象征意义的消费,对民宿"家"的氛围更为敏感,指出"在地化"才是影响消费者进行民宿选择的主要因素,消费者既希望享受到舒服干净的居处环境、一应俱全的设备服务、性能完善的基础设施、创新多样的服务质量,也希望享受到民宿经营者营造的"主客关系"所带来的情感依赖,而非旅游活动中的简单交易关系。

具体到黄河乾坤湾景区,自2005年陕西延川黄河蛇曲国家地质公园和2007年山西永和黄河蛇曲国家地质公园获准建设以来,乾坤湾依托良好的自然和人文旅游资源,积极探索地质公园保护与旅游开发的融合发展模式,并在景区逐步实施窑洞民宿旅游品牌的建设计划。随着计划的不断推进，以农业为主要产业的乾坤湾正逐渐转型为以旅游为主轴的农旅融合发展，越来越多的乾坤湾人结合黄河文化、黄土高原等自然与人文资源，纷纷将家屋整修成民宿，期望借由民宿的提供，在让更多的游客体验乾坤湾之美的同时，提高家庭经济收入水平。

第一节 原生态"土"窑洞

具有"依土而居"和"植根大地"的特点，是世居于黄河流域的人们与大地、天空、神灵之间相互依存的观念表达。作为养育黄河流域人们的重要物质存在和精神寄托，"土"是民众思想和生命的源泉，具有至高无上的神圣意义。除了在日常耕作和物质性生产生活中离不开土以外，围绕"土"这一物质存在而衍生出的精神意象充盈了整个黄河流域，并逐渐上升为一个具有普遍意义的文化符号。"土"就如同一只无形的手，形塑了当地人的品性，建构了当地人依生自然的栖居本性。人们创造性地利用沟壑及塬、梁、峁等自然地形条件，总结摸索出黄土在建筑上的独特优势——土质坚实、凝聚力强、干燥防潮、壁立不倒，并在此基础上，采用借势的方式，依托黄河流域的自然地形地貌特点，通过挖土成洞，而不是平地建房，对原始人类的早期栖居场所——穴居进行改进发展，形成了独具特色、融入自然山形地势的窑洞式民居建筑。随着人们对窑洞建造和使用经验的丰富，以及不同建造场所在自然条件上的差异，又逐渐衍生出多种窑洞型制变体，其中以靠崖式、下沉式和独立式三种窑洞最为常见，成为黄河流域窑洞型制的典型范式（图7-1）。

（一）依土而居的型制范式

上述提到，传统的窑洞有三种型制，即靠崖式窑洞（崖窑）、下沉式窑洞（地窑）和独立式窑洞（箍窑）。其中靠崖式窑洞又分为靠山式和沿沟式，窑洞依托山崖的地形修建而成，一般呈曲线或折线排列，如果山坡高度、坡度、厚度等条件允许的话，可以设置多层阶梯状窑洞，有点类似不断向内收缩的高层楼房；下沉式窑洞是一种地下窑洞，主要分布于无山坡、沟壁可依附的黄土塬区，其建造方式是先挖一个方形的深坑

第七章　家屋与客栈：民宿的乡愁表达

靠崖式窑洞（崖窑） 　　下沉式窑洞（地窑） 　　独立式窑洞（箍窑）

图7-1　窑洞型制的典型范式

资料来源：作者拍摄。

（有点类似四合院建筑中的"天井"），然后按照预设的尺寸和功能布局向坑的四面挖掘窑洞，从而形成一个类似四合院的结构；独立式窑洞是一种掩土拱形住宅，按照建筑材料的不同可分为土墼土坯拱窑和砖拱石拱窑洞两种形制。这种类型的窑洞对地形没有特别要求，尤其是后一种形制的窑洞严格来说只是借助了窑洞的外观，不再是传统意义上的窑洞，在建造上更加灵活，既可以独立成房，单层或者多层，亦可不同形制的建筑混合，如上层也是箍窑的称"窑上窑"，上层是木构建筑的则称"窑上房"。

除了上述三种常见的窑洞型制外，还可以结合三种型制窑洞在平面和立面造型上的差异，分化出更加多样和丰富的窑洞范式。如立面造型上按拱门的形状可以分为尖拱门、抛物线拱门和圆弧拱门三种；按门窗数量可以划分为独门、一门一窗和一门两窗三种类型；以层数来分类则可以区分为一层、两层和错层三类。在平面造型上也有规则平面和不规则平面两种类型。

作为乾坤湾最为典型的民居建筑类型和最先形成的传统民居类型，窑洞的形成与演化离不开当地先民对"土"的自然依赖与智慧利用，并在长期的使用过程中，将窑洞与人体相类比，赋予了窑洞丰富的象征意义，这种身体隐喻源于中国传统思维里的"气"。"气"被认为是天地万物的原始构成物质，以"气"为载体凝聚起来的有形和无形物质充溢着整个宇宙空间，并通过世间万物的相生相克构成一个有机的、围绕人而存在的整体。作为人的生命体系中不可或缺的一个组成部分，为人提供安身之所的民居（家屋）空间自然也被升华为与"人"有对应关系的象征空间,期望通过对民居空间布局的操弄实现居于其中的人的美好愿望,这种人本向度或者身体化隐喻也是我国传统民居思想的重要内涵。以"阳宅"为例,其名称基本与身体器官或部位有关,如偏身、露脊、寒肩、单耳、双耳、赤脚、露骨、枯骨、披头、露肘等。[①] 我国古代的风水典籍中,也大量使用人的身体来隐喻住宅的不同结构部分,如"门楼如人之首,体统关乎一身。大门如人之口,出纳关乎五脏""正屋为主人,为本身。两廊为仆从,为手足"[②]。传统建筑上,许多民族都以身体作类比,如侗族的民居空间与人的身体构成部位之间有着明确的对应关系。[③] 窑洞也是一种"人本位"的建筑,因此在建筑格局上体现了以人为参照的一种实在,将构成"人"的客观实在——身体的一切感受应用于布局与结构之中,而且这种对应不是简单地体现在与物质性身体关联层面,而是在意识身体、形体身体、气化身体和社会身体四个层面都存在隐喻关系。

(二)人本向度的身体隐喻

传统的窑洞是一种以人为尺度的住居模式,在结构上具有身体的类比关系。一是意识身体。"意识身体"源于孟子的践形理论,强调"形—气—心"三者结合,主张生命与道德合一。在窑洞建筑中,意识身体主要体现在对方位的感知上,如赋予东、西、南、北、中、前、后、左、右等方位不同的意义,在具体建窑时以此来定向,如窑洞的平面布局一般来说都是以中轴线为基准,除了能准确界定窑洞的方向之外,也可作为对称的中轴线,表征了中心思维的对称配置观念。从平面格局来看,窑洞有如人体器官,各部分具有结构上的连接性,亦即把宅体当作身体来诠释,将身体视为"小宇宙"。窑洞的这一空间布局吻合了我国传统文化中"身体小宇宙"的观念和实践,即身体的生成化育与宇宙万物相感应。二是形体身体。窑洞的形体身体隐喻在内部空间命名的身体化和空

---

① 我国风水典籍上对耳房、偏身房、露脊房、赤脚房等借助人的身体部位来表征住屋的结构有丰富描述,详见王玉德《风水术注评》,台北云龙出版社1994年版,第159页。
② (清)魏青江注:《宅谱迩言》,扫叶山房1912年版,第515—576页。
③ 赵巧艳:《空间实践与文化表征:侗族传统民居的象征人类学研究》,民族出版社2014年版,第451—452页。

间度量的身体化两个方面都有具体表现。窑洞的内部空间布局通常以"身体"作为依据来进行类比,如正厅/房间＝头/肩、左右伸手＝左右手臂。认为房子就好比是人的五官,大门是气口,窗户是眼睛,正厅和房间分别是人的头部和肩膀,两侧护龙(伸手)好比人的双手。而且房屋布局时,两护龙的长度不能超过"正身",避免"伸长手",有向人乞讨之嫌。另外,布局时还要避免单边护龙(只有左或右护龙),这样就好像身体少了只手臂,无法围拢聚"气"。窑洞建造过程中,在空间量度方面除了常用的鲁班尺①、压白尺、门光尺法②之外,还会用"步"和"踏"做度量单位。"步"通常用来度量"埕"③的面宽和进深,以确定"埕"与大门之间距离的吉凶尺寸;"踏"则用于度量台阶及台基的高度,并且"步"与"踏"的数目有吉凶之分,均以单数为宜,如1"步"、3"步"或1"踏"、3"踏"等。修建窑洞时,"埕"的尺度大小与正身和护龙的规模相关,对此,传统匠师都拥有一套特别的经验吉凶法则。在具体营造过程中,匠师对"埕"的尺度丈量,主要运用"步法",其中1"步"的长度合4尺5寸,约合1.336公尺。"步"主要用来量度"埕"的进深尺寸,由屋顶滴水线量到"埕"前方的墙内或者出水口,而"埕"的面宽尺寸则与正身等宽,而且符合单数步的原则。三是气化身体。中国传统的身体观表现为气、形、神三重结构,并且在长期的实践中,逐渐演化为"以气为本、形神相卫"的哲学理念。黄河流域窑洞建造也受到这一思想的深刻影响,主要表现在围护、环卫的宅体配置上,认为大自然充溢着流动、交替着"气"能量,因此宅体须形成环卫之地、护龙之境,以营造充满流动之"气"的场所。窑洞一般由两部分组成:一是"正身—护龙",一是"厝身—伸手",但均以"身体"为类比,两者都具有环抱、内聚、护卫本体之"气"的隐喻。气化身体隐喻还体现在窑洞选址上,

---

① 鲁班尺也称法尺,分八段,每一段用一个有丰富表征意义的字来指代,所以鲁班尺又称八字尺。更多解释详见赵巧艳《空间实践与文化表征:侗族传统民居的象征人类学研究》,民族出版社2014年版。

② 门光尺和压白尺法都源于鲁班尺,更多解释详见赵巧艳《空间实践与文化表征:侗族传统民居的象征人类学研究》,民族出版社2014年版。

③ 指房屋正身(护龙)或厝身(伸手)环抱的空间。

如窑洞的相对方位是通过太极、两仪（阴阳）、四象（青龙、白虎、朱雀、玄武）、八卦（乾、坎、坤、离、震、艮、巽、兑）等观念来建立的，这些观念也都与人的身体结构有着紧密的联系与对应。四是社会身体。身体是社会文化的建构，因此人的身体不仅具有生物性，更具有社会性。社会身体是指人的社会地位，由礼制、伦理等规范建构而成。礼制不仅是一种思想，而且还是一系列的行为规范，它制约着社会伦理道德，也制约着人们的各种行为，是人际关系中一种界定尊卑、等级、秩序的机制。中国传统文化中，"礼法"观念与"空间"观念互为表征，亦即人有道德标准，屋有形制规范。"礼法"观念依长幼次序，逐层推演，构成多重伦理网络，使"人"的地位予以区分；"空间"观念则区分空间的位序，使得人与空间构成严谨的人地关系与形制规范。传统上，窑洞的空间布局必须遵循礼制规定，如正厅被视为与神明或祖先"沟通"、与心灵交会的场所，是"正"（主要、居中之意）"厅"之所在。正厅比拟为身体的头部，具有思想的传递、行动的指示等功能。因此，正厅为窑洞内部空间的核心，是家族精神的代表，两护龙亦以左大右小的次序呈现"龙边大于虎边"的层级关系。各"间"又以正厅为中轴线，根据与正厅的区位不同，形成空间的位序观念：一是"正尊偏卑"，表示距离中轴线近者为尊，远者为卑；二是"左大右小"，也就是在中轴线左侧为尊，右侧为卑。除此之外，空间的尊卑观念还反映在建筑高度上，位尊者，其台基与屋脊便高，反之则低。假设在一个完整的窑洞院落内，正面所挖 3 孔洞室中，正中间位置的窑洞尺寸最大，而且必须是长辈的所居（正中窑洞也相当于厅堂或中堂，往往用来布置供奉先祖的灵牌），然后按照"左大右小"的次序，长子、次子分别住左右 2 孔窑洞，再往外，子孙或外人则只能住东西两侧（相当于厢房）的窑洞，从而使得窑洞在结构上除了具有身体的类比外，还多了一层内在的伦理位序观。

第二节 改造的"土"窑洞

随着旅游的发展，乾坤湾景区内的酒店和农家乐逐年增多，并应游客的要求不断改善。从 2017 年开始，乾坤湾镇按照"资源变资产、资金变股金、农民变股东"的思路,采取"公司+合作社+农户"的模式,探索推进农村宅基地"三权分置"改革,以村民现有窑洞为资产入股延川县文化旅游(集团)有限责任公司下设的民宿开发公司,在刘家山村和碾畔村改造维修窑洞500孔以发展民宿产业。民宿公司负责融资对窑洞进行维修改造,然后先由公司经营5年回收成本,合同到期后,按照公司占60%、村民占30%、合作社占10%的股份运营分红,并在日常管理中优先雇用农户打工。该项目的实施不仅盘活了农村闲置资产,增加了农民收入,还壮大了村集体经济,又满足了游客的需求,有助于推进旅游产业发展和乡村振兴战略的实施。随着旅游开发的持续推进,延川乾坤湾景区内窑洞民宿逐年增多,并在与游客的互动中不断升级,延川县政府还研究制订了《农家乐扶持发展方案》和《星级酒店补助方案》,对在乾坤湾景区兴办农家乐达到三级、二级、一级标准的,分别补助5万、8万和10万元的资金扶持;建设星级酒店的,按照每个床位1万元的标准给予补助。截至目前,延川县累计扶持景区农家乐100多户,建成黄河乾坤湾度假村、乾坤湾大酒店、古船客栈、清水湾古街民宿4家四星级民宿,实现了同时接待2000多人住宿、8000多人就餐的旅游服务能力。除此之外,延川县还实施资金补贴、小额担保贷款、免费创业培训等,并按照"提升一批、完善一批、改造一批、新建一批"的发展思路,推进乾坤湾窑洞民宿建设,责成延川县黄河乾坤湾景区管理局和延川县文化旅游(集团)有限责任公司为窑洞民宿经营者提供轮训、策划、监督、宣传、统计等服务。因此,乾坤湾景区窑洞民宿也成为反哺农业、农村、农民的成功实践,推动了窑洞民宿的发展,盘活了农户闲置住房资源,推动旅游产业与农业、美食、林业、康体等产业的融合发展,为乾坤湾景区的"产业兴旺"做出了贡献,直接或间接带动1000多名贫困人口实现就业脱贫,从多方面促进了乾坤湾的乡村振兴。随着旅游的跨越式发展,乾坤湾景区内50%的贫困人口通过参与旅游相关服务业实现了稳定增收。2017年,乾坤湾镇旅游人数首次突破90万人次,推动近800户农户参与旅游业和374户贫困人口脱贫摘帽。

在历时近7年的时间里,笔者长期关注乾坤湾景区的民宿发展,从窑洞民宿经营者和消费者两个角度切入,采取实地调查、深度访谈、参与观察、网络文本等研究方法来获取研究所需的第一手资料。实地调查环节，重点对窑洞民宿的地理位置、建筑风格、房间数量、内部设施、配套服务、资料介绍、周边旅游开发情况等信息进行统计。深度访谈环节，重点了解民宿的发展历程、客源分布、经营状况、营销手段等，并详细询问经营者的个人信息，包括性别、年龄、家庭状况、社会关系、经商经验等。在民宿消费者的乡愁感知层面，主要采取参与观察与深度访谈相结合的方式，观察游客的言语表达和行为表现，为避免参与观察所带来的个人理解偏误，辅以非正式访谈，借由轻松的闲聊方式，让游客自在地表达出内心最真实的感受与想法。实地调查、深度访谈和参与观察分4个时间段进行：2014年11—12月，对延川乾坤湾进行大范围的初步调查；2018年3月16—18日，地点为乾坤湾镇小程村和碾畔村；2018年3月28日，地点为永和乾坤湾景区的东征村、于家咀村和河浍里村；2018年5月23—24日，时值延川县文化旅游（集团）有限责任公司举办乾坤湾民宿培训，调查组全程跟踪此次活动，先后在刘家山、清水湾、乾坤湾、会峰寨、牛尾寨等开展调研与访谈。仅在延川乾坤湾，就先后采访了23家民宿经营者，其中包括企业经营型4家、公司+农户型2家和农户自营型17家（表7-2）。此外，还对部分游客、黄河乾坤湾景区管理局、延川县文化旅游（集团）有限责任公司部分工作人员、乾坤湾镇碾畔村驻村第一书记等进行了访谈。采访录音共32段，合计562分钟，录出有效信息78303字。网络文本资料部分，通过对乾坤湾官方网站、新浪博客、大众点评网、携程、途牛、马蜂窝等旅游网络平台，重点收集与乾坤湾窑洞民宿相关的文字和图片资料，共收集到的文字资料约3万字，图片共300余张。

表7-2 延川乾坤湾景区受访民宿区位、设施与经营概况

民宿名称	接待规模	区位	服务内容	星级	订房价格	线上订房	性质	营业时间
乾坤湾度假村	140	游客中心	住宿、餐饮、娱乐、休闲	4	≥208	是	企业	2012
古船客栈	32	伏羲码头	住宿、餐饮、娱乐、休闲	4	≥282	是	企业	2015

续表

民宿名称	接待规模	区位	服务内容	星级	订房价格	线上订房	性质	营业时间
乾坤湾大酒店	184	小程村	住宿、餐饮、娱乐、休闲	4	≥288	是	企业	2015
清水湾古街民宿	54	清水湾	住宿、餐饮、娱乐、休闲	4	无	无	企业	2017
碾畔民宿	200	碾畔村	住宿、娱乐、休闲	无	≥308	是	公司+农户	2018
刘家山·1936民宿村	70	刘家山	住宿、餐饮、娱乐、休闲	无	无	否	公司+农户	2017
程家大院	200	小程村	住宿、餐饮、娱乐、休闲	无	246	是	自营	2010
贺佳家园	18	杜家坬村	住宿、餐饮、娱乐、休闲	无	≥508	是	自营	2013
程府家宴	30	小程村	住宿、餐饮、娱乐、休闲	无	无	否	自营	2013
东雄农家乐	25	小程村	住宿、餐饮、娱乐、休闲	无	≥128	是	自营	2013
伟伟农家乐	42	小程村	住宿、餐饮、娱乐、休闲	无	无	是	自营	2010
贺彩虹烩菜馆	10	小程村	住宿、餐饮、娱乐、休闲	无	无	否	自营	2016
红红农家乐	30	小程村	住宿、餐饮、娱乐、休闲	无	无	否	自营	2013
黄河湾大酒店	250	南大门外	住宿、餐饮、娱乐、休闲	无	无	否	自营	2013
玉玉农家乐	31	小程村	住宿、餐饮、娱乐、休闲	无	无	否	自营	2011
老村长农家乐	40	小程村	住宿、餐饮、娱乐、休闲	无	无	是	自营	2011
红军农家乐	14	刘家山	住宿、餐饮、娱乐、休闲	无	无	否	自营	2017
点滴水农家乐	56	刘家山	住宿、餐饮、娱乐、休闲	无	无	否	自营	2017
会峰客栈	44	会峰寨	住宿、餐饮、娱乐、休闲	无	187	是	自营	2018
祥盛田院	36	会峰寨	住宿、餐饮、娱乐、休闲	无	无	否	自营	2018

续表

民宿名称	接待规模	区位	服务内容	星级	订房价格	线上订房	性质	营业时间
牛尾寨客栈	46	房家圪	住宿、餐饮、娱乐、休闲	无	143	是	自营	2018
牛尾寨农家乐	24	房家圪	住宿、餐饮、娱乐、休闲	无	153	是	自营	2018
清水湾二十七坊	60	清水古街	住宿、餐饮、娱乐、休闲	无	无	否	自营	2017

资料来源：作者调查整理。

（一）有形的乡愁空间生产

景区内的窑洞民居需要修缮和保护，对乾坤湾人的认同观念产生了影响。保护千年古窑和村内古窑洞不仅是旅游公司经济利益使然，也是地方政府的职责。乾坤湾人现在都很熟悉"保护"这个词，但保护究竟意味着什么，在村民眼里，大体是要自己的古窑洞保持不变，也不能随意改建。当地政府的想法是"修旧如旧"，然而这需要资金投入。率先付诸行动的是旅游公司。在公司看来，重要的是整体的风貌和风格，符合黄河文化、黄土文明、窑洞民居特色即可。不过，虽然不同的民宿经营者因为对乡愁的理解不同，会选择不同的乡愁符号来建构、生产乡愁空间，但"家"的外壳也就是民宿的硬性更容易被复制，因此，具有窑洞外观的"家"也就成为3种民宿经营者的共同选择和创造性再现（表7-3）。

表7-3 乾坤湾窑洞民宿"家"空间营造

类型	方式	策略
企业经营型	建/装一个"家"	先行策略
公司+农户型	租一个"家"	差异策略
农户自营型	盖/改一个"家"	跟随策略

资料来源：作者调查整理。

在乾坤湾旅游开发之前，民居、窑洞、民宅与"家"同义。如今，民居一词需要区分为民宿与民宅，并且因为经营者的不同，"家"的概念也日益多元化。在乾坤湾，企业最先经营民宿，更因占有绝对的信息、资源、资金等优势，使得民宿所处的区位最优、规模最大、档次最好、标准化程度最高。如最先营业的乾坤湾度假村占据了景区的最佳区位，始建于2012年，与乾坤湾旅游开发同步进行，临近乾坤台游客服务中心，交通便利，设施完善（图7-2）；古船客栈坐落于乾坤湾景区伏羲码头，可同时容纳32人住宿、130人用餐；乾坤湾大酒店临近乾坤大舞台，拥有各类客房92间，可同时容纳200人就餐；清水湾古街民宿由延川县文化旅游（集团）有限责任公司投资，新建38孔窑洞，形成35间房，其中2间为高级套房，各占据2孔窑洞，从1—35号院对窑洞民宿进行编号管理。

图 7-2　乾坤湾度假村

资料来源：作者拍摄。

公司+农户虽然建设最晚，但也因为资金、见识、政策等优势而具有后发优势，不仅租用了几乎整个乾坤湾镇所有的闲置窑洞，也因盘活了村内的闲置资源而享有较多的政策优惠。如碾畔村被整改成包括33个院落 107 孔窑洞的碾畔民宿（图 7-3），这些窑洞民宿着力打造高端民宿，窑内分为中炕、前炕、后炕、床 4 种形式，配备饮茶室、独立卫生间、电地暖、空调、生态水暖炕，高档实木家具等生活设施，辅以陕北民间艺术家冯山云的剪纸和布堆画。33 个院落以一院一风格设计打造，有的以农家菜园为主，有的以特色花卉为主，有的以大树草坪为主，有的院落建有厨房，游客可体验旅游做饭的乐趣。因此，导游词强调："窑洞民宿与陕北农家院相结合，游客可以和陕北农民同住一院，可品尝真正的陕北农家特色饭，无事时可结伴走在林荫小路上，领略一方风土，感受黄河的博大。"其实，碾畔民宿除非游客自己做饭，否则这里既没有早餐也没有正餐配备，必须坐车或者步行 2 千米到小程村才能解决吃饭问题。由于是利用农户闲置的窑洞改造的民宿，民宿主人并不在这里居住，故而游客并不能与农民同住一院。

公司+农户的发展模式，还承担了政府旅游扶贫的功能。如刘向红是乾坤湾镇碾畔村的一户贫困户。2017 年，他留下 2 孔窑洞自己居住，将另外 2 孔闲置窑洞入股了延川县文化旅游（集团）有限责任公司。

对于农户自营者而言，民宿首先是一个"家"，其次才具备酒店的功能，往往由于资金不足而常常需要不断改造，如黄河鱼农家乐（即老村长农家乐）虽然是农户中最先开农家乐的，但程家大院才是规模最大、档次最高的。总体上看，绝大多数农家乐都是利用黄土高原特有的建筑形式——窑洞来开展经营活动。为了凸显黄河文化和黄土风情，不管是传统石窑还是现代砖房，都选择挂上各种招牌、大红灯笼、农家美食、宣传长栏和老式农具等。更有部分农家乐在墙上张贴各种剪纸、赶牲灵、转九曲和闹秧歌等民间艺术。除了突出农家乐的主体建筑——窑洞特色外，农家乐经营者也开始意识到外景空间资源的重要性，因为在消费者看来，这种外围空间是最能体现"原生态"文化的组成部分。外围空间又分为自然生成和人工建设两种，前者包括临近自然的河流、天然的景观等，后者诸如耕地、菜园、果园和农舍等。外围空间的生产方式主要有命名（贴标签）和传说等。游客对农家乐外围空间的消费一般是在当地村民的引导下进行，如口头讲述、宣传手册、宣传视频等，通过村民的口头讲述，这些自然景观和历史传说便巧妙地融合进了原生态农家乐的空间生产当中。

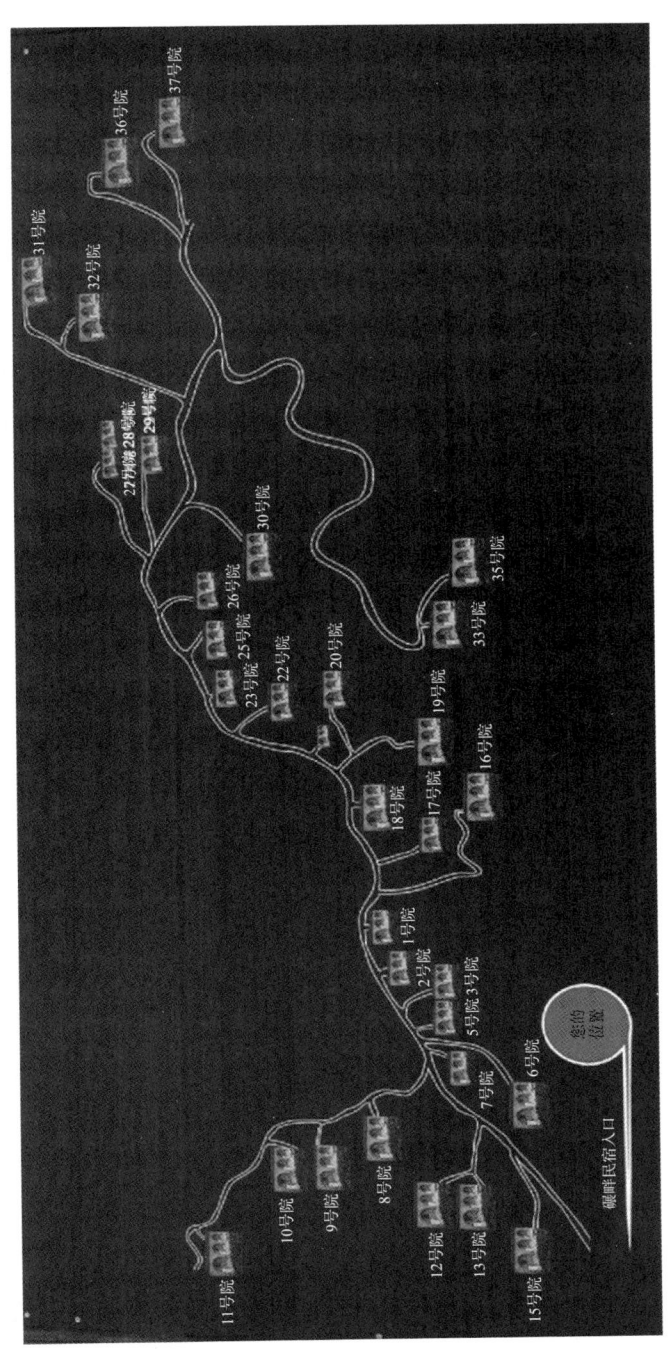

图 7-3 碾畔民宿

资料来源：作者拍摄

现在窑洞建筑被认为是乾坤湾文化的一个重要符号。而真正有着 1500 多年历史位于小程村的 3 孔千年古窑，因为具有历史价值，并不能开发利用，也不能收费，与这些窑洞民宿相比，倒显得寒碜得多，但引领游客参观却又需要这些具有历史底蕴的景观来作为游览线路安排和彰显乾坤湾的文化特色。

（二）无形的乡愁体验服务

服务最基本的特性就是无形性，因为服务是一种绩效或行动，而不是实物，所以我们不能像感觉有形商品那样看到或触摸到服务。从顾客的角度来看，服务使其产生最鲜明的印象就发生在服务接触时。旅客在一家酒店所经历的服务接触包括住宿登记、由服务人员引导至房间、在餐厅就餐、要求提供唤醒服务以及结账等，这些真实瞬间连接起来就成为一个服务接触序列，顾客正是在这些接触过程中获得对服务质量的独特印象，而且每次接触都会对顾客的整体满意度和再次进行交易的可能性产生影响。为了满足消费者对窑洞民宿的想象，民宿经营者借鉴其他许多地方的成功经验，为游客打造了更有"家味"的乡愁体验服务。试想一下，当你背上行囊，踏上旅途，在一个陌生的地方，等待你的不是酒店服务员和标准间，而是一个从未谋面的陌生人和他的家，这种体验无论如何都跟酒店住宿不一样。

访谈 7-1：游客阎先生（四川）。民宿更有家的感觉，酒店不能做饭，我们就想有个地儿能一块儿喝喝酒唠唠嗑，关键是便宜，一晚上才几百元钱，分摊到每个人才 100 元左右。

访谈 7-2：游客张先生（宁夏）。与住酒店相比，住民宿还有更深层次的意义，可以打破相对闭塞的生活状态，在和别人的沟通中获得更多的信息。去年，我在乾坤湾一家民宿住了一星期。每天游玩回来大家都会坐在一起聊天，有时还一块儿做饭。从家乡的风土人情到现在的生活状况无所不聊，我听到了很多以前没听过的新概念，感觉挺有收获的。房东还建了一个微信群，所有住过他家的人都在里面，这个群里经常交流各种信息，其中一个住客之前还帮我介绍工作,虽然最后没弄成,但我也打听到不少信息。

访谈7-3:月月农家乐。农家乐一般都比较小,有时间跟客人互动,知道客人要去哪里玩,做怎样的行程安排,因此都会给他们一些建议,因为我们都是当地人,了解当地的文化、地理、景观,可以给客人介绍乾坤湾的发展过程、故事和传说,还可以带客人串门子、逛景区。

第三节 消费者语境下的乡愁意象感知

旅游是寻找"差异性"并制造"反向生活"的体验过程,也是一个通过将地方性嵌入旅游吸引物之中来吸引游客消费并提升游客满意度和地方美誉度的过程。对消费者而言,与经营者的互动比民宿实体环境、硬体设施或旅游介体等都更为重要,因为民宿经营者温馨的服务与面对面的接待,往往带给消费者独一无二的住宿体验(表7-4)。而且,从"家"外空间上看,无论是土窑、石窑还是砖窑,都属于具有黄土高原特色的窑洞建筑;从"家"内空间来看,主要陈设无外乎炕、卫生间、电视机等,差异并不是太大,因此民宿的特色主要取决于经营者的个人特质与经营模式。

表7-4 消费者对乡愁意象的感知

感知维度	感知	感知方式	感知内容
对实体空间的感知	经营者的家庭氛围营造	共同在场	乡土味、家庭味、人情味
对无形服务的感知	消费者的家庭味向往	情感共享	

资料来源:作者调查整理。

(一)乡土味

乡土尽管并不能与乡愁画等号,但是乡愁旅游却与乡土相依相随。2019年中央1号文件更提出,乡村旅游要打好乡土牌、留住乡土味。在企业经营型、"公司+农户"型和农户自营型3种模式中,企业经营型民宿的乡土味较之其他两种民宿形式为淡，虽然从"家"外空间上看，建筑形式都为窑洞，但内部设施、接待服务却更接近宾馆和酒店，采取的是标准化服务模式，不仅员工相对固定，而且统一着装，如古船客栈宣称是停靠在黄河岸边的诺亚方舟，又号称是伏羲女娲时期遗留的古老渡船，客房一侧面向山清水秀的伏羲码头，另一侧紧邻日夜奔腾的滔滔黄河，但与乾坤湾的关联性却不强，更不能代表乾坤湾窑洞民宿的地域文化特色。换言之，消费者其实也可以到其他地方感受这种古船木屋住宿体验。另外，尽管乾坤湾度假村、乾坤湾大酒店、清水湾古街民宿3家企业经营的民宿保留了窑洞建筑的外形，但这种"家"更像是刻意制造出来的，是一种可以购买的"家"。

（二）家庭味

所谓家庭味是指民宿的空间布局、室内陈设和服务方式等能让消费者产生"我的第二个家"的想象，透过特有的居家原则与规定，使消费者减少商业化的感觉。像当地人一样生活，是民宿消费者的普遍追求，"来这里，慢下来，享生活"几乎是所有民宿消费者的期待。而在这一点上，上述3类民宿经营中，农户自营的民宿则占据优势，他们往往会选择能言善道、笑容可掬的人来进行接待工作，其他人员则热情地招呼消费者入住，透过彼此的互动来加深客人对民宿空间中"家庭味"的认识，如延川乾坤湾小程村的老村主任农家乐，二楼有1孔窑洞原本是其儿子儿媳结婚的婚房，后来孩子去县城创业了，空出来的窑洞也作为民宿接待客人，入住的客人往往产生住在老村长家里的感觉，这种带有主人个性的住宿体验，让前来消费的住客体验到一种特殊的经历。

（三）人情味

人情味赋予每间民宿以迥异的柔性体验和乡愁想象。民宿经营者的肢体动作、言语表达、心情变化等，更能让消费者感受到"家"味，这在都市空间是很难想象的，如麦当劳、便利店等，店员面对任何人都采取同样的接待流程。而在乾坤湾，大多数自主经营的民宿主人都会热情招呼：

进来坐啊,在这里吃饭啊,随便坐。

乡愁意象不仅取决于民宿经营者的建构,也仰赖于民宿消费者的感受。民宿经营者既以自身喜好选取乡愁呈现的表象,更在与消费者凝视与互动中共同型塑出当地的乡愁意象,并借由消费者在民宿空间与场景中体验到的种种,再现民宿主人对乡愁的诠释。消费者经由住宿过程亲身体验经营者所建构的空间与意象,并将这些元素转化为该地的符号,再透过这些符号来认识地方,展开对乡村的乡愁感知,但有时也可能产生某种偏差或过于简化的乡愁意象。

访谈7-4:LJ(老村长农家乐女主人)。只有住农民自己开的农家乐才有人情味,那些企业经营的,他们都请的服务员,走的时候,也不会把你们送到大门口,收费什么的,也是有标准的,他们也做不了主,不会少你十块八块的。

第四节 挂着招牌的"家"

在中国农民的社会生命中,最能使他们保持稳定因素的是对"家"的顾念。在传统农民世界中,家不仅是提供食宿、舒适安全、居家养老等物质和功能意义的房舍,更重要的是家所具有的社会、文化和仪式意义。透过家这个实体,农民才能求得时空的延续性,并为自己死后的灵魂觅得栖身之所。从这个层面上而言,家不仅为现存的成员而存在,在现世的观念之中,家还是逝世的祖先和未出世的子孙会集的地方。所以男性在尘世的定位,要根据其联系过去和未来的能力而定。对他的祖先,要妥为安葬并定时以牲礼祭拜;对于子孙,要让他们有屋可住,娶得娇妻,生个儿子。① 不过,这种状况正在不断发生变迁,特别是对于旅游型

---

① 黄树民:《林村的故事:1949年后的中国农村变革》,素兰、纳日碧力戈译,生活·读书·新知三联书店2002年版,第15页。

村落来说。乾坤湾自然也不例外。

（一）旧"家"与新"家"

农家乐的兴起正在悄然改变着村民的家。乾坤湾旅游开发以后，一拨一拨的游客慕名前来。小程村作为游客进入延川乾坤湾的第一站，是乾坤湾镇碾畔村委两个自然村中最先经营农家乐的村子，也是离延川乾坤湾景区最近的村落。从老村长开办的第一家农家乐到现在，乾坤湾的农家乐数量逐年增长，并且档次不断提升，仅小程村一个自然屯就已经有几十家，还有专门针对摄影、写生等特殊要求的家庭旅馆，很多农家乐还兼营各种日用品。农家乐是乾坤湾乡愁/乡土/乡村旅游的重头戏，也是村民参与旅游的主要方式之一。在通往乾坤湾的路上，随处可见各种农家乐的招牌，特别是程家大院，不仅最先制作路旁招牌，而且广告都打到了省内外。挂着招牌的"农家乐"同时也是村民的"家"，即使像程家大院那样规模庞大、享誉盛名的农家乐也是如此。既然是"家"，自然也是一家人的日常作息之处，承担着家庭生活的功能。由于开农家乐要使游客住得舒服，一般都需要盖新房，并且主要盖在地理位置优越的地段。按照一般的理解，谁都喜欢住在新房子里，可是开农家乐的家庭可能会是另外一种情况。乾坤湾与其他地方的乡村社会一样，传统的大家庭模式早已瓦解，取而代之的是核心家庭和空巢家庭。在乾坤湾，住在旧窑洞的一般都是老人，一位老人是这样说的：

> 我们家是开农家乐的，不过是我儿子开，他们在离景区近的地方盖了新房，有7孔窑洞，方便做生意。我住在这里离得也近，每天可以去那边看看。农家乐吵得很，人来人往的，我一个老人习惯了清净，住在老房子舒服，不想搬。

经营农家乐与传统生活方式的差别正逐渐被村民所认识，一位店主聊起他开农家乐的情况：

> 我觉得开农家乐虽然可以挣一点钱，但一天到晚守在这里也觉

得有些闷。生意好的时候吧还好，生意清淡的时候最无聊了。晚上也比不开农家乐时睡得晚多了，有时候还要到 12 点以后，因为客人要看表演，或者玩到很晚。早上也起得早，一般 6 点左右就开始准备早餐了，有些客人起得早，要去看日出拍日出。不过，我们辛苦一点不要紧，要让游客方便，否则游客就不来了。白天一般比较闲，就是做做饭什么的，时间不确定，什么时候游客来了就什么时候做。旺季会忙一点，也就是从每年的 4 月到 11 月前后这段时间。地已经不种了，旅游开发之后也没有多少地了。经济收入主要靠农家乐。我家的位置好，生意一直都不错，就是有时候忙起来感觉人手不够，平时就我跟婆姨两个人。老人有时候也过来帮帮忙，他们住在老房子里。孩子上学去了，放假才能回来帮忙。

从上面的讲述中可以看出，村民的生活作息逐渐脱离了农耕生产节律，渐渐围绕旅游活动来安排时间，家庭成员之间的劳动协作按照旅游服务的需要进行组合，老人不在此养老，孩子也不在此成长。房屋是一个家存在的重要依凭，家的改变反映了居住者思想观念的变化。现在在乾坤湾，对很多村民来说，是否需要盖新房，很大程度上并不是因为经济状况的改善，也不是为了满足居住的需要，而是与旅游发展息息相关，吸引客人的需求杂糅进家人的需求当中。房屋的功能已经超越了简单满足家庭居住的需要，主要为开办家庭旅游（农家乐）而存在。经济条件的改善也离不开旅游的发展，之所以有能力盖新房，其中一个原因是可以从旅游中获得经济收入，这就形成了一个循环，旅游发展增加经济收入，盖新房提升农家乐的档次，反过来又进一步提高了经济收入和促进了旅游发展。

（二）不断更新的"家"

走在乾坤湾，随处可见各种已经挂上招牌的"家"。这种旅游发展带来的新现象正逐渐改变着村落的面貌和内涵。一个"家"如果成为"农家乐"，挂上"某某农家乐"的灯箱和招牌之后，它就已经超越了原本意义上的"家"的含义，从而拥有多重功能和意义，也成为便利设施（amenities）和旅游凝视（tourist gaze）的对象。随着旅游在乾坤湾的逐渐蔓延，市场逻辑正日益渗透进村民的意识当中，家屋空间无论是居住格局还是室内布置都发生了巨大变迁。一些农家乐的主人为了提高接待能力，窑洞孔数的增加和房间数目的增加是最简单也是最直接的手段。在开农家乐的村民中，作为家庭成员共享的私人空间不断受到挤压，缩减为1—2孔窑洞，其他几乎全部改造为客房进行经营。客房的配置按照宾馆标准间的要求进行设置，比方安放打造1—2个炕，或者摆放2—4张床。旅游刚起步的时候，几乎每个房间都配有电视机，有的客房还装有电脑或者网线，以方便客人上网，现在又差不多全部装了Wi-Fi，网线和电话线也废弃了，电视机成了真正的"摆设"。越来越多的农家乐还设有独立卫浴，跟城里的小旅馆类似。农家乐室内配置的改变中，除了将卧室改造为客房外，卫生间的改造也与普通村民家大不一样。在乾坤湾，一个值得一提的现象是，长期以来，厕所都是以旱厕为主，而且是不分男女的。但是在农家乐，现在几乎都改为水冲式厕所了，而且与普通公厕类似，很多院落里的厕所都分为男女两间。在田野调查中得知，这种改造不是出于村民的意愿而是为了迎合游客的需要。在访谈中，大部分村民对乡村旅游的吸引力都有着大同小异的解释：

> 城里人喜欢来乾坤湾，主要是对城里的高楼大厦看得烦了，小轿车坐得多了，饭馆子下得多了。他们来这里玩也就是图个新鲜，放松放松心情。我们这里人少安静，生活简单。

对于新式农家乐的发展方向，村民也显得有些为难：

> 农村有农村的好处，我们吃住用就没有那么多讲究。但是来这里旅游的城里人他们对自己的生活方式习惯了，对我们这里吃的用的住的都不太适应。比方他们喜欢睡床，对于睡炕也就是图个新鲜吧。最难搞的是上厕所，他们不习惯旱厕，现在的水冲式厕所都是为了搞旅游才改造的，没有办法啊，不改造客人不喜欢来啊。还有电视、电脑、上网、淋浴什么的，也都是游客来旅游的时候提出来

后我们慢慢改进的。其实，我们这边冬天很冷，冲厕所的水管埋得很浅，一到冬天都冻住了，根本没法用。反正冬天也基本上没有游客，我们还是习惯于旱厕。

由此可见，旅游正在改变乡村社会的住居传统。为了满足过惯了城市生活的游客的需求，乡村开始进行大量的建设。从建筑外观上看，家也许还是窑洞的样子，但其实与传统意义上的家已经有了很大的差别。旅游发展带来的工业化景观正以一种不易觉察的方式慢慢融合进村民的家庭当中，改变着村民的居住格局、空间布局和空间秩序。值得一提的是，为了促进旅游发展，商品化趋势不可避免，但反过来，商品化又导致旅游吸引力的下降，这是硬币的一体两面，成为乡村旅游发展的悖论。从社会意义上看，挂着招牌的"家"还带来了家庭秩序的改变。除了前述所说的老人不在农家乐里颐养天年和小孩不在农家乐里成长玩耍之外，村民普遍表示开农家乐会影响孩子的学习。当然，造成这种情况的原因有很多，但是开农家乐也还是有所影响。由于开农家乐需要的人手很多，基本上是一家老少齐上阵，如果遇到节假日游客增多，孩子正好放假在家，帮忙打理也是常事。因此，游客的到来使得"家"拥有了多重功能和意义。在对村民的访谈中，当问到家住哪里这个问题时，多数人的回答都不是具体的地理位置，而是这些家所挂的招牌名称，如"我家就是贺佳家园"或者"伟伟农家乐就是我家"。可见，从某种意义上而言，家庭空间与商业场所这两个原本差异巨大的概念在村民的眼中是互融一体的，既认同是私人领域的家屋空间，也认为是"用来赚钱的地方"的商业场所。在"私人"与"公共"这两个原本互相矛盾的概念使用上，村民并没有感到疑惑或模糊。他们在家的功能划分上为自己保留了"家"的私人活动区域，如卧室，这个空间是不允许客人随意进入的，从而成为"家"的私密空间，承担着"家庭"的功能。无论农家乐的规模如何、成功与否，最大的区别无非是客房数量的多寡和经济收入的多少，但在家庭私人空间的设置上差别并不是很大，空间大小上也没有显著的区别。如果家庭结构比较单一，那么农家乐的私人空间就会稍微小一些，这样很容易被喧闹的游客所淹没。而事实是，在追求利润最大化为导向的旅游发展初期,村民们其实并不特别在意与外来的游客共享空间。因此,这个时候的"家"既是家庭成员的避风港,也是获得利润的旅游景观。

第五节 小结:在"家"与客栈之间

作为一个消费地方的过程,旅游通过将地方性嵌入旅游吸引物之中来吸引游客消费并提升游客满意度和地方美誉度。在一个已经进入空间消费时代的当代社会,乾坤湾的民宿经营中,窑洞的乡愁设计成功实现了地方性的生产,首先,民宿消费者对于乡愁的想象和追求催生了民宿的经营;其次,大量出现在旅游推介、美食宣传、民宿推广和食品安全报道等影视节目中的各类正面或负面评价,不仅为民宿消费者提供了想象的空间,也为窑洞民宿经营者明确了标准和方向。上述提到,在乾坤湾,主要存在3种形式的窑洞民宿,即企业经营型、"公司+农户"型和农户自营型,3种民宿类型不同,对"家"所营造的乡愁意象也不同。而且,虽然这些民宿开在远离城市的黄土高原地带,但却体现了城市对乡村的支配关系。首先,民宿的出现与部分城市消费者对原生态农家食宿的消费偏好有关,他们对原生态的想象和追求催生了民宿的经营;其次,民宿的话语权在城市,源于城市居民对食品安全或无公害食品的表述以及对现代化学农业的负面评价等。

第八章 道地与在地：舌尖上的乡愁生产

> 当我们观察与人类饮食习惯相关的象征和文化表现时，只能接受如下的事实，其中大部分都很难讲出什么道理来，其固有的持久性完全是任意的原因造成的。
>
> ——马文·哈里斯①

食物作为人类生存的基本前提，吃什么、怎么吃以及怎样获取食物，一直伴随着人类的进化和文明的进步，并成为人类进化与文明发展的重要标志。而且，人类的食物构成及其获取方式，还是人与自然关系的重要方面：人类获取食物的过程实际上就是向自然界索取和斗争的过程。迄今为止，人类的食物主要来源于植物与动物，获取方式则不外乎采集、渔猎、畜牧和种植。② 在人类学研究中，食物一直是民族志学者关注的对象。作为一种学科传统，人类学家通过食物在某一个特殊人群或族群的获取、生产、制作、消耗等饮食系统来观察、描述、分析、阐释与食物系统相关联的认知系统和生态系统，以及饮食体系在更大背景下与包括政治、经济、道德、伦理等方面的联系和关系，③ 如被视为国家认同的表现、④ 地方认同的表征、去地方化与再地方化的辩证过程、自我认同的生活方式、阶层区辨的对象等。

---

① ［美］哈里斯：《好吃：食物与文化之谜》，叶舒宪、户晓辉译，山东画报出版社2001年版，第3—4页。
② 鲁西奇：《区域历史地理研究：对象与方法——汉水流域的个案考察》，广西人民出版社1999年版，第78页。
③ 彭兆荣：《饮食人类学》，北京大学出版社2013年版，第1—2页。
④ David Bell and Gill Valentine, *Consuming Geographies: We are Where We Eat*, London and New York: Routledge, 1997: 236.

对旅游者来说，体验旅游地的特色饮食文化，是旅行意义的重要一环。而这种特色，也可以说就是道地（authenticity）。饮食文化中的"道地"观念与两大叙事有关，一是食物与地点的联结，二是饮食作为一种工艺过程，① 从而建构出一套由人、地方与知识生成的在地文化逻辑、地方性知识、鉴赏能力与价值观，使旅游者与在地的生产网络相联结，如通过消费亲自捕获的"道地"鱼，可以活化当地的食材。② 通常来说，游客更容易接受"传统"和"自然"的道地饮食表述，③ 而这正好与约翰·厄里所提出的风土化后现代主义不谋而合。同时，食物作为象征符号，不仅有助于塑造地区意象，还能勾起消费者的情感与回忆，产生特殊的地方意象，如莎拉·里昂以墨西哥咖啡博物馆为例，认为由食品企业或农场投资成立的饮食博物馆，既有助于保存生活样态与文化价值，还能增强品牌认知与增加收益。④ 因此，旅游饮食消费不仅是旅游者在旅游目的地常常进行的活动，也是旅游者体验目的地文化和进行社会互动的重要方式。通过品尝当地美食，满足旅游者寻求新奇和体验地方饮食文化的心理，而所有的旅游目的地都会推出具有地域特色的美食，就像云吞面之于广州，热干面之于武汉，炸酱面之于北京，过桥米线之于云南。已有研究表明，传统美食能够激发旅游动机，饮食体验是对旅游目的地形象认同与消费的重要方式。对于作为跨文化的游客而言，"道地"才是最好的乡愁体验；而东道主为了获得游客的认同，"道地"也是最好的语言沟通策略。

第一节　食在道地：乾坤湾人的核心饮食

特定地域的饮食文化受所生活的地理环境的影响和制约，从而形成

---

① Jeff, Pratt, Food Values: The Local and the Authentic, *Critique of Anthropology*, 2007, 27 (3): 285–300.

② S., Everett and Slocum, S. L. Food and Tourism: An Effective Partnership? A UK–based Review, *Journal of Sustainable Tourism*, 2013, 21 (6): 789–809.

③ Rebecca, Sims, Food, Place and Authenticity: Local Food and the Sustainable Tourism Experience, *Journal of Sustainable Tourism*, 2009, 17 (3): 321–336.

④ Sarah, Lyon, Coffee Tourism in Chiapas: Recasting Colonial Narratives for Contemporary Markets, *Culture, Agriculture, Food and Environment: The Journal of Culture and Agriculture*, 2013, 35 (2): 125–139.

和发展为该地域社会中具有符号性和象征意义的物质文化。世居于黄土高原的乾坤湾人，高寒、干燥的气候地理特征决定了当地农作物的相对单调性，人们只能在有限的食物品种之间进行选择。前面已经提到，适宜高原气候条件生长的小麦、玉米、小米、红枣等作物，便构成了乾坤人传统食物的主要部分，这些食物和烹饪方式不仅具有大贯美惠子所称的区隔自我与他者的隐喻功能，① 而且也构成了弗朗索瓦·梅瑟所说的核心食物。梅瑟在1985年根据食物出现的频率将其分成核心（core）食物，次级核心（secondary core）食物和边缘（periphery）食物。② 下面将选取馍馍+小米粥和槐花食品这两种核心食物进行详细解说。

（一）馍馍+小米粥

馍馍和小米粥作为一种核心食物，在乾坤湾人的传统饮食体系中占有非常重要的地位，最正宗的吃法被认为是"馍馍+小米粥"。小米又名粟，古代叫禾，北方通称谷子，去壳后叫小米。全世界小米栽培面积大约为10亿亩，以中国为最，主要分布于黄河中下游地区、东北和内蒙古等地。小米是一年生草本植物，属禾本科，性喜温暖，不怕酸碱，适应性强，耐旱耐贫，农谚"只有青山干死竹，未见地里旱死粟"就是最好的写照。小米按成熟的早迟可分为早、中、晚3熟；以籽粒黏性可分为糯粟和粳粟；按颜色分为黄小米、黑小米、绿小米、红小米。作为黄河流域的主要农作物，小米/粟作农业奠定了黄河流域作为世界三大最重要农业起源中心的地位。农学家很早就提出中国北部或黄河流域应当是粟的驯化中心，但一直找不到实际的证据，直到20世纪50年代在西安半坡仰韶文化的窖穴和陶罐中发现了粟的朽壳，才证明中国史前时期就已经种粟。③ 在乾坤湾，女人生育后，有用小米加红糖来调养身体的传统，小米熬粥营养丰富，享有"代参汤"之美誉。"馍馍"既有日常生活中食用的馒头，也有用于特殊场合的花馍。在出生、结婚、葬礼等人生礼

---

① ［美］大贯美惠子：《作为自我的稻米：日本人穿越时间的身份认同》，石峰译，浙江大学出版社2015年版，第3页。
② ［美］大贯美惠子：《作为自我的稻米：日本人穿越时间的身份认同》，石峰译，浙江大学出版社2015年版，第33—47页。
③ 严文明：《农业生产与文明起源》，科学出版社2000年版，前言。

仪中，在春节、端午、中秋等年俗仪式中，以及在建房、宴请等重要活动中，都会使用到花馍。花馍是在馍馍的基础上演变而来的，但又与馍馍不同，主要体现在"花"上。花馍除了食用外，还可以当作供品或者礼品相互赠送。所谓"花"是指馍馍形状的多样性，有些心灵手巧的民间高手可以蒸出各种各样的形状，一般以花鸟虫鱼为主，具有吉祥、祝福的寓意。

作为食物的小麦在中国的西部（黄河上游）、中部（黄河下游）和东部（黄河下游）有差不多4500—5000年的历史；如果以甘肃民和东灰山为代表的马家窑文化时代的小麦遗存可信，则西部地区小麦的历史更长。这表明最初的小麦可能是通过新疆和甘肃河西走廊传入中国内陆的。越来越多的考古发现证实，小麦自龙山时代在黄河下游地区出现，经二里头和商周时代逐渐成为中国北方最重要的无可替代的粮食作物，最终成为中国北方饮食的重要组成部分。① 乾坤湾自然也不例外。由于乾坤湾盛产红枣，人们经常制作枣花馍。枣花馍是黄河流域的一种传统民间小吃，也是人们用来祭祀的供品。蒸枣花馍还是过年较为隆重的仪式之一，有民俗谚语为证：

小孩小孩你别馋，过了腊八就是年。
二十三糖瓜粘，二十四扫房子。
二十五做豆腐，二十六煮锅肉。
二十七杀年鸡，二十八把面发。
二十九蒸馒头，② 三十晚上玩一宿。
大年初一扭一扭……

乾坤湾旅游开发之后，枣花馍还成立了合作社，制作各种具有寓意的枣花馍（图8-1），如步步高升——高贵馍：以圆形面坨和众多红枣累

---

① 李成：《试论中国北方龙山时代至两汉的小麦栽培》，《考古与文物》2016年第5期，第100—109页。
② 此馒头通常指枣花馍或花馍。

第八章 道地与在地：舌尖上的乡愁生产

图 8-1 乾坤湾枣花馍
资料来源：乾坤湾枣花馍合作社

加而成，象征步步登高、事业兴旺，是春节期间最有分量和款待宾客的必备主食，也是年馍中的"高贵馍"；五心枣花——吉祥馍：将枣花卷成5环，内共置5颗红枣，有"五福盘寿"之意，是年馍中的"吉祥馍"；如花似玉——方便馍：由中粗两边逐渐变细变尖的条形面两边卷成圆环

· 231 ·

状而成，环内置枣，又称"枣花"，象征心灵手巧，易入口好咀嚼，是年馍中的"方便馍"。

案例8-1：乾坤湾枣花馍。由山西永和县阁底乡阁底村第一书记张琼带领贫困户成立的馒头加工合作社，强调取材的地域性、工艺的传统性、品质的绿色性、品种的多样性、寓意的吉祥性等。可在网上预订和现场采购，一盒6.8斤左右，内含30个枣花馍，售价68元。

虽然受到全球化和现代性的冲击，但乾坤湾人在有选择地接受外来文化的同时，仍竭力保持着传统文化中最具地方特色的元素，枣花馍就是这样。经过千百年的历史过程，枣花馍不仅是一种食品或食俗的指称，也延伸、扩展和渗透到乾坤湾人生活的各个方面，在一些特定的民俗、节庆、仪式等场合，枣花馍更被赋予了特殊的象征意义。即使今天，这种传统仍然被承继下来，甚至在一些比较现代性的活动中，如红枣采摘节、旅游文化节等都会使用到枣花馍。

（二）槐花食品

乾坤湾有种槐树的传统。每年4—5月，满山槐花香，也是乾坤湾人忙着采摘槐花的时节，而采来的槐花可以做成各种美食，如槐花炒蛋、清炒槐花、煮槐花粥、凉拌槐花、蒸槐花、槐花煎蛋饼、槐花馅饺子、槐花肉包子、槐花不烂子、槐花鸡蛋汤、槐花饼、槐花糕、槐花蜜、槐花酱、槐花茶等，各式各样，不一而足。如果说这一饮食习惯是乾坤湾旱作文化与黄土文明相互结合产生的地方性知识，是取黄土高原里的植物之花与农耕结合而生产出来的一套饮食系统，包含了植物识别、营养体系、饮食结构和文化含义等认知系统的话，那么，旅游开发之后，利用槐花食物作为地方特色美食加以宣传推广，也有挖掘"槐树"这一乡愁符号的隐喻意义。众所周知，洪洞大槐树作为寻根问祖的乡愁记忆早已深入人心。虽然乾坤湾不能等同于洪洞，但是大槐树的传说，在整个临汾地区甚至黄河中游地区都是一个强烈的认同纽带。家家门前大槐树，也是整个乾坤湾流域的传统。几乎每一个老村里都保留有完好的古槐。

> 案例8-2：阴德河村。永和县阁底乡阴德河村已有600多年的历史，村里有一棵直径3.1米的古槐树，据说与洪洞县的大槐树同源，是郭姓祖先3兄弟从洪洞县迁徙时带来的。

姑且不论这个故事的真假，但是利用槐花食物打造地方特色却正当其时。正如西敏司所指出的，当独特的地方风格与特定的烹煮方式和材料相结合时，可以产生巨大的经济价值。① 乾坤湾的槐花食物正好反映了这一点。自从2016年永和县举办首届槐花文化旅游节以来，至今已连续举办多届。目前，永和槐花已走上临汾、太原、北京的餐桌，400多家餐饮企业与永和签订供货合同。同时，永和县还成立了多个专业合作社，为2000多名农民培训槐花采摘技术，每年创造季节性岗位300多个，带动1800名贫困户人均增收300—3000元，累计带动销售农特产品达700余万元，带动电商、物流、包装及仓储等行业创收1000余万元。

> 访谈8-1：LHH（永和县舌一哈食品有限公司总经理）。公司每年向外销售槐花约20万斤。2019年花季期间，每天收购槐花1万斤，主要向太原永和商会联系的多家饭店供应。永和人已把槐花吃出了门道，在传统槐花食品基础上，研究开发了槐花茶、槐花饺子、槐花包子、槐花饼、槐花糕、槐花蜜等几十种美食，并且研制出了速冻冷藏槐花的方法，让食客常年可以吃到新鲜的槐花食品。

当然，上述只选取了乾坤湾传统饮食中的两大核心饮食，其他次级核心和边缘饮食在此并未涉及。需要指出的一点是，馍馍、小米粥、槐花食品等传统饮食对于乾坤湾人来说，不但具有实用功能，同时也在与

---

① ［美］西敏司：《饮食人类学：漫话餐桌上的权力和影响力》，林为正译，电子工业出版社2015年版，第85页。

外来文化交流过程中被赋予了地方认同等象征意义，衍生为乾坤湾人的传统文化符号。吃不吃馍馍、喝不喝小米粥、做不做槐花食品，不仅是饮食习惯的问题，也是强化地域认同和文化认同的问题。

第二节　食在正宗：道地味道的宣称

食物在充当果腹、充饥、延续生命功能的同时，还具有"美味"与"异味"的不同，以至于被挑选且传承的味道就并非偶然形成，而是一系列的文化养成过程，[①] 如生吃与熟食、可食与不可食的区分等。道地饮食因地域、社群、阶层而不同，并受社会性、文化性与经济性的限制。说明食物不仅是一种物质，更是一种文化，承载着地方的文化遗产，因其地方性而具有独一无二的特性。[②] 随着世界范围内家庭农场、餐厅和食品厂纷纷投入休闲农业或美食观光，"道地"一度成为人们争相追捧的对象。何谓道地？从英文 authenticity 的字面意思来看，系指纯正、自然、真实及纯粹，近似本质主义（essentialism）。但因如此，也遭受到后现代的反本质主义批判，认为并不存在所谓的本质或道地的东西，有的只是"道地的宣称"（authenticity claim）。[③] 换言之，所谓的道地不过是文化的建构。

"道地"的兴起与全球范围内的另类食物系统或慢食运动有关，以期对抗均质化的全球文化霸权，[④] 希望能在食物系统中重新找回个性化的经济关系，甚至包括更宏大的关怀主题如乡村经济、全球贸易、连锁经营、环境保护和食品安全等，强调食物系统的在地化目标，通过重建在地经济，创造地方市场、发展美食中心等手段达到振兴乡村的目标。随着乾坤湾旅游的发展，文化也日益多元化，"道地"美食如雨后春笋般出现，许多农家乐都标榜自己的美食和小吃最"道地"、最"正宗"。

[①] Felipe Fernandez-Armesto, *Near a Thousand Tables: A History of Food*, Free Press, 2002.

[②] Kopytoff, Igor, The Cultural Biography of Things: Commodization as Processes, In Arjun Appadurai (ed.), *The Social Life of Things: Commoditiesin Cultural Perspective*, Cambridge University Press, 1986: 64-94.

[③] Chris Baker, *Cultural Studies: Theory and Practice*, Sage Publication, 2000: 54-65.

[④] Pratt, Jeff, Food Values: The Local and the Authentic, *Critique of Anthropology*, 2007, 27 (3): 285-300.

那么，经营者是如何展演和建构"道地"的呢？又是什么让游客信服并接受的呢？

（一）原生态：正宗的基底

原生态是现代社会的高频词。从学术规范上理解，"原生态"是一个源于自然科学的专业术语，是指一切自然存在的东西。一方面，原生态表明旅游消费的地方性是作为一种重要的符号消费出现的，这些地方食品中所嵌入的地域特色具有植根性的特点，包括村民的日常饮食知识、村落历史知识和民间传说知识等，这主要来自于城市精英和专家提供的直接或间接指导。在乾坤湾的民宿建设中就出现了原生态美食和村落历史等方面的知识建构。乾坤湾的农家菜几乎是每一个来到乾坤湾的人都会品尝的消费品，因此原生态食物知识的建构与推出就显得尤为重要，也是农家乐经营的重点。在乾坤湾，只要你用餐，会经常听到村民对于食品安全的介绍，说乾坤湾的人很少去街上买菜，都是吃自己种的，这种菜不施农药和化肥。有些经营民宿的村民还会带游客去参观他们的菜园，看看他们种的蔬菜与菜市场里的蔬菜的差别。有村民指着菜叶上的虫眼说因为不施肥、不喷药才会有虫眼，否则连虫都不敢吃的菜，人还能吃吗？在乾坤湾的所有民宿中，都普遍推出乾坤饼，让游客感到只有在乾坤湾才能品尝这道美食。几乎所有的农家乐和主要的美食街都会推出地方风味，包括特色菜肴和特色小吃，如油糕、油馍馍、凉粉、煎饼、碗饦（也称碗托或碗坨）、搅团、黑愣愣、豆钱稀饭、小米粥、羊杂碎、羊肉面、驴板肠、揪面片、抿节、抿尖、蜜汁南瓜、果馅、火烧、大烩菜、香肉夹饼、剁荞面、钱钱饭、荞面疙凸、荞面饸饹、饺子、熟米炒面、洋芋（洋芋片、洋芋丝、洋芋擦擦、洋芋不拉、炮洋芋）、枣糕等。农家乐经营者几乎如数家珍，既满足了不同游客的差异化需求，也满足了游客对黄土高原曾因交通不便、信息闭塞、发展滞后才保留着传统农家美食的想象。在各个摊点、游客服务中心、农家乐菜单上，荞面凉粉、手工面皮、手工饺子、手工面条、酸汤漏鱼、饸饹、葱花饼、麻汤饭、绿豆凉粉、煎饼、麻辣肝碗饦、土鸡蛋、洋芋擦擦、杂面抿节等几乎是必备菜单，并特别强调手工、原生态、无污染、家常等理念。

表 8-1　乾坤湾镇农家乐特色菜举隅

序号	农家乐名称	招牌菜	地点
1	红红农家乐	农家炖土鸡	小程村
2	刘安农家乐	刘二嫂叶生菜	小程村
3	马安农家乐	农家炖土鸡	小程村
4	贺彩虹农家乐（烩菜馆）	农家烩菜	小程村
5	老程农家乐	农家麻汤饭	小程村
6	极品乐吧（HSB、CQY）	烤肉	小程村
7	陕北农家宴烤吧（CWB）	烤肉	小程村
8	东雄农家乐	铁锅土鸡	小程村
9	军军农家乐	喜事饸饹	小程村
10	月月农家乐	羊肉饸饹	小程村
11	郝世强农家乐	洋芋擦擦	小程村
12	玉玉农家乐	油糕烩菜	小程村

资料来源：作者调查统计。

另一方面，原生态也体现了地方力量与能动性。虽基于城市消费偏好，但地方在原生态要素选择方面并非毫无作为。在乾坤湾，一些农家乐经营者打起了组合拳，将"黄土高原"文化加以综合利用，采用主流话语中"黄土高原风情"理念来强化原生态想象，把乾坤湾流域的历史传说、语言特点、民歌山歌、传统服装、宗教信仰、节日庆典和食物美食等与"高原风情"联系起来。一位报道人跟笔者说，当年他们开农家乐，村里已经没有什么像样的"传统"文化了，是靳之林来了之后，才挖掘了很多传统文化，包括转九曲、道情、秧歌、剪纸和布堆画等。现在村里基本上都是围绕这些来打造原生态文化，一些农家乐经营者还发明了剪纸加唱山歌活动。并且，随着旅游业的发展，越来越多的地方符号被整合进服务于城市消费者的空间生产中了。

作为一种体验地方性的关键途径，地方特色饮食的开发受到旅游市场的高度关注。游客到一个地方旅行，除了享受异地的氛围和文化之外，最想品尝的就是当地的道地美食，并将其视为与他文化接触的渠道之一，

第八章 道地与在地：舌尖上的乡愁生产

黄河鲤当然是乾坤湾不可错过的特色美食。所谓黄河鲤特指生长于黄河流域中的大鲤鱼，其味鲜美、肉质细腻，与松江鲈、兴凯湖鲌、松花江鳜并称为中国四大淡水名鱼，《诗经》里就有"岂其食鱼，必河之鲤"的说法。① 黄河大鲤鱼曾是黄河流域一带老百姓餐桌上不可缺少的佳肴，特别是年节，黄河大鲤鱼永远是开年第一菜，有"过年吃鱼，年年有余"的说法。除此之外，黄河鲤还寄寓着人们的美好愿望，如"鲤鱼跃龙门""客从远方来，遗我双鲤鱼"，甚至称文人骚客为"鲤鱼风"。但是，乾坤湾流域绝对不是黄河鲤的唯一产地，也不是唯一消费地，可是乾坤湾开办的第一家农家乐却是以"黄河鱼"命名的，主打的农家菜正是黄河鱼，其实就是红烧黄河大鲤鱼，用 HGQ 的话来说：

> 尽管做黄河鱼的菜谱很简单，但鱼的味道与大饭店一点儿都不差，这是因为乾坤湾的水和鱼品质好。烧烤、清蒸、红烧、糖醋是主打的四大口味。现在城市人的生活节奏太快，同时很多人的厨艺也有欠缺，我们开发这样的产品，就是为了尽可能地满足他们的原生态消费。

有趣的是，无论一年四季什么时候来乾坤湾，游客只要点红烧黄河大鲤鱼，几乎所有的农家乐都可以做出这道"正宗的"菜肴。事实上，冬天的黄河并不捕捞鲤鱼，并且野生的黄河鲤几乎也处于绝迹状态。那么，这些黄河大鲤鱼是从哪里来的呢？当然是从市面上买来的，至于是否是黄河里生长的鲤鱼，自然是不得而知。但是，游客并不特别较真材料的来源问题，店主说是黄河大鲤鱼，它就是黄河大鲤鱼。这正是道地的悖论之处。道地作为"真正的、真实的"概念，② 分为客观道地（objective authenticity）和主观道地（subjective authenticity）。③ 前者是指能代表一个事物的独特特色，后者则是一种主观判断。游客到一个地方用餐，

---

① 古诗文网：《国风·陈风·衡门》，https://so.gushiwen.cn/shiwenv_da432c04a006.aspx，2021 年 9 月 20 日。
② C., Taylor, *The Ethics of Authenticity*, Cambridge, MA: Harvard University, 1991.
③ E., Cohen, Authenticity and Commoditization in Tourism, *Annals of Tourism Research*, 1988 (15): 371-386.

通常根据过去对文化的了解程度及形象作为对当地美食道地程度的判断，因此，消费者对于地方的"道地"，较偏向于主观道地，原因在于消费者对道地的认知和态度是建立在东道主社会所塑造出来的地方文化形象基础之上，也就是说，道地知觉与购买意愿呈正相关关系，包括"食物道地"和"气氛道地"，这也是衡量消费者在东道主社会用餐的情绪及认知。① 因此，游客更倾向于在旅游过程中寻找那些能够代表目的地特色的地方性符号，并通过消费实现对地方的认同，食物消费便是一种与地方形成深层次关联的重要途径。黄河鱼恰好就是这样一个地方性符号，被嵌入乾坤湾的旅游形象中，从而建构起游客的想象、消费与认同。"住窑洞、观剪纸、听道情、吃鲤鱼"的消费模式被视为是感受乾坤湾黄河文化和黄土风情的主要方式。在对游客的随机访谈中，有游客是这样描述的：

> 住在窑洞里，看婆姨们剪纸，一边听她们唱道情戏，再一边吃黄河大鲤鱼，我觉得挺地道也很特别，这跟我原来的生活完全不一样。

另一方面，对乾坤湾人来说，游客对黄河鱼的消费与认同，又使得他们越来越相信黄河鱼就是乾坤湾的地方美食和特色。访谈中，几乎所有的农家乐主人都会说"我们的""我们村的""跟其他地方不一样的"话来表达他们对黄河鱼道地性的宣示。

（二）农家菜：食物本来的味道？！

在生物科技的侵害下，天然食品越来越少了。② 农家菜被视为一种天然食品，不仅在于其无污染的绿色品质，也意味着食物本来的味道。通常而言，人们对食物的认知分为两种，一是食材本来的味道，二是多种食物调和所得的味道。如今，风土主义和饮食文化整体上改变了人们对食物的关怀，对食物本来的味道的重视也体现了人们对于食品安全的担忧。出于对食物品质、健康、新鲜、品味、童年记忆、家乡情结、烹饪

---

① C. T. Tsai & P. H. Lu, Authentic dining experiences in ethnic theme restaurant, *International Journal of Hospitality Management*, 2012, 31（1）: 304–306.

② ［美］罗宾斯:《食物革命》，李尼译，北方文艺出版社2011年版，第19页。

方式等的重视，人们更倾向于选择保留食物本来的味道；而出于回避不喜欢的味道、寻求味觉的刺激和变化、降低成本和追求复杂食物结构等原因，人们往往选择放弃或改变食物本来的味道。所谓"食物本来的味道"更强调食材本身的味道，亦即没有经过加工或调味的食材，或者经过简单加工、少调味的食材。田野调查中，几乎所有的农家乐经营者都会特别提到：

> 我们的食材是纯天然的，没有经过加工，是原汁原味的，不放味精、鸡精就能很甜，而且这种甜，吃了之后，对身体没有害，因为不是调味调出来的。

表8-2 陕北农家宴烤吧菜谱

农家菜系列			
豆角茄子	手撕包菜	干炒豆腐	西红柿炒蛋
香菇青菜	松仁玉米	油麦菜	醋熘豆芽
水煮肉片	毛血旺	辣子炒肉	鸡肉沾糕
梅菜扣肉	陕北四碗	小白菜烩豆腐	南瓜熬豆角
烧烤系列			
羊肉串	牛肉串	烤腰子	烤鸡翅
鸡脆骨	烤香仔肠	烤韭菜	烤五花肉
烤茄子	烤土豆片	烤鱼豆腐	烤面筋
烤金针菇	烤青椒	涮牛肚	烤扇贝
小吃系列			
毛豆花生	炝拌莲菜	蘸酱菜	片木耳
豆芽面筋	甘泉豆腐干	辣子蒜羊血	清明萝卜
陕北苦菜	蒜泥黄瓜	干盐菜拌黄豆	红油耳
炝拌苦菊	麻辣牛肉	捣蒜猪头肉	香辣鸭脖
绝味凤爪	老厨烧鸡	尖椒变蛋	素饼

资料来源：作者调查整理。

无疑，食物本来的味道虽然只是消费者个人的选择偏好，事实上却是工业化背景下，人们对食品加工过程中添加剂使用的安全性、食物生产链条的可控性、人际交往的利益性等的担忧和焦虑。这些潜在的风险使人们对食物的安全性产生怀疑，倾向于选择更加可控、健康、安全的饮食。可见，饮食于人的意义不仅在于食物本来的味道，还在于背后丰富的社会关系和文化意义，人们通过食物塑造着自己的身体、健康、品味、地位和社会关系，也在饮食中思考着人与人、人与自然、人与社会的联系。

（三）烧烤吧：异地小吃的在地展演

旅游景区中的异地小吃化现象并非乾坤湾独有，小吃化过程的调适可能展现在食物的口味、分量与饮食方式上，如小吃一条街和景区夜市。在延川乾坤湾，目前经营得最有特色的有程家大院美食街、小程村烤吧街、伏羲码头美食一条街和清水街。这些小吃并不限于乾坤湾或陕北小吃，有些甚至是南方的特色饮食，如云南米线和桂林米粉。特别是小程村烤吧街，景区开发以前，乾坤湾并没有烤肉的传统，现在不仅被视为乾坤湾的特色美食，而且也是游客夜市消费的主要去处之一。在乾坤湾的地方美食宣传中，极品乐吧、陕北农家宴烤吧也赫然在列。其实，极品乐吧是 HSB、CQY 儿子出去打工学习外地的烤肉技术后回乾坤湾创业所开；陕北农家宴烤吧则是看到极品乐吧生意红火，CWB 模仿而开的。目前，两家的经营模式几乎一模一样，分别开了一家乾坤湾超市和一家烤吧，而且所售商品和烤肉技艺也大同小异。在笔者的观察中，依托烤吧而开的乾坤湾超市也售卖各种乾坤湾土特产如乾坤湾红枣等，并且烤吧也标榜"老厨私房菜""陕北农家小吃""秘制烧烤"等用语，以塑造乾坤湾的地方意象，吸引游客消费。事实上两家烤吧并不只是烤肉，还兼营其他各类小吃，其中很多并非乾坤湾特有（表 8-2）。这种异地小吃的在地化现象，显示出饮食文化的流动性特征。

第三节 食在方便：乾坤湾外的作物

伊戈尔·科普托夫在《物的文化传记》中提出，在文化交流过程中，物的传记可以证明人类学家经常强调的一个观点：和接受外来思想一样，接受外来物品过程中重要的不是它们被接纳的事实，而是它们被文化重新界定并投入到使用中去的方式。① 旅游对道地美食的追寻，催生了游客对乾坤湾绿色、有机、无污染的高原想象，深刻影响并建构了当地的文化图式。本节以"物的民族志"来讨论在饮食文化的传播过程中人与物之间的关系，以及在旅游场域中，道地饮食是如何在乡土旅游中获得新的文化意义的。从文化视野来看，设施农产品在乾坤湾的消费和流动，不仅是食物链的拓展、财源的通道或乾坤湾人饮食习惯的改变，也是物质的在地化过程，经由地方性的重塑而获得一种新的"道地性"的过程。

（一）大棚作物

"头天晚上打个电话或者微信留言，第二天便准时送到家。"这是我在乾坤湾调研时，村民们高兴地跟我说起的一件事。大约从2017年2月开始，农家乐经营者不仅很少自己种菜，也基本上不亲自去延川县城买菜，一个电话，农户就将菜送到家里。这些农户都是设施或半设施农业主，也是延川县设施农业的领军人物。对于实施乡村振兴战略的中国广大农村来说，设施农业正异军突起、生机勃勃，助力着中国现代农业的快速发展，延川自然也不例外。早在1992年，延川县就开始种植大棚农业，当时主要在延川镇杨家湾、高家湾、王家坪村，面积不到百亩，品种主要为韭菜、西红柿和少量黄瓜，但由于技术不足，产量低，效益不高，棚均收入才一两千元；2001年，延川县开始大规模发展大棚种植，之后经过十多年的摸索和实践，到2015年，全县以蔬菜瓜类生产为主的专业村已达18个，百棚以上的村13个，50棚以上的村42个，并且形成了以聂家坪为主的草莓、小瓜生产基地，以段家圪塔、关庄十甲、太相寺为主的西瓜、甜瓜生产基地，以延川镇王马家坪为主的西红柿生产基地；2016年，国家核电技术公司与延川县政府共同出资，在刘马家圪塔村的废弃砖厂填埋59.9亩土地，建设了36座标准大棚；2017年，延川县投资1893万元对二八甲村25座旧大棚进行整合改造，修建了42座标

---

① 罗钢、王中忱：《消费文化读本》，中国社会科学出版社2003年版，第401页。

准大棚，同时政府还配套建设了水、电、路等基础设施；2018年，延川县共投资7300万元，完成新建日光温室大棚500座，拱棚1000座。截至目前，延川县已建成1个省级示范园区、3个市级示范园区、15个现代农业示范园区和4个设施蔬菜分级包装点，年产量达5.6万吨，年产值3.1亿元，带动贫困户505户2567人种植设施蔬菜，并按照"一村一品、一镇一业"的发展思路，建成10个蔬菜"一村一品"专业村，形成文安驿川、永坪川、关庄川三大专业化蔬菜种植区域。同时，还新建了关庄镇大张村、大禹街道办肖家沟等15个现代农业示范园区，呈现出由点到面、逐步扩展的势头，通过规模化种植、企业化运作、集约化经营，逐渐形成了"公司+农户+贫困户"的合作模式。

然而，随着产量和品质的提升，如何销售出去就成为摆在设施农业主面前的关键问题。因此，不仅需要销往延川县之外，县内的消费，也是一个不容忽视的庞大市场，特别是各大饭店和农家乐。因此，能送菜/物上门自然是更受欢迎的营销模式，尤其对那些人手不足的农家乐经营者来说更是如此。有意思的是，这些大棚作物在乾坤湾被消费，不仅游客而且村民都没有觉得它们不是"乾坤湾的"。可见，"吃什么"与"在哪吃"同样重要。这也说明，"道地"是一种社会建构，游客透过品尝而与区域地景、文化遗产等产生联结，增进对"存在性本真"的经验。同时，食物作为象征符号，不仅有助于塑造旅游意象，还能勾起消费者的情感与回忆，产生特殊的地方品牌形象。正如王宁所说的，"道地"除了"存在性本真"（existential authenticity）、舞台化本真（staged authenticity），还有"客观的真实"（objective authenticity）和"建构的真实"（constructive authenticity）。① 饮食食材或许并不真实或道地，但这与游客能否体验到道地是有差别的。道地与否更主要与游客所追寻的道地符号相关，某种意义上，道地性也即在地化。

而且，丰富的大棚作物不仅大大拓展了游客的菜品选择空间，也在不断改变着乾坤湾人的传统饮食结构，各种时令蔬菜日益成为村民日常

---

① Ning, Wang, Rethinking Authenticity in Tourism Experience, *Annals of Tourism Research*, 1999, 26（2）: 349 – 370.

饮食的一部分。村民通过电视、微信、直播平台以及与游客的互动中甚至还学会了诸如川菜、湘菜、粤菜等菜肴的烹饪方法。以下是我在田野调查期间抄录的老村主任农家乐2018年的菜谱（表8-3）。

表8-3 老村长农家乐2018年餐标一览表

200元餐标		
红烧排骨	蒜薹炒肉	大豆芽粉条肉
回锅肉	土鸡蛋	家常豆腐
烧茄子		
主食：米饭、馍、汤、小米粥		
260元餐标		
红烧排骨	蒜薹炒肉	大豆芽粉条肉
回锅肉	土鸡蛋	家常豆腐
烧茄子	红烧鲤鱼	干煸豆角
韭菜炒土豆片		
主食：米饭、馍、汤、小米粥		
300元餐标		
土鸡	土豆烧排骨	蒜薹炒肉
鱼香肉丝	粉条炒肉	土鸡蛋
烧茄子	家常豆腐	烧油菜
主食：米饭、馍、汤、小米粥		

资料来源：作者调查整理。

表上餐标中的大米，则是从乾坤湾外购买的，这在以前算是奢侈食物。随着旅游开发进程的加快，现在大米不仅对农家乐经营者来说是必备的，对普通村民家庭来说也是寻常主食。外来饮食的普及，相应地也带来了村民家庭其他方面的变革。炒菜需要高温和快捷的燃具，传统的炉灶自然难以适应这种要求。于是，先进的液化气灶开始进入农户特别是农家乐的厨房。液化气灶在村民家庭的普及始于2000年前后，这与乾坤湾旅游开发带来的农家乐快速发展基本同步。而且，冰箱等家用电器也逐渐进入普通家庭，一些农家乐的厨房里甚至摆放了两三台冰箱，储存着大量从外面购进的食物。

（二）羊肚菌

2017年以来，延川县把食用菌产业作为促进群众脱贫致富的特色产业来抓，为了抢占先机，自2018年10月以来，延川县专门成立了羊肚菌产业协调推进领导小组，并通过"企业+合作社+基地+农户"和"党支部+合作社+基地+贫困户"两种模式，分别在文安驿镇高家圪图、东圪塔等村，贾家坪镇石窑、高家千等村，杨家圪坮镇槐树坪等村，延水关镇石佛、新舍古等村种植了1500余棚羊肚菌，其中流转1400棚，新建100棚，共计1000余亩，已经建成打则坪村、佘家塌村、聂家坪村3个羊肚菌培育基地。同时，利用拱棚种植羊肚菌既可以有效解决拱棚冬季闲置问题，又能够在拱棚内实施菌菜、菌瓜轮茬轮作，从而形成农业经营新模式。

> 案例8－1：SHW（延川县关庄镇打则坪村村民）。2018年，SHW成立了农业合作社，承包村里31座大棚种植羊肚菌，同时雇用村民长期在大棚务工。

羊肚菌（Morchella vulgaris）是一种大型真菌，拥有白胖的菌柄，菌盖黄褐色，菌面凹凸不平，满是褶皱，仿佛牛羊的网胃，这也是羊肚菌之所以得名的由来（图8－2）。广义的羊肚菌是羊肚菌属的总称，有十几个菌种，按照菌盖的颜色又分为"黑色羊肚菌"和"黄色羊肚菌"。国际上较为常见的美味羊肚菌 M. esculenta 就是一种黄色羊肚菌，菌盖黄褐色；公认顶级的尖顶羊肚菌 M. conica 则属于黑色羊肚菌，气味香醇浓郁。羊肚菌分布范围较广，在北半球温带和亚热带高海拔地区的林地上常可发现。羊肚菌的食用和培育以法国为最，有人说，法国的春天若是没有羊肚菌，那便是不完整的。但羊肚菌并非法国食客的专属，在中国，羊肚菌曾是朝廷贡品，尤以云南为最，云南民间至今仍流传着"年年吃羊肚，八十满山走"的说法。很长一段时间以来，羊肚菌人工繁育技术并不成

第八章　道地与在地：舌尖上的乡愁生产

熟，只能做到"半人工栽培"的水平，即人工培育出菌丝体，之后也必须模拟羊肚菌的野生环境出菇，而没办法在温室内进行调控，因而产量很低，价格也一直居高不下。

图 8-2　羊肚菌
资料来源：作者拍摄。

据说，羊肚菌具有补肾、补脑、提神的功能。长期食用可防癌、抗癌、抑制肿瘤、预防感冒、增强免疫力；对减肥和美容也有功效，特别是女性，经常食用不但可以美容、增白，还可以消除面部黑斑、黄斑、雀斑、暗疮等，使皮肤长期保持细腻、嫩白、光滑；对消除焦虑、增进睡眠具有良好效果。除此之外，在关于羊肚菌的宣传上，还格外强调羊肚菌富含多种营养元素，是一种不含任何激素，无任何副作用的纯天然滋补品，常吃具有强身健体的功效。在美农资讯网上，对羊肚菌是这样介绍的：

> 我是羊肚菌，在延川安家啦！我不仅是绿色食品，还可以帮主人致富哦！我被称为"素中之荤""必需氨基酸""十分好的蛋白质来源"。我能消化助食、化痰理气。我表面凹凸不平、状如羊肚，所以大家都这么叫我。

在各种宣传攻势下，游客自然希望能够品尝一下当地的新菜肴，"喝一碗羊肚菌汤"也成为游客的首选，而游客的消费反过来又进一步加快了羊肚菌的种植规模。正如克里斯蒂娜·格拉塞尼所说的,叙事不仅可以促进消费,而且农产品的消费还具有支持当地农业永续发展的意义。①

第四节 食在打卡:手机先"吃"时代的地方美食

约翰·厄里认为,所有的旅行都追求一种"道地",对其他人的"真实生活"极感兴趣,几乎任何领域的工作都可以变成旅游者的凝视目标。② 游客除了喜欢对他人真实生活进行凝视外,还像符号学家一样四处寻找能代表地方文化的符号,用拍照、明信片、影片等方式捕捉、保存、复制凝视对象,在视觉上将这些景观客体化。③ 旅游者越来越喜欢在社交媒体上分享饮食信息和饮食文化,晒食物图成为旅行中的常态,甚至催生了千奇百怪的"吃播"视频(网络美食真人秀),成为关注度颇高的网络视频热门标签。④ 享誉国际的《舌尖上的中国》就是以电视媒体为主要传播渠道的,而在新媒体技术背景下,饮食传播从"舌尖"向"指尖"转移,这样的时代也被称为"后舌尖时代"。⑤ 在"后舌尖时代",新媒体特别是移动媒体成为饮食传播的主要途径,它不仅使饮食活动逐渐改变了原有的结构形态,同时也改变了人们对饮食文化的认知。本节尝试分析"后舌尖时代"旅游餐饮文化传播的道地美食问题,并延伸探讨新媒体科技在推动旅游餐饮文化变革和景区未来发展的影响。

(一)从舌尖到指尖:道地美食的展演

尽管照片获得的并不是现实而是影像,但在这场全民狂欢的视觉盛

---

① Christina, Grasseni, Packaging Skills: Calibrating Cheese to the Global Market, In Susan Strasser ed., *Commodifying Everything: Relationships of the Market*, New York: Routledge, 2003: 259 – 288.

② John Urry, *The Tourist Gaze: Leisure and Travel in Contemporary Societies*, London: Sage, 2007 [2002]: 33.

③ Arjun Appadurai ed., *The Social Life of Things: Commoditiesin Cultural Perspective*, Cambridge University Press, 1986: 64 – 94.

④ 王淑华:《"后舌尖时代"城市饮食文化的空间转向及其传播特点研究》,《未来传播》2019年第3期,第21—27、109页。

⑤ 杨碧蓉、周敏、周睿:《"后舌尖时代"背景下中国饮食文化的新媒体传播策略研究》,《四川旅游学院学报》2018年第5期,第17—20页。

宴中，越来越多的人正投身于"打卡"的行列。互联网的普及以及人手一机的时代，更催生了这种随时随地分享的网络生活方式。没有任何准入门槛，更不需要过多的技术含量，一个动作，手指的一次触摸，就能产生一件完整的作品。① 在当今这个时代，或许可以说，旅游者不是生活在一个真实的世界里，而是徜徉在一个媒介建构的影像世界中。大部分旅游者都有分享旅行体验的冲动，媒介已经不仅仅是一种技术、中介，更是一种环境、氛围。而手机的人人拥有时代更加速了网络传播的速度和节奏，这种传播可以深入旅行中的任何地方，包括饮食，通过可感知的媒介体验、可流动的时空视野、可沟通的社会关系和可融合的全球网络达成了饮食文化的传播、共享与体验，而通过拍摄美食照片发布到社交网络与他人进行互动的拍摄行为也称"美食社交"，尤以年轻人居多。如何将美食拍得更好看，为的就是分享到社交平台如微信朋友圈收获点赞和评论。如果不会拍几张美食，都不好意思发朋友圈了。随着"美食社交"的兴起，越来越多消费者注重的不仅是口味，还有食物的"颜值"。

> 访谈8-1：游客张女士（湖北）。我觉得乾坤湾的很多美食都值得分享，比方饸饹、油糕、油馍馍、凉粉、揪面片、抿节……我的很多朋友都没有见过，分享到朋友圈，还是很有意思的。

田野中，笔者注意到，游客总要挑选一些具有乾坤湾特色的菜肴，仔细地修图并发圈。并且，一个有趣的现象是，一些游客发完朋友圈之后，对于自己所点的菜肴，甚至一口也没有尝，并没有表现出非常喜爱的样子。可见，游客对自己挑选的地方食品，早已超出了对食物口感的喜爱，而将这种喜爱转化为了一种心理感受。随着人们生活方式的转变，商品的使用价值逐渐向索绪尔意义上的符号价值转向，投射在消费观念上的结果，便是从过去单纯对物品使用价值的消费转化为对物品中所蕴

---

① ［美］苏珊·桑塔格：《论摄影》，艾红华、毛建雄译，湖南美术出版社1999年版，第180—181页。

含的文化意义的消费，也就是鲍德里亚所说的符号消费。①

（二）打卡圣地：程家大院

程家大院虽然比黄河鱼农家乐开办要晚，但是因其拥有外出经商积累的知识资本、经济资本和人脉资本，几乎与乾坤湾的旅游开发同步成长，不仅动态调整着自己的旅游经营策略，其经营的程家大院和美食一条街也成为游客必去的打卡圣地。因其声名颇盛，《食全食美》陕北行系列报道还专门来拍摄了宣传片，这更增添了游客到程家大院"打卡"的热情。

程家大院跟乾坤湾其他很多农家乐不同，聘请了专业厨师和专门的服务员，擅长做陕北特色小吃如苜蓿团子、荸荠疙瘩、烧不卷、烧馍馍图、麻汤饭等。特别是麻汤饭，还加上了故事讲述。

> 访谈8-2：服务员A（程家大院）。麻汤饭就小蒜，吃了老婆"打"老汉。我们这个麻汤饭，跟你在街面上吃的不一样，主要是放了麻子（一种农作物），街上卖的麻汤饭，不放麻子，你在其他地方吃不到的。您尝尝，特别香。

第五节 小结：后舌尖时代/后风土主义的味道

味道（taste）作为一种符号或象征，与味觉（gustatory）——舌头对食物的感觉认知（如酸甜苦辣咸的区分）不同，是一种源于触碰、触摸和感知的心理感觉，通过对事物的心智行动与辨识能力，形成某些鉴赏惯习或规范。正如布迪厄所认为的，品味是一种对事物的好感偏好，有如对美/丑、好/坏、好吃/难吃的辨识与选择，而对食物的偏好——味道的养成，其实也是所属阶层所养成的惯习。② 列维—斯特劳斯更表示，透过烹饪，味素（gusterm）与社会结构具有同构性，如生食/冷食、酸/甜、

---

① ［法］鲍德里亚：《消费社会》，刘成富、全志钢译，南京大学出版社2000年版，第120页。
② George Steinmetz ed., *State/Culture: State - Formation after the Cultural Turn*, Cornell University Press, 2018.

生鲜/腐败、土生/外来、中心/边缘、标示/无标等,表明了该社会内部或不同社会之间的结构。① 虽然食材可以"加工",但服务却是无形的,体验更是难忘的。② 这充分说明,饮食文化中"道地"的生产与"地方"的关系,亦即饮食文化源自地方的风土人情,即使原料可以从市场上购买,但是技艺却是地方的,用餐的环境和氛围也是地方的,而这正是后舌尖时代/后风土主义的应有之义。对游客来说,他们更愿意接受"传统"和"自然"的道地饮食表述。本章所关注的,是透过对乾坤湾旅游饮食的探讨,思考饮食作为一种象征符号如何建构出"道地"的地方面向,反思饮食除了旅游宣传功能之外所具有的社会和文化价值,以及在后现代风土主义背景下,饮食文化如何建构出道地话语等议题。在后现代语境下的全球性交流中,许多地域性饮食文化早已无法再保持纯粹性,各地的食物互通有无,网络订购、送货上门以及交通运输的便利,使得各地的食物可以超越地区、时节、气候等各种限制,在任何时间地点,以更加多元的组合方式呈现在消费者面前。③

---

① [法]克洛德·列维—斯特劳斯:《结构人类学》(第2卷),张祖建译,中国人民大学出版社2006年版,第555—587页。
② [美]派恩二世、[美]吉尔摩:《体验经济》,夏业良等译,机械工业出版社2002年版,第18页。
③ 廖炳惠:《吃的后现代》,广西师范大学出版社2005年版,第20—25页。

第九章 怀旧与展示：乾坤湾的记忆剧场

各种各样的展示场所似乎使得旅行已再无必要，而这恰恰是在旅行已经成为一项大众运动的时代发展起来的。游客是为了和住在当地的人交流而去旅行，结果变成是去和当地人（以及外地人）的展示进行互动。换句话说，人们旅行越多，他们就越多地遭遇以可参观的形式表现出来的目的地文化。因此，现在到达一处被称作"目的地"的场所，游客们会期待看到有趣而浓缩的文化展示，使他们可以马上瞥见当地生活世界的"实质"（essence）。这些可被视作他们亲身进入世界无序空间的一个序幕，或者（可能更普遍的）一个替代。可见，在文化展示中，游客去实际的目的地旅行，不过是在体验虚拟的场所。

——［英］贝拉·迪克斯①

麦克唐纳曾说，展览正在成为我们时代的关键文化中心。② 在旅游业的推动下，文化变成了可展示的物件和可参观的场所，通过在建筑、艺术、设计以及各种被重新开发的地方进行投资，城市和乡村宣布它们具有了某种文化价值。这些文化价值已经被视为某一场所的身份，拥有这一身份对吸引游客至关重要。而且这一身份必须是很容易为游客所接近的，用城市设计当中的流行话语来说就是可读的（legible）。那些身份不明确、混乱或者自相矛盾的场所则无法被呈现为目的地。换句话说，它

---

① ［英］贝拉·迪克斯：《被展示的文化：当代"可参观性"的生产》，冯悦译，北京大学出版社2012年版，第4页。

② S. Macdonald and G. Fyfe (eds.), *Theorising Museums*, Oxford: Blackwell, 1996: 2.

第九章　怀旧与展示：乾坤湾的记忆剧场

们无法被参观。如果用修建完好或设计精美的建筑形式、艺术作品、购物广场、街道、人行道或花园无法表现其身份，那它们就不能成为一处景观或一种"体验"。简言之，可参观性源于文化的展示。相信没有人会反对，这种展示常常根基于怀旧和记忆。如同许多评论家所观察到的那样，我们身处"记忆井喷"之中，① 有人甚至用"记忆流行病"、② 记忆"肥大症"及对记忆的沉迷③或"纪念热"④之类的字眼来进行描述。对这类医学术语的借用，表明人们担忧过分强调记忆可能是不太健康的。当然，记忆井喷的另一个特点在于井喷所具有的公众生命（public life），这也是记忆井喷本身的基石，并以直接或间接的方式与旅游关联在一起，让人们得以强化记忆，并形成一种反思性的认同。⑤

第一节　橱窗文化：窑洞购物中心

对东道主社会来说，旅游购物中心正日益成为展示目的地文化的一个橱窗。这些物理环境既是游客产生地方感的基础，也是旅游目的地地方性的载体。窑洞作为乾坤湾景区最具代表性的景观，不仅是一种消费的场所，也是乾坤湾地域建筑的典型，还是乡愁景观的代表性符号。目前而言，延川乾坤湾已经形成了几个比较集中的购物—美食一条街，它们分别是伏羲码头窑洞街、程家大院美食街、乾坤湾商业街和清水湾清水古街，因其建筑形式都采用窑洞形式，给前来消费的大部分游客产生了独特的观感。访谈中，很多游客都提到窑洞建筑：

---

① 麦夏兰、兰婕、田蕾：《记忆、物质性与旅游》，《西南民族大学学报（人文社会科学版）》，2014年第9期，第1—7页。

② Bodemann, Y., Michal. *In den Wogen der Erinnerung*, München: Deutscher Taschenbuch Verlag, 2002: 24.

③ Andreas Huyssen, *Present Pasts: Urban Palimpsests and the Politics of Memory*, Stanford: Stanford University Press, 2003.

④ Barbara A., Misztal. *Theories of Social Remembering*, Maidenhead: Open University Press, 2003.

⑤ Raphael Samuel, *Theatres of Memory: Past and Present in Contemporary Culture*, London: Verso, 1994: Ⅸ + 479.

访谈9-1：游客杨先生（山东）。这里购物和吃东西的地方都是窑洞，很有地方特色，能感觉到黄土高原的风情，可以暂时忘记自己生活的地方……

上述窑洞购物中心都是因乾坤湾旅游才逐渐发展起来的，这种购物景观与乡愁旅游在游客心中形成了叠合，成为评价景区乡愁性的主要依据，也是促使游客萌发乡愁感知的重要对象：

访谈9-2：游客陈先生（江苏）。我觉得这种窑洞建筑风格很好，虽然我们都知道，这并不是一开始就在这个地方的，而且，室内的设置也与过去的土窑洞不一样，但是，外观上还是保留了土窑洞的样子，还是能感受到当地文化的气息，与周边环境也协调，光线也比土窑洞要亮，设施也更现代化。

（一）作为伴手礼的土特产

伴手礼也称手信，准确地说，更像是一种礼物。其实，很大程度上，旅游纪念品差不多都是作为送礼佳品推出的。为了形成差异化，旅游纪念品尽可能彰显地方特色，亦即土特产。所谓土特产要么是别处没有，要么是优于别处，是一份拿得出手的"手信"，送出去的时候也显得有面子而且更珍贵。其实，购物中心说是售卖土特产，事实上也充分考虑了各类目标群体的多样化需求，概括起来，主要有4类（表9-1）。

表9-1 乾坤湾旅游商品一览表

序号	类别	细分类型	主要商品
1	旅游纪念品	影像制品	民俗演艺、摄影及节庆活动录制的影音制品、旅游专题片等。
		台历、挂历、画册、影集等	以乾坤湾自然风光和人文历史为主的明信片、风景画、台历、挂历等。
		邮政纪念品	成套的明信片，包括自然风光类、动植物科普类、民风民俗类、特色名吃类以及纪念币、雕塑、信封、邮戳等。

续表

序号	类别	细分类型	主要商品
2	旅游工艺品	编织物	帽、席、帘、垫、鞋等。
		剪纸	从民间艺人那里收集、购买的各类剪纸,以及现场剪纸。
		布堆画	从民间艺人那里收集的布堆画,以及现场制作布堆画。
		石雕、泥塑	造型多样、色彩明快、惟妙惟肖的各类石雕和泥塑。
		刺绣	手工制作有乾坤湾特色的荷包、香袋、钥匙扣等。
		印染	蓝印、彩印的各类桌布、灯罩等。
		木雕、根雕	各类动植物、传统农具、历史名人等雕刻物。
3	地方土特商品	绿色保健食品	乾坤湾药酒、药膳、药茶等。
		野生食品	各类干制、腌制的山野食品,如灰灰菜、苦菜等。
		干鲜果品	红枣、桃、梨、核桃等。
		土特产品	乾坤湾特色农产品。
4	旅游日用品及装备品	食宿用品	蚊香、花露水、清凉油、风油精、矿泉水、饮料、小食品、雨伞、扇子、洗漱用品、化妆品等。
		游玩用具	垂钓用具、摄影器材、拓展装备、文化衫、旅游帽、旅游鞋等。

资料来源:作者调查整理。

目前,延川乾坤湾的土特产售卖点几乎形成了全覆盖(表9-2)。

表9-2 延川乾坤湾旅游购物点

旅游购物点	购物点级别	经营内容
南大门服务区	一级	旅游手册、土特产、旅游装备、高档旅游纪念品、高档日用品。
北大门服务区	二级	旅游手册、土特产、旅游装备、特色旅游纪念品、普通日用品。
景区重要节点	三级	民间艺术品、土特产、景区纪念品、户外用品、普通日用品。
人流密集点	—	景区纪念品、便利食品、饮料、土特产等。

资料来源:作者调查整理。

（二）作为旅游纪念品的传统（手）工艺

怀旧意味着从复杂的现在退回到朦胧记忆里熟悉而纯粹的过去。① 在当今有关旅游资源的所有现代性比喻中，"怀旧"是其中最具召唤力的一种，而遗产的"制造"则是对这种怀旧情绪的回应。② 乾坤湾正致力于对过去的再现，这种再现需要建立在一系列关于"旧物"的呈现上。正如许多旅游研究者所观察到的③，无论从哪方面来看，旅游都更像是一场物质实践，旅游体验不像符号性的，倒像物质性的，④ 这其中就包括各类旅游纪念品，特别是具有乡愁意义和历史记忆的传统手工艺品。所谓传统工艺或传统手工艺是指源于生产实践经验，并通过经验的积累不断传承的，旨在解决人们衣食住行等物质性生存问题的知识、技能、技艺和技巧。⑤ 中国传统工艺源远流长、种类繁多、技艺精湛、内涵丰富，涉及社会生活的各个方面。在现有的文物中，几乎所有传世和出土的人工制作都属于传统工艺，可以说，中国古代绚烂多彩的物质文明是由众多传统工艺所创造的。⑥ 之所以这样，因为在乡土中国，如果一户人家希望日子过得丰盈一些，人缘好一些，除了种好地，还得学会一门手艺，如做木工、砌泥瓦、懂风水、会编织、善裁缝、掌勺的、打铁的、磨刀的、锔瓷的、说话的、跑腿儿的……一个村庄就是一个社会，家家有绝活儿，户户有分工，优势互补，彼此协作。如果木匠得罪了铁匠，木匠的铁具坏了，铁匠就不帮修，而铁匠要盖房子，又请不动木匠，木匠和铁匠就只能舍近求远，去别村求助外人；如果裁缝和厨子闹不和，厨子家就不

---

① ［英］迪克斯·贝拉：《被展示的文化：当代"可参观性"的生产》，冯悦译，北京大学出版社2012年版，第136页。
② ［美］Nelson Graburn：《人类学与旅游时代》，赵红梅等译，广西师范大学出版社2009年版，第340页。
③ Adrian Franklin & Mike Crang, The Trouble with Tourism and Travel Theory, *Tourist Studies*, 2001, 1 (1): 5-22.
④ Delaney K., Tourists of History: Memory, Kitsch, and Consumerism from Oklahoma City to Ground Zero (review), *American Studies*, 2010, 51 (6): 1077-1079.
⑤ 李晓岑、朱霞：《云南民间工艺技术》，中国书籍出版社2005年版，第1页。
⑥ 万辅彬、韦丹芳、孟振兴：《人类学视野下的传统工艺》，人民出版社2011年版，第1页。

能就近做衣服，裁缝家有个红白喜事，也没人掌勺做酒席，同样得求助外人。当一个人为了某件事不得不舍近求远求助外人时，别人就会说这个人不会做人，在本村人缘不好，而这样的评价在乡土社会是非常糟糕的。因此，在一个村落里，你需要我，我需要他，他需要你，谁也离不开谁，邻里之间就会相互谦让，构建起一种稳定、和睦的互惠关系。在中国乡村，男人不仅需要有体力，还需要懂至少一门技艺；女人不仅要贤惠，也必须学会一门手艺，如薅麻纺线、裁缝衣服、刺绣扎花、做鞋帽、纳鞋底……在物资匮乏的年代，一切都需要自给自足。那些心灵手巧、技艺精湛的人会被视为"巧媳妇"，不会手工活儿的女孩，找个好婆家都难。而且，姑娘出嫁时的陪嫁，大多也是姑娘自己缝制或亲人馈赠的，陪嫁箱子里装的手工活儿越多，说明姑娘越能干。在乾坤湾，有两种被不断强调的传统手工艺，一种是剪纸，一种是布堆画。在延川乾坤湾，剪纸艺术重点推出的有高凤莲、贺彩虹等民间艺人；布堆画则以冯山云为代表。

案例9-1：高凤莲（黄土高原"第一剪"）。高凤莲（1936.02—2017.01）是陕西延川县文安驿镇白家塬村村民，1986年开始从事布堆画，1995年第四次"世界妇女大会"期间，由中央美术学院邀请到陈列馆展出剪纸和布堆画；2000年参展"中国剪纸世纪回顾展"，作品"陕北风情"获特等奖；2001年参展"山东省威海中国民俗风情剪纸大展"，作品"黄河人家"获金奖。高凤莲的剪纸粗犷质朴、气势恢宏。女儿刘洁琼和外甥女樊蓉蓉从小受其熏陶，继承了她的剪纸技艺，一家三代剪纸，既有延续又有创新。

案例9-2：贺彩虹（陕北民间艺术家）。贺彩虹是延川乾坤湾镇小程村村民，喜欢唱着陕北民歌剪剪纸，是中央艺术研究院靳之林先生发现了她的艺术天赋，并赋予她"剪纸就是民歌，民歌就是生活"的褒奖。

案例9-3：冯山云（黄河之子）。陕西延川县人，陕西省非物质文化遗产项目代表性传承人，其艺术作品曾受邀在国内多个城市及法国、瑞士、日本等国展出。先后举办剪纸、布堆画学习班三十多期，共培养民间艺术家近百人。2015年1月4—6日期间，在他的家庭博物馆里，他邀请我给他多年来的创作做一个总结，我认为可以用三句话来概括："版画是对一个时代的记录""布堆画侧重于反思这片土地""油画深刻描绘时代人物"。对此，他表示非常认同。

三个人物，三种技艺，三种经历，三个场景，看似彼此孤立，实则蕴含着必然的内在联系。比方，从高凤莲和贺彩虹的剪纸中、冯山云的布堆画中，都可以发现相同的元素——乡土。如果把乾坤湾比作一幅农民画，他们就是这画中的"三农"，在不同的地方，以各自的方式，坚守和充盈着乡土生活中的乡土精神。也因如此，他们的作品以各种形式被乾坤湾景区宣传、推介、展出，并为游客所喜爱、欣赏和消费，成为提升景区文化底蕴和发展乡愁旅游的代表。

第二节　黄河蛇曲国家地质公园博物馆

乾坤湾作为国家地质公园，当然不可缺少对于黄河蛇曲文化的展示。蛇曲又称河曲，指河道弯曲的地质形态。蛇曲形成的原因很多，主要受河水流量和搬运力、河床坡度与阻力以及河流沉积物的作用而形成。当河水流入凹岸受到阻挡就沿谷底流向凸岸，产生单向环流。在单向环流的作用下，凹岸下部岩石不断受到侵蚀而被掏空，同时上部岩石随之崩塌，破坏下来的岩石碎屑被单向环流的底流搬运到河流的凸岸进行沉积。这种河流侵蚀作用的结果使河床的凹岸不断向谷坡方向后退，而凸岸不断前伸，河道的曲率逐渐增加而形成蛇曲。蛇曲可分为自由式蛇曲和嵌入式蛇曲。自由式蛇曲也被称作迂回蛇曲，主要形成于宽广、开阔的地区，由于河谷宽阔，地壳多处于沉降过程中，河流切割不深，河床较浅并且不受河谷的约束，能较自由地迂回摆动；嵌入式蛇曲只能形成于由松散的沉积物组成的平原或宽谷中，因为在岩石上很难发生"凹岸冲刷、凸岸堆积"的情况。不过，地壳的抬升也是"嵌入式蛇曲"形成的重要原因，河流先是在由松散沉积物组成的平原和盆地中形成蛇曲，然后随着地壳的持续抬升，等于给河流向下切割的力量，而此时河流已经被束

第九章　怀旧与展示：乾坤湾的记忆剧场

缚在原先形成的蛇曲之中，因此继续保留着原有的蛇曲形态，一直向下切，直到深切到此岩石圈中，好像"嵌进去"一样。乾坤湾就属于嵌入式蛇曲（图9-1）。

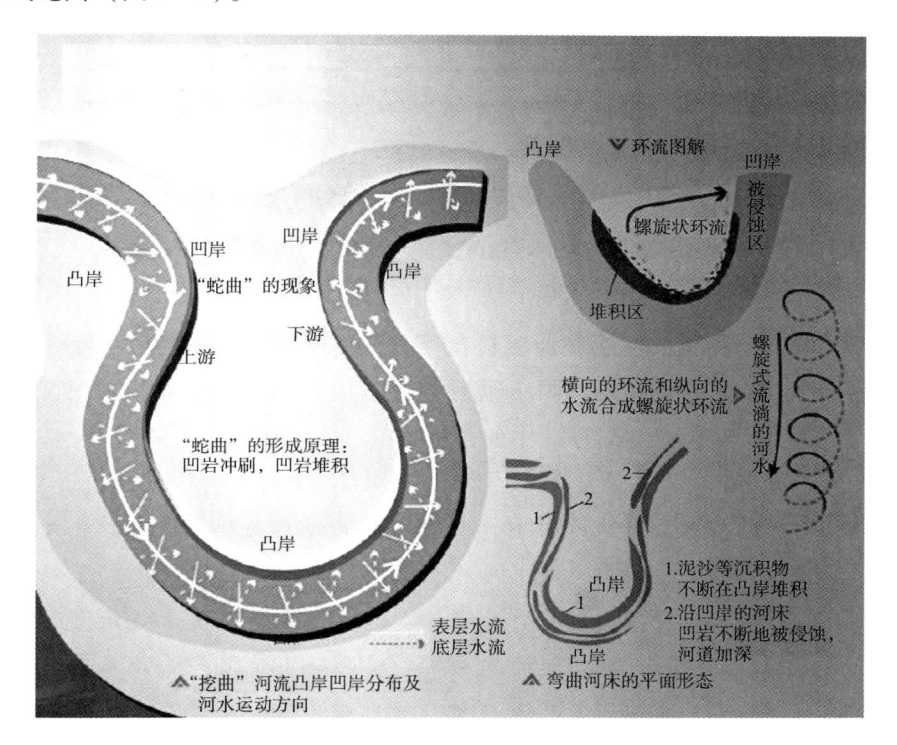

图9-1　延川黄河蛇曲国家地质博物馆的"蛇曲"现象简介
资料来源：作者拍摄。

（一）乾坤湾博物馆（延川）

乾坤湾博物馆是景区南大门综合服务区的重要组成部分。南大门综合服务区占地面积206亩，是延川乾坤湾景区的一级服务区。为了配合黄河蛇曲的景观意象，服务区仿照蜿蜒起伏的巨龙形式建造，在入口处设置高39.9米的景观龙柱（龙图腾柱），也是景区的标志性建筑，因而又称"龙蛇南门"。整个服务区包括生态停车场、景观龙柱、乾坤湾博物馆、游客服务中心、观光车换乘点等，是集售票、咨询、导游、交通、餐饮、购物等服务于一体的多功能综合服务区（图9-2）。

图 9-2　延川乾坤湾博物馆、景区南大门、游客服务中心
资料来源：延川县黄河乾坤湾景区管理局。

乾坤湾博物馆由序厅和地质科普厅、历史文化厅、民俗风情厅 3 个专题展厅构成，目的在于勾画一幅"魅力延川"的宏伟画卷，展现这片土地上的大美神奇。正如序厅中前言所述：

> 黄河流经秦晋大峡谷时，自延川县的延水关起，依次形成大型深切嵌入式的漩涡湾、延水湾、伏寺湾（正在打造成盘龙湾）、乾坤湾、清水湾，即延川黄河蛇曲群体。是我国干流河道上蛇曲发育规模最大、最完好、最密集的蛇曲群。陕西延川黄河蛇曲国家地质公园位于陕西省延安市延川县东部，北起伏寺湾，南至会峰寨，西自武家山村向东到黄河主流线，南北长约 12.5 千米，东西宽约 4.5—10.2 千米，总面积为 86 平方千米。公园以黄河秦晋大峡谷壮丽的自然景观为依托，以黄河蛇曲地质遗迹景观和黄土地貌景观为主体，融入特色人文景观，是集科学考察、科普教育、游览观光、休闲度假为一体的多功能地质公园。

除了前言的总体介绍，序厅还包括呈现乾坤湾四季景致的 360°全景投影。

1. 地质科普厅

地质科普厅分为地球演化史、水的能量、矿产资源和守护家园 4 个部分，其中最吸引眼球的要数一具黄河古象——纳玛象化石。化石高 3.3

米，长6.5米，象牙长3—4米。据说这尊化石是2001年延水关镇的农民在挖掘山沙的过程中发现的，埋藏于黄河古道第四系河床沉积物中，骨骼石化程度不高，初步判断为大约生活于20万年前的古象。

（1）地球演化史。以沙盘的形式为参观者展示黄土高原川、梁、塬、沟、峁、坎地形。延川县位于黄河流域与黄土高原之间，地势西北高，东南低，地形属于陕北构造盆地。地质构造相对稳定，岩层构造为沉积岩，无大型褶皱和断裂。黄河蛇曲国家地质公园是黄土地貌发育齐全的区域，主要有黄土沟谷地貌、潜蚀地貌、沟间地貌等。

（2）水的能量。重点介绍水流对地貌的改变和塑造，以水晶球为参观者展示黄河9省区在不同地段形成的景观，配合导游的讲解词，给参观者一个总体的意象：

> 黄河是世界第五大长河，中国第二长河，从巴彦喀拉山北麓出发，流经9省区注入渤海，全长5000千米，流域面积75000平方千米。是中华文明最主要的发源地，被称为"母亲河"。黄河将黄土高原一分为二，形成一道720千米的大峡谷。古时，峡谷以西为秦国，以东为晋国，大峡谷就被称为秦晋峡谷。延川黄河蛇曲就发育在这一河段。

然后是对蛇曲地貌的介绍，包括对自由式蛇曲和嵌入式蛇曲形成的原因、过程等的解说，以及对地形地貌的简介。河流在对陆地长期冲刷和侵蚀的过程中，形成的地形地貌叫作河流地貌，分为侵蚀地貌和堆积地貌。侵蚀地貌是指水流对河谷两侧、沟谷底部等进行侵蚀，使河谷加深、拓宽、延长形成的地形地貌；堆积地貌是由搬运作用或沉积作用形成的，乾坤湾的定情岛就是秀延河入黄河口处泥沙长期沉积形成的河漫滩地貌景观。

（3）矿产资源。主要以三维视频为参观者播放煤的形成过程和六棱投影触控的方式展示能源的利用。由于特殊的地理、历史条件，延川县形成了十分丰富的植被资源和矿产资源，如红枣、梨、苹果、花椒等植物资源得天独厚；煤、石油、天然气、岩盐等矿产资源储量可观。

2. 历史文化厅

分为远古传说、朝代更迭、红色历史和知青岁月4部分。

（1）远古传说。包括红色印章、大禹治水、伏羲女娲交尾图、问卦伏羲、三个铜柱、都宛丘。

①红色印章。寓意人类由懵懂走向文明。

②大禹治水。左侧墙面雕刻大禹治水的场景。

③伏羲女娲交尾图。右侧墙面雕刻伏羲女娲交尾图，相传远古时期伏羲与女娲同被尊为人类始祖，二人是一对兄妹，也是一对夫妻。图片上伏羲女娲蛇尾交缠，二人双肩上载着太阳，双尾下含着月亮，身后左右，众星环绕。伏羲手拿"矩"，女娲手拿"规"，既是当时重要的生产工具，又是社会秩序的象征。所谓没有规矩不成方圆，男人要行方正之道，才能充满阳刚之气，女人要行圆融之道，才能柔顺美丽。

④问卦伏羲。传说伏羲在乾坤湾受到黄河水流的启发创立了先天八卦图。八卦其实是当时的文字，共分为八个方位，对世间万物进行解释。参观者如果站在对应的方位上，前方就会有伏羲出现，讲解对应卦方位的含义。

⑤三个铜柱。以连环版画的形式为参观者展现伏羲对中华民族做出的13大贡献，即都宛丘、结网罟、养牺牲、兴庖厨、定姓氏、制嫁娶、刻书契、作甲历、兴礼乐、造干戈、服诸夷、纪龙官、画八卦。

⑥都宛丘。是指在宛丘建立都城，使人类从此开始过上定居的生活。伏羲曾在黄河一带教人织网捕鱼、驯养家畜，创造了婚嫁礼仪、琴瑟乐器，使黄河一带成为原始先民最先繁衍生息的核心区域之一，正是因为伏羲为人类所做出的巨大贡献，被后人尊称为三皇之首。

（2）朝代更替。展现延川县的文明发展过程，包括古村落遗址、秦晋之好、二牛抬杠汉画像、千年古窑、赫连勃勃墓、文安驿、清水关。

①古村落遗址。古时，延川境内先后出现鬼方、匈奴、鲜卑、稽胡、党项等20多个北方游牧民族与汉人不断交会融合。经考察，延川境内的安峁则和王家河古村落遗址分别为商代和西周遗址。表明在这一时期，先民已经开始由游牧生活向定居农耕生活过渡。

②秦晋之好。春秋战国以后，延川历经了魏国、秦国、西汉、匈奴、

大夏、唐宋等多个政权更替，各民族与政权之间通过姻亲维持彼此关系。通过三维视频为参观者展示春秋时期秦国和晋国的联姻故事。

③二牛抬杠汉画像。西汉时期，陕北农业得到了很大发展。秦朝确立二十四节气，汉代实行休养生息政策。陕北绥德出土的二牛抬杠汉画像，反映了这一时期陕北地区农耕技术的进步。图中没有牵引耕牛之人，说明2000年前在陕北一带，耕牛已被驯养得十分驯服，耕者的驾牛技术也已非常熟练。

④千年古窑。根据延川县小程村千年古窑的形象修建。窑口呈尖顶弧形，窑面雕刻莲花、牡丹、彪悍骁勇的匈奴武士图案。

⑤赫连勃勃墓。延川在公元407年属大夏国赫连勃勃统治。赫连勃勃，字屈子，祖籍山西，为匈奴左贤王后裔。公元407年赫连勃勃立国为王，定国号大夏，年号龙升，改姓氏为赫连氏。公元413年定都统万城，公元418年攻占东晋长安，公元425年病逝，谥号武烈皇帝，葬于延川县古里村，陵墓为嘉平陵。

⑥文安驿。延川县始建于隋开皇三年，隶属延州管辖，距今已有1400多年历史。延川自古就是沟通关中与塞外，连接秦晋两岸的咽喉要塞，境内驿站城堡遍布，成为传递信息、躲避战祸的重要场所。文安驿现存明代城垣100米，东北山头烽火台1处，是延川作为军事战略地位的见证。

⑦清水关。在1940年之前，延川县没有公路，水上运输更为便捷，黄河岸边的古渡码头在战争年代可攻可守，历来为兵家必争之地，在和平年代又成为两岸贸易交流的首选之地。清水关位于刘家山村，自古就是关津要隘，水上枢纽。清水关南侧建有会峰寨，北侧建有牛尾寨，两寨互成掎角之势，共同守卫清水关。

（3）红色历史。延川是陕北最早的"闹红"县份之一，毛泽东、周恩来、彭德怀等老一辈革命家在这里留下了光辉足迹。作为共产党革命的大后方，延川县有力地支援了前线革命斗争的开展。

①高朗亭。陕北红军第一支武装力量——延川游击队由高朗亭担任游击队政委。高朗亭为人果敢、勇猛，当时民间流传着关于他的事迹的歌谣：天上乌云变红云，红军出了个高朗亭，山中老虎他不怕，土豪见他逃性命。

②刘志丹。革命先辈刘志丹是陕甘边革命根据地的主要创建人和领导人,许多延川籍优秀儿女受他影响走上革命道路,对中国的革命事业做出了巨大贡献,甚至献出了宝贵的生命。延川县永坪镇是西北革命根据地的首府,1935 年红军长征到达陕北时,最先迎接了中央红军的先遣队。

③刘家山。红军队伍在陕北立足之后,为了打开内外交困的局面,于 1936 年 2 月发动了东征战役,历时 75 天,1936 年 5 月 2 日,毛泽东率领东征部队西渡回陕,在清水湾上岸,岸边至今还保留着毛泽东当年坐思国事的石碾。晚上毛泽东就住在刘家山村的刘登山家。

(4) 知青岁月。20 世纪 60—70 年代,知识青年响应党中央的号召来到艰苦的边区插队落户,延川县就有 1500 多名北京知青。该部分以照片的形式为参观者展示了北京知青当时的生产生活劳动场景 (表 9 - 3)。

表 9 - 3 知青岁月

展板	知青代表	典型事迹
1	孙立哲	关家庄大队知青,1970 年担任赤脚医生,全国知青先进典型。
2	丁爱笛	在延川插队 10 年,做过 4 年生产队长、4 年大队书记兼公社副书记。
3	邢仪	插队期间走遍了陕北的山山峁峁,用画笔对插队生活作了真实描绘,《知青教师》就是她创作的。
4	史铁生	8 岁来到关庄插队,担任饲养员。回北京后,开始文学创作,于 1984 年 5 月中旬发表了《我的遥远的清平湾》。
5	习近平	1973 年开始担任梁家河大队党支部书记,带领社员们打坝、挖井、修沼气池、建磨坊、裁缝铺、铁业社、代销店等,大大改善了村民的生活条件。
6	作家县	1972 年,知青曹谷溪、闻频、陶正、路遥等创办了文艺小报《山花》,不久,知青史铁生写了一首《忆江南·赠〈山花〉》的小诗,刊登在《山花》1984 年第 4 期上。40 多年来,《山花》培养了 3 代 20 多位作家,使延川县成为中国罕见的"作家县"。

资料来源:作者搜集整理。

3. 民俗文化厅

展厅分为黄土人家、文化艺术和民俗风情三部分。

（1）黄土人家。陕北窑洞通常坐北向南，依山而建，造型上部拱圆，下部端直，取自"天圆地方"。一般以3—5孔为一院落，院落又围有围墙，设有大门，大门外种植古槐，寓意"门前有槐，辈辈发财"。院子外侧摆放的磨盘是农户重要的生产工具，旧时人们常用碾磨俱全来形容一家人的家境殷实。窑洞前面的灶台用来生火做饭，烟气通过土炕穿过烟囱排出窑洞，晚上一家老少就睡在土炕上，靠着白天烧火的余热取暖。农耕时期，陕北农民的理想生活就是："二亩地一头牛，老婆孩子热炕头。"

（2）文化艺术。展示的是陕北的文化艺术，主要有剪纸、木刻版画、布堆画等。

①延川剪纸起源于古代的图腾文化，体裁主要有窗花、墙花、灯花等。2004年，延川县被陕西省文化厅命名为"民间剪纸之乡"。延川剪纸艺术家刘晓娟为参观者现场剪纸，包括远古神话传说、民间故事和农家生活等。

②木刻版画是绘画的一种，起源于图像印刷术，用反线条雕刻，纸张拓印。延川木刻版画指的是黑白木刻，代表人物是刘宏祥，他的巨幅作品《黄河东流去》在陕西民间工艺美术作品展中获银奖。除此之外，还有用木刻版画形式展示的连环故事：延小川的幸福生活。

③布堆画最早是陕北婆姨用做衣服的剩布料为劳动的丈夫和调皮的孩子缝补衣服时堆纳的图案，逐渐演变成一种艺术表现形式，代表人物有冯山云，展出的作品有《山汉》《大地》等。

（3）民俗风情。主要展示陕北民歌、秧歌、道情、转九曲、陕北说书、小程民间艺术村、碾畔黄河原生态民俗文化博物馆等。

①陕北民歌。陕北有句俗话："女人家忧愁哭鼻子，男人家忧愁唱曲子。""曲子"指的就是陕北民歌。陕北民歌起源于古代汉族巫歌和祭祀秧歌，被当地人称为"山曲"或"酸曲"。陕北民歌种类很多，主要有信天游、小调、酒歌等。2008年，陕北民歌入选第二批国家级非物质文化遗产名录。代表作有《走西口》《兰花花》《五哥放羊》《赶牲灵》等。

②秧歌。起源于古代祭祀、迎春礼仪、农民欢庆丰收等，分为大秧歌和小秧歌，大秧歌主要展现男人粗犷豪放、淳朴真诚的情怀；小秧歌表演曲目繁多，有踩高跷、耍龙灯、舞狮、大鼓、唢呐、腰鼓、跑旱船

等。展厅放置了一面放大的秧歌表演乐器——黄河圆鼓,鼓面上展现黄土地上的秧歌盛宴。

③道情。起源于道教的一种音乐形式,后来人们将道情与民间歌谣、舞蹈结合在一起,既言道,又言情,有道可依,有情可言。1983年,延川道情戏《刘栓回头》《上彩礼》在中南海怀仁堂演出,开创了县级剧团进京演出的先河。展厅通过幻影成像为参观者展示《祈雨》《布堆画和秧歌》《道情》等延川风俗。

④转九曲。九曲阵是古代兵家布下的一种易守难攻的阵势,因为形状像九曲十八弯的黄河而得名。有"老人转九曲,活到九十九;情人转九曲,爱情久久久;学子转九曲,考试九十九"的说法。

⑤陕北说书。说书是陕北一种民间口头说唱艺术,早期说书艺人一般都在乡间游走,多为盲人,俗称先生或书匠。人们在生病、修窑、保锁娃娃时都会请"书匠"来说上一段平安书。随着时代的发展,许多明眼艺人也加入到说书的行列。

⑥小程民间艺术村。介绍小程村的发现过程和所获荣誉,如被中央美院、西安美院、中国摄影协会、陕西摄影协会定为摄影基地、写生基地。

⑦碾畔黄河原生态民俗文化博物馆。介绍博物馆的地理位置、建设时间、馆藏物品等。

(二)黄河蛇曲地质博物馆(永和)

今天的博物馆不仅是物品的储藏室,也是吸引参观者游览的去处,目的是引导参观者的发现之旅,而不是把他们带到布满灰尘的橱窗走廊里。因此,单纯的参观,已经不能满足参观者的需要,"体验"正成为目前博物馆的新宠。为了形成差异化发展,永和黄河蛇曲地质博物馆希望通过一定的技术手段来增强参观的体验性。其实,运用先进技术创造景观(奇观)已经出现在许多领域,虽然这种技术最初会比较昂贵,但是一旦被正常运营之后,成本却变得很小。更重要的一点是,它们存在于一个非物质的虚拟世界里,不会受到物质的限制。在一个体验经济快速发展的时代,游客的消费观念不断转变,人们对旅游活动的诉求已经超越了传统的观光游览、休闲度假和旅游购物，期待获得更多的独特体验。因此，如何在旅游活动中满足游客的多样化需求就变得尤为重要，借助声光电等现代科技手段打造的另类游憩场所正是这一需求的具体体现，永和黄河蛇曲地质博物馆的建设正好契合了这一理念。博物馆采用声、光、电现代技术手段，立体展现地球地貌的演化过程和黄河蛇曲地貌的形成过程。展馆根据功能不同划分为3个区域，分别为服务区（F区）、博物馆区（M区）和办公区（B区）。服务区（F区）正中设置咨询服务台（F2）、永和黄河蛇曲地质博物馆石碑（F3）和旅游接待室（F4）以及游客休息场地、纪念品销售等。博物馆区（M区）设有M3、M8、M5、M7四大展厅，分别展出不同系列展品，其中第一展厅（M3）分为3个展区，分别展示地球演化史、地质遗迹和地质公园的科普知识；第二展厅（M8）分为2个展区，分别展示黄土地貌与河流地质作用相关知识。第三展厅（M5）分为7个展区，分别介绍永和黄河蛇曲国家地质公园的地质遗迹类型、主要地质遗迹特征和黄河蛇曲的形成过程；第四展室（M7）分为4个展区，分别介绍永和县的经济发展、名人故居、文化古迹和民俗文化等。办公区（B区）包括行政办公和仓库保存。游览线路通过游客服务区（F1），从大门（M1）进入，经过牌楼（M2）到达博物馆区（M区），参观完第一进院落第一展厅（M3）和第二展厅（M8）后，经过中门（M4）进入第二进院落，参观第三展厅（M5）和第四展厅（M7），最后参观展馆主楼的多功能演示厅（M6）。M6作为整个展馆的主楼，与两个附楼通过回廊连成一体，在回廊之间利用声光电技术设置黄河蛇曲地貌立体模型和地球演化情景模拟（图9-3）。

上述的总体设计理念旨在展示4个单元的主要内容：一是地球演化史、地质遗迹和地质公园情况；二是黄土地貌类型和河流地质作用的相关知识；三是地质遗迹景观的形成与演化；四是黄河流域的经济发展、文化古迹、名人故居和民俗文化等。通过文字讲解、图片演示、模型展出、展板灯箱、实景灯箱、旋转灯箱、三维动画和实物标本等多种形式全面展示黄河蛇曲地貌，介绍相关地质知识。特别是在主楼F6多功能演示厅，配置大屏幕影像设备，循环向游客播出有关黄河蛇曲地貌的形成演化情况。4个单元的内容又细分为35块展板（表9-4）。

图 9-3　永和黄河蛇曲地质博物馆

资料来源：作者拍摄。

表 9-4　永和黄河蛇曲地质博物馆布展情况

编号	展示内容	编号	展示内容
展板 1	序	展板 12	中国国家地质公园标徽及其由来
展板 2	前言	展板 13	联合国教科文组织提出的有关地质公园的准则
展板 3	回顾远古时代地质发展史及造山运动	展板 14	地质公园的原则、目的和意义
展板 4	下古生界地史、生物的发展	展板 15	地质公园相关计划简介
展板 5	上古生界地史及生物的演化	展板 16	黄土地貌的分类（展板前放置黄土地貌的立体模型）
展板 6	续上古生界地史发展及生物演化	展板 17	河流及河流的地质作用（配置中国三大河流分布模型）
展板 7	中生界地史发展及生物演化（生物演化图加配灯箱）	展板 18	河流的地质作用之侵蚀作用
展板 8	新生界地史发展及生物演化	展板 19	河流的地质作用之搬运作用
展板 9	地质遗迹的成因及其类型	展板 20	河流的沉积作用
展板 10	地质遗迹保护的国际经验、中国地质遗迹分区及保护区情况	展板 21	构造运动对河流地质作用的影响
展板 11	世界地质公园标徽及其由来	展板 22	黄河蛇曲（山西永和）国家地质公园地质遗迹类型一览表

续表

编号	展示内容	编号	展示内容
展板23	黄河蛇曲（山西永和）国家地质公园景区、景点分布一览表	展板30	地质灾害遗迹
展板24	基础地质遗迹特征（一）	展板31	永和黄河蛇曲地质成因（多媒体演示）
展板25	基础地质遗迹特征（二）	展板32	永和经济概况
展板26	古生物景观特征（古生物化石实物展示柜）	展板33	文化古迹
展板27	地貌类景观介绍（一）	展板34	名人故居
展板28	地貌类景观介绍（二）	展板35	民俗文化
展板29	水体景观特征（旋转灯箱+声光）		

资料来源：作者搜集整理。

2014年8月19日，山西永和黄河蛇曲国家地质公园开园，黄河蛇曲地质博物馆也竣工使用，可是截至目前，永和乾坤湾并未正式投入运营，景区免费开放，而博物馆平常则处于关闭状态。

第三节　红色旅游的历史展示：红军东征纪念馆

"红色旅游"是指国家自上而下推动的参观共产党革命战争时期的纪念地和标志物的一种旅游形式，旨在回顾中国共产党的革命与发展历程，增强人们的认同感和自豪感，激发爱国情怀和民族自信心，培育红色文化精神。红军东征根据1936年2月20日至5月5日，毛泽东主席、彭德怀总司令率领中国人民红军抗日先锋军进行渡河东征，促进抗日民族统一战线和推动抗日救亡运动，以革命历史为主题在乾坤湾建设的红色旅游纪念馆。

（一）纪念馆：革命历史的讲述方式

扬·阿斯曼曾特别指出，文化记忆是以客观的物质文化符号为载体固定下来的，如文化形式（文本、纪念碑、博物馆）和机构化的交流（背诵、观察、实践），只有通过这些可以反复使用的文本系统、意象系统、仪式系统，文化记忆才能稳固和传承。① 在红色旅游背景下，以物质形式将革命历史进行保存和展示，有利于集体记忆的传承。一方面，英雄人物的形象和荣耀历史通过各种仪式和符号体系被唤起，引发一种不同于凡俗事物的神圣感；另一方面，物质媒介不仅显示出与之相关联的精神状态，而且有助于发扬这种精神，在促进集体意识形成的同时，也能确保记忆的稳定性和持续性。② 虽然红色旅游启动于2005年，但早在1994年中共中央印发的《爱国主义教育实施纲要》中就明确要求各地要搞好爱国主义教育基地的建设，包括各类博物馆、纪念馆、烈士纪念建筑物以及革命战争中的重要战役、战斗纪念设施等。从爱国主义教育基地到红色旅游景区，革命历史通过客观的物质环境和符号体系得到了巩固和展示。

1. 红军东征永和纪念馆

红军东征永和纪念馆是一座反映中国工农红军东征抗日历程的专题纪念馆，是为缅怀先辈，教育后人而设立的。从1971年开始建馆，先后经过旧居整理、馆舍初创、新馆建设、古庙修复、馆舍扩建等几个阶段。③ 1971年，中共临汾地委在毛泽东路居地阁底乡上退干村召开了第一届全体委员会议，决定将上退干村更名为"东征村"，并开始着手建立"毛主席东征路居地"。1977年，为了纪念毛泽东领导的东征战役，经中共永和县委决定，在关帝庙西侧北边建成砖混结构的5间瓦房，设立了60平方米的展厅，中央摆放石膏材质的白色毛泽东塑像，墙上布置红军东征路线图和部分采自延安革命纪念馆有关红军东征的图片。至此，"红军东征纪念馆"正式挂牌。1995年，又投资10万元对纪念馆进行了维修。1996年，红军东征永和纪念馆落成并对外开放。作为一座反映中国工农红军东征抗日历程的专题纪念馆，集中、全面、翔实地展示了中共中央、毛泽东于1936年2月至5月率领中国人民红军抗日先锋军在三晋

---

① ［德］阿斯曼：《文化记忆：早期高级文化中的文字、回忆和政治身份》，金寿福、黄晓晨译，北京大学出版社2005年版，第41—62页。
② ［法］爱弥尔·迪尔凯姆：《宗教生活的基本形式》，渠东、汲喆译，上海人民出版社2006年版，第314—315页。
③ 冯书闻：《红军东征永和纪念馆志》，山西人民出版社2016年版，第9页。

大地东征抗日的壮举。1936年2月20日,红一方面军在毛泽东、彭德怀等率领下,以"中国人民红军抗日先锋军"的名义东渡黄河,开赴抗日前线,但遭到阎锡山部队的顽固抵抗。红军同蒋、阎军队展开激战,在山西转战50余县,历时75天。为避免内战,保存抗日力量,于5月5日红军回师陕北,史称"红军东征"。① 2005年,经中共临汾市委批准,对永和县东征纪念馆进行了大规模重建,同时,本着"修旧如旧、保持原貌"的原则,对关帝庙的建筑也进行了修缮,分成"英明决策铸辉煌""红军东征在永和"和"老区人民爱红军"3个主题展厅,占地面积2500平方米。2006年5月12日,新修建的"红军东征永和纪念馆"落成揭牌。目前,红军东征永和纪念馆共有各类藏品460余件,各种资料140余套,历史图片250多张,其中珍贵革命文物6件,分别是红军东征时总部机关首长使用过的竹制米盛(南方整节竹子削制)1个,德八望远镜1个,铜材木炭取暖手炉1台,俄制合金材质酒具1套,大象皮制带公文包的马鞍1副,以及重机枪1挺。近年来,红军东征永和纪念馆的知名度和影响力不断提升,成为山西乃至全国著名的红色旅游景区。

永和县作为毛泽东在临汾市境内唯一公认曾居住和战斗过的地方,留下了许多东征佳话,如珍珠米、五星枣、沙发石和殉义柏。

(1)珍珠米。永和县阁底乡的特产小米被称为珍珠米。这种小米熬出的粥有三大特点:色黄、汤黏、味香。传说"珍珠米"的名称还是毛泽东给命名的,1936年5月1日,毛泽东来到上退干村。翌日早晨,炊事员给主席端来早餐,主食是馒头和小米粥。主席吃着馒头,喝着小米粥,觉得此粥又香又甜,味道很美。细细端详,发现米粒黄中透亮,晶莹润滑,于是脱口而出:"真像黄珍珠啊!"此后,"珍珠米"由来便在坊间传开了。②

(2)五星枣。永和盛产红枣,而且品种繁多,其中有一种枣枣脐呈五角星状。据当地枣农讲,过去永和并没有这种枣,自从毛泽东率红军东征后这里才出现了这种枣。于是便有了"自从主席东征后,永和有了

---

① 冯书闻:《红军东征永和纪念馆志》,山西人民出版社2016年版,第9页。
② 冯书闻:《红军东征永和纪念馆志》,山西人民出版社2016年版,第142页。

五星枣"的民谣。①

（3）沙发石。在于家咀村通往黄河滩的山路上，有一块长方形的石头，长1米，宽30厘米，石头中间有2个半圆形石窝，一大一小，形似沙发。传说当年毛泽东和彭德怀率领红军回师路过此处时，曾坐在这块石头上歇息并听取了红军渡河情况的汇报。当时石头表面是平的，后来竟奇迹般地风化成现在的样子。② 于是，群众便给这块石头起名"沙发石"。村民说，这2个石窝，大的是毛泽东坐过的地方，小的是彭德怀坐过的地方。

（4）殉义柏。在毛泽东1936年居住过的上退干村关帝庙内有一座魁星楼，楼顶上生长着一棵1米多高的小柏树，历经多次大旱而不枯。奇怪的是，1976年9月9日，毛泽东在北京逝世，这棵小柏树当年冬天也枯死了。据当地群众讲，这棵小柏树是在1936年回师后的秋天自己长出来的，毛泽东逝世的1976年冬天枯死，而且方向指向北京。于是群众便将这棵小柏树称作"殉义柏"。③

2. 红军东征革命纪念馆（延川）

红军东征革命纪念馆（延川）是陕北地区首个以红军东征为主题的红色革命纪念馆，以红军东征为根据，全面介绍红军东征，宣传革命精神，集文物收藏、资料研究和宣传教育为一体的专题纪念馆。2016年，延川县政府启动红军东征纪念馆规划项目，由西安市雅特展览有限公司进行规划设计。建设方案包括刘家山旧居、东征出发、红军陕北会师、东征会师、太相寺会议、杨家圪台会议等内容。纪念馆采用陕北窑洞风格，位于乾坤湾镇刘家山村，总占地面积2000平方米，建筑面积1400平方米，以图文、史料、历史图片等形式回顾了红军东征的整个过程，展示了这场具有重要转折意义的艰辛革命历程。纪念馆采用大型沉浸式场景再现东征红军从清水关一带回师陕北的进程中，延川民众支援红军，为红军捐款捐物、救治伤员、运送物资等事迹，通过场景再现，让人感

---

① 冯书闻：《红军东征永和纪念馆志》，山西人民出版社2016年版，第143页。
② 冯书闻：《红军东征永和纪念馆志》，山西人民出版社2016年版，第126页。
③ 冯书闻：《红军东征永和纪念馆志》，山西人民出版社2016年版，第142页。

受当时中央红军在陕北所受到的拥护与爱戴。纪念馆以"审时度势、英明决策""烽火东征、浴血晋西"和"促成停战、胜利回师"为主题,以3个单元展示了当年东征红军的丰功伟绩。

(二)让历史照进现实:红色旅游的多元化发展

红色旅游的目的在于实现革命历史教育和意识形态宣传,加强民众对政党和政权的认同与拥护,地方政府也需要通过革命历史来强化集体记忆。不过,对于地方政府来说,还需要考虑红色旅游资源对游客的吸引力以及旅游产品的多元化开发。红色旅游资源能够在多大程度上服务于景区形象的整体塑造和推广,是否具有社会效益和经济效益的可持续性,决定了其被利用的方式。因此,地方政府选择如何发展红色旅游、讲述革命历史,与其自身的创造性有关。从乾坤湾的发展规划来看,红色旅游资源与其他环境条件形成了较好的整合,并且这种整合是景区建设主体和规划单位达成共识后的集体行动。2016年4月26日,在《红军东征纪念馆规划设计方案》汇报会上,延川县政府特别提出:红军东征纪念馆建设不仅要体现东征纪念馆主题,而且不能只局限于旧居,还应该包括东征出发、红军陕北会师、东征会师、太相寺会议、杨家圪台会议等内容;在"修旧如旧"原则下,高标准、合理化布局旧居功能设施;建筑风格要与陕北窑洞相协调,体现陕北特色。虽然红军东征作为乾坤湾的文化品牌和景区名片,是集中展示红色文化的绝佳空间,但考虑到单一红色文化难以对游客形成持续吸引力,政府决定按照全域旅游的思路将延川的自然景观与文化相互融合,将具有广泛认知度的自然风光、黄土文明、黄河文化、高原风情等形成一个整体,而纪念馆只是作为众多景点中的一个游览节点。经过地方政府精心选择和重新整编过的历史文化元素被落实到景区内,转化为可参观、可观赏的空间,不仅可以向外来游客展现与众不同的地方特色,提升旅游形象,还可作为当地的文化或教育资源,影响当地人看待自身文化的方式。

历史展厅是一种回忆空间,记忆在这个空间里被建构、彰显和习得。[①]

[①] [德]阿莱达·阿斯曼:《回忆空间:文化记忆的形式与变迁》,潘璐译,北京大学出版社2016年版,第44—45页。

虽然我们无法穿越或复活历史，却可以通过复原场景来建构记忆。将过去的空间场景"移植"到现世进行展演，通过唤醒记忆的方式进行实现跨越时空的文化传播，使得人们在景区建构的空间记忆中习得红色文化。因此，近年来，红色旅游景区除了以叙事为主的历史展示方式外，还出现了以延安和井冈山为代表的将革命历史奇观化的做法，如井冈山的红色旅游中，在给毛泽东鞠躬后，"红四军"迅速撤离，在导游红旗的带领下开始"进攻"井冈山斗争全景画馆；2006年打造的"延安保卫战"露天实景演出生意红火，深受游客欢迎。这种用旅游代替教育的做法顺应了改革开放以来市场化和消费主义的趋势，如何让游客有更深刻的旅游体验，实现景区文化传播的社会职能也越来越受重视，因为如果纪念馆缺乏与现实生活的联系，那么纪念空间就只是一个历史遗留的空架子和冰冷的历史文物。

第四节　小结：被展示的文化

可参观性作为公共空间建设的重要指标，通过对建筑物、展示空间、文化衍生品等进行规划设计，将景区中的文化以"可读"的形式展示出来，凸显其文化价值并被认可。文化作为生产可参观性的核心，使某一场所成为可被观赏的去处。这种展示既简单又复杂，既自然又人为，既是最易感知的直接经验对象，又是最为抽象的创作，既是实在的，又是象征的。[1] 本章的主旨在于探讨文化是如何用可参观性的形式制造出来的，以及这种呈现方式所蕴含的意义。通过对乾坤湾窑洞购物中心、黄河蛇曲国家地质博物馆、红军东征纪念馆的解读，旨在说明旅游场域中的文化展示问题，从物质实体建设到数字世界建构，其实并没有真正的界限——文化展示无所不在。无论是物质性的空间生产，还是非物质性的空间生产，都是一个选择性的意义生产过程。对于物质性空间的生产，一方面反映和呈现了某种集体记忆，另一方面也是型构、再现集体记忆

---

[1] ［法］诺拉：《记忆之场：法国国民意识的文化社会史》，黄艳红等译，南京大学出版社2015年版，第20页。

的过程。特定的记忆能否被回忆或以什么方式被回忆,取决于记忆的社会框架。从这个意义上来说,过去不是被保存下来的,而是在现在的基础上被重新建构起来的,既受过去记忆的影响,也立足于现在(presentist)并受当下社会文化所影响。① 可见,文化展示其实也是一种选择性历史的意义生产过程。②

---

① [法]哈布瓦赫:《论集体记忆》,毕然、郭金华译,上海人民出版社2002年版。
② [法]雅克·勒高夫:《历史与记忆》,方仁杰、倪复生译,中国人民大学出版社2010年版,第60页。

第十章　熟悉与陌生：乾坤湾的景区社会

  "乡土中国"刻画的乡土社会及其熟人网络，构成观察中国社会的重要基础性视角。无论过去还是现在抑或将来，乡土中国都是中国社会内核的重要面向之一。当代中国农村研究不仅要超越单向、固化的认知模式，还需要对既有研究进行再检视，以全局和历史性的视野重新理解转型中的乡土经验。

——题记

  列斐伏尔曾反复强调，（社会）空间就是（社会）产品，每一种特定的社会都历史性地生产属于自己的特定空间模式，社会形态的变化必定带来空间形式的变化。① 虽然"陌生人"并不是现代社会的产物，但"陌生人社会"及其相关伦理问题的提出，却与现代性有着本质的联系。② 在旅游场域中，社会学的"陌生人"概念与人类学的"他者"概念有着异曲同工之妙，"陌生人"对应外来者，特别是游客；"他者"指代东道主（原住民）。格奥尔格·齐美尔认为，陌生意味着远方的人在附近，③而外来者似乎非常贴近齐美尔理想类型的"陌生人"概念，是一种"现实中近在眼前，文化上远在天边"的状态，使得东道主与外来者的互动成为熟悉与陌生的统一体。

---

① Lefebvre, Henri, *The Production of Space*, Oxford: Blackwell, 1991 [1974]: 33-46.
② ［英］安东尼·吉登斯：《现代性的后果》，田禾译，南京译林出版社 2000 年版，第 1 页。
③ ［德］齐美尔：《社会是如何可能的》，林荣远译，广西师范大学出版社 2002 年版，第 342 页。

第一节 乾坤湾来了陌生人

乡村旅游嵌入乡土社会之中。乾坤湾原本是一个熟人社会,注重亲缘和地缘关系网络。但是在旅游发展模式下,越来越多的陌生人开始进入到乾坤湾旅游、观光、度假、休闲等,虽然不是长期驻扎在"湾"里,但这种不间断的流动的陌生人群体对乾坤湾的熟人社会造成了很大的影响,旅游开发所带来的陌生关系、利益纠葛和文化差异使地方传统思维习惯和行为方式均受到了巨大的冲击,共同推进了乾坤湾社会关系的演变,使得"陌生关系"在熟人社会蔓延,打破了以高度亲缘性和封闭地缘性为特征的熟人关系界线,促使乾坤湾由传统的"熟悉的社会"不断向现代的"陌生人社会"转变。这种乡土陌生人社会同时表现为内部和外部两种关系:一是显性的外部陌生人关系,主要发生在村民与外来开发商之间;二是隐性的内部陌生人关系,主要指乾坤湾在旅游情境下形成的村民之间的"陌生性"关系,出现了"捐客/文化经纪人"和"职业原住民"这两种身份。

(一) 不熟悉的陌生人:显性陌生人关系

乡愁/乡土/乡村旅游搭建了一个使更多的人从城市去往农村的平台,亦加快了城市与农村的互动频率,并将陌生人关系带入长期以来以熟人关系为主的乡土社会,使绝大多数人的交往行为发生在彼此不相识和素昧平生的陌生人之间。一方面,随着旅游的发展,携带着异质社会地位和文化因子的陌生游客流动到乡村熟人社会体验田园风光,不可避免地要与当地人打交道;另一方面,乡村旅游发展又吸引了外来资本投资,促使资金从城市向农村流动,推动了乡村经济与外部市场的深度联系。但是,如果从社会学意义上来看,外来资本拥有者在进入一个陌生的空间时,其身份必然与当地人不同,这种来自外部的陌生人从一开始就不属于现在居住的社区,虽然与现居社区成员之间产生了交往,却在身份上保持着与现居社区的疏离。

1. 开发商的陌生人地位

任何地域空间内,必然存在着一种基于地方意义的身份认同。作为外来力量的陌生人有着空间上的二重性，亦即物理空间上的接近和社会空间上的疏远，意味着他们虽身处地方社会之中，但却并不属于本地人群体，也就不具有"村民身份"。所谓"村民身份"是指在一个特定村落中所获得的成员身份。长期以来，乡村从事的各种村落活动，比方集体宗教仪式这种最重要的活动外村人是不允许参加的。除此之外，土地也是一个重要的区隔因素，只有"本村人"才有资格租种或购买村内的公有土地。特别在集体化时期，村落公有资源有限和集体经济力量羸弱的情况下，村民身份与集体财产的所有权和福利分配紧密相关。因此，村落成员的身份是有严格规定的，以免村落集体利益的外流。乡土社会正是通过对"村民身份"的严格规定，才最大限度地保障了在自给自足和小农经济中的地方利益不至于扩散到外部社会，形成了内外有别的身份排外性和利益排他性。然而，旅游发展使这种"内外有别"的情况变得复杂起来，当外来的经济资本投入乡村发展洪流中时，对村落资源和发展机会就不可能存在内部的垄断。资本的流通遵循的是经济运行规律，并受其他投资方式因素的影响，超越了村民的自我决定权，更多的时候，旅游投资者对村落资源及其资源收益具有同等的权利甚至优先权。但是，旅游作为乾坤湾流域的一种新兴产业，如果仅仅凭借乾坤湾内部的资源显然难以满足原始积累的需要，而只有依靠招商引资才能迅速提升乾坤湾景区的环境质量和旅游吸引力。旅游开发初期，在招商引资方面，政府发挥了"先导"作用。如前所述，从2010年政府成立延川县黄河乾坤湾景区管理局以来，同时引进陕西元亨利集团投资兴建乾坤湾度假村。该酒店占据了发展最为有利的条件，位于延川乾坤湾景区入口游客服务中心旁（图10-1）。作为迄今为止乾坤湾景区内最早的一家AAAA级综合型旅游度假酒店，集住宿、餐饮、娱乐、休闲为一体。但是，在政府与旅游企业的谈判过程中，只有极少数的村委领导有机会参与决策。因此，从一开始，作为旅游景区主体之一的原住民就游离于旅游活动之外，并没有真正参与进来，失去了对自己家园的发言权和主动权。另一方面，村民认为他们才是这片土地的主人，要怎么规划和发展，应该征询他们的意见。作为一种回应，村民用自己的方式表达了自己的诉求。比如当村民遭遇游客时，他们就会说旅游公司和导游的话并不完全可信，有些

第十章 熟悉与陌生：乾坤湾的景区社会

图 10 - 1　延川乾坤湾景区入口
资料来源：延川县黄河乾坤湾景区管理局。

导游词是编出来的。村民这种心理既有对自身村民身份的确认，也带有个体的感情和利益色彩。调研中笔者也考察了村民对于开发商这一群体的角色认同。在回答"是否将开发商视为村民的一分子"这一问题时，大部分村民不能认同开发商的"乾坤湾人"身份，认为他们是"外来人"。即使是原来有机会参与最初旅游开发的一些村民，随着旅游开发商和工作人员的更换，他们也在逐渐被边缘化。

> 访谈 10 - 1：村民 A（碾畔村）。现在都是只认门票不认人的。售票员和守门员都换了，现在那些人，一个也不认识，家里的亲戚们想去看，也必须买门票。

可见，乾坤湾作为一个地方，其地方意义在两个社群之间存在分异，而这也是二者关系存在张力的原因之一，同时，这种分异也表明二者之间可能需要经历一个漫长的融合过程。

2. 旅游征地

在旅游开发前期，征地虽有相关的依据，但是在实际的征地过程中，村委领导以及地缘、亲缘、业缘等熟人关系仍然发挥着举足轻重的作用。

随着旅游开发的推进，人们对于征地、旅游项目已经有了普遍的认识，政府也不断摸索出新的管理模式，并与政务一起公开。自从2010年乾坤湾旅游发展起始年，政府就着手成立了"延川县黄河乾坤湾景区管理局"。到2013年，延川乾坤湾旅游开发进入快速发展期，几乎所有的景区开发项目均以招投标的方式进行建设（表10-1）。

表10-1 延川乾坤湾招投标项目举例

项目名称	建设内容	投资（万元）	招标时间（年）	管理单位
黄河乾坤湾索道	在乾坤湾西北侧至鞋岛之间架设1500米索道，包括鞋岛索道站、乾坤湾索道站、检票中心及相关配套设施。	3000	2013	延川县黄河乾坤湾景区管理局
伏义河人祖传奇	以伏羲文化为题材的大型黄河实景演出，修建演出舞台、游客服务中心、生态停车场等。	15000	2013	
福缘女娲	修建娲母广场、卦象坛、娲灵池、女娲庙等。	2193	2013	
伏义河原生态休闲度假	改造百年古窑群、新建黄土高原影视基地、生态农庄。	1740	2013	
伏义河村红枣采摘园	位于伏义河村，占地面积220.5亩。	1500	2013	
黄河柔情	修建人祖码头、沙滩娱乐场、沙雕艺术等。	1500	2013	
赫连勃勃墓景区	修建游客中心、生态停车场、嘉平陵景观大门、七星冢、白浮屠寺、白浮屠塔等项目及基础设施。	2320	2013	
直升机观光	在乾坤湾景区西北侧修建旅游观光直升机停机坪。	5000	2013	
清水湾古镇	恢复清水衙门、古渡口、清水湾码头。	1800	2013	
黄河乾坤湾度假村	在地质博物馆西侧建集住宿、餐饮、娱乐为一体的AAAA级度假山庄、停车场及配套设施，建筑面积12000平方米。	8000	2013	
清水湾窑洞民宿	新建AAAA级窑洞民宿、停车场及其相关配套设施，占地30亩，建筑面积10000平方米。	5000	2013	
千年古窑	修缮小程村千年古窑，修建道路、停车场及配套设施。	500	2013	

续表

项目名称	建设内容	投资（万元）	招标时间（年）	管理单位
碾畔民俗博物馆	修建碾畔民俗博物馆道路、民俗广场、管理站、公共厕所、休息中心及配套设施。	800	2013	延川县黄河乾坤湾景区管理局
天下黄河第一漂	改造伏寺湾码头，新建会峰寨码头，开通伏寺湾—乾坤湾—清水关—会峰寨漂流航线，建设检票中心、停车场等。	2000	2013	
牛尾寨	建设古堡度假村、独占鳌头、文昌庙、黄河峡谷祭、观光步道、游客服务中心、停车场等。	2000	2013	
延水关	修复摩岩古寨、摩岩石室、古临河县城遗址；建设黄河大峡谷广场、黄河轮渡码头、古镇残影、枣园故事、休闲马场、滨河走廊、旅游纪念品集贸市场等。	2000	2013	
伏寺河谷生态探秘区	新建黄土运动中心、黄河水上运动中心。	2020	2013	
文化旅游产品开发	秧歌、道情、说书、转九曲等文化旅游产品。	800	2013	
旅游商品开发	剪纸、布堆画、红枣、小杂粮、木雕等旅游纪念品。	1200	2013	
景区观光索道	南大门—会峰寨、南大门—清水湾、南大门—乾坤湾索道建设。	15000	2016	
自驾车露营服务区	在房家洼建设200亩、2000位大型停车场，配套餐饮、购物、自驾车露营、环保车充电区、房车营地。	3000	2016	
黄河千古情	以秦晋大峡谷和黄河为背景，以伏羲文化、黄河文化、黄土风情为题材的大型实景演艺。	30000	2016	
清水湾沙滩游乐园	在碾畔村建设千亩沙滩休闲度假乐园，开发沙滩浴、滑雪、滑沙、休闲马场、沙滩摩托、沙雕艺术、沙滩体育。	3000	2016	
苏亚河沙滩游乐园	千亩沙滩生态农业观光采摘园、设施观光农业及沙滩游乐园。	1300	2016	

资料来源：作者搜集整理。

（二）熟悉的陌生人：隐性陌生人关系

旅游开发之后，乾坤湾社会在原有的熟人关系之外出现了一种新的"主—客"关系。这种关系是由陌生的他者进入乾坤湾而形成的关系网络。因为他者的到来必然会产生与东道主社会的互动，而这种互动产生了一种不属于地方传统社会的外部关系。在乾坤湾，村民每天都要与来自不同地方的外来人群接触，与不同的人打交道。因此，村民除了按照原有的熟人关系网络生活，还必须遵循"陌生人社会"中的规则。在乾坤湾，主要存在着两种"主—客"关系，一种是"捎客/文化经纪人"，由提供旅游中介服务的当地人组成；另一种是"职业原住民"，也就是游客所希望"凝视"（gaze）的当地人。换言之，所谓"捎客/文化经纪人"和"职业原住民"就是旅游活动中的旅游中介和旅游受众。一方面，乾坤湾人在景区和游客之间承担着旅游中介的角色，通过他们的导引，游客才能进行观光和游览；另一方面，乾坤湾人作为景区原住民，他们也是游客感兴趣并渴望接触的旅游受众。原住民与旅游者之间的"主—客"互动，是游客在乾坤湾待得住或者说乾坤湾能留得住游客的关键因素之一。

1. 捎客/文化经纪人

（1）村委领导。乾坤湾旅游开发之初，有一个角色是不能忽略的，那就是村委领导，与中国其他乡村社会基层组织一样，乾坤湾社会的村级管理机构比较健全，管理组织主要有3个，即村民自治委员会、村党支部和村民小组（表10-2），他们承担着上传下达的职责，不仅在政治经济的对外联系上充当联系人，也在旅游和文化交流中充当了经纪人的角色。在旅游开发初期，他们搭建了供需双方之间沟通的桥梁，扮演着旅游中介的角色，成为旅游活动中的"文化经济人"——"捎客"。

表10-2 乾坤湾社会村委领导及人数一览表

职位名称	支部书记	村主任	会计、文书	支部委员	民兵连长	治保主任	妇女主任	调解委员
人数	1	1	1	1	1	1	1	1

资料来源：作者调查整理。

在延川乾坤湾对外展示和旅游开发活动中最为活跃的就是原村主任HGQ，他担任了十几年的村主任，一直干到2015年初，虽然现在不再担任村主任一职，可是他的影响力和活动力仍不减当年。HGQ经历了从乾坤湾被发现到规划实施的全过程，几乎成了乾坤湾的形象代言人，碾畔村委特别是小程村的旅游开发，大小事宜都会由他出面。他对乾坤湾的情况了然于心，每当有检查组、考察团和专家们来参观时，基本上都由他陪同。他讲话条理清晰，语言表达能力强，而且善于学习和观察，能把每次听到的知识融入下次的解说中，使得解说的内容越来越专业。在来乾坤湾考察的学者和各级领导面前，HGQ凭借自己良好的文化素养、出众的表达能力和熟悉的家乡文化深得大家的称赞。他对乾坤湾的每一座山头、每一段传说都非常熟悉，也可以娓娓道来。虽然平时话不多，但若要评选乾坤湾的形象代言人却非他莫属。前来写生的学生、采访的记者、旅游的驴友和摄影爱好者等群体，也基本上由他出面接待。

（2）村落精英。乾坤湾刚开发的时候，村落精英对游客来说几乎是一个必须接触的群体，游客往往把他们当作本地村民的代表，相对于那些和游客几乎没有交集的普通村民来说，他们已经走在了旅游业的前头，拥有了不少应对游客的经验，对旅游有着切身体会，他们明白要做什么，而且已经设想好旅游开发的前景和应对的措施。在政府积极发展旅游业的导向下，部分有条件和有能力的村民率先投入旅游开发大潮之中，最先将文化资本转化为经济资本。正如罗贝尔·朗卡尔所说，应当培养出地方的、地区的、乡村的娱乐鼓动者或身兼导游的鼓动者，无论他们的称谓如何，他们都是设计者、组织者和催化者，可以根据游客的特点和所参观的旅游场所的特点，而创造出富于活力的旅游方式来。① 村落精英让游客享受他和当地人一道设计出来的各种旅游方式，同时又有能力根据游客的反应对这些方式做出调整。这些旅游的"先头兵"在乾坤湾开发后，进一步成为旅游活动的鼓动者和设计者，如程家大院的CHQ就是一个典型（详见第2章）。

---

① ［法］罗贝尔·朗卡尔：《旅游和旅行社会学》，陈立春译，商务印书馆1997年版，第75—95页。

2. 职业原住民

除了作为旅游中间人，村民还有另外一重身份，那就是作为黄河文化和黄土文明的主人。这一主体身份使他们拥有"职业原住民"的天然属性。所谓职业原住民是指东道主为满足旅游者对当地原生态文化的渴求，而在旅游空间中扮演"未被外来文化浸染"的当地人，向旅游者展现当地的传统文化。早在乾坤湾旅游开发之前，乾坤湾人就已经渐渐改变了传统的生活方式和习惯，但为了满足游客对"原生态"文化的追求，他们经常扮成"职业原住民"而将"传统文化"表演给游客观看。作为旅游者感兴趣的受众，乾坤湾人按照旅游者的想象对自己进行重新形塑。如外界对于陕北的想象就是扎头巾、吃洋芋、住窑洞、骑毛驴、推碾子、唱酸歌等，认为"六怪"才是延川乾坤湾人的传统习俗和典型特征，无"六怪"则无乾坤湾。因此，旅游中，有游客会照着"乾坤湾六大怪"来按图索骥：

> 乾坤湾一大怪，羊肚手巾当帽戴；
> 乾坤湾二大怪，洋芋当饭不当菜；
> 乾坤湾三大怪，挖个洞洞当家宅；
> 乾坤湾四大怪，斜跨毛驴走得快；
> 乾坤湾五大怪，唱着酸曲谈恋爱；
> 乾坤湾六大怪，羊肉按件不零卖。

至今我仍清晰地记得2014年11月初入乾坤湾时，我的第一个向导，也是最先带领我进入乾坤湾的人——白冬泉摄影师，他开车一路上送我去延川乾坤湾，一路上给我讲解外界对于乾坤湾或者说陕北黄土高原的想象，他说至今仍有人问他，是不是骑着毛驴去上班？他说问得多了现在自己都懒得解释了，直接回答：

> 是啊，我每天都扎着羊肚子毛巾，赶着毛驴去上班，毛驴就拴在办公室门前的大槐树上，下班又赶着毛驴回家。

第十章 熟悉与陌生：乾坤湾的景区社会

在正式的旅游宣传中，乾坤湾的旅游形象定位是"伏羲落足处，女娲补天台"。因此，乾坤湾人在与游客的互动中就照葫芦画瓢地向游客加以推介，游客对于这种"伏羲八卦"的说法通常感觉非常新奇和有趣，有着一种特别的神秘感。这种互动反馈也使乾坤湾人更乐于向游客讲述伏羲文化与伏羲景观。当然，讲述和推介只是乾坤湾人与游客互动的形式之一，在向游客展现自我和解读文化的过程中，出现了多样化的"职业原住民"形象，更多的时候，他们会把当地的风土人情和风俗习惯展现给游客，如小程民俗文化表演队和传统手工艺表演队等，其中贺彩虹就是这样一位"职业原住民"。贺彩虹是靳之林先生在碾畔村所教剪纸班学员中比较有悟性的学生，也是迄今唯一留在村里的剪纸能手。贺彩虹的子女均已就业，乾坤湾旅游开发之后，夫妻俩在自家院落里做起旅游"农家乐"服务，凭着起步早并且会剪纸，总体上收益还不错。与其他村民相比，她的旅游实践活动更像"职业原住民"。首先，剪纸艺人的金字招牌增加了农家乐的文化底蕴；其次，贺彩虹身上质朴的"艺术细胞"也成为吸引游客兴趣的关键因素，她在游客用餐时经常即兴为游客演唱陕北民歌，特别是她会将自己的剪纸用歌声表达出来，这也是靳之林先生最为欣赏她的地方，说她不仅能剪，而且能唱。她最拿手的就是"小钢炮"，每次游客要求她唱，她总是从这一幅剪纸开始。因此，她的剪纸卖得特别畅销，也使很多游客慕名前来。贺彩虹越来越意识到黄河文化和黄土文明在旅游开发中的重要性，也日益懂得在旅游活动中营造气氛，如在给游客剪纸的同时，再配上陕北民歌，唱给大家听，就能让游客更多地了解黄河、了解陕北、了解乾坤湾。此外，越来越多的村民开始尝试做一些小买卖，这也是乾坤湾人参与旅游最普遍和成本最低的方式之一。最早加入这一行列的是延川乾坤湾的刘竹梅和贺毛女，她俩 2012 年就开始在乾坤亭旁售卖土特产和手工艺品，如果游客喜欢，她们还能来一嗓子民歌小曲。对此，她们觉得非常开心：

来乾坤湾的人越来越多了，各个地方的人都有。我们的核桃、花椒、扎蒙、红枣、小米、剪纸，一天比一天卖得好。乾坤湾收费之后，乾坤亭广场不让摆摊了，我们便搬到 5D 动感球幕影院旁边的小吃摊前了。以前经常有游客要我们唱山歌，现在来的游客太多了，很多都跟团游的，一般不唱了。

当然，类似于这样的发展个案不胜枚举，职业原住民的定位也使得村民以一种主人翁的形象出现，他们尽量使旅游者有一种宾至如归的感觉，并融入吃、住、行、游、购、娱的所有旅游实践活动当中。

第二节　熟悉陌生化

在日益开放的旅游场域中，走向现代化是必然的选择，然而当市场经济和游客源源不断地把各种极具"现代性"的生活方式和文化形态带入乾坤湾时，又使乾坤湾人面临着文化的冲击和身份不平等的忧伤，这种象征身份转变的现代性适应使习惯于传统生活方式的乾坤湾人感到某种焦虑，面对陌生的外来人，不知道是该保持传统还是跟随时代的步伐，是该表示漠然还是表现热情。

（一）"城里人"和"乡下人"的互视

在一个"涉市未深"的乡村社会，总是不断有摄影爱好者、绘画爱好者、观光旅游者、户外运动者、驴友背包客等前来观赏和探索，这些携带异质性的游离者如果不能与当地人有效地融合，势必影响二者之间的交往关系。然而事实却是，尽管现在人口流动和融合处在一个增速期，但是城乡二元结构仍然不可避免地影响着人们的生活，"城里人"与"乡下人"的区别一段时间内仍然存在。如果将这种地位上的差别视角平移到旅游活动中来进行观察，会发现在外来的旅游者与村内的当地人之间也存在一种文化上的差异性。旅游者是乾坤湾人接触最多的群体，也是旅游过程中主客交往的重要组成部分。游客的进入使得村民面临着知识库存的挑战，因为这可能导致将某人作为某种"典型"类型进行观照和解释，而这种观照和解释不是对其作为一个纯粹个体的感知，而是被当作某种特定类型的陌生人进行识别。乡愁/乡土/乡村旅游的客源以城市居民为主，村民会认为城里人可能看不起自己，游客也会认为乡下人在接受新事物上能力不足等类型化认识。

随着游客的到来,村民的日常行为也成为村落景观的一部分而受到游客的"凝视",而伴随着旅游业的持续发展,村民渐渐接受和习惯了这种"被凝视",并内化为一种自觉意识和行动。诺贝特·埃利亚斯将这种自觉改变的过程称为"文明的进程",即人的行为方式在社会发展过程中是不断变化的,嵌入社会网络之中,冲动、本能、情绪化的行动经过自我调控和强制,逐步成为习惯。① 开发初期,陌生的游客在村民眼中是有着鲜明个性的外来群体,他们对这些陌生人的了解在自己的心理地图和知识库存中很难找到对应,难免会将之类别化和刻板化,随着互动和交流的加深,村民已经能够在举手投足和言谈举止之中捕捉和感知到他们的个性,进一步地,这种陌生性正被慢慢消除,开始尝试进行一些社会性的接触,如深入交谈、结成友谊等。

(二)"穷村民"向"富村民"的逆袭

传统上,乡村社会普遍从事相同的农业生产和遵循同样的作息时间,几乎不存在职业差异和阶层区分,经济收入和身份地位都差别不大,大家在同等的生存条件下重复着大同小异的生活。在这样的熟人社会网络里,"与众不同"不一定是一件好事,"别人咋样咱咋样"倒是更为稳妥的行为策略。然而在旅游发展带来的经济结构转型中,逐渐形成的贫富差距是村民实实在在看得见摸得着的,即使不存在贫富心理隔阂,但毕竟还是存在贫富分化。从宏观上而言,旅游开发对每个人来说都是公平的,每个人都是潜在的受惠者。但从微观上来说,个人资源的多少却影响着收入的多寡。在旅游开发之前,人们过着日出而作日落而息的生活,相互之间并不以为"穷"。然而,在旅游带来的商业经济中,实际上已经催生了一批"富村民"与"穷村民"。富与穷是一种多层面比照的结果。从个体层面来看,会发现村民中出现的分化和穷富之间关系的隐约变化。乡村旅游的新业态在传统村落衍生了全新的角色,这些角色分布于食、住、行、游、购、娱等相关领域。村民也由原先的农民摇身一变为餐馆

---

① [德]诺贝特·埃利亚斯:《文明的进程》,王佩丽、袁志英译,上海译文出版社2009年版,第115页。

老板、旅店老板、小商店主、客运司机、讲解员、服务员、清洁工、管理员等。村民已不再是传统意义上的农民，他们的职业身份有了较大的变化。有条件的村民利用一切可以利用的优越条件，如位于核心景区附近的村民开始从事农家乐等以提供食宿服务为主的旅游设施和商店门面经营；部分村民受雇于村委或客运公司或旅游公司成为领工资的上班族；更多的村民则以摆摊的方式出售小吃零食或其他旅游纪念品；也有部分村民受限于自身或家庭条件而无法参与到旅游开发中来。区位优势与行业差异，带来的不仅是收入的悬殊，也有心理认同的差别，那些通过开农家乐和当包工头等迅速富裕起来的村民自然认为旅游开发是好事，而个别受益不明显的村民也发出"不搞旅游更好"的感叹。

由此，我们看到，旅游开发后新的经济生产活动，对传统的生产生活方式都提出了极大的挑战。在这种新的经济生产活动中，不同的村民凭借自身或地域的力量，抓住或得到了不同的社会资源及社会资本存量，这就导致了他们各自适应性的差异，也极大地改变了农村场域内村民的经济地位，进而使他们在社会关系的建构中表现出明显不同的态度。如部分经营有道、客源广阔的农家乐老板，获得了较多的旅游收益，这些"村落精英"有兴趣、有能力与开发商和游客发展并维持一种新的社会关系，这种新型关系使他们比别的村民对各种资源有更清楚的认识和了解，更为重要的是，这种陌生人社会网络关系的发展，将很有可能演化成一种半熟人关系，切实地为他们带来经济上的回报，比方需求信息和客源市场等。但是，这只是旅游发展的一个面向，那些经济条件不富裕又无任何社会资源的村民，很多却在旅游扶贫中，不仅实现了脱贫，还形成了某种示范效应，原来的贫富地位，也由此发生了逆转。

案例 10-1：HSB 和 CQY。两人均为土生土长的小程村人，后结为夫妻。2010 年，乾坤湾旅游刚刚起步，虽然当时只有一个乾坤亭观景台，但常年少见外人的村里渐渐有了游客。HSB 和 CQY 决定卖凉粉，但是由于游客少，一天也卖不了几个钱，加上家庭负担太重，2015 年，HSB 家被评定为贫困户。CQY 说："村干部和帮扶干部看我们有这个手艺，给我们每人2000元的贫困户产业发展补贴。后来，景区为了规范管理，不让摆摊，又给我们在景区门口协调了一个固定摊位。这个凉粉摊给我们家带来了第一桶金！2016年9月，景区管委会又让我们经营一个有着200平方米的景区超市——乾坤湾超市，用于售卖陕北土特产和手工艺品等。"随着伏羲码头、红军东征纪念馆、碾畔民俗博物馆等景点日渐增多，景区人气越来越旺，HSB家的旅游收入也越来越好。2016年，他家的旅游收入达20万元，通过旅游实现了脱贫；2017年，两个在外打工的儿子决定回家乡发展，一家人在乾坤大舞台和转九曲灯场旁边的景区商铺开了一家极乐吧，夫妻俩白天开超市、卖凉粉，晚上帮儿子招呼烤吧。随着经营规模的扩大，HSB还雇了11个贫困户帮忙打理，他说："以后游客一定会越来越多，我打算弄个美食一条街，让来这里的游客吃咱们农家美食，感受咱们地道的黄土风情。回想以前，家里50块钱都拿不出来，过年连2斤肉都舍不得吃，现在村上人有困难，还跟我借钱呢，光景是越来越好了。"

（三）"普通村民"与"精英村民"的偏离

农民并不是农民社区内同样的、同一的、具有同等地位和前景的所有农业家庭的组合。[①] 相反，农民社会"在任何地方总是具有多方面的内部层次"。[②] 改革开放后，中国社会结构发生了深刻改变，国家与民间社会精英和普通民众之间的关系呈现出新的形态。曾经垄断社会绝大部分资源和机会的"总体性社会"开始瓦解，伴随国家权力从基层社会大幅度退出，"自由流动资源"和"自由活动空间"开始出现，作为民间社会精英核心成员的村干部群体获得了更大的行动自主权，村落的"自由政

---

① ［英］弗兰克·艾利思：《农民经济学：农民家庭农业与农业发展》（第2版），胡景北译，上海人民出版社2006年版，第7页。

② S. W., Mitze, A note on the definition of peasantries, *Journal of Peasant Studies*, 1973, 1 (3): 91–106.

治空间"得以扩展。① 也因此,双轨政治、② 士绅操纵、③ 乡村经纪人④等经典理论不断被用来解读当下的村干部群体,形成了 3 种代表性观点:一是强调村干部的"村庄保护人"角色,如让·琼的"庇护关系"理论⑤和王思斌的"边际人"理论;⑥ 二是强调村干部的"国家代理人"角色或多元身份并存,如司考特、罗泽尔的"主人—代理人"理论;三是强调村干部的"赢利型经纪人"角色,如宿胜军的"承包人"理论。⑦但这些观点主要侧重于政治精英的情况,其实民间社会精英包括经济精英和政治精英。前者指某些外向型的村民,他们从事某些经济活动或建立自己的家族企业,与村落的联系日趋松散;后者包括当权者(如村党支部书记和村委会主任等)、不当权但直接参与村庄政治者、无实力但有心参与且正积蓄力量的潜在政治精英。政治精英与经济精英相比,村落倾向要更强一些,但是随着旅游的开发,政治精英也逐渐具有外向性,他们在乡村社会中扮演着双重角色,不仅需要处理村落的公共事务,同时也会兼顾个人的利益,其中大多数人都以不同的方式参与到了旅游开发当中。也正因如此,普通村民与村委领导之间的团结度和合作性大大降低。以下是一位村干部的内心表述:

> 如果村子里有什么问题要村委反映给旅游公司,在问题没有得到解决之前,老百姓会经常打听结果,假如村干部回答不及时或者回答含糊其辞,他们就会在背后猜测,认为村干部与旅游公司之间

---

① 孙立平:《转型与断裂:改革以来中国社会结构的变迁》,清华大学出版社 2004 年版,第 172—241 页。
② 费孝通:《乡土中国·乡土重建·生育制度》,上海人民出版社 2013 年版,第 285 页。
③ [美]孔飞力:《叫魂:1768 年中国妖术大恐慌》,陈兼、刘昶译,上海三联书店 2012 年版,第 65 页。
④ [美]杜赞奇:《文化、权力与国家:1900—1942 年的华北农村》,王福明译,江苏人民出版社 1996 年版,第 42—49 页。
⑤ J. C. Oi, *State and Peasant in Contemporary China*: *The Political Economy of Village Governmen*[M]. University of California Press, 1989.
⑥ 王思斌:《村干部的边际地位与行为分析》,《社会学研究》1991 年第 4 期,第 46—51 页。
⑦ 辛允星:《村干部的"赢利"空间研究——以鲁西南×村为例》,《社会学评论》2016 年第 2 期,第 14—26 页。

有什么勾连。

造成这种印象的一个重要原因,可能是旅游公司和地方政府在面临与村民有关的事情时一般不会直接联系村民,而是找可以说得上话的村干部去"开会"。这就难怪村民会坚持认为:

> 村干部有机会跟政府工作人员和旅游公司的人见面或开会,我们单独跟旅游公司谈没用的,公司也不会理我们。有什么事,旅游公司都会叫村干部过去商量。

事实上,对经营旅游这件事,村干部也有自己的理由。在农村,如果没有其他经营收入,单靠误工补贴,村干部的经济收入就会远远低于外出务工的村民,村干部的职务就很难继续担任。但在普遍的观点里,村干部是村庄利益的代表、村民权益的代言人,更是土生土长的同村人,在代表全体村民与政府和外来企业谈判、协商或互动时,应该扮演"保护型经纪人"而不是"赢利型经纪人"的角色,应将自己纳入到当地的文化网络中,以代言人的姿态为全体村民谋福利。

第三节 熟悉陌生间

旅游发展带来的乡土陌生人社会使得基于陌生主体之间的互动成为一种重要的交往形式,陌生性作为一种新型关系已成为乾坤湾社会关系网络中的一个重要部分。在旅游开发大潮中,无论多么强有力的熟人关系都可能在市场经济潮流的裹挟下变得脆弱起来,亲缘/地缘/血缘关系必然受到旅游开发所带来的市场运作的影响。如村干部与普通村民围绕土地的处置方式和征地费用形成的权力与立场差异;人口流动和旅游职业分化带来的差异性职业群体的形成;收入悬殊和贫富差距引发的心理隔阂和落差等。在参与旅游的过程中,"竞争"逐渐凸显出来。从乾坤湾的旅游开发实践和村民参与的行动策略上看,这种"竞争"随处可见,对旅游项目、旅游资源竞争冲击了"熟人社会"中的关系网络。随着时间的推移，村民在与外来的"他者"打交道的过程中，逐渐适应了陌生人社会的生存规则，开始使用契约关系来维护自己的权利，因此，在乾坤湾传统乡土的"熟悉"中蕴含着一种"陌生性"，这种"陌生性"不断侵蚀着亲缘关系中的在地性与亲密感。

（一）"非主非客"的乾坤湾人

自从瓦伦·史密斯提出东道主与游客分析视角以来，[①] 这一"主—客"范式一直以来都是旅游研究的重要分析模式。但是，越来越多的研究表明，旅游活动所带来的主客互动关系是多样而非单一的，可能存在一种非主非客的"阈限人"现象。在乾坤湾，被割裂了"乡土纽带"的乾坤湾人，有时会听到他们发出这样的感叹："我们像外人一样生活在自己的土地上。"之所以会发出这样的慨叹，是因为乾坤湾进行收费之后，村民进出都要出示证件，或者明确报出自己的个人情况或家庭信息。即使是自己的亲戚朋友来走亲访友，也要专门打电话跟景区管理人员说明原因或者去景区大门口迎接。之前还好，只要不进入收费的景区，进村是没有任何限制的，也不用去景区门口接人。但是，自从修建了南大门综合服务区之后，所有进出车辆和人员都必须出示景区门票或持有免票证明，本村人则要求出示身份证明或说明情况。

显然，这样的感慨也折射出一个信息，那就是到底谁才是乾坤湾的主人？从黄河蛇曲国家地质公园"主人翁"层面来看，乾坤湾人一直都坚守着这一职责，他们世世代代生活在这片土地上，与地质公园和谐共处；从地质公园的东道主层面来看，他们不可避免地要与游客发生互动，需要扮演接待游客的东道主角色，如开办农家乐，为游客提供餐饮和游览服务等，这些也是乾坤湾人最直接的"主位"特征。游客来到乾坤湾，主人就必须表现出好客和热情，让游客在他们的生活空间里得到最愉悦的旅游实践和旅游体验。但是，从黄河蛇曲国家地质公园开发层面来看，作为地质公园的"主体"，乾坤湾人对他们的资源却缺乏话语权。地质公园作为旅游资源应该怎么开发由权力和资本主体说了算，为了迎合游客

[①] ［英］瓦伦·L. 史密斯：《东道主与游客：旅游人类学研究》，张晓萍译，云南大学出版社2007年版，第8页。

的需要，地质公园成为发展的前提条件，主体属性也随之发生了变更，出现了"倒置性"的变化，如经营权转让就割裂了乾坤湾人的乡土纽带，限制了他们的空间权利。地质公园成了一种吸引和招徕游客无可替代的资源和品牌，某种程度上，游客倒成了地质公园的"主人"。在对乾坤湾的开发中，各种权力和博弈相互交织，展示了企业、村民、政府等多重主体在经济发展过程中的不同利益诉求。"我们像外人一样生活在自己的土地上"既是乾坤湾人最真实的内心表达，也是一种"非主非客"的空间实践。因此，为了缓和这种紧张关系和回馈乾坤湾人，景区也会不定期推出某些优惠措施，可见景区管理也是一个动态调整的过程，如2018年延川县文化旅游（集团）有限责任公司就开展了一项针对延川籍居民游乾坤湾的优惠活动：

> 在2018年新春佳节来临之际，为感谢延川父老乡亲对延川旅游的关心与支持，延川县文化旅游（集团）有限责任公司特推出"延川人免费游延川"活动。凡延川籍居民在活动期间持本人有效证件（原件）可免费游览乾坤湾景区。
>
> 1. 活动时间：2018年2月8日至3月31日（农历腊月二十三至农历二月十五）。
>
> 2. 延川籍游客在各检票点出示本人有效证件（原件）即可直接进入景点游览，无须前往售票中心办理免票手续。
>
> 特此公告！
>
> 　　　　　　　　　　延川县文化旅游（集团）有限责任公司
> 　　　　　　　　　　2018年1月30日

（二）"半生半熟"的社会网络

无疑，每个人都生活在社会网络之中。乾坤湾人对身处其中的社会也有着自己的表达，他们既肯定"熟人社会"的关系网络，又赞成"陌生人社会"的生活法则。熟人社会是一个传统社会，人与人之间的私人关系构成了一张张关系网。① 在这样的社会中，亲缘、血缘、地缘、礼治秩序、无为政治和长老统治等才是影响人们生活的主要因素。乾坤湾与中国其他许多地方一样，原本也是一个熟人社会，是一个由亲缘和地缘结成的关系网络。村里的人不是亲戚就是亲戚的亲戚，或者就是世代居住于此的四邻八舍，有着公共的关系空间，共同组成了地缘关系网。大家都生活在黄河岸边，相互知根知底。因为拥有相同的知识背景，见面打招呼即便不说话只点个头彼此也会明白，平日里大家走村串巷聊天闲耍，节日庆典时又共同开展公共活动。乾坤湾最隆重的节日当数转九曲，这是全村人都必须参与的。"村里的人无论多远，有多么重要的事情，即使在外地打工的人，一般来说都会在转九曲期间赶回来。"由此可见，乡土社会的传统礼俗秩序对人们的影响仍然深远，在现代化的影响下，人们依然嵌入传统"熟人社会"关系网络之中，遵守着这一"熟人"法则。

但是，旅游开发带来的流动性特点正越来越显见，在旅游旺季，乾坤湾人几乎每天都要面对来自不同地方的游客，以东道主的身份迎接这些"陌生人"。在这个旅游陌生人空间中，乾坤湾人会接触到不同的文化，需要与不同的人打交道。因此，他们又必须按照"陌生人社会"中的规则生活，要习惯于用"契约"代替"关系"，用"竞争"代替"互惠"，用"法律"代替"无讼"。不仅政府与旅游企业之间会签订合同，企业与村民之间也要签订协议。只有签订协议或合同后才算正式生效，否则便是口说无凭。这无疑是在解构"熟人社会"中的关系网络，也使村民感觉到自己正置身于一种"陌生人社会"之中，这些都与他们所生活的社会大不一样。而且，从村落内部关系考量，就旅游活动订立的契约，正不断式微着村民之间基于熟人社会的信任感。可见，在旅游大潮的席卷下，血缘关系和地缘关系都受到了不同程度的冲击，以利益为出发点的"乡土陌生性"已经出现。一个典型的例子就是，在旅游开发过程中，为了协调旅游导致的村落内部矛盾和平衡各方利益，村民如果想要参与旅游经营活动，必须通过竞标获得，以显示公平公正，这种用"竞争"代替"人情"的做法，自然渐渐淡化了乡土社会中的礼治秩序和

---

① 费孝通：《乡土中国》，生活·读书·新知三联书店1985年版，第1—7页。

无讼状态。从乾坤湾的集体政治和经济形式上看，这种"竞争"造就了村庄经济和村落企业的发展进程，从某种意义上，村落仿佛成了一个大的"旅游企业"。因此，在传统乡土的"熟悉"中蕴含着一种现代企业的"陌生性"，这种竞争机制使得村落历史和空间经验都发生了变迁，乡土社会内部的微观竞争日益加剧。正如费孝通所说，只有在现代社会中，由于人们在一个广阔的环境中活动，才需要讲个明白并签字画押，也就形成了一个现代"契约社会"。①

由此看来，在乾坤湾，村民必须遵守两种社会准则。一是需要恪守熟人社会中的传统因素，二是按照陌生人社会的规则生活。因为随着经济方式的变迁，传统乡土社会正不断被解构，陌生性不断式微着熟悉感，但同时，熟人关系却又在某种程度上以其他形式出现了"重构"。因此，传统的熟人社会似近而远，并以"新的形式"展现在大家面前，乾坤湾人正处于一种"半生半熟"的社会之中，而这种"矛盾"的行动规则也日益清晰地显现出来。

（三）"公"与"私"的地质资源

乾坤湾人最初知道地质公园这个概念，主要是因为旅游导览图上清楚地写着"黄河蛇曲国家地质公园"。其实，早在2005年，延川乾坤湾就获准建设黄河蛇曲国家地质公园，但是那个时候，只有少数村干部知道这件事，普通村民并不大关心。乾坤湾旅游开发借力的正是黄河蛇曲国家地质公园，因而如何保护地质遗迹，促进旅游的可持续发展，也就成了乾坤湾社会需要解决的新问题。某种程度上，旅游开发促进了乾坤湾人对于地质公园保护的理解。但是国家地质公园是"上面"授予的，管理的理念也来自"上面"。说到保护、开发这些字眼，乾坤湾人自然就会想到村干部、旅游公司、村里的文化能人等。当然，乾坤湾人也知道，这些东西是与他们的日常生活、窑洞建筑、转九曲、唱道情、扭秧歌、剪剪纸、做布堆画等联系在一起的，因为除了经常有游客来参观这些东西，还经常有学者来访谈、电视台记者来采访，摄影师们来拍摄，绘画

---

① 费孝通：《乡土中国·乡土重建·生育制度》，上海人民出版社2013年版，第10页。

的人来写生……乾坤湾人很快就明白，这些自己以前并不觉得特别的东西，其实是很有价值的，它们可以和旅游开发、经济收入、政府投入等联系在一起。有价值的东西当然要好好保护，但是另一方面，村民又觉得，既然这些东西主要是为旅游公司创收，为地方发展服务，那么地质公园的保护任务自然也应该由旅游公司和政府来完成。

而且，居住在离核心景区较远的村民，一般会觉得离景区近的村民获益多一些，什么地质公园、文化遗产、旅游开发都跟自己的日常生活关系不大；居住在核心景区附近和旅游公路旁边的村民，尽管明白这些东西可以为自己带来开农家乐、卖旅游纪念品等增加收入的机会，但是与旅游公司赚的钱相比，又不能等量齐观。当然，不管住在哪里，大家都会很自然地把地质景观、文化遗产、黄河风情这些词和经济利益挂钩。乾坤湾人现在都知道要保护好村里的窑洞建筑、手工技艺和历史文化，也知道保护的最终目的还是发展旅游业。村民之所以产生这种感觉，是因为乾坤湾的旅游开发和地质公园保护几乎是同步一体的，如延川乾坤湾一开始就成立了延川县黄河乾坤湾景区管理局专门负责景区管理事宜，而关于乾坤湾的历史、文化、传说的搜集整理工作也提上了日程，建设、修缮、整治村落传统风貌的规划方案不断出现。虽然这些工作都是政府主导的，项目资金也是地方政府通过招商引资或银行贷款来获得的，但是在普通村民看来，保护就是为了开发。而且，要保护地质遗迹和进行旅游开发，意味着地方政府对民居建筑也要采取一些限制性措施，当地政府和旅游公司都要求"修旧如旧""建新如旧"，对于村民来说这都是新鲜词汇。现在，景区内所有的新建或改建工程都有规定，什么能建，什么不能建，应该怎样建，都必须遵循相关要求。很多情况下，地方政府也只是把这些当作执行上面的文件来处理。因为地质公园保护，本来就有严格的保护要求，而这个要求，在上面下发的申报书条文里和下达的文件里就说得很清楚了。因为乾坤湾作为国家地质公园，旅游开发有着很大的特殊性，关系到乾坤湾人的生活环境、资源开发和产权属性等事宜，其中就涉及景区内外空间的治理、内外道路的修缮、景区村民的搬迁等问题。对于村民来说，这片他们世代生长、共同生活的地域既承载着古老的社会记忆，也承载着村民的认同感和归属感。在将流经乾坤湾的 68 千米黄河确定为"国家地质公园"之后，乾坤湾就变成了"公"的遗产，很显然，与其相关的一切有形或无形的资产都属于"公家"。而从村民的角度而言，乾坤湾的一切包括有形的河流、山川、土地、古建等和无形的风俗习惯、社会文化和民间信仰，都是老天爷和老祖宗留下的，已经成为日常生活的一部分。作为世代居住于此的乾坤湾人，黄河有如母亲，他们依靠她来生活，也接受她的呵护。在村民的记忆中，乾坤湾不叫乾坤湾，而是古城畔，也叫河怀湾和河怀里湾：

> 乾坤湾本来叫古城畔，是延川县最早的县城所在地，后来才搬到延水关，再后来才到了现在的延川县。再后来，大家都叫河怀湾或河怀里湾，我们居住在这里，有如在黄河母亲的怀抱里。

随着旅游开发进程的加快，乾坤湾逐渐成了一个被"圈起来"的"别人"的景区，造成一种"自家地盘"被"外人进入"的感觉，这无疑削弱了二者之间的天然联系，也正在改写着个人对地方的历史记忆以及与环境之间的情感连接。他们一方面承认乾坤湾为"公"，另一方面又承继着乡土传统，必须在这一"私"的空间中生活。从田野调查来看，游客不仅惊叹于乾坤湾作为地质遗迹的壮观，对于乾坤湾流域的黄河文化也兴趣盎然，希望通过与乾坤湾人的交流来了解乾坤湾，而这只有通过与地质公园的村落主体——乾坤湾人的互动才能实现。因此，乾坤湾人是介于"公"的遗产和"私"的遗产之间的"社会人"，如何平衡以国家为代表的"公"的遗产和以村民为代表的"私"的乡土遗产之间的关系问题使得他们处于一种"矛盾"的境地。

（四）"人情" vs "理性" 的博弈

"人情"与"面子"是理解中国人际关系的关键词，这源于 3 个层面的关系：一是基于个体主义社会结构论的个体关系，二是基于集体主义社会结构论的家族关系，三是基于社会互动论的社会网络关系。在个体关系视角上，人情是人们相互交往、联系的纽带与准则，虽然从短期来看，人情往来似乎是一种非等价交换，但从长远来看，实际是一种等价交换；在家族关系视角上，中国农村人际交往规律是一种人际平衡关系；① 在网络关系视角上，权利、财富和声望是嵌入于个人社会网络关系中的 3 种社会资源形式，个体拥有的社会资源数量越多、质量越高，则代表在社会交往行动中能被利用的资源和关系就越多。② 而这种"关系本位"取向也是中国传统社会的特有形式，成为中国传统社会人际关系分析的起点。③ 然而，在从传统向现代社会文化变迁过程中，乡土社会正发生着深刻的转型，旅游产业的兴起使村民逐渐形成了因为职业或行业发展需要而结成的新业缘关系，这是一种在亲缘和地缘基础上围绕旅游经营活动而形成的新型社会关系。在这种关系网络中，"契约"逐渐取代了"关系"，利益的驱使又使得"竞争"不断增强，法律意识也日益凸显。因此，村落原有的"熟人社会"关系网络已经不完全适应新的经济发展需要，取而代之的是以"陌生人社会"的关系和规则行动。

1. 旅游接待的竞争

游客的不断涌入催生了现代陌生人社会的出现，利益的驱使和竞争的加剧正不断改变着村民间的关系。虽然在以农业生产为主导的传统乡土社会中，村民之间也存在竞争，但这种竞争是有限的和间接的，而在旅游经营中，乡愁/乡土/乡村旅游作为一种产业方式介入到乡土社会时，其竞争是多样的和直接的，村民的互动模式也由此发生了根本的改变，使传统的互助关系逐步让位于竞争关系。大家都清楚地记得，在乾坤湾，旅游生意做得最好的当数 CHQ，他虽然不是村里第一个开农家乐的人，但却是生意做得最大最好的一个。除了乾坤湾度假村，他的农家乐也是最先安装洗浴设施和建设民俗文化表演舞台的，并不断完善和满足游客的消费需求，及时跟进时代的发展，因而吸引了大量游客。最初几年，差不多独揽了来乾坤湾旅游的所有高端游客。村里人看到他赚钱以后，越来越多的人开始经营农家乐。但是游客终究是有限的，农家乐的增多

---

① 林耀华：《金翼——中国家族制度的社会学研究》，生活·读书·新知三联书店 2000 年版，第 129 页。
② ［美］林南：《社会资本：关于社会结构与行动的理论》，张磊译，上海人民出版社 2005 年版，第 18—28 页。
③ 梁漱溟：《中国人：社会与人生梁漱溟文选》，中国文联出版公司 1996 年版，第 31 页。

必然带来利润空间的缩减,这一点大家嘴上不说,其实都心知肚明。从 2012 年开始,不仅延川乾坤湾农家乐数量在成倍增长(目前已达到 105 家,并且仍不断在增加),而且永和乾坤湾也存在同样的状况。仅 2016 年,永和东征村就新增了 52 孔窑洞民宿。2016 年 1 月,山西省隰县古建筑有限公司承接了东征村村容村貌及农家乐改造工程建设项目,其中包括第一期的 33 孔和第二期的 19 孔窑洞民宿改造。尽管作为山西省委组织部驻永和扶贫工作队的一个帮扶项目,由村委会统一管理,上面委派的游客或旅游团都会轮流接待,所得收入村委会与农户二八分成,但截至目前,永和乾坤湾仍未正式营业,旅游带动能力有限,来东征村消费的游客很少。并且除了这 52 孔窑洞民宿之外,"东征人家"精品民宿也是最大的竞争对手。东征人家是股份制,由东征村两个村民出土地,广西防城港一位投资商出资金,在沿黄一号公路上修建的一家精品民宿。2013 年开始建设,2017 年重新装潢开张,目前不仅是东征村也是永和乾坤湾规模最大设施最全的民宿,既可用餐又能住宿,几乎包揽了所有的团餐和官方接待活动,其他农家乐经营者的生意则处于边缘地位。

2. 旅游项目的竞争

村落经济的转型既带来了新的发展机遇,也形成了新的竞争模式。乾坤湾在旅游经济发展中,除了直接从旅游经营项目中获得收益之外,其中一项非常重要的收入就是承包村落范围内的工程项目。但这个需要比拼的因素很多,其中最为重要的便是经济资本。作为延川乾坤湾第二个开办农家乐的经营者——程家大院负责人 CHQ,较之其他的旅游投资者来说,有着得天独厚的优势,在广东做家具生意使他攒下了开办农家乐的第一桶金,而率先加入旅游行业,又使他积累了新的经济资本、旅游开发经验甚至社会资本。2010 年 9 月 27 日,他以 1100 万元作为注册资本,成立"延川县程家大院服务有限责任公司",这为他承包伏羲码头等旅游项目奠定了基础。

随着旅游开发规模的不断扩大,各个工程项目的实施以及众多文物保护单位的修复,创造了大量的工作机会。延川乾坤湾更是趁着旅游兴县的东风,不断加大景区建设的力度。目前,已完成乾坤湾服务区、伏羲码头、乾坤台、伏羲文化园、黄河栈道、一斗谷南大门综合服务区、赫连勃勃墓遗址修复、会峰寨、牛尾寨、刘家山毛泽东故居、红军东征革命纪念馆、鞋岛、清水衙门、清水古街等项目建设，改造小程村至伏义河、土伏路至会峰寨道路，新修刘家山至清水湾旅游步道，打造延水关黄土高原风情区、伏寺河谷生态探秘区、乾坤湾中华文化探源及黄河览胜区、清水湾时尚休闲度假区4个功能区，同时结合主要交通干线进行旅游发展布局，推出红枣文化园、民俗文化园和红色文化园等，与伏羲文化、黄土文明和黄河文化形成协同发展，这些都为当地村民带来了新的就业机会，也形成了对旅游项目的竞争。

除了旅游项目的承包、实施、建设等，村民的竞争还发生于同业者之间对资源的争夺，如餐馆、民宿、商店、摊贩等。虽然偶尔也会出现相互介绍客源的合作情形，但当客源稀缺时，经营者之间的竞争态势就会增强，如在对导游的争取上，一般来说，导游会将客人带往有合作关系的餐馆、旅店、纪念品店等。利益不均衡一定程度上导致了人们心理上的落差，竞争也成为村民互动形式的常态。虽然曹锦清认为，中国乡村中农户之间一直存在着竞争。①但这种竞争是有限的和间接的，称为生活竞赛更为恰当，本质在于对社会评价的重视，是对"谁的日子过得更好"的肯定。而旅游活动中的竞争，本质上已经与以往大不相同。旅游开发正在对乾坤湾的市场进行改造。俗话说"同行是冤家"，这是一种中国式的经济学术语，表达的是同一行业中企业之间所形成的市场竞争关系，由此产生的竞争行为也成为个体普遍的社会行动。在乾坤湾，旅游项目和旅游资源的市场竞争以及各自的博弈策略，使越来越多的农民进入陌生人的情境和陌生性的关系中，在传统的"熟悉"中蕴含着一种现代的"陌生"，这种"陌生性"正不断式微着乡土关系中的情感因素，使乡土社会内部微观竞争加剧。正如齐格蒙特·鲍曼所说，我们所生活的世界几乎被陌生人所充斥，我们生活在陌生人之中，而我们本身也是陌生人。② 在这种情形下，村民应对潜在的竞争关系时虽然可以有多种方

---

① 曹锦清：《黄河边的中国》，上海文艺出版社2000年版，第74页。
② [英]齐格蒙特·鲍曼：《流动的现代性》，欧阳景根译，上海三联书店2002年版，第141—142页。

式,但基本倾向于采取沉默策略,虽然大家每天都会见面,有时候也感觉有很多话要说,但因为磨不开面子,谁也不愿意先敞开心扉,从而成为沟通上的最大阻碍。可见,围绕竞争关系带来的一系列问题,正逐渐投射到乾坤湾普通村民的日常生活中。正如贺雪峰所说,农民家庭关系日益理性,公共生活日益萎缩,公共舆论日趋无力,已由熟悉变为陌生,由舆论压力向制度压力转变。① 农民之间的合作日趋减少,倾向于依赖乡村社区提供的公共服务与市场提供的商业服务。而且,村民之间的日常交往也受到"陌生性"的影响,会因为一些生意上和生活中的矛盾而变得十分微妙,在路上相遇即使打招呼也可能只是仪式性的客套与寒暄,表现出礼貌的疏远(polite strangement)。② 有受访的村民说道:

> 感觉大家的关系没有以前那么随意了,似乎有点生疏。其实,乾坤湾人从来都非常好客的,以前大家在一起唠嗑、玩牌、看电视,现在都有些疏远了,都忙着挣钱去了,邻里的交流时间变得越来越少了。

第四节 小结:乾坤湾的乡土陌生人社会

旅游情境中的乡土"陌生人社会"越来越成为一种普遍现象。③ 乾坤湾作为黄河蛇曲国家地质公园和旅游的后发区域,当地人必然受到旅游快速发展的影响,改变其长期以来形成的以熟人关系为特征的乡土社会。本章从"内""外"视角,考察了旅游开发下乾坤湾的新型社会关系。乾坤湾熟悉陌生人社会的关系网络主要表现为内部和外部两种关系,外部

---

① 贺雪峰:《乡村治理的社会基础——转型期乡村社会性质研究》,中国社会科学出版社2003年版,第49—50页。
② [英]安东尼·吉登斯:《现代性的后果》,田禾译,南京译林出版社2000年版,第70页。
③ 周大鸣、石伟:《旅游情境中的乡土"陌生人社会"——基于桂林灵渠旅游的田野研究》,《广西民族大学学报(哲学社会科学版)》2012年第5期,第56—62页。

关系主要是乾坤湾人与开发商之间发生的互动关系，这是一种显性的陌生人关系；内部关系则是乡土社会内部在旅游开发下自发形成的新型职业——"掮客/文化经纪人"和"职业原住民"，这是一种隐性的陌生人关系。而在这种熟悉与陌生之间，乾坤湾出现了一种新的"主—客"关系，表现为城里人与乡下人的互视、穷村民向富村民的逆袭、普通村民与精英村民的偏离等。

第十一章　陌生与熟悉：乡土关系的调适

审视学术界关于"熟人社会"的研究，存在"熟人社会"取向和"熟人社会论"视角两种进路，前者将"熟人社会"作为一种具体的、有形的社会初级群体的联结方式，后者将"熟人社会"视为一种抽象的理论视角借以理解其他社会现象。当前，对"熟人社会"的争鸣需要一种真正的理解而非描述，应该认识到至少存在实体与意义、关系与结构、理想与现实三种范畴的关系视角。

——刘小峰　周长城①

从熟人社会到陌生人社会是转型中国的重要表征之一。所谓熟人是相对于陌生人而言的，泛指熟悉的人，意为点头之交；熟人社会则指一个生于斯老于斯的社会，②遵循舆论压人、面子有价的行动逻辑。与陌生人概念一样，熟人概念并非一成不变。随着社会的变迁，熟人的含义也不断变化，如贺雪峰用"半熟人社会"来指代当今乡土社会的熟悉陌生人状态；③ 吴重庆用"无主体熟人社会"来指代现代性过程中由于大量青壮年离乡而导致的村落空心化现象。④ 随着转型的加速，传统熟人社会长期沿用的"亲近性伦理"日渐式微，但陌生人社会的新型"陌生人伦理"却尚未建立起来，导致社会伦理的失序。如何在扬弃"亲近性伦理"的

---

① 刘小峰、周长城：《"熟人社会论"的纠结与未来：经验检视与价值探寻》，《中国农村观察》2014年第3期，第73—81页。
② 费孝通：《乡土中国　生育制度》，北京大学出版社1998年版，第9页。
③ 贺雪峰：《乡村治理的社会基础——转型期乡村社会性质研究》，中国社会科学出版社2003年版，第42—58页。
④ 吴重庆：《无主体熟人社会与社会重建》，社会科学出版社2013年版，第173页。

同时，积极构建"陌生人伦理"就变得尤为重要。在社会学的理论脉络里，熟人社会象征着传统，陌生人社会代表着现代，现代化的进程就是熟人社会向陌生人社会转变的过程。但是作为现代性的后果，陌生人并非一种静态的概念，也可能由"陌生人"变成"熟人"。乾坤湾旅游空间生产过程中的"熟人"与"陌生人"关系就存在复杂的拟合现象，呈现出熟人与陌生人互融共生的状态。

第一节　工具理性与动态和谐：强—弱关系网络

根据互动频率、情感强度、亲密程度和互惠交换的不同组合，马克·格兰诺维特把关系区分为强关系和弱关系。[①] 指出"强关系"更可能集中在一个特定群体的内部，维系着群体内部的联系，是联结群体内部的纽带；"弱关系"更可能联结来自不同团体和社群的成员，使人们在群体之间、组织之间建立纽带关系。

（一）"强强联合"：熟人强关系网络的维持

日常生活中，每个人接触最频繁的是自己的亲人，这是一种"强关系"现象。一般来说，人们更倾向于与亲属、兄弟姐妹建立起一种相对稳定的强关系，不管大事小事，但凡带有一点"亲"的味道，人们就要义不容辞地承担起亲人之间应有的尊重和体贴。田野调查表明，95%的受访对象认为其家庭成员间的关系"良好"和"好"，表明家庭成员之间的关系是和睦和融洽的；在亲戚关系方面，91%的受访者坦言亲戚之间关系"很好"和"不错"，也经常来往和走动，特别过年过节都要相互拜访，有事也互相帮助，这表明亲戚之间仍然保持着良好的关系。这种关系为乡愁/乡土/乡村旅游用工市场奠定了坚实的基础，而旅游就业市场对亲缘关系的强调，也成为家庭商业招聘员工的主流模式。村民们普遍倾向于与亲缘群体往来，尤其是在寻求劳务合作或经济支持时，大多数村民都把家族成员作为首选对象，范围主要局限于熟人社会。这种把传

[①] ［美］马克·格兰诺维特：《弱关系的力量》，《国外社会科学》1999年第4期，第33—40页。

统的亲缘关系融入新型经济活动之中的做法，具有使商品市场逐利特点弱化的作用，经由亲缘关系的调解，让社会变迁显得不那么突兀，达到传统社会关系与现代市场关系之间的平稳过渡。[①] 同时，随着现代性的进一步加强，外部环境的不确定性和风险也随之延伸到乡村社会，这种外部威胁也会在一定程度上增强人们的凝聚力，在"抱团"防范外部潜在风险与信任不足的同时，也加强了对本土人际关系的依赖。这样一来，亲缘关系就重新成为村民们优先选择的关系。

案例 11-1：黄河鱼农家乐。作为最先开办农家乐的 LJ 和 HGQ，虽然为了节约成本尽量少请工人，但是旺季的时候忙不过来，仍然还是需要请工人帮忙。一开始他们请了 3 个人，但主要还是自己的亲戚。淡季的时候会辞掉 2 个工人，辞退的时候根据亲疏远近来定，与自己最亲的亲戚通常都不会被辞退，而且双方都不太在意给多少工资。

案例 11-2：程家大院。CHQ 从开办农家乐和经营伏羲码头那一天起，基本上就没有自己亲自管理过程家大院和伏羲码头，都是雇人帮忙。其中程家大院的经理雇的就是自己的姨丈，一直服务至今，其他服务员也几乎是沾亲带故的。

（二）"由弱变强"：陌生人弱关系网络的构建

乡愁旅游嵌入于乡村经济生活之中，不同主体之间的互动日益增多，并且从最初的不得不与陌生人打交道到成为彼此之间的重要交往方式，使得"合作伙伴""同事""老板"以及"朋友"等角色在生活、生意与工作中构建出来的弱社会关系也得到了一定程度的发展。人们在重视传统的血缘、亲缘、地缘等强关系的同时，逐渐建立起基于生产方式的新型社会关系，在相互交往中走向"弱关系"的建构。而且无论是根据自身需要主动建立还是出于他人需要被动建立，这种社会关系都有着重要作用。

---

① 陈煦、李左人等：《民族、旅游、文化变迁：在社会学的视野中》，四川人民出版社 2009 年版，第 170 页。

1. 游客与村民之间的弱关系力量

旅游者在旅游过程中，与当地村民不可避免地会产生或深或浅、形式多样的社会交往关系，有的甚至与村民建立起某种弱关系。当他们有第二次来往需求的时候，这种社会关系无疑是有益的，因为在市场条件下，主人向游客寻求客源的过程是以"弱关系"——外部社会关系的建立为基础的。事实上，市场经济本身也促使村民去获得这样的关系。尤其在互联网时代，社交媒体的便利性已经使得游客与村民的关系更加多样，如果双方有意继续交往，通常都会请求加微信或留电话。然而，这种关系还是很弱和不稳定的，这种暂时性的关系会随着一方对另一方关注程度的变化而变化，特别是游客一方的关注减退或不再表现出兴趣，二者先前建立和维系的关系就面临弱化和断裂的危险，即使加了微信，也随时有可能甚至转身就删掉。特别是如果村民频繁发信息或者推广农特产品，从好友列表中被删除或拉黑的可能性则更高。访谈中，有民宿经营者是这样说的：

> 住过我店的客人，很多都会留电话号码，其实后来再联系的并不多，第二次来旅游的游客也很少，像你们这样搞研究的老师、教授，或者摄影、画画的，倒是会经常联系，第二次来的机会也比较普遍，而且都是老顾客，第一次住哪家店，第二次还是选择住那家店，一般来的时候都会提前联系，像你这样。现在方便了，大家有微信，扫一扫，偶尔彼此还点个赞，也就是维持一种关注吧。

2. 公司与村民之间的弱关系力量

很多时候，弱关系甚至比强关系更有效，成为联系不同个体和群体的纽带，在信息的异质性和范围的广泛性方面，比强关系有过之而无不及。在乾坤湾的旅游空间生产中，村民与旅游公司的关系便可视为一种偶然建立的弱关系，具有建构性和后赋性。作为一种陌生的非熟识的"弱"关系，不是基于情感的信任，而是对方掌控的权力大小和获得的利益多寡，意味着不太信任和缺乏义务，交往中可能存在信息不对称。不过，弱关系尽管弱，但"有总比没有好"。因此，虽然村民们仍在频繁使用血缘、亲缘、地缘等强关系,但在旅游发展过程中,他们也发现,与外来者建立关系对自己获得多样化的稀缺信息和其他帮助是有益的,比如更多的工作和就业机会以及客源拓展等,因而开始尝试建立并利用这种外部关系为自己提供便利。

(三)"强弱转换":实践中关系结构的动态调整

除了先赋性的血缘关系之外,人们还可以通过后天的主观努力建构关系,从而形成各种动态的、不断生产和再生产的社会关系。随着旅游开发的推进,旅游企业、地方政府、当地村民和外来游客之间的关系结构在不断调整,如与来自外地的陌生人之间可能因为深入交往而具有熟人的性质,而处在相同地域的熟人之间或许由于相互竞争猜忌而成为陌生人。社会环境的不断变化,原来基于血缘和地缘的强关系因此变得式微,弱关系可能在某种条件下变成强关系,这是一个包含人际交往中的"由熟变生"和"由生变熟"的双向互动过程,也就是说,从熟悉到陌生或从陌生到熟悉在现实中是具有自我转换能力的。关系之间的相互转化有赖于个人的努力,它不是一种既定的结构,需要把关系置于具体的实践中动态构建关系运作图式,才能呈现其在实践过程中的连续性和再生产性。并且,已经被建构出来的强弱关系会因为新的事件(具体情境)的引入而重新被建构,如虽然有的游客因为喜欢或者认购、认租房屋而继续在某个村庄生活,但由于其"外来"身份的不可改变性,和村民仍然具有心理上的距离,最多只能建立"弱关系",除非成为村里的媳妇或女婿,才有可能建立强关系。

第二节 关系嵌入和风险转移

旅游开发商作为投资主体在乾坤湾景区建设中具有主导权和控制权,但是现实的状况并非总是尽如其意,各种问题和关系难解难分。尽管旅游开发商依靠资本的运转取得了先发优势,但乾坤湾错综复杂的血缘和地缘关系,如何利用现有的资源,积极开拓外部社会关系和尽量利用内部社会关系,就成为开发商和村民之间互动的社交平台。

（一）关系嵌入：雇工和代理人

社会行动嵌入社会关系之中。人们总是有意无意地把关系的建构作为一种文化策略来调动各种社会资源以便在社会生活的各个领域达到目标。在乾坤湾旅游开发之初，延川县旅游局（即现在的延川县文化和旅游局）与乾坤湾村民之间并不具有任何事实上的血缘或亲缘连带，但却部分地复制和运用传统亲缘群体的关系逻辑来增进彼此之间的互动和关联，特别是在将伏义河（伏羲）码头转包给CHQ之后，作为本村人，CHQ与乾坤湾人之间更是有着传统的血缘和地缘关系。

1. 雇工

打工经济的兴起、土地收益的下降和剩余劳动力的外流，使村子里形成了大量的留守老人，其中也包括一部分安土重迁的回乡人和守乡人，他们共同构成了村落的常住人口。以延川县乾坤湾镇碾畔村为例，村里原来有600多人，如今只剩下约200人。做了十几年村主任的HGQ说：

> 村子里以前很热闹，人多活动多，但现在基本上都外出打工了，有些是因为娃娃到城里上学，大人去带娃娃，就在城里随便找点工做，村里现在留下的基本都是老人。以前收入主要靠枣树，但近十几年来，每到红枣成熟的时候，因天气原因枣子绝收，所以现在村里人的收入来源不再依靠大枣，一些老人只能靠每月100元的基础养老金。

旅游开发后，村里常住人口很大一部分都通过被雇佣的方式实现了就地就业。目前，旅游公司除了雇佣少量的办公室人员、农家乐大厨、司机等专业性岗位外，更多的是非技术性和非管理性岗位，如旅游公司的讲解员、清洁工和服务员等，总人数达100余人。平时的草木栽种、垃圾清理和环境维护也并不排斥老年人，虽然价格较低，但这种日常性的维护管理工作，为一部分老年劳动力提供了就业机会，不仅使他们获得了一份季节性收入，也丰富了老年生活，这是旅游企业为村民提供就业机会与合理的经济利益以谋求村民支持的一种方式。在乾坤湾打工，不出村就能找到工作，虽然报酬比外出要低，但却可以跟家人在一起，因此，旅游公司的雇工，符合村民参与旅游的期许，对于他们来说，和旅游公司保持良好的关系能增加一份额外的收入和补贴，也是持续性雇佣工作的前提，在这样的背景下，人们对旅游公司就少了一份抵触，多了一份接纳。

> 访谈 11-1：GSS（碾畔村村民）。不用离开家在村子里就有活干，还是比较好的，之前我也出去打工，但年纪大了，身体也不太好，就在附近做点事。有活儿的时候乾坤湾那边就喊我过去，中午包吃，只管吃饱，不管吃好，一天150元，不过总比待在家里面打扑克强，当然做工也要跟老板关系好才行。

2. 代理人

能够充当代理人角色的基本都是村中的精英，按照贺雪峰的观点，就是在农村社会中影响比较大的人物，他们具有强烈的自我意识并且在某些方面有特长或善于交际或经济收入较高。[①] 随着传统宗族权威日趋式微导致的权力分散化，那些拥有较多资源的人开始脱颖而出，享有更多的发展权和话语权，无论是政治领域、经济领域还是文化领域，各路精英在村落发展中都占有一席之地。本书所称的代理人主要是指在政治、经济、文化、能力等方面具有相对优势，对旅游开发具有较高热情和参与意识并对农村生活产生重要影响的人物。

在延川乾坤湾，最具代表性的本土旅游公司要数广东佛山豪特舒酒店家具制造有限公司，其创始人CHQ，回乡发展之初就改建成立程家大院高端民宿，雇佣的经理既是伏义河村的村长GCY，也是自己的姨丈。虽然后来因为种种原因，GCY不再担任村长一职，但是多年的村干部经历，为他搭建了良好的人脉资源和社会关系，使他成为当仁不让的"高效"代理人，为CHQ打理着程家大院的大小事务，除非特殊情况，CHQ轻易不用出面。

---

① 贺雪峰：《村庄精英与社区记忆：理解村庄性质的二维框架》，《社会科学辑刊》2000年第4期，第38页。

（二）关系运作：关系动员和资源运用

如前所述，关系有先赋性人际关系和获致性人际关系，前者指以血缘或地缘为基础的人际关系，它先于人而存在，也不能选择；后者是因情感、社交、安全和利益等后天需要而主动获得的人际关系。弱关系作为一种获致性人际关系，嵌入于原本没有先赋性人际关系的旅游开发各利益相关者之间，为各利益主体搭建了一座社交、情感、利益、信息和沟通的桥梁，并借由关系中的人情面子因素缓和了某些通过正常途径无法实现的关系冲突。

随着旅游发展的持续推进，延川乾坤湾的知名度越来越大，为了将黄河蛇曲国家地质公园所流经的 68 千米黄河形成整体发展格局，延川县政府决定开发其他几个河湾和关联性景点，这就需要改造小程村至伏义河、土伏路至会峰寨的道路，新修刘家山至清水湾旅游步道等，可是在征地过程中，却遇到了部分村民因为补偿款没有满足其心理预期的情况致使项目不能顺利推进。旅游公司看村委领导一直摆不平这件事，就采取迂回的办法，这时所嵌入的关系和寻找的代理人便派上了用场，旅游公司通过村委领导传话，说只要配合征地，家里有什么人可以优先推荐来旅游公司上班，条件可以比其他员工更优惠。该地的主人在各方的劝说下，平静地解决了此次征地事宜。

其实，旅游公司对村民的关系嵌入和人情培育，在某种程度上也是关系资源的形成，在遭遇诸如上述事件时总能派上用场。当旅游开发主体有意识地展开关系运作并期望取得效果时，关系作为一种资本的价值便发挥了作用。通过在乡土社会中培育发展弱关系，借助村落共同体中的关系资源和乡土关系中隐含的人情面子因素，为各种冲突提供了一条解决的途径。同时，旅游产业对相关产业的连锁带动效应，带来了新的经济发展方式，改变了农民单纯依靠"土"和"地"的生计模式，村民也部分享受了旅游开发带来的成果，面对从旅游开发和在社会互动中所获得的新的谋生手段，村民们开始从单纯的利益不外流向与外人共同分享转变，对待旅游公司也开始了有限理性的接纳，碾畔村村民 LXH 就是一个典型。

访谈 11-2：LXH。2017 年冬天，延川县文化旅游（集团）有限责任公司来找我，说要弄民宿。村里很多窑洞一直都空着，文旅集团跟我们签了 5 年的合同，帮我们维修院落、维修窑洞。5 年后重新协商，如果继续搞，就以入股的形式；如果不愿意，就自主经营。窑洞的主人还享有优先在乾坤湾打工的条件，我现在就在乾坤湾景区做保洁员，每个月工资 1 千多元，发展旅游确实对农民有好处。

（三）关系耦合：政企合作与风险转移

在旅游开发中，旅游公司与村民之间不可避免地会发生某些意见不一致的地方。当在开发过程中牵涉到与当地村民相关的事情时，开发商通常都不与村民正面接触，而是在所寻找的代理人出面和动用所有的关系都无效时，才寻求各级部门出面解决。从乡村治理和社会和谐的角度出发，基层政府为避免产生较大的冲突，通常都会采取合作的态度以协调村民与开发商之间的关系。按照旅游公司的说法："景区本来就是政府立项，规划也是由政府主导的，企业只是来投资开发的。政府很少介入景区内部的经营管理，主要是协调景区和村民的关系等外围事情。旅游这个事不能令谁都满意，我们是企业，也有自己的困难。具体开发过程中，难免有个别村民不好说话，我们出面可能会导致关系更加紧张，政府出面就会好得多。"

旅游开发最突出的问题是土地、房屋和资源的矛盾，村民最关心的就是开发会不会对自身以及目前的生活秩序产生影响，鉴于土地征用和村民安置涉及生存权等根本问题，村民不会因为开发商的介入而轻易妥协，因此只有通过行政力量及政府工作才能最大限度地保护村民且推进旅游的顺利开发。通常来说，政府都会跟旅游公司达成协议，尽可能保障村民的利益，特别是在优先就业和精准扶贫方面需要旅游公司发挥示范效应。

自精准扶贫工作开展以来，乾坤湾镇围绕"旅游办一切事宜"的思路，抓住"围绕旅游做大农业、围绕旅游做美农村、围绕旅游做强城镇"这一重点，通过"旅游+"脱贫模式，形成了"旅游+红枣""旅游+

民宿""旅游+就业创业""旅游+村集体经济"的脱贫措施。全镇集中向延川县文化旅游（集团）有限责任公司下设的扶贫开发公司流转枣园1.183万亩，签订枣园入股流转合同10年，涉及农户452户，其中贫困户235户。为进一步壮大村集体经济，乾坤湾镇还为16个村集体经济合作社各注入30余万元启动资金，与延川县文化旅游（集团）有限责任公司签订结对帮扶协议，入股5D动感球幕影院"穿越黄河"项目，期限10年，每年各村保底分红5万余元。成立教育、养老基金，将20%的资金用来帮扶特困群众，80%的资金用于村里公用设备、基础设施的维修养护等。

第三节 "有意识"和"无意识"：主客交往与互相融入

传统乡土社会是一个人际关系平衡的社会，人们的关系圈好比一张张精心保持的平衡运行的网。然而，旅游开发却犹如"一石激起千层浪"，搅动了原来有如波澜不惊的湖水般平静的社会关系。这种关系源于东道主与游客在旅游活动中的主客互动，是一种暂时性的个人之间的非正式交往，始于旅游过程的开始，终于旅游过程的结束。广义的主客交往又称主客关系、主客接触或主客互动，是指主客之间的相互影响，如来自不同文化背景的旅游者与旅游地居民因接触而给旅游地带来的文化整合、文化同化和文化变迁等。[①] 随着游客的日益增多，乾坤湾人不仅对旅游的认知和对家乡的感知发生了微妙的改变，在与游客的互动过程中也有了许多变化。

（一）相互学习与知识互补："土"村民和"洋"游客

乡愁/乡土/乡村旅游具有明显的地方色彩和文化内涵，吸人眼球的莫过于地方性的魅力，乾坤湾文化底蕴深厚，拥有世代传承下来的传统乡土知识。无疑，村民不仅是地方性知识的最好解读者，在与游客的直接接触中也使他们成为最了解游客的人。作为东道主——乾坤湾人对乡

---

① E., Fredline, Faulkner, B., Host Community Reactions: Acluster Analysis, *Annals of Tourism Research*, 2000, 27 (3): 763-784.

村旅游的看法是怎样的呢？也许从村民不经意的谈话中可以得到一些例证：

乾坤湾旅游要搞起来，没有一些实实在在的东西和形成整体的旅游线路是说不过去的，否则半天就逛完了，也没有其他吸引游客留下来的地方，游客如果不能在这里住个一两天，农家乐都开不下去。现在比以前干净多了，每家每户都有独立的厕所，院子里有分男女性别的厕所，每孔窑洞还有独立卫生间。现在，所有农家乐都把旱厕改成了水厕，都知道要搞好环境了，不然自己不卫生还给游客留下脏兮兮的印象。游客一方面要吃"土"菜，住窑洞，另一方面又要有电视，有电脑，现在不要电视和电脑了，要有Wi-Fi，没有Wi-Fi，连客人都留不住。

从这些谈话当中，很明显能看出村民与时俱进的思想观念，甚至"原生态""乡土性"等概念也常常从村民口中不经意地说出，与游客的需求不谋而合。从很多理念上来看，他们并不落后，甚至与时代同步发展。当然，这一切都是迫切希望改变的村民所做出的努力，这种努力让他们获得了新的知识和能力，从而增加了关于"他者"的更多的知识库存。那些从事旅游的家庭商业经营者，原本是土生土长的庄稼人，为了经营好家庭商业，他们一点点地到处搜集各种经商知识，一些村民还利用闲暇时间带领散客参观村落，给他们一一介绍村里的一草一木，就连庄稼是如何长成的也一字不落地加以描述。几乎所有的村民都能用普通话与游客进行交流，虽然带着地方口音，但沟通基本没有问题。很多村民都知道游客喜欢吃地道的农家菜和风味小吃，于是，一些并不在旅游业就业的村民也开始在农闲时制作土特产，然后出售给当地的农家乐或旅游超市，既满足了游客的需求，也增加了收入。更重要的是，游客的需求还催生了网络的发展，现在很多农家乐经营者都开通了网络订房服务，甚至在网上销售土特产等。

访谈11-3：HXM（红红农家乐女主人）。乾坤湾旅游搞了10年了，大家也积累了很多经验，得跟上形势的发展啊。今年我才刚刚搞完装修，主要是厕所改革，必须独立卫生间，不然没人来啊。开农家乐感觉能挣些钱，其实，每年花在改建上的钱也很多。现在农家乐多了，客人选择性大。村里的农家乐，基本上都网上订房了，还有好评功能，很多还搞了微信公众号。现在不搞这个不行啊，客人都是先网上预订和了解情况才下单。我自己还不太会用，都是我女儿帮我弄。

可见，时代的进步，游客的需求，都在不断影响着当地人的文化认知。而顾客就是上帝的经营理念，也使村民不断进行着动态调整，并在与游客的交往过程中做出自己的判断。当然，村民也并非全盘接受，在学习、模仿的同时也保持着独立的审慎自觉，有意识地对现代性知识进行着选择性接受。游客对当地人的这种示范效应，开启了村民通往外部世界的大门，他们主动与一些前来旅游的游客建立了友谊，互动的加深则进一步更新了村民的知识和观念，使他们自觉和不自觉地改变着过去的生活方式。这种经常性的人际交往，既为村民带来了许多切实有效的发展信息，也引发了他们对旅游活动和主客关系的新思考。

（二）经验分享与关系拓展："旧"房客与"新"房东

村落共同体作为传统的乡土社区，其特征是共享性与排他性，只有村落成员才能分享共同的生活空间、历史记忆和精神传承。[①] 当游客记录、传播、分享自己对于乾坤湾的感觉、感受和体验的时候，从某种意义上说，已经具有了共同体的一些特点。作为一种记忆，旅游者将自己的旅游经历作为一种过程记录下来，涵盖地点、攻略、简介、性价比、环境、饮食等方面的内容，这种有意识的记录而后就变成了他人的一种资讯。这是经营者与游客之间走出熟人圈子而形成的社会资本，从某种意义上说，他们打造的是一场共同生活的场景和共同体验当地生活的真实模本。这种社会资本能够让经营者获得更多的客源信息，也让旅游者对地方有着更多的体验和情感寄托，并形成进一步交往的源泉和动力，成为今后关系联结的维系力。如果机缘巧合，游客与村民还可能形成朋友之间的交往关系，那么在后续的交流中就会深入甚至融入当地的生活

---

① ［德］斐迪南·滕尼斯：《共同体与社会——纯粹社会学的基本概念》，林荣远译，北京大学出版社 2010 年版，第 58—65 页。

当中，有时甚至难以区分谁是游客、谁是当地人，部分游客可能还会经常返回旅游地，因为他们已经与当地人建立起某种关系，这种"朋友式"的交往使村民与游客之间的情感联系不断增强，也使游客与乡村建立一种除旅游行为之外的纽带关系。还有一些游客是作为乾坤湾的常客出现的，他们每年都会来乾坤湾摄影、写生、调研或考察，从而与村民建立了很好的关系，而村民对待他们也好比自家人般亲近和融洽。HGQ 的"黄河鱼农家乐"每年都会接待来乾坤湾写生的学生，特别是中央美术学院的学生，这些学生一住就是一个月左右，与 HGQ 一家建立了很好的联系，甚至还会向别人推荐黄河鱼农家乐，包括一些现代性的设施，都是这些学生提议或教 HGQ 一家使用的。在 2019 年 4 月的一次调研中，笔者曾目睹 HGQ 从早上起来就一直忙着打点礼品，将自家产的红枣和一些土特产送给那些回头客人，还送到大门口，一再叮嘱注意安全，仿佛亲戚一般。

> 访谈 11-4：CHB（军军农家乐负责人）。乾坤湾刚开发的时候，来得最多的就是画画和写生的，他们都住在小程村，一般第一次住哪里，第二次还会选择再住，很多后来都成了好朋友，还帮我们介绍新客人哩。

第四节 "新旧交替"：乡土熟人关系的重建

乾坤湾曾是一个由血缘、亲缘和地缘形成的熟人社会，旅游开发之后，这种关系已经杂糅了陌生的因素，建构出一种新旧交替的关系，传统的熟人关系以新的方式在旧的形态中延续，由此带来熟人社会关系的重新建构。

（一）以"亲"的形式延续

尽管参与旅游经营使一些家庭变成了可能存在竞争关系的"旅游事业共同体"，但可以看出这种参与仍然具有差序格局的特征，即以家庭

（或家族）为事业的中心，吸纳具有血缘或姻缘关系的人共同经营，这种旅游商业化运作将具有共同血缘和地缘的本地村民聚集在一起，亲缘网络的经济合作进一步巩固了彼此之间的关系。在乾坤湾，受市场需求和投资成本的影响，无论是家庭旅馆、家庭餐馆还是小卖部和小商店，大部分都是以家庭为主体开办的，这种家庭商业由个人独立经营或夫妻共同经营（夫妻店），通常规模较小，基本上是一家老少齐上阵，而规模稍大的民宿除自家人外，还会叫亲戚或乡邻帮忙，显然这也是一种建立在血缘和地缘关系基础上的村落共同体参与旅游的机制，由生育带来的血亲群体和婚姻带来的姻亲群体为家庭商业提供了基本的关系网络，在社会结构中属于传统的先赋性关系范畴，也是整个社会人情关系网的范本。因此，当旅游在乾坤湾发展起来后，家庭商业也不断发展，当人手不足需要找人"帮忙"的时候，人们最先想到的便是与自己有着亲缘关系的人情圈子，特别是亲戚，无论是近亲还是远亲甚至朋友，在表达请求时不说"雇人"或"招工"，而是用"帮忙"。由于不是一种雇主与雇员的关系，账面的收入基本上以平分为主，维持的是一种亲人之间的关系。这些都表明亲缘关系作为传统社会中人们日常生活和社会交往最为倚重的一种关系，嵌入于村民的日常生产和生活之中。[①] 这一方面在于普通家庭商业的规模有限，所需员工依靠传统亲缘关系就可解决；另一方面则因姻亲关系互动频繁而感情亲密，对家庭商业主而言，亲缘关系是其最主要的社会资本，如在经营之前的资金筹措时，很多都是凭借亲缘关系拼凑借贷的。用经营者的话说，亲戚之间大家都是相互关照的，彼此知根知底，用起来也放心，特别是涉及财物和采购活动时，更加是自己人才会放心。不仅如此，村内传统的熟人关系在其他方面也发挥着作用，普遍渗透在建房、收枣、摘果等具体事件中。用他们自己的话来说：

> 一个村子的人，知根知底，干活放心，不会耍心眼。

在做旅游项目时，承包商也倾向于找"自家人"和"本村人"，如果

[①] 曹锦清：《黄河边的中国》，上海文艺出版社2006年版，第112页。

有村里人想干的活，跟包工头打声招呼，包工头根据技术大工和杂活小工的需求来定人数，如果技术过硬，人踏实肯干，那么就有可能和包工头建立更深的关系，包工头在支付工资时也会附上一笔"人情费"，以巩固长久建立起来的合作关系。

（二）以"旧"的形态获得

在旅游化的商业氛围中，虽然与外来人建立的各种网络在一定程度上发展成了具有普遍意义的"弱关系"，但这种关系还不足以取代旧有的关系，也还未成为村民们必须依赖的社会关系。与此同时，人口构成与社会关系的持续变化，正在不断扩大村民的社会交往范围，以"兄弟"等为典型的拟制亲属在工作中得到了一定程度的发展，既拓展了村民的社会网络，又延续了"熟人关系"的人际交往和情感归属。

以"旧"的形态获得新关系中最突出的是拟制亲属的认干亲和拜把子关系。通过认干亲或拜把子的方式，不仅可以将人际关系固定下来，在完全没有血缘关系的人之间建立一种模拟的亲属关系，而且在实际的亲属实践中，还必须以真实的亲属称谓相称。通过这种拟制社会关系，从而将新型社会关系引入到传统的差序格局中，在乾坤湾，这种关系模式的发展实际上是以乡土社会的逻辑对传统熟人关系的再造，这种建构也使得传统社会关系的半径从村落延伸至市场。

1. 认干亲

在中国传统社会，认干亲是一种比较常见的社会习俗，是指本来没有亲属关系的双方通过互认亲属，并以干爸、干妈、干闺女、干儿子等亲属称谓相称，按照家族礼仪互相往来，履行以血缘为基础的亲属关系的责任与义务。旅游开发中，部分村民通过结成干亲，可以在旅游活动中发挥亲属功能，互帮互助、互相交流。目前来说，这种方式较少使用，即使用到，通常也并不再举办正式的仪式，更多的是以开玩笑的方式来进行，因此，关系较之以前，也相对要松散。但对于旅游来说，较弱的关系，倒是更容易相处的，也是双方所愿意看到的。因为人情的维持本身，也是有成本的，包括时间和经济成本。

2. 拜把子

结拜是传统社会非常盛行的一种结交朋友的方式，拜把子就是这种传统关系的延伸。因此,"把兄弟"很容易进入对方的生活领域并建立良好的情感。这种关系在乾坤湾的旅游项目建设和运输业中最为普遍,而且主要集中在青壮年群体中,通过拟制亲属关系形成的"拜把子"人情圈,有活一起干,有事一起做。

值得强调的是,社会关系的复杂化,不仅没有改变村民社会交往的核心,相反,通过使用诸如"哥""婶""伯""叔"等亲属称谓,逢年过节你来我往走村串寨,拟制亲属作为拓展性人际关系在旅游发展中正发挥着互助的功能。

无论是旅游运输圈还是旅游项目圈,大家通过相互往来来交流外部信息,从而获得发展的先机。这些关系与传统的地缘和亲缘关系相比有其独特性,也不同于正式的职业群体所形成的组织,具有明显的非正式性,掺杂着更多的情感因素和人情因素,"兄弟"之间通过"我送你个人情""他给我个人情"和"我欠他个人情"的方式,你来我往一来二去形成了许多关系节点,这种日常生活中的人情往来维持着人们彼此间的感情和合作,使关系得以维系、深化和加强。另一方面,由于与亲缘关系所形成的强关系不同,它的弹性很低,人情往来中如果施报不平衡,势必影响整个关系的持续。但是,因为交往双方都明白关系的建立主要基于利益的诉求,即使关系断裂也有修复的机会。

(三)以"老"的方式维持

在传统的乡土社会中,人情交往作为村落内部人与人之间情感联系与情感表达的方式,维系了熟人社会关系的稳定与社会关系的延续。在乾坤湾,以血缘和地缘为核心的熟人关系依然是村落生活中界定彼此关系的最为重要的标准。而这种通过传统方式获得的关系,仍然需要以传统的方式来维持。在当下旅游开发引发的村民之间的竞争性陌生关系状态下,乾坤湾并未在现代市场经济浪潮冲刷中完全丧失"乡土本色",而是仍然保留着村落共同体的温情,在日常生活中继续以往建立的人情圈,保持日常往来的"熟",这为村民之间的关系提供了润滑剂。人情是建构乡土社会关系的主要方式,具有表达性和仪式性功能。乡土社会中存在

第十一章 陌生与熟悉：乡土关系的调适

着大量的仪式性人情，镶嵌在以血缘关系所组织的社会秩序之中，① 以礼物的流动②为表现形式，在村落内部不仅具有相应的约束力，而且在实践中还逐步形成了人际交往的评判标准。田野调查表明，"礼物的流动"主要集中在红白喜事、新居乔迁和大型节日3类活动中。红白喜事和乔迁新居主要以庆典的方式进行，而春节、清明、端午和中秋等传统节日，过去是以村落公共仪式活动的方式来进行的，随着传统力量的衰落，逐渐演变成亲戚之间的家庭庆祝了。当然，诸如诞辰、祝寿、升学等也是村民之间礼物互惠和感情互动的方式，但这种互动现在也主要局限于家庭内部了。虽然没有大规模的庆典，但亲戚互访本身也达到了情感交流和关系增进的目的，是一种正式的人情往来，促进了关系的培育和维持。

在乾坤湾，红白喜事是生产生活中的大事，包括儿子结婚、女儿出嫁、亲人去世等。当地把操办婚姻大事和丧葬仪式称为"当大事"，可见这对于一个家庭的重要程度。这种"大事"任何家庭都要经历，无可逃避，其所牵连触动的社会关系网络往往是最广泛的，其社会情感表达也常常是最生动的，对于有着相同地缘的村民，这种大喜大悲的共同情感表现无疑会触动内心最敏感的神经，通常在这个时候，过去一切的纠葛恩怨都烟消云散了，都比不上这一刻的"同感共意"。

由于乾坤湾人一般不会将红白喜事设在酒店，除非那户人家本来就是开农家乐的。而红白喜事至少要办2—3天，隆重的甚至7天，这么大的场面，单家独户是很难应对的，需要邻里之间的互助合作。而且，无论男女老幼，前来帮忙的人都不需要给礼钱和酬劳，因为这种帮忙是相互的，给来给去没意思。在操办酒席的过程中，各种关系都被调动起来，酒席同时也成了聚会、交流和互动的平台，过去的纠纷也可能在分工与合作、共餐与分享中抑或亲朋邻里的规劝下自然而然地化解。因此，村内红白喜事的操办和"礼物的流动"无疑强化了人们之间的情感联系和互助关系，还修复了因旅游活动冲突引发的关系紧张，巩固了建立起来

---

① 宋丽娜：《熟人社会是如何可能的：乡土社会的人情与人情秩序》，社会科学文献出版社2014年版，第82页。
② ［美］阎云翔：《礼物的流动：一个村庄中的互惠原则与社会网络》，李放春等译，上海人民出版社2000年版，第227页。

的人际关系圈，起着维持和稳定人情交往秩序以及和谐社会关系的功能。

第五节　小结：转型中的乡土社会

　　乡村旅游开发和商业化运作凝合成一股强大而持久的力量，打破了乡土社会的原有秩序。首先，乾坤湾不再是一个封闭的地域社会，而是一个由多重力量构成的开放关系网络。陌生人群体以及现代生活方式作为一种介入性发展因素，融入乡土熟人社会后对村落人际关系所带来的影响，不可避免地造成了旅游发展过程中普遍存在的竞争与疏离。不过，这种关系并非不可调和，不同行动主体在血缘和地缘关系中采取的不同行动策略，建构形成了各种新型关系，这也正是乾坤湾在面对社会文化转型时对传统与现代两种结构性力量的适应。随着旅游规模的不断扩展和市场化逻辑的深入人心，乾坤湾社会的人际关系表现出价值理性与工具理性并存的局面。一方面，受传统观念的影响，在应对复杂的人际关系时，表现出"通情达理""兼顾面子"的价值理性；另一方面，不管是加入旅游行业成为工作人员，还是通过"拜把子"成为"兄弟"，抑或是项目建设中雇工对象的选择，却又难免不"裹挟"着现代工具理性因素。这种工具理性在乡土社会关系中的嵌入，使村民之间的生产合作、经济活动和社会交往都日益理性化，通过"人情＋理性"的机制糅合在了一起，实现了"传统"的人情原则与"现代"的商业原则的整合。首先是拟制亲属的拓展。这种新型的业缘关系借助了传统社会的一般关系原则，这些扩展出的业缘关系是以传统关系网络为基础的，建构的社会关系兼具功能性和情感性。功能性表现在这种关系有着明显的经济利益诉求，通常是先有经济往来，为了更好地交流才建立起"拜把子"关系。从情感性来说，这种拜把子关系，人情又起着至关重要的作用。如果拜把子关系只是单纯的工具理性，其关系也许是一次性的。正因为包含了情感因素，才使得这种关系更加牢固。其次是雇佣关系嵌入于熟人关系之中。最明显的例子就是包工头与员工之间的雇佣关系直接嵌入亲戚、老乡和朋友关系之中，这种关系既不是单纯的市场关系，也不是纯粹的社会关系，而是二者兼而有之。这意味着既存在基于熟人关系的信任和出于血缘、地缘和亲缘的人情关照，也存在利益的冲突。当出现利益冲突时，包工头的雇佣权力与人情法则就起到了一种约束员工行为的作用。

综合来看，虽然陌生人的到来，使得村民或多或少都会与"他者"发生联系和产生互动，特别是与来村里承包项目或租住房屋的外地人直接或间接接触。但无论如何，村民的主要社会交往对象仍然以亲朋好友和四邻八舍为主。即便是租住的房客，村民跟他们的往来也不是特别多，平日里玩牌、唠嗑也是找家里人或本村人。尽管熟人社会中的传统连带和情感因素受到"陌生性"的冲击，但是在新的社会结构中，村民仍然依赖"人情"和"面子"来维系彼此的关系，在某种程度上，这又"重构"了旧的关系，从而使得乡土社会中的"陌生性"不断被"解构"。这种复杂的熟悉陌生关系，主要还是源于地缘关系，村落地理区位仍然是承载乡土社会熟悉性的物质条件之一。在乾坤湾的日常生活中，村民之间的交流是一种在场的面对面交流，共同的礼俗习惯、礼治秩序、乡土舆论和乡情原则仍内化于人们的心中，并在实践中不断重复和更新着这种交往的"熟人"规则，调适着各种矛盾与冲突，与血缘和亲缘一起，共同建构着彼此的关系，甚至在某种程度上修复了因旅游活动导致的关系疏离。通过对村民的访谈发现，虽然彼此之间存在着较大的竞争，但大家都能较好地遵守村落社会规范，即便偶尔出现抢客的情况，村干部或者周边的村民都会出面调解。村民和游客的关系也向着良性互动发展，原本有着鲜明个性特征的外来游客和"涉市未深"的村民之间容易发生类型化、刻板化、扭曲化的认知，但却随着越来越频繁的互动交往以及对现代性知识的学习和运用，其社会行动和知识库存也会发生相应改变，在深入交谈、使用生活空间和公共服务设施等过程中，有的甚至还与当地人建立起友谊。作为市场主体的旅游企业开始有意识地展开关系运作以谋求村民的支持；而旅游公司提供的各种就业机会和发展前景，则使村民积极地与之保持良好的关系以期能为自己增加一份额外的收入，在这样的背景下，人们对旅游公司就少了一份抵触多了一份接纳。通过在乡土社会中建立的这种关系，借助村落共同体中的一些资源以及乡土关系中隐含的人情面子因素，为各种关系的调适提供了可能。

第十二章　结论与反思：迈向安放乡愁的旅游

> 乡愁旅游是现代消费社会下产生的"情绪情感产业"，凝结着消费者对乡村的深厚情感。实现乡愁旅游的可行路径，需要留住家园遗产、保护乡愁记忆和传承乡愁文化。
>
> ——题记

本书所用"乡愁旅游"一词，指的乃是一种目标，而非某种现实。故而，全书充满了对陌生、变迁、转型等的描述。人类学对乡土社会研究情有独钟，或许是因为对于传统社会秩序变迁的偏爱。同样，我之所以进行本项研究，也是出于对乡愁/乡土/乡村的关注。对那些正在经历着快速发展旅游的村落和地区而言，本书无疑可以提供一个不很成熟的视角。

2013年12月，中央城镇化工作会议明确提出"让城市融入大自然，让居民望得见山、看得见水、记得住乡愁"的城镇化建设目标，这种特殊的诗化语言表达方式，是一种规划乡村社会未来愿景的政策引导。在此之后，"乡愁"作为现代文化的独特心理表征，成为大众媒体的流行词汇，而网络媒介流传的节日"返乡笔记""返乡手记"类文体也迅速走红。尤其从2015年开始，中央电视台中文国际频道重点打造的《记住乡愁》纪录片及其开展的系列推介活动，更是将"乡愁中国"话语传播推向高潮，在社会各个层面产生了深刻的影响。以"乡愁"为主题的话语传播，既涉及国家发展战略的转型、大众生活方式的变迁，也是对新形势下乡村建设提出的新要求。如何深入理解党和政府的新型城镇化建设理念，在乡村振兴背景下，通过发展乡愁旅游来实现农业农村现代化，无疑是新时代乡愁中国建设的当务之急，也是实现美丽中国建设的重要一环。

第一节 留住乡愁家园

列斐伏尔曾指出，资本的空间是碎片化、商品化和趋利的。一定意义上，旅游开发也是一种资本驱动的空间生产，必然带来传统生活空间和社会文化的变迁。2007年，彭兆荣提出关注遗产的家园生态和家园遗产的观点，[①] 虽然乡愁家园不等同于家园生态或家园遗产，但无疑二者之间具有彼此交融的关系。某种意义上，"乡愁家园"的理念为乡愁中国建设提供了立足之本，也成为地方社会在面对全球化和现代性时得以生存和延续之本。

（一）超越景区社会

旅游开发的主要方式是划定一个"景区"。[②] 景区作为旅游吸引物具有客观属性和符号属性，前者是指景区本身所固有的内在本质特征，如乾坤湾的客观属性就是黄河流域晋陕大峡谷上的蛇曲景观，是被黄河冲刷形成的像蛇一样蜿蜒的地质地貌；后者是景区承载的文化内涵和时代价值，是历时性建构起来的产物。具体到乾坤湾，游客还没前往乾坤湾就已经在脑海中形成"天下黄河九十九道湾，最美不过乾坤湾""国家地质公园"等认知图式，甚至联想到太昊伏羲氏的神话传说以及乾坤湾狗头枣等。景区的符号化过程也是景区的神圣化过程，包括景观命名、界定范围、优化提升、机械化再生产和社会再生产等。[③] 从发现小程村到景区形成的10多年时间，乾坤湾经历了"神圣化"过程的各个阶段。乾坤湾景区的构建不只是取一个"好听"的名字，也不止于"大兴土木"进

[①] 彭兆荣：《"遗产旅游"与"家园遗产"：一种后现代的讨论》，《中南民族大学学报（人文社会科学版）》2007年第5期，第16—20页。

[②] 葛荣玲：《景观的生产：一个西南屯堡村落旅游开发的十年》，北京大学出版社2014年版，第192—213页。

[③] ［美］麦坎内尔：《旅游者——休闲阶层新论》，张晓萍等译，广西师范大学出版社2008年版，第19—163页。

行建设和扩容。更为重要的是景区在既有资源基础上不断进行着的社会再生产。从初始阶段的景观命名到最后阶段的社会再生产,乾坤湾超越了景区的客观属性,逐渐被赋予特定的经济意义和社会文化意义,从而使景区具备了符号属性与象征价值。从经济角度来看,乾坤湾景区的发展推动了交通、住宿、餐饮、购物、娱乐等产业的快速发展,门票收入甚至占了景区总收入的一半以上。从社会文化意义上看,景区建设逐渐模塑了乾坤湾人的空间观念和行为规范,也促进了社会结构和社会关系的重塑,村落的总体布局也变得更加具有规划和规范意识。之前村民往往只需要根据祖先的经验来建造自己的家屋。旅游开发以来,原先按照神圣/世俗或者辈分/年龄等秩序进行空间区隔的观念已经渐渐被打破。根据旅游发展的需要,村民的居住空间需要被管理和保护起来,村落被划分为景区、景点、旧村、新村等功能性区域,其中津渡古村、地质遗迹景观区、博物馆区、采摘园、娱乐区、观光休闲区才是规划和发展的重点,村中其余地块、地段或居住区,由于较少具有景观特色和旅游价值,则较少受到关注。

虽然随着时间的推移,乾坤湾景区被赋予了愈来愈多的经济意义和社会文化意义,符号属性的内涵也随之变得更加丰富,日益从景区社会向"我者"与"他者"共享的乡愁家园转变,不仅是具有游览功能的实体空间,更是承载人们集体记忆功能的情感空间,在唤醒人们的乡愁与怀旧、建构与重构人们的文化认同、表征地域文化与传统文化等方面都发挥着巨大的效用。但是,旅游发展具有复杂性和动态性,有时甚至会出现"旅游摧毁旅游"的悖论现象,如布汝勒和纳什笔下对现代旅游导致的"权力膨胀"下暂时性的"殖民"迁移。[①] 而且,景区建设不能将眼光仅仅停留在景区本身,而应不断提升当地居民自我传承、保护和开发地方文化的能力,促进旅游业的可持续发展。乡愁旅游发展不仅需要科学的规划,更应尽可能多地挖掘文化内涵,在城乡转型背景下保护好地方传统文化,避免短视化的经济行为和盲目开发对乡土文化的破坏,

---

① 周霄:《人类学视野——论旅游的本质及其社会文化影响》,《湖北大学学报(哲学社会科学版)》2003 年第 5 期,第 114—116 页。

缓解城乡面临的记忆"破碎"和"失忆"危机。

(二)变"地质公园"为"乡愁家园"

乾坤湾作为景区,不仅带来了物理空间的改变,更带来了社会空间、家园纽带的变迁。从地质公园到景区的转变过程中,原先由乡土纽带连接起来的地方性,逐渐变成了被剥离原生纽带的"非地方"。家族的、信仰的、公共的、私密的等各种有意义的空间,需要新的价值观来衡量。人们在这一社会文化转型中开始摸索新的应对策略。乾坤湾曾被看作封闭的区域社会,村中德高望重的老人、宗族或家族中的长辈在处理邻里和家庭纠纷等村落事务上拥有威望。随着社会经济的变迁,传统的社会关系发生了解构,老人失去了原有的影响力,被称为留守老人,但年轻人却并未取而代之,被称为外出务工/求学群体;家族失去的影响力,家庭和个人也并未取而代之;经济精英虽然获得了某些社会声誉,但是并没有获得全体村民的认可和村落事务的托付。现在的乾坤湾一方面具有大量的旅游开发管理规划方案,同时也是一个内部凝聚并不是特别紧密的社会,人们各自为营,共享旅游开发带来的"乾坤湾"品牌红利,凭借先发优势或家庭支持想办法加入空间生产过程。自上而下的地质公园管理和旅游经济开发,使乾坤湾的地方社会认同和养育根基都较之前有了很大的变迁。当然,这并非乾坤湾的问题,而是一个世界性的难题。遗产保护的初衷就是为了维护集体认同,只是在旅游情景下,倡导或者说重拾地方认同和地方拥有感[1]已经变成各地所要解决的最基本的问题之一。否则,地方的认同纽带将变得不堪一击。那么,究竟该如何重拾地方认同和地方拥有感?用有归属感的"乡愁家园"概念来安放人们对家园遗产的情绪和情感,不失为一个新的思路。

早在20世纪80年代,戴维·罗文索就指出,"保护运动的蒸蒸日上是我们这个时代的主要社会现象之一,它使人们达成一个共同的愿望,那就是记录与保存他们的遗产。这已深刻地影响到我们周围世界的行为

---

[1] B. Graham, J., Ashworth & J. E. Tunbridge, *A Geography of Heritage: Power, Culture and Ecology*, London: Arnold, 2000: 204-207.

框架和内容。"① 所谓遗产，除了物体、建筑、遗址、地点等物质性的东西，还包括能够表达"过去"意义的非物质性特征。② 而这"过去"正是我们所强调的乡愁，意味着对故土的眷恋、对故人的怀念、对往事的回忆和对人生的回味，既是一种情愫，也是一种岁月的痕迹，包含地理、历史/时间、文化和心理4个维度。③ 社会经济的快速发展，越来越多的人因为各种原因离开了自己的家乡。但是，无论离家多远，对家乡的眷念却根植于内心并形成一种理念和文化，即乡愁。人们渴望"乡愁"中的"愁"能有机会填补和消除，于是不断寻找机会，希望这种对家乡的情感及记忆有机会去实践，回到梦中的"老家"，通过对旅行目的地的选择，找回自己特定时空条件下的物质与非物质的记忆——乡愁。在此背景下，一种新型的旅游需求——乡愁旅游，出现在旅游者的旅游需求动机中。寻找乡愁、发现乡愁、留住乡愁、享受乡愁成为现阶段的一种旅游时尚。

地质公园的概念由"私"到"公"，一方面促进了地质公园保护的全人类共有的理念，另一方面也容易导致对家园纽带的遗忘，甚至被自上而下的管理制度所取代的风险。这正如彭兆荣所提出的"家园生态"问题："我之所以特别强调家园生态，诚如费孝通先生在《乡土中国》中所阐释的那样，中国乡土社会的单位是村落，那是'面对面的社群'，是生于斯死于斯的地方，也是地方知识体系成就之所。"④ 而在进行旅游开发的村落，原先的乡土性受到了考验，地方意识和家园认同感呈现空前的迷惘，传统的生产方式和生活方式发生巨大变迁。在笔者看来，乡愁家园至少包括4个方面的特质：

一是地方性。乡愁的"乡"本身就是一个地理概念。乡愁的物质承

---

① D. Lowenthal & M. Binney, *Our Past Before Us: Why Do We Save It?*, London: Temple smith, 1981: 9.

② J. E. Tunbridge & G. J. Ashworth, *Dissonant Heritage: The Management of the Past as a Resource in Conflict*, Cheichester, New York, Brishaane, Toronto, Singapore: Willey, 1996: 1 – 3.

③ 窦志萍、杨芬、和旭:《基于乡愁文化理念的旅游目的地发展研究》,《旅游研究》2016年第1期, 第15 – 18页。

④ 彭兆荣:《论乡土社会·家园遗产·村落公园》,《贵州社会科学》2017年第5期, 第38—43页。

载客体,如山川植被、老屋邻里不仅依托地理空间,同时还打上了时间的烙印,在特定时空条件下形成特定记忆——乡愁。乡愁的"愁",是在物质基础上形成的一种精神感受,一种文化。可见,乡愁首先是物质的,其次才是精神的,是一种"文化地图",它呈现了乡愁主体的精神和文化地图,蕴含着乡愁主体的特殊记忆和想象。现在,人们都在谈论全球化和现代性带来的文化同质化、生活平淡化等问题,有人提倡用"地方化"来寻求出路。于是,随之而来出现了一系列新的术语:地方制造(place-making)、全球地方化(glocalization)等。这意味着在全球化解构地方的同时,地方反而获得了更多的关注。"地方"在这个时代变得十分诱人,人们在世界范围内通过两种方式来寻求地方感,一个是制造地方,另一个便是旅游,而且二者常常相互纠缠在一起。

二是乡土性。乡愁因乡土而生,既有个人的乡愁,也有群体的乡愁,还有整个民族的乡愁。乡愁是忧伤的,也是温暖的;是怀旧的,也是美丽的。乡愁根植于人的内心,最为明显地反映在故土情怀上,甚至可以指向某个时段脑海中某一道难以抹去的印记。乡愁可以细分为"异域乡愁""乡村乡愁""故土乡愁""历史乡愁",浓缩了一个地方的生活,是人的家园意识的具体体现,是文化认同的情感投射,是铭刻历史的精神坐标,是人们回归童真的心灵慰藉。乡愁是传统的,又是时尚的,既有传承性,又具现代性。

三是原生性。乡愁首先表达的是一种"原生的纽带"(primordial tie)。乡愁不是一个空泛的概念,乡愁的归属性表达为对于某种"空间"的认知,其认知的范围便是"家园"。乡愁必定属于某个特定的人群,并在这个特定的人群共同体内部形成了一种相互联系的纽带。

四是动态性。在现代性和大众旅游背景下,乡愁必然遭遇变迁的问题,而乡愁家园的理念为旅游的再地方化提供了立足之本,也成为乡土社会在面对现代社会时得以生存和延续的根本。因此,乡愁在今天的历史语境中可能也需要重新进行解释和认识。由于现代性的强大力量,伴随着旅游开发,人们开始大规模流动,这一过程必然会使乡愁内涵发生变化,在原生乡愁上增添新的介质。或许"家园"的地理边界并未发生改变,但是随着各种理念、资本、传媒、游客的到来,乡愁的原发性表达已经被淡化或自我淡出，甚至被外来的管理者和资本运营所改写。

第二节　发展乡愁旅游

关于乡愁旅游，目前并没有一致的定义。但大体是以旅游度假为宗旨，以村庄野外为空间，以人文无干扰、生态无破坏和游居无束缚为特色的乡土旅游形式。随着乡愁旅游的迅速发展，近几年围绕乡愁旅游提出的很多原创性概念和理论，如游居、野行、居游、诗意栖居、第二居所、轻建设、场景时代等，这些新概念和新理论的提出使乡愁旅游的内容逐渐丰富化、形势日趋多元化，有效缓解了乡村旅游同质化现象日益突出的问题。

（一）设计乡愁产品

乡愁旅游是一种满足旅游者乡愁文化体验的旅游产品和活动。没有产品及活动设计，再丰富的乡愁文化旅游资源也只能停留在通常意义的物化展示上。因此，基于乡愁理念的旅游目的地的发展，需要充分考虑旅游者对乡愁文化的需求，可以借鉴现代观光、体验、休闲旅游的成功经验，设计地域性乡愁旅游产品，紧扣"乡"并提升"愁"，围绕乡愁涉及的地理、历史（时间）、文化和心理等层面来展开。[1] 并且产品内涵要有鲜明的层次性和地域性，活动不仅要可参与，更要体现思想性，让旅游者看得见乡愁、体验到乡愁、产生新的乡愁。但是，在此过程中，也要避免"乡愁一样化"，而应凸显"农业乡愁化"。一方面，既要立足于传统农业，保护好原生态农耕文明；另一方面，又要转变农业发展方式，加快发展诸如互联网＋农业、智慧＋农业等农业科技创新模式，为乡愁农业注入新的活力，从而让生态乡愁、生产乡愁和人文乡愁齐头并进，这既是责无旁贷的历史责任，也是新时代美好生活的现实需求（图12－1）。

---

[1] 窦志萍、杨芬、和旭：《基于乡愁文化理念的旅游目的地发展研究》，《旅游研究》2016年第1期，第15—18页。

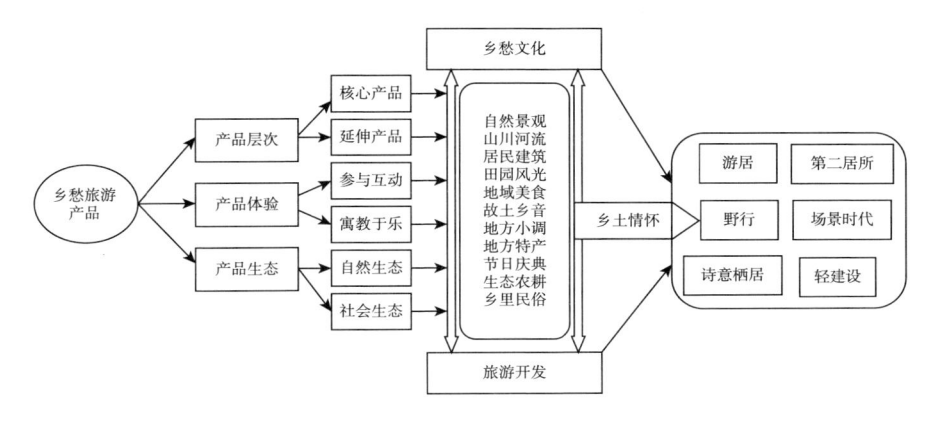

第十二章 结论与反思：迈向安放乡愁的旅游

图 12-1 乡愁旅游产品设计理念

资料来源：作者绘制。

（二）营造乡愁环境

乡愁作为地域文化的表征，具有无形性，但是构成乡愁的文化因子却与自然空间、生活空间和交际空间有着千丝万缕的联系，并以自然景观、山川河流、民居建筑、田园风光、地域美食、故土乡音、地方小调、方物特产、节日庆典、乡里民俗等形式表现出来，这些有形的物质文化和无形的精神文化成为引发旅游者产生旅游动机的直接来源。因此，把握乡愁文化内涵，挖掘既有共性又有个性的乡愁文化元素，对于开拓旅游市场、引导旅游消费具有重要意义。故而，要发展乡愁旅游，不仅是对乡愁文化底蕴的挖掘，还必须与具体的"物"联系起来，在乡愁文化上叠加物化创意，通过开发特色旅游吸引物来延伸产业链，如将传统村落和特色小镇打造成乡愁旅游目的地，突显真实、质朴、生态的环境，创造乡情、乡景、乡风意境，让旅游者看得见山、望得见水、找得见乡亲，以乡土情怀为旅游吸引物，把乡愁融入旅游要素中，讲好乡愁故事。这也关系到乡愁环境营造的两个主要实现途径：一是打造有形的物质空间、风貌景观与记忆场所，如通过公共活动场所、传统民居建筑和日常生活物品的方式来营造乡愁意象；二是无形的非物质文化保护与传承，如活化村规民约、民间习俗、传统技艺等乡愁记忆，而这些乡愁记忆正是认知家园空间、村落传统、乡土历史的重要载体，而呵护好乡愁记忆就是留住乡愁。

（三）挖掘乡愁文化

要发展乡愁旅游，必须有可依托的乡愁文化资源，这些资源分为环境、历史/时间、文化和心理四大类，每一大类又可根据发展需要分为若干亚类，每个亚类还可根据地域特色分为若干小类，而每一小类又有不同的承载或传承方式。[①] 作为乡愁旅游发展的核心与灵魂，乡愁文化使得乡愁旅游的内涵更加丰富，也使乡愁旅游具备了更为广阔的外延；而乡愁旅游作为乡愁文化的载体与表征，又使乡愁文化不断进行再生产，并根植于承载乡愁旅游的物质与精神空间，为那些眷念乡土的人留住乡愁记忆。无论是通过旅游诠释乡愁，还是借助旅游表征乡愁，都是一种将乡愁文化转化为旅游与目的地空间环境之间的关系问题。乡愁是旅游目的地空间环境的重要组成部分，既是一种记忆，也是一种情愫，源于人们的知觉、听觉、触觉、嗅觉等感觉与知觉层面，根源于精神层面的感受，是人们情感代码及记忆形成的主要途径。作为一种记忆，乡愁是人们对乡土家园最"原真"和最"美好"的回忆，也是人们对农耕文化和乡土文化的温情与留恋；作为一种情愫，乡愁还是人们思念故乡时产生的既甜蜜又忧伤的复杂心理表征，意味着依赖、回归和保护，既有地域空间的范畴，又涵盖精神层面的意蕴。说到底，乡愁文化表征了"人—地"关系与"人—人"关系的协调性和依存性。

从本质上说，旅游目的地空间中无论是物质层面还是精神层面，都充满了乡愁文化。如何挖掘乡愁文化要素、建设乡愁地域空间、营造乡愁文化空间、打造乡愁文化旅游是旅游目的地建设的关键一环。对于乡愁旅游来说，至少包含了物质、精神、制度、文化四个层面的吸引要素：乡愁的可见、可品、可听、可触等体现了其物质属性；乡愁的诱发、保留、延续、再现与升华体现了其精神属性；乡愁的可忆、可想、可溯体现了其文化属性；乡愁的倡导、引导、主导等体现了其制度属性。因此，乡愁文化为旅游目的地建设、旅游产品生产和旅游活动设计

---

① 窦志萍、杨芬、和旭：《基于乡愁文化理念的旅游目的地发展研究》，《旅游研究》2016年第1期，第15—18页。

提供了丰富的"原料"和"养分",为目的地文化旅游创意奠定了基础。为了在旅游目的地发展乡愁旅游,就必须对能凸显乡愁、品味乡愁、体验乡愁、讲述乡愁的旅游资源进行科学保护和合理利用,并通过为"乡愁"建立档案信息库来挖掘具有浓厚"乡土味"的乡愁文化,从而"滋养"乡愁旅游目的地的空间再生产,帮助"乡愁者"走出现代性的困境。

第十三章　余论：从乡土中国到乡愁中国

在一个新时代，人类学的中国乡村研究正在面临一种新的知识探究的处境，即种种源于城市的乡愁意识对乡村的影响和改造，这些影响和改造基于一种现代性追求而发生，其内含着一种正向的与负向的乡愁，与此相对应的是建设本能和破坏本能所支配的加法与减法的乡愁。理解这种乡愁中国的最佳途径和模式便是能够切实有一种基于土地制度和家庭制度的变迁而来的农民参与的乡村文化振兴，同时还要真正回归到农民的自主性之中去。

——赵旭东[①]

迄今为止，对乡愁中国仍难下一个获得各方一致意见的准确定义。目前来看，种种乡愁旅游实践只是在诠释乡愁中国的某些面向。对于人类学而言，一种理论，往往不是一种简单的归类、一个说明现象的命题，也不是某种概念系统的确立，或者哲学意义上的阐发。因此，乡愁中国研究的目的不可能仅仅在一个定义中加以表述，而只能通过分析乡土社会现实与人类学概念之间的联系来加以说明。在此情况下，对乡愁中国的思考将不会脱离对乡土中国的回顾与反思。

第一节　乡土中国的新特征

从乡村变迁观中国社会文化的转型，有两个至关重要的维度，那就

[①] 赵旭东：《乡愁中国的两种表达及其文化转型之路——新时代乡村文化振兴路径和模式研究》，《西北师大学报（社会科学版）》2019年第3期，第127—136页。

是农民与土地、农民与村庄的关系。第一个维度是乡土中国的"根"——乡村的经济活动基本围绕农民与土地的关系展开；第二个维度是乡土中国的"魂"——乡村的基本秩序围绕农民与村庄的关系展开。本书重点考察的是，农民与土地、农民与村庄的"黏性"变化，即任何一个阶段的社会结构变迁所带来的农民与土地及村庄关系的变化情况，这意味着农民是否"离土"、能否"出村"构成了"乡土中国"转向"乡愁中国"的关键。在此视角下，中国已经发生的转型是历史性的，已由过去以农为本、以土为生、以村而治、根植于土的"乡土中国"，转变为乡土变故土、农业变景观、乡村变故乡、城与乡互动、城与乡互惠的"乡愁中国"。

人们通常将费孝通先生提出的安土重迁、聚村而居、长老统治、礼治秩序、差序格局等作为中国乡村的典型特征。自费孝通先生提出"乡土中国"以来，对于中国乡村社会特征及其变迁的探讨从来都是问题的热点，在此基础上亦形成了诸多对于中国乡土社会的反思，如"超越乡土社会"[1]"城乡中国"[2]"离土中国""流动中国""法治中国""生态中国"[3]"新乡土中国""后乡土中国"等。然而，即使是在费孝通先生早年调查和治学的时代，中国的乡村就出现了"人多地少，农工相辅""现代工业技术下乡"的现象。今天，"乡土中国"已经被写入了更多的时代特征，如果把社会巨变之下的当代中国乡村加以概括的话，那么，"乡愁中国"无疑是对费孝通先生智识遗产的崇高致敬。在经典意义的"乡土中国"里，农业生产部门、农村社区空间和农民身份认同这三者是高度重合的。而在今天的中国，无论从法律意义上、人口学统计口径上，还是社会关系上看，这三位一体都变得更为复杂，不再是可以被当成毫无疑义的讨论出发点了。农业生产在现代化，农民在大规模流动，农村空间在分化组合，这都是从"乡土中国"到"离土中国"或"城乡中国"

---

[1] 刘朝晖：《超越乡土社会：一个侨乡村落的社会、历史与社会结构》，民族出版社 2005 年版。

[2] 赵旭东：《城乡中国》，清华大学出版社 2018 年版。

[3] 方李莉：《从乡土中国到生态中国的期待——以费孝通乡土中国思想研究为起点》，《旅游学刊》2017 年第 1 期，第 5—6 页。

转变过程中所发生的一些令人瞩目的现象。

乡土性作为中国传统社会的根本特征,一直都是理解中国乡土社会的基本视角,凝固的土和封闭的乡也成为原生态乡土性产生的根基,源于封建社会的重农抑商政策,统治者通过抑制人口流动而把农民固定在土地上,乡的范围也就成了村民的生产生活半径。[①] 但是,随着全球化进程的不断加快,以及社会制度的持续变迁和市场体制的不断完善,这种原生态乡土性正逐渐被移植、消解和重构。正如费孝通先生对传统乡土中国的经典描述,20世纪30年代以前,中国的农村变迁缓慢,农民日复一日、年复一年地重复着同样的生活,土的凝固与乡的封闭共同促成了原生态的乡土性。今日的中国农村,正在发生翻天覆地的变化,乡土社会正在经历快速而深刻的社会文化转型,村民同"乡"和"土"的关系也发生着深刻的改变。在旅游型发展主义村落中,农民已经不再主要从土中获得收入,甚至可以脱离土地,不再是(至少不完全是)双腿插入土中,自给自足的农业正在向现代农业转型,农民与封闭的乡亦有了一定程度的松绑。在更广泛的层面上,全球化带来的现代信息与技术发展,农村与城市甚至于与世界都已经联系在一起,整个世界被形容为一个"地球村",意味着"乡"不再仅仅是有着固定边界的封闭空间,"家"也日益超脱固有的结构意识,以男性为谱系的差序格局正在向以利益为主导的差序格局转变,在传统的血缘和地缘关系之外,新增的业缘和趣缘关系呈现出越来越重要的趋势,差序格局横向上的特殊主义和纵向上的刚性等级也同全球经济追求普遍主义和自由平等的理念在相互解构,不管是黏着在土地上的流动,还是脱离于土地的流动,一个基本的共性便是对地方性空间的超越,特别是当全球层面和国家在场的影响越来越深刻地渗透到村落之中时,地方性便超越了原有的空间限制,与全球化的世界发生着越来越多的互动。

(一)乡的去封闭

在一个流动性不高的封闭社会中,乡的范围对于村民来说,是经济、

---

① 熊凤水:《流变的乡土性》,社会科学文献出版社2016年版,第26—50页。

行政和社会的高度合一。在经济层面上，农民种田种地和从事各种副业都以满足家庭的基本需要为根本出发点；在行政层面上，乡的范围明确了村民常住人口的身份；在社会层面上，以己为中心伸延开去的人际关系几乎都局限在乡的范围之内。传统村落经济是以农为本的自然经济，土地为人们提供最基本的生活资料，农业生产也成为最主要的经济活动。这种自给自足的自然经济，使得村落的生产、流通、分配和消费等再生产过程也都建立在自给自足和自我循环的基础之上。作为一种基于传统农业生产的原生性农业，形成了超稳定的耕作方式和生产技术，受耕作技术和社会结构的限制，经济总体水平偏低，因此又被称为维生型农业（subsistence agriculture）。同时，家庭经济的同构化决定了村落经济的单一化，自然经济模式又将农民、家庭和村落与外界的联系降到最低。每个村落都是一个自给自足的经济单元，所需要的一切几乎都可以从内部满足。与内向型经济空间相对应，村落空间系统便表现出空间分布的均匀性和职能上的同构性。而当乾坤湾流域旅游发展起来之后，激烈的市场竞争，让经营者不得不去营造一个新的社会关系网络，让自己能够从中分得一杯羹并拥有一定的立足之地，不仅需要通过与政府、旅游公司、旅行社、游客等的关联扩展到他乡，而且这种新的"弱关系"网络的构建，甚至伸延至很多他们从未到达并且以后也可能都不会到达的地方。

1. 超越亲缘的业缘关系

所谓业缘关系是指人们因职业或行业需要而结成的社会关系。从乾坤湾的情况来看，旅游市场作为外来性市场，是在外来者干预下建立和发展起来的。作为一种有异于传统交换的市场体系，若要进入这一领域就必须遵循市场原则，只有建立与之相关的人际网络，才能获得必要的信息和资金，从而取得发展的优先权。从互惠关系而言，旅游市场更倾向于外源性业缘关系。所谓外源性业缘关系是指农民与政府或企业等利益相关者之间在旅游发展中所结成的协作关系。对政府来说，如何提高农民的收入是其主要职能之一，当然要达到这一目的，干预手段是多种多样的，其中发展旅游就是一种非常重要的方式。而要发展旅游，要么由政府直接出面，要么借助企业投资，要么依靠农户参与。通常来说，农民大多都将旅游视为一种较优的生存策略。农民从政府或公司获得资金、信息、经营管理技术等，而政府/公司则从农民那儿获得土地使用权、劳动力等稀缺资源。反过来，政府或公司又是农民家庭商业所争取的重要资源。这样一来，农民与政府/公司之间就构筑起了一种外源性业缘关系。不仅如此，政府或公司在与农民建立业缘关系的同时，作为一个职能部门，还要为农民与其他相关行业建立关系，如新闻媒体、旅游机构（旅行社、旅游科研机构等）等，这也成为农户发展外源性合作关系的重要因素。政府或公司能否成为家庭商业的客源，与他们选择扶持对象有关。由于政府或公司是以一种组织资本而存在，其社会资本网络异常庞大，使得扶持对象能获得相对稳定的客源，因此，如果能够争取到更多的组织资源就会使自己的发展具有更大的优势。但是，由于村落旅游市场的竞争异常激烈，农民经营者为争夺有限的客源以获取自身的利益最大化，使得农户之间很难建立起合作关系，如信息共享和相互学习，他们都把自己及其经验掩藏起来。因此，村落共同体的内部成员之间很难形成内源性业缘关系。当然，也有一些农民主动出击，通过各种渠道扩大自己的业缘关系网，如利用较早经营的优势和有外部关系的亲属网络，得以与旅行社、政府部门建立连接。可见，随着旅游市场的不断变化，农民应对变化的社会资本也在不断扩展。

2. 超越经验的知识资本

知识资本是知识经济时代村落赖以生存和发展的根本动力，是人们利用各种现代科学技术知识创造新价值的资本。在传统乡土社会，农业生产所需要的技术主要依靠经验的传承，而现代旅游业是以满足外来者的需求为目的的市场经济，这对农民来说也是一种挑战，需要不断学习新知识，通过培训、影视、纸媒和网络等方式来获取显性知识和隐性经验。旅游市场的发育完整性，迫使农民必须以市场为中心运转。如此，他们以技能培训、模仿学习、读书自学、网络媒体等方式增强自身的经营知识。当农民以此为交流重心时，就在逐步建立一种以知识资本为中心的乡土性社会网络。这种网络通常超越了村落边界，跨越了省市界限，让农民建立起新的社会关系，一定程度上也延续了农民之间的相互信任关系。

3. 超越地缘的市场联结

农民的实际社会区域边界不是由他所处村庄的狭窄范围所决定的，而是由他所在的基层市场区域边界决定的。① 但是，现代性所带来的技术进步，正在悄然改变着农民与市场的勾连方式，不断拓展着其与世界的关联，使跨地域的交通交流交往交融成为可能，并在具体的政策激励和电商下乡助力之下，使得村与村之间的互联机制得以强化，特别是随着互联网时代的到来，运用手机上网则进一步方便了村民的生活和提升了村民的增收致富能力，人手一机和直播带货等功能的即时性效应和便捷性特点，使得乡村社会传统的市场边界正不断处于消解和消融之中。而旅游市场在乡村的展开，旅游者和东道主社会的互动，人地关系早已超越了有限的空间边界，而与更广阔的全球世界联系在一起，性质也随之发生改变，农民家庭商业所面对的市场，不再局限于传统的乡村社会，更多的是在村落之外，乡村的生产消费与外部市场亦有了更为紧密的关联，将传统的乡村市场纳入到地区、全国甚至全球的大市场圈。这种乡村市场的自我革新不仅日趋提升了乡村旅游的发展水平，更在很大程度上决定了乡村旅游体验的品质，而将生态保护、农业发展、农事劳作、乡土体验等整合起来，引导资金、技术、信息和劳动力等要素在城乡之间多元流动，成为因地制宜助力城乡互动和城乡交换的途径，助推乡愁旅游的可持续发展。

4. 超越熟人的契约关系

传统乡土社会是一个熟人社会，农民通过地缘、血缘、姻缘等建立起"人情式"的人际关系。但是，市场经济让每个人都不可能避而不见或置之不理，因为任何经营活动都以市场为联结，只有通过市场交换才能获得可持续发展，而互识社会的熟人关系，作为同质的强关系，一旦过度依赖，就会成为农民经营拓展的一种障碍和阻隔。如此，现代市场让农民开始削弱对强关系的依赖程度，开始走进陌生人社会，通过获取稀缺的知识与信息，建立起各种合作关系，这是一种超越血缘和地缘关

---

① [美] 施坚雅：《中国农村的市场和社会结构》，史建云、徐秀丽译，中国社会科学出版社1998年版，第5—40页。

系的"业缘"关系,作为一种陌生的非熟识的"弱"关系,不再以传统社会的信任为依归,而是以现代社会的契约为准绳,因为这种交往可能充斥着隐瞒和犹疑,甚至导致诚信危机和信用危机,所以最好的保证就是契约。契约作为一种制度性和规范性关系,对双方具有同等的法律效力,为个体交往提供了信任平台,减少了彼此间的欺诈,有助于诚信关系的建立和形成。在此意义上,这种契约关系也扩展了农民的社会资本。

5. 超越熟人的个人关系

在对乾坤湾流域进行调查时得知,很多游客都是通过"微信朋友圈""途牛""去哪儿""豆瓣社区""天涯论坛""携程旅行网""游多多旅行网"等网站来获取出游信息,这些网络媒介或论坛中的很多文章,都是一些曾去过乾坤湾旅游的游客写的,他们把自己的经历作为一种过程进行记录,包括对景点的介绍、吃住行游购娱方面的性价比以及原住民为人处世等方面的评价,这些记录为潜在的旅游者提供了一种资讯。事实上,这也是经营者与游客之间形成的一种社会资本,超越了传统的熟人圈子。从某种意义上说,这些文章再现了村民与游客互动的场景。通过这种方式,经营者能够获得更多的信息,旅游者也可以先行了解旅游目的地社会。可见,在传统和现代之间,已经存在某种耦合关系,这是因为现代化、市场化和全球化使得乡土社会发生了重要的结构性转型,哪怕是遥远的个体也被卷入到全球化的进程中,每个人都成了局内人,难以作为"他者"存在。① 与此同时,乡村作为一个相对独立的社会空间,尽管可能仍然保持着相应的社会结构,保留着一部分乡土特征,但这个乡土性,已不再是传统意义上的原生态乡土性。在此意义上,乡土中国已迈入后乡土中国,表现出超越乡土社会的新特征。② 换言之,社会转型带来了村落内部的分化,差序格局已经发生一定程度的变迁,以自我为中心向外拓展的人际网络不再完全是家庭和亲属关系的组合。在广泛的交流和频繁的流动中,形成了许多超越亲属关系的网络。这种超越乡土性特征表明,村落社会已经不纯粹是礼制秩序。同样地,在旅游发

---

① 陈晶环:《农村公共空间的转型研究》,中国农业大学,博士学位论文,2014年。
② 刘朝晖:《超越乡土社会:一个侨乡村落的历史文化与社会结构》,民族出版社2005年版。

展过程中，村民通过参与旅游活动而获得了与传统不同的身份，村落也由封闭走向了开放，逐渐获得了现代性。村民在"凝视"与"被凝视"中不断改变和调适着自己的行为方式，并最终获得不同于传统的价值观念、心理状态和行为模式。

（二）土的去黏附

土地在中国传统文化根基中的重要作用毋庸置疑。几千年来，人们赖以生存的经济基础正是基于土地的农业生产。在很长一段时间里，农业作为一种特殊的经济类型，与作为人类聚落发展的初级形式——村落，一直都互为表征，甚至一度被认为农村就是农业的代名词。换言之，这个时期的农业和村庄是彼此嵌合的。费孝通曾在《乡土中国》中深刻描摹了传统农民与土地之间的特殊感情：①

> 靠种地谋生的人才明白泥土的可贵，城里人可以用土气来藐视乡下人，但是乡下，"土"是他们的命根。

然而，随着现代化步伐的加快与全球化浪潮的到来，旅游逐渐进入到乡村空间，传统农民正开始脱离土地，土地也从粮食种植与商业发展并存转变。虽然从根本上来说，乡土文化本身并没有彻底解构，但是旅游却逐渐成为农民"守土"的新形式，正以不易觉察的方式成为新的传统，呈现出生活的去农化、农民的市民化与边界的跨越化等发展趋势。

1. 生活的去农化

无疑，乾坤湾的乡村空间在传统上是与农业相互捆绑、彼此指涉的。但全球化和现代化在世界范围内的扩张，导致这种稳定的关系类型出现了转变，越来越多的乡村空间失去了以农业为基础的空间指涉，以至于乡村的"去农化"被认为是乡村空间生产的应有之义。所谓去农化泛指以农业为主的农村生计活动逐渐转向其他非农生计活动，出现了非传统意义上的农民，以及由此带来的乡村社会结构变化。在20世纪90年代以

---

① 费孝通：《乡土中国》，生活·读书·新知三联书店1985年版，第2页。

前，土地曾是乾坤湾人的全部希望，具有不可替代的价值，说"土地就是命根子"一点都不过分，因为土地既是生产资料也是就业机会还是经济收益。从生产资料方面来看，土地作为最基本的生产资料，可以在上面种植各种农作物，如小麦、番薯、花生、大豆等，而这些便是一个家庭的基本生活需求。不仅如此，就连住的房子都离不开"土"，因为20世纪90年代以前，村民几乎都住在"土"窑洞里。从就业机会方面来看，传统意义上的农民，几乎与种地是同义词。种植庄稼是农民的本分，被认为是天经地义的事情，务农才是务"正业"，而不务农则是"不务正业"，在村民评价体系中将居于末端。"日出而作，日落而息"是对农民日常生活的最好写照，失去土地的农民由于缺少劳动对象就会成为"流民"。从经济收入方面来看，作为自给自足的传统乡土社会，虽然也有市场交换，但农民的生活必需品基本上都是自给自足，只有少部分生活用品和生产资料才从市场上购买。凡购买就需要钱，那么钱从哪里来？对于大部分农民来说，最主要的来源就是土地收益。将种植的庄稼在满足家庭需要之后拿到集市上去卖，才能购买家庭生活用品。在没有外出务工之前，土地的拥有量对一个家庭而言极其重要，关系到家庭的根本生存问题。村民日常生活中的矛盾和摩擦，很大一部分原因来源于土地。如在犁地时，谁家多占了一点田坎就会招致旁人的不满；在灌溉时，也经常因为没有及时放到水造成干旱或者因为水灌溉得太多冲走肥料而引发冲突；在豢养时，谁家的家禽和家畜糟蹋了别人家的庄稼也会引起一阵叫骂，诸如此类因为土地而引起的矛盾，本身就是土地对村民重要性的一种表现。

20世纪90年代以后，随着改革开放的日趋深入，城市就业机会日益增多，村民开始大规模外出务工，只要有条件在城里找到工作的村民就会放弃在家务农。土地对村民的重要性不断下降，由传统的直接收益变为间接收益，这主要体现在3个方面：（1）作为外出务工的一条退路。村里的年轻人不是在城里就业就是在城市打工。但是对绝大部分打工的村民来说，城市终究是一个充满竞争和风险的社会，很难说能够在城里打工一辈子，往往是打一年工算一年，赚一年钱算一年，对未来很难预期，因而土地成为他们外出务工的一种退路。（2）作为年老返乡时的一种保障。从整体上看,外出务工的村民基本上都是青壮年,等到年老以后,对于技术水平和文化程度都不高的村民来说,在城市打工已经不具备竞争优势,他们就会再回到农村继续耕田种地。(3)作为永久保值的一种财富。土地是不动产,不会移动和消失,这本身就是一种财富,即使暂时不能带来直接经济收益,也是一种可以储存的财富。在外出打工的过程中,村民的眼界大为开阔,他们从城镇化过程的征地拆迁中懂得了土地的潜在价值和具有的增殖功能。

乾坤湾旅游发展起来以后,传统意义上的农民进一步转型和消失。关于农民是持续存在还是正在消失,简·佩勒格指出,这需要更加深入地分析"新农民"或转型中的农民,同以前的农民相比,用过去的知识是无法解释当下的农民的。① 确实,在今天的现实背景下,需要重新定义农民。② 因为在转型中,大多数农民不可能完全切断他们与农业背景之间的联系,而一种最为常见的联系便是"生存后备",即针对不断变换的市场条件,保留土地作为生活保障,从而在逆境中保证农民的生存安全,③某种程度上,"土地"对许多农户来说仍然是其生活和就业的"安全阀"。尽管如此,随着现代性的介入,以农耕为主的生活方式正日益发生改变,使得去农化与之相随。④ 一个可以预见的事实是,当前的农村社会,农民的职业、身份、文化和行为都正在去农化,虽不必然全然去农化,但势必带来农民整体生活方式的改变或转型。

2. 农民的市民化

费孝通在《内地的农村》一文中对乡土社会有一个新思考,抗战以前,他对农民的离土是不赞成的,认为会造成农民的居无定所,抗战后

---

① D., Ploeg, J., *The New Peasantries: Struggles for Autonomy and Sustainability in an Era of Empire and Globalization*, London: Earthscan, 2008: xvi.

② H., Johnson, Subsistence and Control, The Persistence of the Peasantry in the Developing World, *Under Current*, 2004 (1): 55–65.

③ Bryceson, D., Disappearing Peasantries? Rural Labour Redundancy in the Neo–Liberal Eraand Beyond, In D. Brvceson, C. Kay, J. Moooij (ed.), *Disappearing Peasantries? Rural Labour in Africa, Asia and Latin America*, London: ITDG Publishing, 2000: 312.

④ Bryceson, D. Disappearing Peasantries? Rural Labour Redundancy in the Neo–Liberal Eraand Beyond, In D. Brvceson, C. Kay, J. Moooij (ed.), *Disappearing Peasantries? Rural Labour in Africa, Asia and Latin America*, London: ITDG Publishing, 2000: 299–326.

他认为农村劳动力可以被吸收到其他产业中去，并指出这是解决农村问题的一个对策。① 要考察当前中国农民和农村的生活，一个基本的时代语境便是全球化。但全球化会把乡土社会"化"为什么和带向哪里呢？是亨利·孟德拉斯所说的"农民的终结"的社会吗？② 确实，旅游在乡村的发展，改变了农民的主要生计模式，"流动的现代性"使得"陌生人"进入到旅游目的地的生活世界中并构成东道主的部分生活意义，形塑着现代乡土社会既熟悉又陌生的关系格局，进而引致乡村社会的变迁，甚至引发传统农民终结模式的可能。有研究表明，农民市民化主要体现在5个方面：生活的散漫性和无序性转变为有节奏性和条理性；生产的季节观念转变为严格工作时间观念；以血缘、地缘为主的人际交往转变为以业缘为主的人际交往；面对面的直接交往为主转变为间接的通讯传媒信息沟通为主；农业生产的固定性转变为职业角色的易变性。③ 从乾坤湾的情况来看，在旅游发展的推动下，引发了乡土社会内部经济结构和职业构成的急剧变迁，共同推动着村落城镇化和农民市民化的进程。

3. 边界的跨越化

费孝通先生曾指出，中国农民生活的基本范围，是由血缘和地缘关系结成的一个相对独立的生活圈子，④ 黄宗智对"村落共同体"的研究也表达了相似的观点，⑤ 施坚雅则指出乡村是以"基层集镇"为中心的包括数个村庄在内的市场共同体。⑥ 这些研究都展示了不同时期不同地区中国农民经济生活和社会生活的基本范围，但随着城市化、全球化、旅游化进程的加速，涌现出相当数量的城中村、工业村和旅游村，对学者提出了新的研究课题和研究使命。李培林在研究"城中村"时发现，一个完整的村落共同体存在着社会边界、文化边界、行政边界、自然边界和经

---

① 费孝通：《费孝通文集（第四卷）》，群言出版社1999年版，第21页。
② ［法］H. 孟德拉斯：《农民的终结》，李培林译，社会科学出版社1991年版，第296页。
③ 刘朝晖：《超越乡土社会：一个侨乡村落的历史文化与社会结构》，民族出版社2005年版，第337—338页。
④ 费孝通：《乡土中国》，生活·读书·新知三联书店1985年版，第71—77页。
⑤ ［美］黄宗智：《华北的小农经济与社会变迁》，中华书局1986年版，第229—301页。
⑥ ［美］施坚雅：《中国农村的市场和社会结构》，史建云、徐秀丽译，中国社会科学出版社1998年版，第150—180页。

济边界 5 种可识别的边界,① 而在传统的、相对封闭的村落中它们基本是重合的,但现代性的介入,以土地和地域范围为标志的自然边界早已发生变化,相应地,社会边界必将发生改变。折晓叶在研究"超级村庄"时发现,村落经济的扩展以及社会文化的分化,使得其边界多元化,既沿着经济从中心到边缘形成差序格局,又构成围绕"权、利、情"的差序格局,② 呈现出经济边界开放性与社会边界封闭性的并存状态。③

在乾坤湾,由于旅游发展和对劳动力的需求,村民对于"土"的黏附性正表现出越来越多样的形式。一方面,很多青壮年群体已经不需要外出打工,他们在已经发展起来的乾坤湾旅游中开始了自己的事业,而不用离土离乡到别的地方去生活,他们在村内就可以过上相对幸福的生活,而许多原本在外打工的村民也开始回到乾坤湾寻找投资和就业机会。另一方面,那些在城市站稳了脚跟成为打工群体中的"成功人士",其中既有企业的中高层管理者,也有私营企业主,这些成功人士要么已经把户口从农村迁出,成为法律意义上的市民;要么虽然户口仍然在农村,但已经举家迁居城市,成为事实上的市民,他们对土地的依赖程度降到最低,也不再把土地作为一种退路或保障,是一种既离土又离乡的状态。

第二节　乡愁中国的表达

费孝通对于中国社会的乡土性认识,是基于当时在中国一些地方出现了"非乡土性"现象。他说:"中国社会的基层是乡土性的,那是因为我考虑到从基层上曾长出一层比较上和乡土基础不完全相同的社会,而且在近百年来在东西方接触边缘上发生了一种很特殊的社会。"那么,这是一种什么样的"特殊社会"呢?它在哪里?是什么原因和因素促成了这种变化?它是怎样发生变化的呢?笔者认为,费孝通所谓的"特殊社

---

① 李培林:《村落的终结——以羊城村为例》,商务印书馆 2004 年版,第 35—42 页。
② 折晓叶:《村庄的再造——一个"超级村庄"的社会变迁》,中国社会科学出版社 1997 年版,第 287—288 页。
③ 折晓叶:《村庄边界的多元化——经济边界开放与社会边界封闭的冲突与共生》,《中国社会科学》1996 年第 3 期,第 66—78 页。

会"除了指中国沿海等发达地区的乡村社会变迁,应该还包括更广泛的地域社会和导致社会变迁的因素,如旅游业的发展。乡愁旅游无疑是一种基于乡土性的旅游需求,这种旅游的出发点正是对乡土社会空心化、老龄化、消失化的一种担忧和焦虑,从而衍生出何处是故乡的集体世纪之需。

(一) 乡的再发现

事实上,中国乡村的"问题化"并非始于今日,乡村振兴战略的提出也很难不让人联想到过去国家关于中国乡村的一系列"问题话语"。20世纪30年代西方殖民扩张导致的中国"乡村经济破产"[①]就引发了历史上著名的乡村建设运动,学者们希望通过推进平民教育改变中国农民的"愚、穷、弱、私"来实现乡村的富裕和繁荣。中国融入全球市场经济体系的过程中,乡村的衰败也引起了乡村振兴是解决人民日益增长的美好生活需要和不平衡不充分发展之间矛盾的必然要求。从人类学的视角来看,实施乡村振兴战略的关键是如何发挥地方社会文化的"创造性转化能力"。改革开放之后出现的新乡村建设运动、社会主义新农村建设、美丽乡村建设,以及乡村振兴战略的提出与实施无不是为了自上而下地阻止中国乡村的进一步衰败。在此宏观社会历史进程中,有志于解决中国乡村社会问题的一批学者相继在自己的学术研究中,提出了关于乡村社会的"原子化""半熟人社会""留守村落""空心村""3861部队""半工半耕"等概念,来描述和解释乡村走向衰败的不同侧面。有学者指出,中国乡村的问题不是乡村自身的问题,更深层次的问题是中国城乡结构关系的断裂,或者说是在具有中国特色的户口制度下形成的本来就无法彻底根除的一种结构性矛盾。[②]在新自由主义市场经济体系在全球仍然处于霸权地位的情况下,即便是在乡村振兴战略实施背景下,中国乡村未来的发展仍无法完全脱离于乡村自身力量之外的城市经济发展体系。熊万胜等学者认为,在此结构性困境下,乡村振兴在实质上类似于一种针

---

① 梁漱溟:《乡村建设理论》,上海人民出版社2006年版,第7—364页。
② 田毅鹏:《"村落的终结"与农民的再组织化》,《人文杂志》2012年第1期,第155—160页。

对既有体制和利益格局的"突围"式发展,并且真正能够实现繁荣发展的只是一部分条件较好的村落,仍然有很多村落是注定要走向衰败和消亡的①。因而,关于中国乡村振兴战略如何实施的思考,在结构性困境无法改变的情况下,也许值得我们思考的一个方向是如何从乡村社会文化的"创造性转化能力"角度来理解当下中国的乡村振兴。

(二)土的再创造

对中国乡村问题的认识,主要存在两种概念倾向和思维定式,一是以土为生、以村为居、差序格局、熟人社会和礼治秩序的"乡土中国",二是以"城市侵入"和"城乡穿梭"为特征的"离土中国"。但是,经过三十多年的快速工业化和城市化以后,中国早已由"乡土中国"转型为"城乡中国",现在的中国已经"小半是农村,大半是城市"。在这样的发展背景之下,无论是乡土中国、离土中国还是城乡中国,都已难以全然概括中国乡土社会的典型特征,"城—乡"之间的关系表现为更为复杂的杂糅与交融特征,"乡愁中国"的提出和话语传播,就是在现代中国社会文化发展到这一特殊阶段的产物,其中既包含对"地方性知识"的历史回望,也有对现代生活的观察和省思。中国作为一个具有浓厚"根文化"情结的国度,"乡愁"不仅是一种诗意的说法,也是国人心底难以抹去的情怀,更是文化自信的一种体现,也是乡村振兴战略的应有之义。新时期的乡土社会研究必须走出传统民族志的表述模式,而且在超越乡土社会的进路上,走向更高层面的文化自觉和文化自信。

---

① 熊万胜、刘炳辉:《乡村振兴视野下的"李昌平—贺雪峰争论"》,《探索与争鸣》2017年第12期,第77—81、86页。

参考文献

一　中文文献

（一）译著

［德］阿莱达·阿斯曼：《回忆空间：文化记忆的形式与变迁》，潘璐译，北京大学出版社 2016 年版。

［德］阿斯曼：《文化记忆：早期高级文化中的文字、回忆和政治身份》，金寿福、黄晓晨译，北京大学出版社 2005 年版。

［德］埃利亚斯（Elias, N.）：《文明的进程：文明的社会起源和心理起源的研究》，王佩莉、袁志英译，上海译文出版社 2009 年版。

［德］斐迪南·滕尼斯：《共同体与社会——纯粹社会学的基本概念》，林荣远译，北京大学出版社 2010 年版。

［德］贡德·弗兰克：《白银资本——重视经济全球化中的东方》，刘北成译，中央编译出版社 2008 年版。

［德］马克斯·韦伯：《伦理之业》，王容芬译，中央编译出版社 2012 年版。

［德］齐美尔：《社会是如何可能的》，林荣远译，广西师范大学出版社 2002 年版。

［德］瓦尔特·本雅明：《本雅明文选》，陈永国、马海良译，中国社会科学出版社 1999 年版。

［法］罗贝尔·朗卡尔：《旅游和旅行社会学》，陈立春译，商务印书馆 1997 年版。

［法］H. 孟德拉斯：《农民的终结》，李培林译，社会科学出版社 1991

年版。

［法］爱弥尔·迪尔凯姆：《宗教生活的基本形式》，渠东、汲喆译，上海人民出版社2006年版。

［法］爱弥尔·涂尔干，马塞尔·莫斯：《原始分类》，汲喆译，上海人民出版社2000年版。

［法］鲍德里亚：《消费社会》，刘成富、全志钢译，南京大学出版社2000年版。

［法］哈布瓦赫：《论集体记忆》，毕然、郭金华译，上海人民出版社2002年版。

［法］居伊·德波：《景观社会》，王昭凤译，南京大学出版社2006年版。

［法］克洛德·列维－斯特劳斯：《结构人类学》（第2卷），张祖建译，中国人民大学出版社2006年版。

［法］列维－斯特劳斯：《忧郁的热带》，王志明译，生活·读书·新知三联书店2000年。

［法］诺拉：《记忆之场：法国国民意识的文化社会史》，黄艳红等译，南京大学出版社2015年版。

［法］雅克·勒高夫：《历史与记忆》，方仁杰、倪复生译，中国人民大学出版社2010年版。

［美］John Urry；杨慧等译：《游客凝视》，广西师范大学出版社2009年版。

［美］Nelson Graburn：《人类学与旅游时代》，赵红梅等译，广西师范大学出版社2009年版。

［美］爱德华·W. 苏贾：《寻求空间正义》，高春花、强乃社等译，社会科学文献出版社2016年版。

［美］爱德华·苏贾：《后现代地理学——重申批判社会理论中的空间》，周宪、许钧主编，商务印书馆2004年版。

［美］安德森：《中国食物》，嬲、刘东译，江苏人民出版社2002年版。

［美］布莱恩·拉金：《信号与噪声——尼日利亚的媒体、基础设施与都市文化》，陈静静译，商务印书馆2014年版。

［美］大贯美惠子：《作为自我的稻米：日本人穿越时间的身份认同》，石

峰译，浙江大学出版社 2015 年版。

［美］戴维·斯沃茨：《文化与权力：布尔迪厄的社会学》，陶东风译，上海译文出版社 2006 年版。

［美］丹尼逊·纳什：《旅游人类学》，宗晓莲译，云南大学出版社 2006 年版。

［美］蒂姆·科瑞斯威尔：《地方：记忆、想象与认同》，王志弘、徐苔玲译，群学出版社 2006 年版。

［美］杜赞奇：《文化、权力与国家：1900—1942 年的华北农村》，王福明译，江苏人民出版社 1996 年版。

［美］哈里斯：《好吃：食物与文化之谜》，叶舒宪、户晓辉译，山东画报出版社 2001 年版。

［美］克利福德·格尔兹：《尼加拉——十九世纪巴厘的剧场国家》，赵丙祥译，上海人民出版社 1999 年版。

［美］孔飞力：《叫魂：1768 年中国妖术大恐慌》，陈兼、刘昶译，上海三联书店 2012 年版。

［美］兰德尔·柯林斯：《互动仪式链》，林聚任等译，商务印书馆 2009 年版。

［美］理查德·鲍曼：《作为表演的口头艺术》，杨利慧、安德明译，广西师范大学出版社 2008 年版。

［美］林南（Lin, N.）：《社会资本：关于社会结构与行动的理论》，张磊译，上海人民出版社 2005 年版。

［美］罗宾斯：《食物革命》，李尼译，北方文艺出版社 2011 年版。

［美］马克·格兰诺维特：《弱关系的力量》，《国外社会科学》1999 年第 4 期。

［美］麦坎内尔：《旅游者——休闲阶层新论》，张晓萍等译，广西师范大学出版社 2008 年版。

［美］欧文·戈夫曼：《日常生活中的自我呈现》，冯钢译，北京大学出版社 2014 年版。

［美］派恩二世、（美）吉尔摩：《体验经济》，夏业良等译，机械工业出版社 2002 年版。

［美］彭慕兰：《大分流：欧洲、中国及现代世界经济的发展》，史建云译，江苏人民出版社2004年版。

［美］乔治·马尔库斯；米开尔·费彻尔：《作为文化批评的人类学：一个人文科学的实验时代》，王铭铭、蓝达居译，生活·读书·新知三联书店1998年版。

［美］沙伦·特拉维克：《物理与人理——对高能物理学家社区的人类学考察》，刘珺珺等译，上海科技教育出版社2003年版。

［美］施坚雅：《中国农村的市场和社会结构》，史建云、徐秀丽译，中国社会科学出版社1998年版。

［美］苏贾：《后现代地理学——重申批判社会理论中的空间》，王文斌译，商务印书馆2004年版。

［美］苏珊·桑塔格：《论摄影》，艾红华、毛建雄译，湖南美术出版社1999年版。

［美］苏耀昌：《华南丝区：地方历史的变迁与世界体系理论》，陈春声译，中州古籍出版社1987年版。

［美］索杰：《第三空间——去往洛杉矶和其他真实和想象地方的旅程》，陆扬等译，上海教育出版社2005年版。

［美］瓦伦·史密斯：《东道主与游客：旅游人类学研究》，张晓萍、何昌邑等译，云南大学出版社2007年版。

［美］王国斌：《转变的中国：历史变迁与欧洲经验的局限》，李伯重、连玲玲译，江苏人民出版社2008年版。

［美］西敏司：《饮食人类学：漫话餐桌上的权利和影响力》，林为正译，电子工业出版社2015年版。

［美］亚当斯：《人类学的哲学之根》，黄剑波、李文建译，广西师范大学出版社2006年版。

［美］阎云翔：《礼物的流动：一个村庄中的互惠原则与社会网络》，李放春等译，上海人民出版社2000年版。

［美］詹姆斯·克利福德、乔治·E.马库斯：《写文化：民族志的诗学与政治学》，高丙中、吴晓黎、李霞等译，商务印书馆2006年版。

［美］詹姆斯·斯科特：《农民的道义经济学：东南亚的反叛与生存》，程

立显、刘建等译,译林出版社 2001 年版。

[美] 詹姆斯·斯科特:《逃避统治的艺术:东南亚高地的无政府主义历史》,王晓毅译,生活·读书·新知三联书店 2016 年版。

[苏] B. A. 奥勃鲁契夫等:《砂与黄土问题》,乐铸、刘东生译,科学出版社 1958 年版。

[英] 安东尼·吉登斯:《社会的构成》,李康、李猛译,生活·读书·新知三联书店 1998 年版。

[英] 安东尼·吉登斯:《现代性的后果》,田禾译,南京译林出版社 2000 年版。

[英] 迪克斯·贝拉:《被展示的文化:当代"可参观性"的生产》,冯悦译,北京大学出版社 2012 年版。

[英] 厄里,拉森:《游客的凝视》(第 3 版),黄宛瑜译,格致出版社 2016 年版。

[英] 费瑟斯通:《消费文化与后现代主义》,刘精明译,译林出版社 2000 年版。

[英] 弗兰克·艾利思:《农民经济学:农民家庭农业与农业发展》(第 2 版),胡景北译,上海人民出版 2006 年版。

[英] 马凌诺夫斯基:《西太平洋上的航海者》,梁永佳等译,华夏出版社 2002 年版。

[英] 迈克·克朗:《文化地理学》,杨淑华、宋慧敏译,南京大学出版社 2007 年版。

[英] 齐格蒙特·鲍曼:《流动的现代性》,欧阳景根译,上海三联书店 2002 年版。

[英] 瓦伦·L. 史密斯:《东道主与游客:旅游人类学研究》,张晓萍译,云南大学出版社 2007 年版。

[英] 西佛曼,格里福:《走进历史田野——历史人类学的爱尔兰史个案研究》,贾世蘅译,麦田出版股份有限公司 1999 年版。

[英] 约翰·厄里,乔纳斯·拉森:《游客的凝视》,黄宛瑜译,格致出版社 2001 年版。

黄树民:《林村的故事:1949 年后的中国农村变革》,素兰、纳日碧力戈译，生活·读书·新知三联书店 2002 年版。

冀朝鼎：《中国历史上的基本经济区》，岳玉庆译，浙江人民出版社 2016 年版。

（二）中文著作

包亚明：《后现代性与地理学的政治》，上海教育出版社 2001 年版。

曹锦清：《黄河边的中国》，上海文艺出版社 2000 年版。

陈煦，李左人等：《民族、旅游、文化变迁：在社会学的视野中》，四川人民出版社 2009 年版。

范可：《在野的全球化——流动、信任与认同》，知识产权出版社 2015 年版。

费孝通：《费孝通文集（第四卷）》，群言出版社 1999 年版。

费孝通：《乡土中国》，生活·读书·新知三联书店 1985 年版。

费孝通：《乡土中国生育制度》，北京大学出版社 1998 年版。

费孝通：《乡土中国乡土重建生育制度》，上海人民出版社 2013 年版。

高胜恩：《黄河栈道与漕运》，山西春秋电子音像出版社 2008 年版。

葛剑雄：《历史学是什么》，北京大学出版社 2002 年版。

葛荣玲：《景观的生产：一个西南屯堡村落旅游开发的十年》，北京大学出版社 2014 年版。

何炳棣：《黄土与中国农业的起源》，中华书局 2017 年版。

贺雪峰：《乡村治理的社会基础—转型期乡村社会性质研究》，中国社会科学出版社 2003 年版。

黄应贵：《反景入深林：人类学的观照、理论与实践》，商务印书馆 2010 年版。

黄应贵：《空间、力与社会》，"中央研究院"民族学研究所 1995 年版。

黄志辉：《无相支配——代耕农及其底层世界》，社会科学文献出版社 2013 年版。

黄宗智：《华北的小农经济与社会变迁》，中华书局 1986 年版。

靳之林：《抓髻娃娃与人类群体的原始观念》，广西师范大学出版社 2001 年版。

[19] 雷晋豪：《周道：封建时代的官道》，社会科学文献出版社 2011 年版。

李培林：《村落的终结——以羊城村为例》，商务印书馆 2004 年版。

李晓岑，朱霞：《云南民间工艺技术》，中国书籍出版社 2005 年版。

梁漱溟：《乡村建设理论》，上海人民出版社 2006 年版。

梁漱溟：《中国人：社会与人生梁漱溟文选》，中国文联出版公司 1996 年版。

廖炳惠：《吃的后现代》，广西师范大学出版社 2005 年版。

林耀华：《金翼——中国家族制度的社会学研究》，生活·读书·新知三联书店 2000 年版。

刘朝晖：《超越乡土社会：一个侨乡村落的历史文化与社会结构》，民族出版社 2005 年版。

鲁西奇：《区域历史地理研究：对象与方法——汉水流域的个案考察》，广西人民出版社 1999 年版。

罗钢，王中忱主编：《消费文化读本》，中国社会科学出版社 2003 年版。

吕理政：《天、人、社会——试论中国传统的宇宙认知模型》，"中央研究院"民族学研究所 1991 年版。

潘泽泉：《社会、主体性与秩序：农民工研究的空间转向》，社会科学文献出版社 2007 年版。

彭兆荣：《饮食人类学》，北京大学出版社 2013 年版。

濮波：《社会剧场化——全球化时代社会、空间、表演、人的状态》，东南大学出版社 2015 年版。

钱穆讲述：《中国经济史》，叶龙记录整理，北京联合出版公司 2013 年版。

史念海：《河山集》，生活·读书·新知三联书店 1963 年版。

宋丽娜：《熟人社会是如何可能的：乡土社会的人情与人情秩序》，社会科学文献出版社 2014 年版。

孙立平：《转型与断裂：改革以来中国社会结构的变迁》，清华大学出版社 2004 年版。

陶云逵、杨清媚：《车里摆夷之生命环：陶云逵历史人类学文选》，生活·

读书·新知三联书店 2017 年版。

田阡、徐杰舜：《人类学与流域文明》，黑龙江人民出版社 2017 年版。

田阡：《流域人类学导论》，人民出版社 2018 年版。

万辅彬、韦丹芳、孟振兴：《人类学视野下的传统工艺》，人民出版社 2011 年版。

王铭铭：《社会人类学与中国研究》，生活·读书·新知三联书店 1997 年版。

王铭铭：《中国人类学评论（第 2 辑）》，世界图书出版公司 2007 年版。

王尚义、张慧芝：《历史流域学论纲》，科学出版社 2014 年版。

王玉德：《风水术注评》，台北云龙出版社 1994 年版。

吴琦：《明清地方力量与地方社会》，中国社会科学出版社 2009 年版。

吴重庆：《无主体熟人社会与社会重建》，社会科学出版社 2013 年版。

熊凤水：《流变的乡土性》，社会科学文献出版社 2016 年版。

徐文学等：《高速公路与区域社会经济发展》，中国铁道出版社 2009 年版。

严文明：《农业生产与文明起源》，科学出版社 2000 年版。

杨念群：《空间·记忆·社会转型——"新社会史"研究论文精选集》，上海人民出版社 2001 年版。

杨念群：《再造"病人"——中西医冲突下的空间政治 1832—1985》，中国人民大学出版社 2013 年版。

俞孔坚：《景观：文化、生态与感知》，田园城市文化事业有限公司 1998 年版。

郁丹、李云霞、曾黎：《环喜马拉雅区域研究编译文集——环境、生计与文化》，学苑出版社 2017 年版。

张天曾：《黄土高原论纲》，中国环境科学出版社 1993 年版。

赵巧艳：《空间实践与文化表征：侗族传统民居的象征人类学研究》，民族出版社 2014 年版。

赵旭东：《城乡中国》，清华大学出版社 2018 年版。

赵玉春：《坛庙建筑》，中国文联出版公司 2009 年版。

折晓叶：《村庄的再造——一个"超级村庄"的社会变迁》，中国社会科学出版社 1997 年版。

周星：《本土常识的意味——人类学视野中的民俗研究》，北京大学出版社 2016 年版。

周兴：《海德格尔选集》，上海三联书店 1996 年版。

周永明：《中国人类学》第 1 辑，商务印书馆 2015 年版。

朱炳祥：《自我的解释》，中国社会科学出版社 2018 年版。

朱晓兰：《文化研究关键词：凝视》，南京大学出版社 2013 年版。

邹统钎、高中、钟林生：《旅游学术思想流派》，南开大学出版社 2008 年版。

（三）期刊

窦志萍、杨芬、和旭：《基于乡愁文化理念的旅游目的地发展研究》，《旅游研究》2016 年第 1 期。

方李莉：《从乡土中国到生态中国的期待——以费孝通乡土中国思想研究为起点》，《旅游学刊》2017 年第 1 期。

方李莉：《西部民间艺术的当代构成》，《文艺研究》2005 年第 4 期。

冯涛：《〈诗经〉"八月剥枣"一解》，《文学遗产》1988 年第 2 期。

贺雪峰：《村庄精英与社区记忆：理解村庄性质的二维框架》，《社会科学辑刊》2000 年第 4 期。

李成：《试论中国北方龙山时代至两汉的小麦栽培》，《考古与文物》2016 年第 5 期。

李菲：《水资源、水政治与水知识：当代国外人类学江河流域研究的三个面向》，《思想战线》2017 年第 5 期。

林蔼云：《漂泊的家：晋江—香港移民家庭研究》，《社会学研究》2006 年第 2 期。

刘小峰、周长城：《"熟人社会论"的纠结与未来：经验检视与价值探寻》，《中国农村观察》2014 年第 3 期。

陆邵明：《乡愁的时空意象及其对城镇人文复兴的启示》，《现代城市研究》2016 年第 8 期。

吕廷文：《"转九曲"与"燎百病"的文化内涵》，《延安教育学院学报》

1999 年第 1 期。

麦夏兰、兰婕、田蕾：《记忆、物质性与旅游》，《西南民族大学学报（人文社会科学版）》，2014 年第 9 期。

彭兆荣：《"遗产旅游"与"家园遗产"：一种后现代的讨论》，《中南民族大学学报（人文社会科学版）》2007 年第 5 期。

彭兆荣：《论乡土社会·家园遗产·村落公园》，《贵州社会科学》2017 年第 5 期。

彭兆荣：《论乡土社会之道路景观》，《云南社会科学》2017 年第 5 期。

漆子扬：《伏羲生地考释》，《甘肃广播电视大学学报》2001 年第 4 期。

田毅鹏：《"村落的终结"与农民的再组织化》，《人文杂志》2012 年第 1 期。

汪强华、周慧霞：《"乡愁经济"：全新视角下的发展构思》，《浙江经济》2015 年第 12 期。

王淑华：《"后舌尖时代"城市饮食文化的空间转向及其传播特点研究》，《未来传播》2019 年第 3 期。

王思斌：《村干部的边际地位与行为分析》，《社会学研究》1991 年第 4 期。

王昙《龙祖——伏羲》，《天水行政学院学报》2008 年第 1 期。

王新歌，陈田，林明水，王首琨：《国内外乡愁相关研究进展及启示》，《人文地理》2018 年第 5 期。

辛允星：《村干部的"赢利"空间研究——以鲁西南×村为例》，《社会学评论》2016 年第 2 期。

熊万胜、刘炳辉：《乡村振兴视野下的"李昌平—贺雪峰争论"》，《探索与争鸣》2017 年第 12 期。

徐新建：《自我民族志：整体人类学的路径反思》，《民族研究》2018 年第 5 期。

薛宇：《陕北民俗"转九曲"研究》，《体育文化导刊》2017 年第 3 期。

杨碧蓉、周敏、周睿：《"后舌尖时代"背景下中国饮食文化的新媒体传播策略研究》，《四川旅游学院学报》2018 年第 5 期。

叶强、谭怡恬、张森：《寄托乡愁的中国乡建模式解析与路径探索》，《地理研究》2015 年第 7 期。

张江华：《"乡土"与超越"乡土"：费孝通与雷德斐尔德的文明社会研究》，《社会》2015 年第 4 期。

赵羲：《"任何人"的人类学：面向"人类"研究与书写个体经验的新探索》，《思想战线》2019 年第 3 期。

赵旭东：《城乡关系视野下的理想中国》，《河北学刊》2017 年第 6 期。

赵旭东：《流域文明的民族志书写——中国人类学的视野提升与范式转换》，《社会科学战线》2017 年第 2 期。

赵旭东：《书写乡愁中国的新转变——基于人类学文化转型的范式危机及其超越》，《贵州大学学报（社会科学版）》2019 年第 2 期。

赵旭东：《天下：作为一种中国人的宇宙观》，《中国儒学》2012 年第 0 期。

赵旭东：《线索民族志：民族志叙事的新范式》，《民族研究》2015 年第 1 期。

赵旭东：《线索民族志的线索追溯方法》，《民族研究》2017 年第 5 期。

赵旭东：《乡愁中国的两种表达及其文化转型之路——新时代乡村文化振兴路径和模式研究》，《西北师大学报（社会科学版）》2019 年第 3 期。

赵旭东：《乡愁中国的两种表达及其文化转型之路——新时代乡村文化振兴路径和模式研究》，《西北师大学报（社会科学版）》2019 年第 3 期。

折晓叶：《村庄边界的多元化——经济边界开放与社会边界封闭的冲突与共生》，《中国社会科学》1996 年第 3 期。

周大鸣、石伟：《旅游情境中的乡土"陌生人社会"——基于桂林灵渠旅游的田野研究》，《广西民族大学学报（哲学社会科学版）》2012 年第 5 期。

周霄：《人类学视野——论旅游的本质及其社会文化影响》，《湖北大学学报》（哲学社会科学版）2003 年第 5 期。

朱炳祥、张佳梅：《"本体论回归"与"主体性诉求"》，《广西民族大学学报（哲学社会科学版）》2018 年第 4 期。

朱竑、高权：《西方地理学情感转向与情感地理学研究述评》，《地理研究》2015年第7期。

庄孔韶：《可以找到第三种生活方式吗？———关于中国四种生计类型的自然保护与文化生存》，《社会科学》2006年第7期。

（四）古籍

（汉）许慎：《说文解字校订本》，班吉庆、王剑、王华宝校点，凤凰出版社2004年版。

（清）魏青江：《宅谱迩言》，扫叶山房1912年版。

（清）谢长清：《重修延川县志（道光）》，清道光十一年（1831）刻本（复印本）1933年版。

（宋）罗泌：《路史》，载中华书局编：《四部备要》，中华书局1989年版。

孟子：《尽心上·尽心下》，南洋官书总局光绪三十二年（丙午1906）。

缪文远、罗永莲、谬修译注：《战国策·燕策一》（卷二十九），中华书局2006年版。

任自斌、和近健：《诗经鉴赏辞典》，河海大学出版社1989年版。

陶文台等：《先秦烹饪史料选注》，中国商业出版社1986年版。

徐澍、张新旭译注：《易经》，安徽人民出版社1992年版。

（五）志书

冯书闻：《红军东征永和纪念馆志》，山西人民出版社2016年版。

黄河水利委员会黄河河口管理局：《东营市黄河志》，齐鲁书社1995年版。

加天山：《永和县志全译》，三晋出版社2015年版。

马毅杰：《乾坤湾志》，山西人民出版社2016年版。

延川县志编纂委员会：《延川县志》，陕西人民出版社1999年版。

（六）报刊文章

《〈中华龙文化地理论坛〉在贵阳举行》，《龙凤文化》2013年11月28日。

丁亮春：《采风—提案—旅游大开发》，《中国统一战线》2002年第5期。

刘化迪：《让我们记得住乡愁》，《解放军报》2015年1月3日。

邢兆远、李建斌：《"龙"行黄河乾坤湾》，《光明日报》2014 年 09 月 17 日。

（七）学位论文

陈晶环：《农村公共空间的转型研究》，中国农业大学博士学位论文 2014 年版。

余红艳：《景观生产与景观叙事》，华东师范大学博士学位论文 2015 年版。

余粮才：《民间视野中的伏羲与女娲》，西北民族大学硕士学位论文，2005 年版。

（八）网络资料

古诗文网：《国风·陈风·衡门》，https：//so. gushiwen. cn/shiwenv_da432c04a006. aspx，2021 年 9 月 20 日。

医药网整理：《神农本草经之大枣》，上海：上海市中医文献馆。

中国非物质文化遗网，http：//www. zgfy. org/。

二 英文文献

Adrian Franklin & Mike Crang, The Trouble with Tourism and Travel Theory, *Tourist Studies*, 2001, 1 (1).

Andreas Huyssen, *Present Pasts*: *Urban Palimpsests and the Politics of Memory*, Stanford: Stanford University Press, 2003.

Arjun Appadurai (ed.), *The Social Life of Things*: *Commoditiesin Cultural Perspective*, Cambridge University Press, 1986.

B. Graham, J. Ashworth & J. E. Tunbridge, *A Geography of Heritage*: *Power*, *Culture and Ecology*, London: Arnold, 2000.

Barbara A. Misztal, *Theories of Social Remembering*, Maidenhead: Open University Press, 2003.

Barham, E. , Translating 'terroir': The Global Challenge of French AOC Labelling, *Journal of Rural Studies*, 2003.

Basso, K H. Stalking with Stories: Names, Places, and Moral Narratives among the Western Apache [A]. In Edward M. Bruner (ed.) [C]. *Text, Play, and Story*. Berkeley, Los Angeles: University of California Press, 1984.

Baudrillard, J. *The Consumer Society: Myths and Structures (Vol. 53)* [M]. Sage Press, 1998.

Benjamin, Walter. The Work of Art in the Age of Mechanical Reproduction [A]. Hannah Arendt, Translated by Zohn, Harry. *Illuminations* [C]. New York: Schocken, 1999 [1936].

Bodemann, Y. *Michal. In den Wogen der Erinnerung* [M]. München: Deutscher Taschenbuch Verlag, 2002.

Bourhis, R., Landry, R. Linguistic Landscape and Ethno - linguistic Vitality: An Empirical Study [J]. *Journal of Language and Social Psychology*, 1997 (16).

Bruner, E. M. Tourism, Creativity, and Authenticity [J]. *Studies in Symbolic Interaction*, 1989, 10 (1).

Bryceson, D. Disappearing Peasantries? Rural Labour Redundancy in the Neo - Liberal Eraand Beyond [A]. In D. Brvceson, C. Kay, J. Moooij (ed.). *Disappearing Peasantries? Rural Labour in Africa. Asia and Latin America* [C]. London: ITDG Publishing, 2000.

Cassirer, Enst. *An Essay on Man: An Introduction to a Philosophy of Human Culture* [M]. New York: Doubleday and Company Inc., 1944.

Catherine A. Lutz. *Unnatural Emotions: Everyday Sentiments on a Micronesian Atoll & Their Challenge to Western Theory* [M]. Chicago: The University of Chicago Press, 1988.

Charles Lindholm. *Generosity and Jealousy: The Swat Pukhtun of Northern Pakistan* [M]. New York: Columbia University Press. 1982.

Chris Baker. *Cultural Studies: Theory and Practice* [M]. Sage Publication, 2000.

Cohen, E. Authenticity andCommoditization in Tourism [J]. *Annals of Tourism Research*, 1988 (15).

Culler J. Semiotics of Tourism [J]. *American Journal of Semiotics*, 1981, 1 (1).

D. Lowenthal & M. Binney. *Our Past Before Us: Why Do We Save It?* [M]. London: Temple Smith, 1981.

David Bell and Gill Valentine. *Consuming Geographies: We are Where We Eat* [M]. London and New York: Routledge, 1997.

Dean MacCannell. *The Tourist: A new Theory of the Leisure Class* [M]. Berkeley: University of California Press, 1999.

Dean MacCannell. Staged Authenticity: Arrangements of Social Space in Tourist Settings [J]. *American Journal of Sociology*, 1973, 79 (3).

Delaney K. Tourists of History: Memory, Kitsch, and Consumerism from Oklahoma City to Ground Zero (review) [J]. *American Studies*, 2010, 51 (6).

Demossier, M. Beyond terroir: Territorial Construction, Hegemonic Discourses, and French Wine Culture [J]. *Journal of the Royal Anthropological Institute*, 2011 (N. S.).

Edward. Soja. *Post modern Geographies: The Reassertion of Space in Critical Social Theory* [M]. London: Verso, 1989.

Erik Cohen. Traditionsin the Qualitative Sociology of Tourism [J]. *Annals of Tourism Research*, 1988, 15 (1).

Erik Mueggler. *The Age of Wild Ghosts: Memory, Violence, and Place in Southwest China* [M]. Berkeley: University of California Press, 2001.

Everett, S. and Slocum, S. L. Food and Tourism: An Effective Partnership? A UK-based Review [J]. *Journal of Sustainable Tourism*, 2013, 21 (6).

Felipe Fernandez-Armesto. *Near a Thousand Tables: A History of Food* [M]. Free Press, 2002.

Feltault K. A Review of "The Taste of Place: A Cultural Journey into Terroir" [J]. *Food and Foodways*, 2009, 17 (3).

Fredrik Barth. *Political Leadership among Swat Pathans* [M]. London: the Athlone Press. 1959.

George Steinmetz (ed.). *State/Culture: State-Formation after the Cultural*

Turn [M]. Cornell University Press, 2018.

Grasseni, Christina. Packaging Skills: Calibrating Cheese to the Global Market [A]. In Susan Strasser (ed.) *Commodifying Everything: Relationships of the Market* [C]. New York: Routledge, 2003.

Gregson N, Rose G. Taking Butler Elsewhere: Performativities, Spatialities and Subjectivities [J]. *Environment and Planning: Society and Space*, 2000, 18 (4).

Hartshome C., Weiss P. (eds.). *Collected Papers of Charles S. Peirce* (*vols.* 1 – 6) [M]. Cambridge MA: Harvard University Press, 1931 – 1935.

Harvey, D. *The Condition of Post – Modernity: An Enquiry into the Origins of Cultural Change* [M]. Oxford: Blackwell, 1989.

Homi Bhabha. The Third Space: Interview with Homi Bhabha. In Jonathan Rutherford (ed.). *Identity: Community, Culture, Difference* [M]. London: Lawrence and Wishart, 1990.

J. E. Tunbridge & G. J. Ashworth. *Dissonant Heritage: The Management of the Past as a Resource in Conflict* [M]. Cheichester, New York, Brishaane, Toronto, Singapore: Willey, 1996.

Jackson, P. Social Geography: Convergence and Compromise [J]. *Progress in Geography*, 1983, 7 (1).

Jean L. Briggs. Never in Anger: A Portrait of an Eskimo Family [J]. *Man*, 1998, 7 (1).

Joanna Overing & Alan Pssses (eds.) *The Anthropllogy of Love and Anger: The Aesthetics of Conviviality in Native Amazonia* [M]. London: Routledge, 2000.

John Leavitt. Meaning and Feeling in the Anthropology of Emotions [J]. *Amaerican Ethnologist*, 1996, 23 (3).

John Urry. *The Tourist Gaze: Leisure and Travel in Contemporary Societies* [M]. London: Sage, 2007 [2002].

Johnson A, Andrew. Hastrup, Kirsten and Frida Hastrup (eds.). Waterworlds: anthropology in fluid environments [J]. *Social Anthropology*, 2017, 25 (3).

Johnson, H. Subsistence and Control: The Persistence of the Peasantry in the Developing World [J]. *Under Current*, 2004 (1).

Jonathan Schroeder. *Visual Consumption* [M]. London: Routledge, 2002.

Judith Bulter. Performative Acts and Gender Constitution: An Essay in Phenomenology and Feminist Theory [J]. *Theatre Journal*, 1988, 40 (4).

Julian H. Steward. *Theory of Culture Change: The Methodology of Multilinear Evolution* [M]. The University of Illinois Press, 1955.

Kopytoff, Igor. The Cultural Biography of Things: Commodization as Processes [A]. In Arjun Appadurai (ed.) *The Social Life of Things: Commodities in Cultural Perspective* [C]. Cambridge University Press, 1986.

Lefebvre, Henri. *The Production of Space* [M]. Oxford: Blackwell, 1991 [1974].

Leong A. M. W., Yeh S. S., Hsiao Y C., et al. Nostalgia as Travel Motivation and Its Impact on Tourists' Loyalty [J]. *Journal of Business Research*, 2015, 68 (1).

Lyon, Sarah. Coffee Tourism in Chiapas: Recasting Colonial Narratives for Contemporary Markets [J]. *Culture, Agriculture, Food and Environment: The Journal of Culture and Agriculture*, 2013, 35 (2).

Macdonald, S. and Fyfe, G. (eds.) *Theorising Museums* [M]. Oxford: Blackwell, 1996.

Margot L. Lyon. Missing Emotion: The Limitations of Cultural Constructionism in the Study of Emotion [J]. *Cultural Anthropology*, 1995, 10 (2).

Marschall, Sabine. "HomesickTourism": Memory, Identity and Belonging [J]. *Current Issues in Tourism*, 2014, 18 (9).

Marschall, Sabine. TouringMemories of the Erased City: Memory, Tourism and Notions of 'Home' [J]. *Tourism Geographies*, 2015, 17 (3).

Mitze, S. W. ANote on the Definition of Peasantries [J]. *Journal of Peasant Studies*, 1973, 1 (3).

Nicholas Mirzoeff. *An Introduction to the Visual Culture* [M]. London: Routledge, 1999.

Nigel Thrift. The Still Point: Resistance, Expressive Embodiment and Dance [A]. In Pile, S. and Keith, M. (ed.) *Geographies of Resistance* [C]. London: Routledge, 1997.

Oi, J. C. *State and Peasantin Contemporary China: The Political Economy of Village Governmen* [M]. University of California Press, 1989.

Ploeg, J. D. *The New Peasantries: Struggles for Autonomy and Sustainability in an Era of Empire and Globalization* [M]. London: Earthscan, 2008.

Potteiger M, Purinton J. Landscape narratives: design practices for telling stories [J]. *Landscape Architecture*, 2008, 30 (2/3).

Pratt, Jeff. Food Values: The Local and the Authentic [J]. *Critique of Anthropology*, 2007, 27 (3).

Raphael Samuel. *Theatres of Memory: Past and Present in Contemporary Culture* [M]. London: Verso, 1994.

Richard Schechner. *Performance Theory* [M]. New York: Routledge, 2004.

Rodner V., Roulet T. J., Kerrigan F., et al. Making Space for Art: A Spatial Perspective of Disruptive and Defensive Institutional Work in Venezuela's Art World [J]. *The Academy of Management Journal*, 2019, 63 (04).

Sahlins, M. *Historical Metaphors and Mythical Realities* [M]. Ann Arbor: University of Michigan Press, 1981.

Said, E. *Culture and Imperialism* [M]. New York: Knopf, 1994.

Setha M. Low, Denise Lawrence – Zuniga. *The Anthropology of Space and Place: Locating Culture* [M]. Blackwell Publishing, 2003.

Sims, Rebecca. Food, Place and Authenticity: Local Food and the Sustainable Tourism Experience [J]. *Journal of Sustainable Tourism*, 2009, 17 (3).

Taylor, C. *The Ethics of Authenticity* [M]. Cambrige, MA: Harvard University, 1991.

Thomas Maschio. The Narrative and Counter – Narrative of the Goft: Emotional Dimentions of Cenemonial Exchange in Southeweatern New Britain [J].

Journal of the Royal Anthropological Institute, 1988, 4 (1).

Tim Inagold. The Perception of the Environment: Essays in Livelihood, Dwelling and Skill [J]. *Ethnos Journal of Anthropology*, 2002.

Tsai, C. T., & Lu, P. H. Authentic dining experiences in ethnic theme restaurant [J]. *International Journal of Hospitality Management*, 2012, 31 (1).

Tuan Y F. *Space and Place: The Perspective of Experience* [M]. Minneapolis: Minnesota University Press, 1977.

Unni Wikan. *Managing Turbulent Hearts: A Balinese Fornula for Living* [M]. Chicago: The University of Chicago Press, 1990.

Ning, Wang. Rethinking Authenticity in Tourism Experience [J]. *Annals of Tourism Research*, 1999, 26 (2).

Ward C., Styles I. CulturingSettlement Using Pre – and Post – Migration Strategies [J]. *Journal of Psychiatric and Mental Health Nursing*, 2005, 12 (4).

Willianm M. Reddy. *The Navigation of Feeling: A Framework for the History of Emotions* [M]. Cambridge: Cambridge University Press, 2001.

后 记

回顾自己从初识乾坤湾至今，7 年来陆续穿梭于其间，有如往返于"家"一般。在乾坤湾流域做田野，屈指算来已不下 10 来次。久而久之，自然便由陌生化熟悉了，逐渐生出一些"地方感"进而生出许多乡愁来，也因此有了本书的诞生。对于本书，我首先考虑的是这样一个问题：何以乡愁以及乡愁中国何为？显然，要回答这样一个复杂而宏大的问题委实困难，即使是在中原地带通过人类学田野作业所获得的地方化资料也不足以对这一庞大文明体系内的乡愁感/乡愁性做更为深入的归纳和更高的提升，因为可能存在诸如以下盘绕其间的永恒争论：在某一个区域/流域所看到的"乡愁性"能不能，或者说在多大程度上具有乡愁中国的普同性？当然，或许还可以继续追问：天底下有普同性/普世价值吗？也许大家会说这只是一个个案。毋庸置疑，它确实是一个个案。或许人们还会说，这只是一个地方。毫无疑问，它的确是一个地方。不过或许也应该同时意识到，个案的力量永远不限于个案本身，只要不奢求太多，乡愁的价值正好源于地方。想以数十万字去求证积淀千年并持续变动的乡愁中国是不可能的，也是不可以的。不过，本书试图以一种新的视野，以尽可能的方式将材料，包括地理的、历史的、个人的、群体的、器物的、口述的、展演的……都视为乡愁而集中起来，用以提示：黄河流域是一条极其重要的乡愁文化带。对它的重新发现，有助于对华夏文明/中华文明博大精深和文化积淀的重新发现。

汤因比曾说，一个学者的毕生事业，就是要把他的那一桶水添加到其他学者无数桶水汇成的日益增长的知识洪流中去。在这个"添加"的过程中，我常常为自己倒不出"那桶水"或者倒不好"那桶水"而焦虑、揪心、困惑和迷茫，这还要回溯至我自博士求学到至今的整个学术历程上来。在打算报考博士的时候，我绝对没有想到"学问"二字竟是如此凝重，潜心追求学问更是如此艰辛。三年的博士生涯，其实是在半工半读的状态下度过的，三年的磨砺与修练，实际经历了人生意义上一次难以想象的曲折和煎熬、迷茫与清晰、痛苦与愉悦、疑惑与信心、黑暗与曙光。也正是这样的一种经历，激发了我继续探寻学问之路的激情和热情，于是在博士毕业后又毅然决然选择进站从事博士后工作，可是我也低估了博士后工作的艰辛和对于自己精力的高估，在进站后一年，我又申请去灵山县挂职副县长，更要命的是在只有短短两年的博士后工作期间，又选择了博士后出站报告与博士后科学基金完全不同的两个研究方向，真正是自己把自己"作"死了，这样的多重身份和多份工作使得自己真的是分身乏术也筋疲力尽。不过，多样化的人生经历和戏剧性的人生折腾，也使自己在寒来暑往之后顿悟，问题也在不间断的疑惑与迷茫中默默化解，结果却早已在每一次的枯燥与重复中悄然孕育。掩卷之时，我才真正理解了"厚积薄发"的为学之道，无比沉重的代价所换取的收获，我会终生珍惜！

  为了梳理社会空间谱系，我与诸多学者进行了一次深刻的思想对话，从哲学大师埃德蒙德·胡塞尔的现象学思想、马丁·海德格尔的诗意栖居思想、让－保罗·萨特的存在主义、莫里斯·梅洛－庞蒂的身体思想、路德维希·维特根斯坦的游戏思想溯源，到社会学家的空间观如埃米尔·迪尔凯姆的时间和空间的社会建构、欧文·戈夫曼的拟剧理论、米歇尔·福柯的权力空间思想、皮埃尔·布迪厄的场域理论、安东尼·吉登斯的时空分离，再到地理学家亨利·列斐伏尔的空间生产理论、段义孚的地方空间思想、爱德华·雷尔夫的无地方性、大卫·哈维时空压缩理论、多琳·马西的全球化空间、爱德华·索亚的第三空间等，辩证地认识了时间、空间和社会的种种关系问题，增强了自身的学术思维和创新能力。同时，为了恶补自己对于中原地带以及复杂文明的知识贫乏，7年来，使用一切可能的方式尽可能找到与本书有关的核心和边缘文献，每日里读文献读到脑袋一团糨糊却也无比充实。而且，为了弥合自己社会学、人类学理论的不足，以及跨学科的知识背景，从2007年开始，十几年来，每天想的都是如何补足自己的短板。尽管如此，在全知全能的上帝眼中，

后 记

我的思考可能是可笑的，甚至是徒劳的。但是面对浩瀚的宇宙，人类从来都没停止过追问与思考，尽管也许永远无法穷尽自然、社会的奥秘。明知没有终点，但我们依然向着未知前进，这可能正是人类的可爱之处。社会与自然是极其复杂的，我们永远无法洞悉。即使面对人类自身经历的历史，我们依然那么渺小无力。一段历史只是时间轴上极其短暂的一段，同时又是当时整个人类社会的凝固，是时间横轴上的一个切面。人类学家的终极理想就是完全客观、真实地再现这个切面，或者探究纵轴上某一线段的始末。虽然绝对的客观永远无法实现，但天真的人类学家有着一颗向未知不断探索的执着的心。他们总是尽可能收集多方面的资料，将来自田野的碎片化的资料融合进整体的结构当中去，把梳剔择，尽可能客观、公正、独立地进行民族志写作。但个人的能力、精力、生命都是有限度的，人类学家也不可能全方位、多角度、详尽地展现某一个社会或文化切面，而只能选择某一个切入点，从一个或几个角度展现社会或文化的一个侧面。这样，人类学家的不懈努力就能让人们大致了解一个相对丰满的文化或社会。

感谢曾在我人生路途中指引我前行方向的诸位恩师，正是他们的鼓励和期许，才让我能够坚定地走到今天。他们既是我学业上的导师，也是我人生中的导师。他们工作之勤奋，处世之谦和，思想之敏锐，方法之高效，胸怀之大度，都对我感召巨大并影响深远。不敢轻易言"谢"，又怎是一个"谢"字了得。恩师何星亮研究员是知名的学者，他学问之严谨，知识之丰厚，做事之求精，要求之严格，都让我深感自身的巨大不足，是我今后工作与研究的明镜。在学习的全过程中，却要从我的博士生导师柏贵喜教授溯源，是他最早引导我步入"乡村聚落"这一广阔的领域，并在思想上始终影响着我。感谢我的硕士生导师陈炜老师，作为他的开门弟子，我的年岁却比他还"年长"，可是先生从来都不嫌弃我驽钝，在他面前，我是那么放松，无拘无束而又无所不谈，他的开明、开朗与开阔，使我受益良多，是我学业和人生的真正导师。最后要特别感谢一位恩师——中国人民大学的赵旭东教授！无论我是否说过什么感激的话，我都相信他能明白，因为我的任何成长，都离不开他的引领！无须再提赵旭东老师渊博的知识体系和细致的洞察能力，重要的是沐浴这种教导不受"时空"的阻隔，电话里、邮件中、微信上、研讨中、行走间、考察中……无不弥漫着他对我的启迪！

感谢田野里所有的朋友，特别是白冬泉、刘宇、冯山云、郝国强、郭世胜、刘洁琼、刘宏祥、张向荣、马建飞、冯向前、刘洁、赵利、李璟、刘苗等报道人，正是他们的无私付出和帮助，才有了本书的诞生，正是由于他们的理解和支持，才能让我在短时间内融入其中。

行文至此，总觉亏欠家人太多，他们一直以来的包容、支持和鼓励，才有了我一路上的心无旁骛。感谢我所有的娘家人和婆家人，特别是我的4位父母亲，作为地地道道的农民，他们以一个农民的本分教育和培养了我，他们的支持、理解和期待是我前进的最大动力。最后，我要特别感谢我的丈夫闫春和儿子闫赵无为。因为都生长在农村，了解农村，对农村有感情，也一直希望能够为农村的经济社会和文化发展贡献绵薄之力，所以从写作硕士学位论文到博士学位论文和从事课题研究，闫春就经常陪同我一起前往广西百色、桂林市龙胜县、湖南怀化市通道县、湘黔桂三省坡农村地区进行田野调查。尤其是本课题研究中，闫春不仅全程参与了调研方案设计和田野调查，在调查资料整理分析和研究报告撰写过程中也承担了部分工作，本书的整体框架和一些重要观点结论也是我们一起讨论达成的共识。乖巧懂事的儿子则不断努力提高自己独立生活学习的能力，让我可以放心地把大部分时间和精力投入工作之中。如果没有他们的付出、鼓励和支持，我不知道自己能否坚持到今天。正是我的亲人和家人，给予了我爱的滋养、情的力量和梦的翅膀！

赵巧艳
2021年9月21日于西山

附录Ⅰ：部分深度访谈人员名单

所在地区	姓名	职业	访谈地点
陕西省延安市延川县乾坤湾镇	白冬泉	延安市摄影家协会副主席兼秘书长	延安市
	郭世胜	碾畔村委碾畔村村民	碾畔村
	梁世梅	碾畔村委碾畔村村民	碾畔村
	郭占江	碾畔村委碾畔村村民	碾畔村
	刘洁	黄河鱼（老村长）农家乐老板娘	小程村
	郝琳	碾畔村卫生员	小程村
	高从英	碾畔村委小程村村民	小程村
	郝国强	原碾畔村村主任	小程村
	郭永海	伏义河村村民	伏义河村
	郭如生	伏义河村村民	伏义河村
	郭定海	伏义河村村民	伏义河村
	刘海平	伏羲码头门卫	伏羲码头
	李怀俊	乾坤湾至延川县公交车师傅	小程村
	程文斌	陕北农家宴烤吧负责人	小程村
	程辉兵	军军农家乐负责人	小程村
	郝世斌	极乐吧负责人	小程村
陕西省延安市	马建飞	延安市群众艺术馆馆长	延安市
陕西省延安市延川县	冯峰	摄影师	延川县
	冯山云	版画艺术家、布堆画艺术家，剪纸艺术家	延川县山云居
	刘洁琼	剪纸艺术家	延川县
	高凤莲	剪纸艺术家	文安驿镇白家塬村

· 367 ·

续表

陕西省延安市 延川县	刘宏祥	延川县文联主席兼版画艺术家	延川县文联
	张向荣	延川县劳动与人事保障局局长兼摄影师	延川县
	冯向前	延安市延川县第二中学退休教师	延川县
	刘永耀	延安市延川县文安驿镇依落河村村民	延川县
山西省临汾市 永和县	刘宇	永和县副县长（挂职）	永和县
	赵利	永和乾坤湾业务经理	黄河旅游大会
	李璟	永和县政府办公室干事	永和县政府
	刘苗	永和县旅游局干事	永和县政府
	刘成生	永和县东征村支书	东征村
	于凤英	永和县于家咀村村民	于家咀

附录Ⅱ：访谈游客情况

编号	旅游者	客源地	出游方式	旅行目的
1	苏同学	北京	自由行	写生
2	李先生	延川	自由行	摄影
3	赵先生	四川	自由行	探险/探秘
4	谭女士	河南	自由行	休闲
5	徐同学	山西	自由行	研学
6	张先生	宁夏	自由行	度假
7	刘先生	山西	自驾游	休闲
8	李先生	内蒙古	自驾游	度假
9	马先生	宁夏	自驾游	研学
10	吴先生	甘肃	自驾游	亲子游
11	郭先生	湖北	自驾游	休闲
12	杨先生	山东	自驾游	度假
13	陈先生	江苏	自驾游	研学
14	阎先生	四川	自驾游	观光
15	刘先生	河南	自驾游	考察学习
16	谢女士	山西	团队游	休闲
17	高女士	陕西	团队游	考察学习
18	弓先生	甘肃	团队游	度假
19	张女士	湖北	团队游	休闲
20	马先生	山东	团队游	度假
21	夏女士	陕西	团队游	考察学习

续表

编号	旅游者	客源地	出游方式	旅行目的
22	周先生	四川	团队游	亲子游
23	路先生	河南	团队游	休闲
24	杜女士	甘肃	团队游	度假
25	方先生	河南	团队游	休闲